KB120511

현대중국
로컬지식
네트워크

상하이시를 사례로

거타오 · 김승욱 · 곽수경 · 노수연
박영순 · 박철현 · 서상민 · 양갑용
이광수 · 최은진 공저

* 이 저서는(역서는) 2009년도 정부재원(교육과학기술부 학술연구조성사업
비)으로 한국연구재단의 지원을 받아 연구되었음(NRF-2009-362-B00011).

국민대학교
중국인문사회연구소
총서·4

上海

현대중국
로컬지식
네트워크

상하이시를 사례로

거타오·김승욱·곽수경·노수연·박영순·박철현
서상민·양갑용·이광수·최은진 공저

學古房

머리말

지식은 여러 가지 형태로 존재하기 때문에 거의 모든 분과학문에 해당되는 주제이다. 지난 5년여 기간 동안 국민대 중국인문사회연구소는 〈중국의 지식·지식인: 지형과 네트워크〉를 주제로 한국연구재단의 HK 사업을 수행해 왔다. 해당 사업에는 고정적으로 10여명의 인문학과 사회과학 전공자들이 비슷한 비율로 참여하고 있을 뿐만 아니라, 때에 따라 외부 연구자들도 거기에 가세하고 있다. 분야는 정치, 경제, 역사, 문학, 과학기술 등 5개로 구분되어 있다.

이 연구사업은 각 단계별 대주제와 연도별 소주제로 구성되어 있다. 제1단계에서는 중국 지식·지식인의 지형이 대주제였다. 구체적으로는 위의 5개 분야에서 지식과 지식인(아래에서는 '지식'으로 약함)의 역사적 형성 과정과 더불어 전국적 지형에 관한 연구가 진행되었다. 그 성과로서 이미 『중국 근대 지식체계의 성립과 사회변화』(2011), 『현대 중국의 지식생산 구조』(2012)가 차례로 출간되었다.

현재는 제2단계 사업이 진행되고 있는데, 단계별 대주제는 중국 지식·지식인의 대내·외 네트워크이다. 제1단계에서는 현대 중국 지식에 관한 개별 영역별 연구가 진행되었다면, 2단계에서는 지식의 네트워크에 관한 연구가 진행되고 있다. 2단계 1년차에서는 『현대 중국의 진화와 지식네트워크』(2013)가 출간되었고 이 글은 제 2단계 2년차 사업의 연구주제인 지역적 수준의 네트워크에 대한 연구의 결과물이다. 여기서는 중국에서 가장 개방적이고 역동적인 도시라고 생각되는 상하이시를 예로 들었다. 향후에는 각 영역간 그리고 국제적 차원의 지식 네트워크에 대한 연구도 진행될 것이다. 이 글의 서문에서는 중국의 지식에 대한 연구와 관련하여 몇 가지 본질적인 질문을 제기해 보고자 한다.

먼저 제기될 수 있는 문제는 지역연구에 있어서 지식의 중요성과 관련된다. 그것은 지식을 어떻게 정의하느냐에 따라 다를 수 있겠지만, 크게 내용적인 측면과 형식적인 측면으로 구분될 수 있다. 내용적인 측면에서 지식은 한 사회의 사고(思考)는 물론 삶의 질적 수준을 반영한다. 왜냐하면, 지식은 사회적 맥락을 벗어나 독자적으로 존재할 수 없기 때문이다. 그것은 그 사회의 과거나 현재를 보여줄 뿐만 아니라 미래를 예측하는 데에도 기여할 수 있다.

형식적인 면이란 지식이 형성, 유통, 확산되는 메커니즘에 대한 이해이다. 누가 왜 어떤 방식으로 지식을 만들어 내는 지는 해당 사회를 이해하는데 매우 중요한 잣대가 될 수 있다. 지식의 형성과 확산의 메커니즘은 사회구조를 반영할 뿐만 아니라 사회구조를 재생산하는데에도 기여한다. 이러한 의미에서 지식담론은 일종의 권력현상으로서 간주될 수 있다. 담론의 형성과 전개에 있어서 자율성 여부는 한 사회의 성격을 반영하는 중요한 잣대이다.

그렇다면 지식연구는 어떻게 이루어지는 것인가. 사실 지식은 그 개념이 굉장히 포괄적인 만큼 모호하다. 따라서 한 나라의 지식에 관한 연구에는 여러 가지 이론적 뿐만 아니라 실제적 문제가 발생한다.

먼저 지식을 어떻게 이해할 것인지의 문제이다. 이것은 무엇보다도 그 범위를 어떻게 설정할 것인가와 관련된다. 그에 대한 방안으로 학계나 대학은 각종 분과학문으로 나누어 접근해 왔다. 그럼에도 기존의 분과학문 방식으로 지식체계를 구분하는 것은 온전하지 못하다. 사회의 급속한 변화에 부응하기 위해서는 보다 개방적인 접근이 요구된다. 경직된 지식체계의 문제는 부분적으로는 학제적 방식에 의해 해소될 수 있을 것이지만, 연구자의 기본적인 자세에 의해 뒷받침되지 않으면 안된다.

또한 지식연구는 지식 자체가 아니라 지식에 관한 연구, 즉 메타지식연구이다. 중국의 도시계획과 관련하여 예를 들어보자. 메타지식연구의 입장에서는 도시계획과 관련된 각종 지식을 포착하는 것이 아니라, 도시계획에 관한 지적 논의와 그것을 전개하는 관련 지식인들을 연구하는 것이다. 전자가 단순히 도시계획 현황에 대한 이해를 위한 것이라면, 후자는 도시계획을 둘러싼 각종 논의들이 창출, 교류, 집행되는 과정에 초점을 둔다. 다만 연구자가 도시계획 자체에 대한 전문성이 부족할 경우에는 심도 있는 연구는 기대하기 힘들 것이다.

지식연구를 어떻게 진행할 것인가도 문제이다. 전통적인 방식은 지식의 흐름, 그것을 주도하는 지식인과 그들의 집합체로서 대학이나 학회 등에 대한 연구이다. 거기에는 대표적으로 지식담론의 전개나 지식인 계보에 관한 기술이 포함된다. 또 다른 방식은 보다 계량화된 연구로서 최근 유행하고 있는 사회연결망 분석(SNA)이 그 예이다. 이것은 주로 지식인들이나 그 조직들 사이에 존재하는 네트워크를 분석하는 방법이다. SNA와 같은 새로운 분석은 전통적 방식에서 포착되지 않은 구조를 드러낼 수도 있다는 장점이 있다. 다만 이 경우에도 다른 통계학적 방법과 관련하여 자주 제기되는 것처럼 정확한 자료뿐만 아니라 표본과 변수들의 선택, 인과관계의 규명에 있어서 엄밀성이 요구된다.

지식은 한자로 知識이다. 한자의 구성을 보면 각각 화살(矢)과 창(戈)이 들어 있다. 옛 사람들은 지식에 내포된 무기와 같은 중요성을 인식했던 것 같다. 전국시대 말의 한비자(韓非子)는 "모르면서 말하는 것은 지혜롭지 못하고, 알면서도 말하지 않는 것은 불충(不忠)이다. 신하된 자로서 불충하면 죽어야 마땅하고, 말을 하여 합당하지 않아도 죽어야 마땅하다."고 하였다. 『장자(莊子)』에서 지식은 사람들이 서로 싸우는 흉기(凶器)로 표현된다. 영어의 속담에도 The pen is mightier than the sword라는 말이 있다. 아마도 그러한 인식은 지식을 진리로 이해하고,

지식인의 사명도 목숨을 건 진리의 탐구에 있었기 때문일 것이다.

거기에 비한다면 현대사회에서 지식은 그 고유한 기능을 상당 부분 상실하고 있다. 외형적으로 지식은 어느 때보다도 강조된다. 현대는 지식사회라고도 한다. 그렇지만 그것은 어디까지나 경제적 가치창출의 측면에서 지식의 중요성을 말해줄 뿐이다. 지식 재생산의 주요 기관들 가운데 하나인 대학에서도 지식은 거기에 집중되고 있다. 인문학의 보호에 대한 목소리도 결국 해당 목적에서 자유롭지 않다. 여기에서 진리의 추구와 같은 진정성은 찾아보기 힘들다.

지식의 목적과 더불어 그것의 생산 기제도 바뀌고 있다. 연구자의 연구활동은 개량화되고, 그리하여 실적은 발표된 논문의 수로 평가되고 있다. 따라서 질적인 문제는 고사하고, 거의 읽혀지지 않는 글들만이 양산(量産)되고 있다. 인터넷에 홍수처럼 넘치는 정보는 연구자 개개인의 비판적 사고를 마비시키고 있다. 진리의 추구로서 자유로운 지적 활동이 설 자리는 갈수록 협소해지고 있는 것이다.

문제는 지식이 경제적 효용가치에 집중됨으로써 수반되는 사회적 부작용이다. 일각에서는 현대사회는 시장경제에 기반을 두고 있고, 따라서 연구나 교육도 거기에 초점을 맞추는 것은 당연하다고 생각하는 듯하다. 그렇지만 현대는 불확실성의 시대, 복잡사회, 위험사회 등으로 묘사된다. 현대사회에서는 많은 문제들이 서로 긴밀하게 연관되어 있으며, 따라서 경제도 독자적으로 존재할 수 없다. 그와 함께 그에 대한 의식적인 제어가 이루어지지 못하고 있다. 지식에 관한 연구는 단순히 경제에 집중될 수 없는 것이다.

마지막으로 제기하고자 하는 것은 포괄적인 중국연구 일반과 관련된다. 최근 중국연구 동향을 보면 개인적 차원의 연구는 갈수록 주변화(周邊化)되고 있다. 거대자본이나 국가권력에 기대지 않으면 지속적인 연구가 이루어지기 힘든 구조인 것이다. 자본과 국가에 대한 의존이 직접 학문적 자율성을 제약하는 것은 아니라고 할지 모른다. 그럼에도 연구의 구체적인 내용은 아니더라도 아젠다의 설정과 같은 틀은 크게 영향을 받지 않을 수 없다. 학문의 진흥이나 연구의 지원이라는 수사 (修辭)로 포장되고 있지만, 궁극적으로는 시장의 진출과 국가의 이해를 위한 목적으로 학문이 동원되고 있다.

이러한 반성이 정부지원 연구의 서문에서 언급되는 것이 적절하지 않을 수 있다. 그럼에도 한번 생각해볼 필요는 있다고 본다. 사실 중국은 지식과 지식인이 그러한 사회적 현실에서 자유롭지 못하였던 과거를 갖고 있고, 지금도 다시 반복하고 있다. 사회주의 시기 지식이 오랫동안 정치권력의 시녀로서 기능하였고, 최근에는 그와 더불어 자본과 시장의 논리에 지배당하고 있다. 이미 그것의 정치적인 결과는 사회주의의 파행에서 명백하게 드러났다. 지식이 권력의 시녀가 되었을 때, 그 권력은 제어되지 못하였다. 마찬가지로 지식이 경제적 논리에 종속되는 상황에서 사회구성원의 자유로운 선택은 담보되지 못할 수밖에 없고, 그저 구조적인 힘에 종속될 수밖에 없다.

이러한 문제의식을 이 글의 모든 필자들이 공유한다고 생각되지는 않는다. 그럼에도 그 온전한 실현 여부를 떠나 지식 추구의 목적은 자연과 사회에 대한 이해를 통해 인간에 의한 선택 가능성을 확대하는데 있음은 부인할 수 없다. 이 글이 해당 문제에 대한 정답은 아니더라도 그것을 곱씹어 볼 수 있는 계기가 되기를 바란다.

김영진
(국민대 중국인문사회연구소 소장)

목 차

01

二十世纪八十年代末以来上海史研究概述
——以上海学术界为中心

● 葛涛 ●

Ⅰ. 前 言

自1843年开埠以来，历经清末、中华民国，直至进入中华人民共和国，上海在中国近代史上拥有着独特而重要的地位，对于推动中国社会进入近代化的历史进程发挥了巨大作用。这样一座在近代史上融会中西、大放异彩的国际都会，自清末以来就汇聚了中外人士关注的目光，研究的兴趣。记述上海事情的各类书籍陆续问世。但是清末民初有关上海的书籍，多以记述、描绘为主，以趣味性、猎奇性居强，学术性并不突出。三十年代之后，在中外各界的努力之下，上海研究成果丰富，专业性、学术性得到了很大提高。中华人民共和国成立后至改革开放前，历史学研究被纳

* 上海社科院 历史研究所.

入意识形态领域，上海史也不能例外。1978年末改革开放以来，随着国家形势的变化，学术界得到了以往所未有的发展机遇。在这样的背景下，上海史的研究也取得了重大进展，尤其是自上世纪八十年代末以来，更可谓迎来了一个全新的局面。以上海为中心，诞生了一批高水平的学者，优秀的学术成果，以及学术机构。尤为值得一提的是：上海史研究早已不是上海、中国史学界的"专利"，而是成为很多国外学者的研究选项。上海史研究的国际连带业已形成。进入二十一世纪迄今，上海史研究势头未减，角度更多元，资料更丰富，观点更新颖、精辟。

Ⅱ. 学术著作概要

通论性著作

《上海史》，唐振常主编，上海人民出版社1989年出版。全书共27章，85.5万字。这是由中国学者撰写的首部比较完整的上海史著作，叙事上自有文字记载的历史，下迄1949年5月国民党政权撤离。对政治、经济、社会、文化等领域内发生的重大事件均有论述，并对上海历史的阶段进行了划分。本书比较充分地论述了近代以来租界对上海社会进步产生的复杂影响，对于租界演变、外侨生活、帮会特点、西学传播等进行了深入研究。熊月之等学者承担了本书主要的撰写工作。

《近代上海城市研究》，张仲礼主编，上海人民出版社1990年出版。全书共20章，84.6万字，分经济、政治与社会、文化三篇。其中，经济篇论述了上海经济的近代化历程，包括内外贸易、交通、金融、工业、房地产业等对上海城市发展的影响，以及近代上海工商团体的变化。政治与社会篇研究了近代上海政治制度的演变、市政管理特点、各种政治势力展开的活动、市民群体特点、劳资关系、帮会与社会的关系等问题。文化篇研究了开埠以前的上海文化、开埠以后西方文化在上海的传播、中西文化的冲突与交融、大众文化的特色、海派文化等问题。本书所用资料翔实，分析、论述深入透彻，具有较高的学术价值。

《上海通史》，熊月之主编，上海人民出版社1999年出版。本书为上海市哲学社会科学"九五"规划重点课题研究成果，也是上海人民出版社为向中华人民共和国建国五十周年献礼而推出的重点书目。这是一部以上海为专题的大型城市通史，共15卷，约600万字，为迄今海内外有关上海史的著述中规模最巨者，在上海史研究中具有划时代的意义。《上海通史》所记述的内容，上起约6000年前的淞泽文化时期，下至当代的1997年。全书15卷分别为"导论"、"古代"、"晚清政治"、"晚清经济"、"晚清社会"、"晚清文化"、"民国政治"、"民国经济"、"民国社会"、"民国文化"、"当代政治"、"当代经济"、"当代社会"、"当代文化"、"附录"，各卷作者以上海社会科学院历史研究所的学者为主。《上海通史》获得第5届上海市哲学社会科学优秀成果奖、著作一等奖，第5届国家图书奖。

《上海：一座现代化都市的编年史》，熊月之、周武主编，上海书店出版社2007年1月出版。全书分21章，此外包括言、后记、附录，约75万字，作者均为上海社会科学院历史研究所从事上海史研究的学者。本书从社会需要、学术研究的角度出发，是一部史实准确、文字简明、篇幅适中的知识性读物，集科学性、可读性、实用性于一体，可作史书读，可作教材用。

专题性著作

《旧上海人口变迁的研究》，邹依仁著，上海人民出版社1980年出版。

虽然篇幅有限，却具有较高的学术价值。本书分为7章，分别论述了鸦片
战争以前上海的人口、鸦片战争以后上海地区的人口分布与人口密度、
人口职业分析、人口性别分析、年龄与婚姻情况分析、出生率与死亡
率、外国人人口变迁等问题。书后收录58份有关上海人口情况的各种统
计表。

《上海：从开发走向开放(1368—1842)》，张忠民著，云南人民出版社
1990年出版。本书以商品经济的演变作为论述主线，按生产、流通、分
配、消费的逻辑次序，对明清时期上海地区农业、手工业生产的发展变
化，商品流通的增长和市场的扩大，商人与商业资本的活跃，航运业与港
口、码头的发展，城镇的繁荣与其经济功能的增长，财富分配及社会各阶
层经济生活的变化，明清时期上海地区社会经济发展特点及其在全国的地
位、作用。本书运用多种方志、笔记史料，并整理了多种表格，致力于对
各历史时期的经济、社会问题进行数量化分析。

《上海总商会史(1902—1929)》，徐鼎新、钱小明著，上海社会科学院
出版社1991年出版。本书根据档案以及其他资料，对总商会的产生、组
织形式、重要成员的身份、在重大政治事件中的表现、与国民政府的关
系、在上海社会中扮演的角色等问题进行了分析、论述。

《上海近代经济史》(第一、二卷)，丁日初主编。第一卷22章，59万
字；第二卷14章，41.7万字。上海人民出版社分别于1994年、1997年出
版。第一卷涉及的历史时段为1843至1894年，第二卷为1895至1927年。本
书论述了开埠前的上海经济、开埠以后的对外贸易、洋行与买办、外资
企业、商业航运业、金融业、房地产业、市政建设、农业、手工业，以
及江南制造局、轮船招商局、机器织布局、电报局、民族资本主义工

业、上海资产阶级的社会组织和政治态度、工人阶级状况与工运等问题，采取分段论述的方式，是当时最为全面、翔实的上海经济史著作。

《上海近代工业史》，徐新民、黄汉吾著，上海社会科学院出版社1998年出版。本书以1843年上海开埠为始，下至1949年5月中国共产党接管上海，按上海工业发展的历史顺序分为三编九章，以上海如何迅速发展成为全国工业中心为研究主线，着重论述上海工业形成和发展的社会政治经济背景，各时期工业发展的趋势，以及外国资本工业、官僚资本工业，民族资本工业之间消长变化的特点及其相互关系，借以探讨近代上海工业发展的历史轨迹。作为本书的一个特点，在正文之后附有棉纺、缫丝、毛纺，面粉、卷烟、造纸、火柴、制药、机器、电力等重要行业的　21份统计数据表，首次对1895、1911、1925、1936、1947年等各个重要历史年份的上海工业产值作了统计估量。

《上海，1862年》，于醒民著，上海人民出版社1991年出版。全书4章，34.5万字。本书的特色在于以1862年这一特定年份为切入点，较为深入地研究了上海开埠后最初二十年的社会状况；细致入微地剖析了上海道台、买办与西人之间的关系，李鸿章的崛起与上海的关系，以及王韬、李善兰、蒋敦复等文化人的心态。

《近代上海人社会心态(1860—1910)》，乐正著，上海人民出版社1991年出版。本书研究了近代上海的重商思潮，以及城市社会的移民心态、通俗文化。对于史料广征博引，分析细致缜密，是一部研究上海移民社会心态的开拓性著作。

《上海俄侨史》，汪之成著，上海三联书店1993年版。全书分3卷27章，

60.9万字, 详尽地论述了俄罗斯侨民在上海的历史演变、分布情况、社会组织、职业特点、生活状况、俄罗斯文化对近代上海城市的影响等。书中所引资料极为翔实。

《从上海发现历史——现代化进程中的上海人及其社会生活, 1927—1937》, 忻平著, 上海人民出版社1996年出版。全书分7章, 46.5万字。作者通过研究1927—1937年这一特定时期上海的人口、社会结构、社会人格、生活方式、城市建筑与空间、城市文化等问题, 尝试建构起"全息社会史观"理论框架, 找寻诠释"现代中国社会缩影"的途径。

《明清时期上海地区的著姓望族》, 吴仁安著, 上海人民出版社1997年出版。全书分10章, 51.3万字。本书以方志、族谱、家乘、年谱、杂记等为依据, 对明清时期上海地区三百余家著姓望族的来源、兴衰等进行了细致研究, 简要介绍了代表人物的业绩, 综合分析了著姓望族与区域社会之间的相互关系。

《近代上海黑社会研究》, 苏智良、陈莉菲著, 浙江人民出版社1991年出版。本书为中国社会史丛书之一种, 分5章, 研究了近代上海黑社会的成因及其内部情况, 指出黑社会即地下社会, 主要指秘密从事卖淫、盗窃等非法活动的社会集团, 大规模有组织地从事犯罪行为的社会恶势力, 是犯罪集团的联合体。

《上海中西交汇里的历史变迁》, 袁燮铭著, 上海辞书出版社2007年出版。全书分11章, 此外包括序、后记, 并附"孙中山的民族主义思想及其实践对两岸关系的启示"、"安得海生平事迹考异", 24.3万字。收录了作者从事中国近现代史研究的著述, 因其大多与上海史有关, 故以上海命名。

内容主要包含了晚清上海各租界政权运作机制以及上海的政治、经济、文化风俗。

《上海工人运动史》(上、下卷)，沈以行、姜沛南、郑庆声主编，辽宁人民出版社1991年、1996年出版，上卷47.5万字，下卷60万字。全书叙事始于1840年鸦片战争爆发，止于1949年5月中共接管上海，系统地研究了近代上海工人的社会生活与政治运动。

《上海百年建筑史》，伍江著，同济大学出版社1997年出版，20万字。本书从建筑特点出发，将近代上海建筑史分为1850—1899年、1900—1919年、1920—1949年三个阶段，依次论述了近代上海早期建筑与建筑设计，近代建筑业的发展，近代建筑的盛衰、近代上海建筑设计思潮与建筑特征。本书内容中有不少为常人所罕知，对于理解近代上海"万国建筑博览会"的特点极有助益。

《上海近代文学史》，陈伯海、袁进主编，上海人民出版社1993年出版。全书叙事自1840年始，下迄1919年五四新文化运动，分3编17章，38.9万字。分别论述、研究了上海都市文学的特征，近代上海诗文、小说、戏剧的发展史。

《上海文学通史》(上、下卷)，邱明正主编，复旦大学出版社2005年出版。全书分为4编31章，另有绪言、后记，共103万字，依序分别从古代、近代、现代、当代4个历史时段详尽论述了上海地区文学的发展历程。本书问世后，在文学史界产生了极大的影响，引发了一些学术讨论。

《上海新闻史(1850—1949)》，马光仁主编，复旦大学出版社1996年出版。全书分11章, 79万字。本书吸收了当时新闻学界的最新研究成果, 公开了许多罕为人知的新史料；论述了近代上海新闻业的发展历程, 繁荣一时的各种原因, 新闻业与政治、经济、社会的关系, 不同时期报人的职业生活、社会地位。

《上海外国文化地图》, 上海锦绣文章出版社2010年出版。这套丛书记录了自上海开埠到今, 各国文化在上海发生、发展、以及与中国本土文化相互交融的精彩场面, 展现上海作为国际文化交流中心的独特魅力。丛书分为8册, 包括《上海的美国文化地图》(熊月之、徐涛、张生著)、《上海的英国文化地图》(熊月之、高俊著)、《上海的法国文化地图》(马学强、曹胜梅著)、《上海的俄国文化地图》(汪之成著)、《上海的日本文化地图》(陈祖恩著)、《上海的韩国文化地图》(金光载著)、《上海的犹太文化地图》(王健著)、《上海的德国文化地图》(吕澎、王维江著)。除中文版之外, 各分册已相应出版了英、法、德、韩等外文版。

《上海城市社会生活史》, 《上海城市社会生活史丛书》编纂委员会主任熊月之, 上海辞书出版社出版, 2011年出齐。丛书由25部构成, 共800万字, 分别为《异质文化交织下的上海都市生活》(熊月之著)、《上海社会与文人生活(1843—1945)》(叶中强著)、:《上海报人社会生活(1872—1949)》(王敏著)、《近代社会变迁中的上海律师》(陈同著)、《近代上海职员生活史》(江文君著)、《出入于中西之间：近代上海买办社会生活》(马学强、张秀莉著)、《青春飞扬——近代上海学生生活》(施扣柱著)、《上海工人生活研究(1843-1949)》(宋钻友、张秀莉、张生著)、《上海女性自杀问题研究(1927—1937)》(侯艳兴著)、《上海游民改造研究(1949—1958)》(阮清华著)、《同乡组织与上海都市生活的适应》(宋钻友著)、《上海政商互动研究(1927—1937)》(白华山著)、《上海日侨社会生活史(1868—1945)》(陈

祖恩著)、《上海犹太人社会生活史》(王健著)、《近代上海俄国侨民生活》
(汪之成著)、《具像的历史——照相与近代上海社会生活》(葛涛、石冬
旭著)、《唱片与近代上海社会生活》(葛涛著)、《上海粮食计划供应与市
民生活(1953—1956)》(汤水清著)、《近代上海城市公共空间(1843-1949)》
(王敏、魏兵兵、江文君、邵建著)、《辛亥前后上海城市公共空间研究》
(瞿骏著)、《上海居，大不易——近代上海房荒研究》(张生著)、
《近代上海饭店与菜场》(唐艳香、褚晓琦著)、《舞厅·市政——上海百年
娱乐生活的一页》(马军著)、《近代上海闸北居民社会生活》(张笑川著)、
《非常与正常——上海"文革"时期的社会生活》(上、下卷，金大陆著)。
"上海城市社会生活史"是上海市哲学社会科学规划项目，立项于2001年；
2009年升格为上海市哲学社会科学规划重大项目；获得上海市第十一届
哲学社会科学优秀成果奖著作二等奖。

Ⅲ. 工具类书籍及地方史志

工具类书籍

二十世纪八十年代以来,随着上海史研究的不断扩展、深化,有关上
海史的工具书陆续问世, 在社会各界产生了重大影响。此类工具书主要
包括大事记、辞典等。

《近代上海大事记》,汤志钧主编,上海辞书出版社1989年出版, 125.8
万字。全书由上海社会科学院历史研究所学者编写, 对上起1840年、下
迄1918年的城市大事, 逐年、逐月、逐日予以记载。另附上海职官表、
外国驻沪领事表等多份表格。

《现代上海大事记》，任建树主编，上海辞书出版社1996年出版，142.3万字。全书由上海社会科学院历史研究所学者编写，记事上起1919年、下迄1949年5月。另附上海行政官员年表、公共租界工部局董事名录、法租界公董局董事名录、上海县辖境情况变化表等。

《中共上海党史大事记》，中共上海市委党史资料征集委员会主编，上海知识出版社1988年出版，61.8万字。全书上起1919年、下迄1949年，以中国共产党在上海的活动为记事主线，涉及其他党派的政治活动，以及在沪发生的重大政治、经济、社会事件。

《上海方志资料考录》，上海师范大学图书馆编，1987年出版。全书分方志、专志两部分。方志部分详细考证、诠释了上海方志的情况，包括传统的上海县志，以及今属上海市行政版图的其他县份的县志，名目繁多的区志、镇志、乡土志。专志部分介绍关于上海的各种史料，包括地图、书目、掌故等。

《上海词典》，吴申元等主编，复旦大学出版社1989年出版。全书共147.3万字，分市政、经济、文化、政治、军事、人物、书籍报刊、名胜游乐、土特名产与方言习俗等篇。

《上海文化源流辞典》，马学新、曹均伟、薛理勇、胡小静主编，上海社会科学院出版社1992年出版。全书共收录条目3700余，涉及文学、艺术、戏曲、电影、教育、宗教、科技、体育、卫生、新闻、出版、文博、图书馆、文化团体、娱乐、风俗等方面。书后附有方言释义、市区旧今路名对照表、上海文化源流大事记。

《老上海名人名事名物大观》，熊月之主编，上海人民出版社1997年出版。全书收录条目2200余条，涉及1840年以后、1949年以前上海著名的人物、事件、事物。所收名人条目中，除了众所周知者外，还包括诸多现今鲜为人知、历史上却颇为知名的人物。所收名事名物，范围广泛，举凡海派风情、奇闻趣事、著名学府、特色建筑、选举"市花"、社会案件等均有收录。书后附"上海主要道路旧新路名对照表"、"近代上海主要电影院、剧场、舞厅一览表"、"近代上海俗语、俚语、洋泾浜话简释"。

《上海名人名事名物大观》，熊月之主编，上海人民出版社2005年出版。本书由上海社科院历史研究所学者在《老上海名人名事名物大观》的基础上，修改补充编撰而成。原书仅限于1949年以前的范围，而不能满足社会对现在上海的关切与了解。本次修改稿，书名改为《上海名人名物大观》，增加了1949年以后的精彩内容，使之更能反映上海的全新整体面貌，包括近年上海发生的巨大变化以及新事物，更能满足众多读者的需要。同时，对原书中的一些偏僻冷门内容作了删除，如一些发行量较少影响也不大的杂志及文艺作品等。

《上海大辞典》，王荣华、熊月之主编，上海辞书出版社2008年出版。全书分为3册，逾700万字。作为上海市哲学社会科学规划重点项目，有约200位学者参与编纂，历时8年完成。这是迄今为止规模最大的关于上海的"百科全书"。全书内容上起上海地区成陆、出现居民时期，下至2006年；涵盖政治史、经济史、军事史、思想史、文化史、教育史、科技史、民族史、宗教史、法律史等各个领域；分为地理、政治、经济、社会、文化、人物等6篇；收词近2万条；收录图片2000余幅。此外，《上海大辞典》还配有颇具史料价值的上海历史地图20幅，包括从嘉庆年间开始的不同时期上海地图、上海租界不同时期分区图、规划图。以古今地图对照，可以直观地看出上海城市演变轨迹。

地方史志

二十世纪八十年代以后，在中央政府的统一部署下，包括上海在内，全国各地重新启动了地方史志的修纂工作。上海市成立了地方志编纂委员会和办公室，各区县也成立了相应的方志编纂机构。虽然自八十年代以来，上海区县设置数次调整，但是各区县史志的编纂工作却进展顺利。截至目前，已出版《徐汇区志》、《长宁区志》、《普陀区志》、《闸北区志》、《杨浦区志》、《虹口区志》、《上海市虹口区志(1994—2007)》、《黄浦区志》、《黄浦区续志》、《南市区志》、《南市区续志》、《卢湾区志》、《卢湾区志(1994—2003)》、《静安区志》、《吴淞区志》、《闵行区志》、《上海县志》、《嘉定县志》、《嘉定县续志》、《宝山县志》、《川沙县志》、《川沙县续志》、《松江县志》、《金山县志》、《青浦县志》、《南汇县志》、《南汇县续志》、《奉贤县志》、《奉贤县续志》、《崇明县志》。在专业志出版方面，已出版各类专业志118部，内容涵盖了上海城市发展的几乎所有重要领域。此外，《上海通志》也于2005年由上海人民出版社与上海社会科学院出版社联合出版，这是上海历史上首次出版的通志。《上海通志》分46卷，装订成10册，1083.6万字，具有较高的资料性、实用性、学术性。它的问世，标志着从上世纪八十年代以来上海重新修订地方史志的工作取得了圆满成功。

IV. 对海外研究成果的翻译、介绍

海外学术界对于上海史的研究，主要集中在美国、日本、欧洲的学术界。民国时期，海外对于上海的研究就已颇为兴盛。但是1949年以后，

受到中国与西方政治关系的影响，西方学术界对于上海的研究一度较为疏落。上世纪八十年代以来，在中国改革开放的潮流下，中国与世界的交流日益密切；而上海在改革开放中重现生机与活力，对中国以至于世界的未来发挥的作用愈益重要。在这种历史背景下，海外学术界对于上海史的研究再次升温，诞生了一些优秀的学者及其学术成果。对此，上海学者反应迅速，积极进行翻译、介绍，从而有力促进了国际学术交流，推动了上海史研究的国际化进程。

其中，尤以上海社会科学院历史研究所主持引进并翻译、由上海古籍出版社于2003年末至2004年中陆续出版的"上海史研究译丛"最有影响。译丛包括11本近期优秀国外上海史著作的中译本，兼具可读性和学术性。海外学者以独特视角、独有材料和独到见解，对上海历史作出了有别于以往的解读，内容涉及近代上海道台、警察、妓女、工业家、侨民、同乡会、救火会、苏北人等众生相。此外，译丛还包括对国外上海史研究进行综合性论述的《海外上海学》，以及论文集《上海的外国人 1842—1949》。书目简介如下：

《上海歹土——战时恐怖活动与城市犯罪 1937—1941》，[美]魏斐德著，芮传明译，上海古籍出版社2003年出版。"歹土"是指近代上海市区西部(通称"沪西")歹徒出没之地。1937年至1941年，日本占领军当局、汪精卫傀儡政权、外国租界当局、国民政府等各种政治势力在上海形成复杂、紧张的关系。沪西"歹土"由此经常发生暗杀等恐怖活动，又整日充斥着赌博等城市犯罪行为。本书以独特的视角、翔实的材料、深入浅出的语言，生动地再现了上海这一段特殊而又艰难的岁月。

《上海警察 1927—1937》，[美]魏斐德著，章红、陈雁、金燕、张晓阳译，上海古籍出版社2004年出版。本书较为完整地再现了上海旧警察的历史，既动态地分析了它的来龙去脉，又深入地探讨了国民政府上海警政最终走向失败的深层原因，并从警政的角度揭示了上海城市的复杂性。

《上海妓女——19—20世纪中国的卖淫与性》，[法]安克强著，袁燮铭译，上海古籍出版社2003年出版。这是一本有关中国妓女史和性学史的研究专著。本书以丰富的中、西文报刊、档案资料和著述为依据，对近代上海的卖淫和妓女问题作了全面系统的探讨。从剖析高级妓女的活动空间和生存状况入手，对近代上海的卖淫市场、卖淫场所及由此产生的性经济进行了深入的考察。此外，本书还对近代历届上海政府管制妓女的失败及当时民间团体对妓女的救助进行了分析、阐述。

《1927—1937年的上海》，[法]安克强著，张培德译，上海古籍出版社2004年出版。本书以1927至1937年的上海市政府为对象，探讨市政府创立和运作的政治和社会环境，可采用的人力和财力资源及其实施市政的成败得失，试图将之作为特例，了解国民党政权下一个市政府的运作情况。

《近代上海的公共性与国家》，[日]小滨正子著，葛涛译，上海古籍出版社2003年出版。本书以"社团"为中心，以上海的城市社会为舞台，对中国近代地区社会的结构及其公共性的特点，以及国家与社会的关系作了考察。认为从帝制时代后期开始，"社团"便根植于中国社会，成为人们生活中相互进行结合的基础。在近代上海，"社团"除了在城市居民的日常生活和工作中起作用之外，还成为民族运动得以发展的基础，而且担负着城市社会的公共职能，支持了近代上海的城市发展。近代上海的公共性，便在"社团"的活动中培育、发展起来。

《魔都上海——日本知识人的"近代"体验》，[旅日]刘建辉著，甘慧杰译，上海古籍出版社2003年出版。在明治维新前后的日本知识人眼中，上海是什么样的呢？本书在进行了详尽的考察后，得出结论：明治维新前，上海对于日本而言既是大量西方信息传入的"中转站"，又是日本朝向欧美、走向近代的距离最近的入口；而明治维新以后，上海对于日本来说只是扩张到大陆的"基地"，以及众多梦想"脱离日本"的日本人的一个距离最近的"冒险家乐园"。

《霓虹灯外——20世纪初日常生活中的上海》，[美]卢汉超著，段炼、吴敏、子羽译，上海古籍出版社2004年出版。本书作者以美籍上海人的特殊感触，在大量史料的基础上，生动、翔实地论述了20世纪初上海城市生活的诸多方面，描绘了一幅城市日常生活的真实图景。

《苏北人在上海 1850—1980》，[美]韩起澜著，卢明华译，上海古籍出版社2004年出版。本书以上海苏北人作为个案，探讨了原籍是如何逐渐成为汉族内部界定族群身份的依据，解释了籍贯任何构筑社会等级、导致社会对立的问题。

《上海道台研究》，[中国香港]梁元胜著，陈同译，上海古籍出版社2004年出版。本书对1730年至1911年共80位上海(苏松太)道台的资料进行了分析，考察了上海道台制度的运行和演变，从而得出两个结论：一、晚清政府在回应急剧变化的环境和局势时，并不是近代化和改革创新的障碍，而是具有一定的灵活性和适应性；二、作为清政府中层官员的上海道台，担当着一个"联系人"的角色，他联系着东方与西方、传统与现代、文化与商业、精神与物质、精英与大众，起着不可或缺的作用。

《家乡、城市和国家——上海的地缘网络与认可》，[美]顾德曼著，宋钻友、周育民译，上海古籍出版社2004年出版。本书对近代上海各移民群体的情况进行了分析，论述了移民群体从家乡认同走向城市认同、国家认同的过程。

《移民企业家》, [英]黄绍伦著, 张秀莉译, 上海古籍出版社2003年出版。本书探讨了只占香港总人口4%的上海移民如何推动香港工业化进程, 并在工业领域、特别是纺织工业领域, 创造了辉煌的业绩。此外还论述了上海人的移民方式, 他们带来的技术和资金, 他们的商业观念和管理模式, 家庭主义、地域观念和竞争策略等。

《上海的外国人 1842—1949》, 熊月之、马学强主编, 上海古籍出版社2003年出版。本书包括国内上海史学者精选海外学者研究开埠后百年间来沪外侨的论文计15篇, 涵盖英、美、法、日、葡、德、俄、印等国侨民, 关乎他们的政治、经济、文化状况, 内中不乏文学性较强的篇章。

《海外上海学》, 熊月之、周武主编, 上海古籍出版社2004年出版。本书分"现状和趋势"、"名著解读"和"名家剪影"三编, 分别就海外上海学的研究概况、主要著作和重要学者作了全面、细致的介绍和评析, 并且还附有海外上海学著作目录、论文目录、英文博士论文目录。

自2010年起, 上海社会科学院历史研究所与上海辞书出版社合作筹划"中国城市史译丛"项目, 选择十余种国际学术界有关中国城市史的优秀论著, 计划于数年内陆续翻译、出版。

V. 主要上海史研究平台

自20世纪80年代以来, 国内外学术界对于上海史的研究持续升温, 具有影响力的学者、优秀成果迭出, 上海史开始成为一门独立的学科。在这种情况下, 以上海历史学界为主, 国内学术界开始形成专门的上海史研究机构。而上海社会科学院历史研究所, 则引领了潮流之先。

上海社会科学院历史研究所 自1956年建所伊始起，历史所的主要任务之一就是开展对于上海城市史的研究。在"文化大革命"以前，已编写、出版了一批以近代上海革命史为主要内容的资料汇编。自80年代以来，形成了以熊月之为首的上海史研究团队，陆续推出了若干重大学术成果，在国内外产生了较大的学术影响(详细情况见前文)。以上海城市史被列为上海社会科学院重点学科为标志，上海史正式成为独立学科。2005年至2009年，历史研究所承担国家社科基金项目、上海市哲社规划项目共36项，其中国家级项目19项，大多选题与上海史、城市史研究有关。在共同的上海史研究中，历史研究所与海外学术界建立了广泛的联系，与美国加州大学伯克利分校东亚研究所、哈佛大学费正清研究中心、康乃尔大学历史系、德国海德堡大学汉学研究所、哥廷根大学汉学研究所、日本上海史研究会、韩国国民大学、香港中文大学等机构和有关学者，建立了相对固定的合作关系，多次联合召开学术讨论会，交流频繁。目前，历史研究所的上海史研究，正努力试图将视野扩展至中国城市史范围。

复旦大学上海史研究中心、上海史国际研究中心：数年前，复旦大学历史系相继成立了上海史研究中心及上海史国际研究中心。这些机构的设立，推动了上海史研究的进一步发展。尤其是2013年设立的上海史国际研究中心，以熊月之为主任，旨在进一步推动上海史研究的国际交流。目前，上海史国际研究中心的学术刊物《上海史国际论丛》第一期即将出版，网站(http://shanghaistudies.fudan.edu.cn/index.aspx)也已开通。

上海师范大学都市文化研究中心：该中心副主任苏智良多年来专攻近代上海城市史、近代上海黑社会史及毒品史。在都市文化研究中心的学术项目中，专门辟有"都市上海"专题，涉及包括城市史、都市文化、现代城市社会热点等多方面的上海研究。2010年，由苏智良主编的《上海历史人文地图》由上海人民出版社出版。该成果以全新的地图形式，全方位立体地再现了上海的历史文化发展进程，对传承上海城市文脉具有重要的推动作用。

VI. 结语：回顾与展望

自改革开放以来，在国内外学术界的积极投入、相互呼应之下，上海史研究始终保持着较高的"温度"。形成这种状况的深层次背景，是上海在中国近代史上所拥有的独特而重要的地位。自1843年开埠以来，上海一直走在中国开放的前沿，引领着近代化的历史潮流。无论是清朝末年的开埠，还是民国时期近代城市社会的成熟，或是二十世纪九十年代对浦东的开发，以至于目前出台不久的上海自贸区规划，都无庸置疑地论证了这一点。上海由此成为近代以来世界关注中国的焦点之一，理解上海，即意味着在很大程度上理解了近代中国；读懂上海史，也意味着读懂了中国近代史之中相当重要的内容。

上海史发展成为中国史的一门独立学科，经历可谓曲折。开埠以后，中外人士解析、介绍上海的文章、著作不断问世。清末及中华民国初年，以指南、游记等为主，偏重于介绍、描述，文笔生动、脍炙人口者众，猎奇性、趣味性强，学术性弱。开埠以后，上海从东南一隅迅速走向中国对外交往、经济、文化的中心舞台，各色中外人士聚集于此，意图寻找自己的人生机遇。此类文章、著作遂应运而生。民国中叶、南京国民政府成立后，在上海设置了特别市政府。由于定都南京，政治中心南移，上海在中国历史上首次与中央政治的联系变得如此紧密。在国民党统治中国时期，上海的政治地位显著提升。除了近代以来传统的中西交汇、经济、文化中心之外，亦成为南京之外另一个特殊的政治中心。这种情况也促使对上海的研究出现了一个新的局面。例如20世纪30年代，柳亚子等曾筹备创设上海通志馆，以加强对上海地方资料的搜集、整理。又例如同一时期，日本发动侵略中国的战争，上海曾作为重要的战场。为了使侵略、占领更为顺利，日本有关方面也对上海各方面的情况进行了细致、深入的调查研究，留下了一些有价值的资料。然而国民政府统治时期，内忧外患不断、战乱频仍，对于上海的研究，也未提升到学术高度。

中华人民共和国成立之后，在政府的推动下，历史学界开始了对上海史的系统研究工作。1956年，上海社会科学院历史研究所的前身——中国科学院上海历史研究所成立。它的主要使命，就是开展上海史研究。然而改革开放之前，历史研究是政治意识形态工作的一部分。因此"文化大革命"之前，中国科学院上海历史研究所的上海史研究是以所谓"革命史"为中心开展的。虽然搜集、整理和出版了一些颇有价值的近代上海工人运动、职工运动，以及中共领导的革命活动的资料，为此后进一步的研究创造了基础，但是上海史研究并未真正开展起来。"文化大革命"期间，中国科学院上海历史研究所被解散，所有学术活动被迫中断。

学术意义上的上海史研究，形成于改革开放、尤其是90年代之后。在这方面，上海社会科学院历史研究所起到了引领学术潮流的作用。以上海学术界为中心，在国内外学术界的共同推动下，上海史研究自80年代起蓬勃发展，进入90年代、21世纪，已形成真正意义的学术研究。主要表现在：一、形成了独立的学科体系。二、诞生了为数众多、具有影响力的优秀学术成果。三、形成了较为稳固的国际学术交流渠道。四、诞生了一批基础稳固、持续发展的学术平台及其团队。具体情况，前文已有论述。

目前，上海史研究的学科发展进入了一个新的阶段。学科研究的重点正在发生转变，新的标志性学术项目业已得到立项并开始启动。其中最新、最重要的事件当属新修《上海通史》。它作为上海市政府设立的重大项目，由市政府交由上海社会科学院历史研究所负责撰写完成，熊月之任主编，于2013年9月正式启动。《上海通史》(新修)拟分为30卷，总计约1200万字，至2018年全部出齐。与1999年版《上海通史》相比，《上海通史》(新修)具有四个方面的特点。第一，范围更广。1999年版在近代以前以上海县为主，近代以后以上海城市为主。《上海通史》(新修)则涵盖现今上海市行政区全部，包括近代以前不属于上海县的松江、青浦等地，也包括近代以前不属于松江府的嘉定、宝山、崇明等地。第二，时间更长。1999年版叙事下限为1997年，新修则下延至2010年。第三，内容更全。近代上海城市的主体部分是租界，城市的设计、建设、管理以及城市的社会组织、法制体系大多是在西方文化主导或影响下进行的，研究上海史必须重视这方面的内容。第四，学术性更强。最近十余年以来，海内外学术界对上海史的研究有重要推进，英文、法文、日文等原始资料均有重要发现。《上海通史》(新修)将尽最大可能吸收国际、国内学术界的研究成果，体现时代水平。可以期待，新修《上海通史》将带动上海史研究进入一个新的阶段。

|参考资料|

《上海通史》"导论"，熊月之著，上海：上海人民出版社1999年版。

上海社会科学院历史研究所网站：http://www.sass.org.cn/lsyjs/index.jsp

上海市地方志办公室网站：http://www.shtong.gov.cn/

复旦大学上海史国际研究中心网站：http://shanghaistudies.fudan.edu.cn/
    index.aspx

此外，本文写作过程中，得到了熊月之先生的大力指导；石冬旭教授也
    提供了帮助。

1980년대 말 이후 상하이 연구 개술
— 상하이 학술계를 중심으로 —

● 거타오葛濤 ●

Ⅰ. 서론

1843년 개항 이래 청조 말과 중화민국을 거쳐 중화인민공화국에 이르기까지 상하이는 중국 근대사에서 독특하고 중요한 위치를 차지했으며, 중국 사회를 근대화에 들어서게 하는 역사과정에서 커다란 구실을 했다. 이렇듯 근대사상 중국과 서양이 융합되어 이채로움으로 가득한 국제도시는 청조 말 이래 중외 인사들의 관심어린 시선과 연구의 흥미를 한데 모아왔다. 상하이 상황을 기술한 각종 서적들이 잇달아 출간되었다. 그러나 청조 말 민국 초에 출간된 상하이 관련 서적은 다수 기록이나 묘사 위주로 되어 흥미성·자극성이 강했던 반면, 학술성은 그다지 두드러지지 않았다. 1930년대 이후, 중외 각계의 노력에 따라 상하이 연구의 성과가 풍부해졌고, 전문성과 학술성도 크게 향상되었다. 중화인민공화국 성립 후부터 개혁·개방 이전까지 역사 연구는 이데올로기 영역에 포함됐으며, 상하이사 연구 또한 예외가 아니었다. 1978년 말 개혁·개방 이래 국정이 변화함에 따라 학계는 전에 없던 발전 기회를

상해사회과학원 역사연구소

갖게 됐다. 이러한 배경 하에 상하이사 연구 또한 커다란 진전을 보았으며, 특히 1980년대 말 이후 완전히 새로운 국면을 맞이했다고 할 수 있을 것이다. 상하이를 중심으로 수준 높은 연구자들과 우수한 학문성과 및 학술기구가 출현했다. 더욱이 언급해야 할 것은, 일찍이 상하이사 연구가 상하이나 중국 사학계의 '특허'가 아니라, 해외의 여러 학자들에게도 연구 주제의 선택 항목이 됐다는 점이다. 21세기에 들어 오늘날까지 상하이사 연구의 열기가 주춤하기는커녕, 시각이 더욱 다양해지고 자료도 더욱 풍부해졌으며, 관점도 더욱 참신해지고 날카로워졌다.

II. 학술 저작 개요

• **통론성 저작**

탕전창(唐振常) 주편. 『상하이사(上海史)』. 상하이인민출판사(上海人民出版社), 1989.

이 책은 전체 27장, 85만 5천 자의 분량으로 구성돼 있다. 이는 중국학자가 저술한 상하이 역사서 가운데 처음으로 비교적 완전한 형태를 갖춘 저작으로, 서술 면에서 문자 기록이 있는 시대부터 1949년 5월 국민당 정권이 퇴각한 때까지 과정을 다뤘다. 정치·경제·사회·문화 등의 영역에서 일어난 중대한 사건들을 모두 기록하였고, 아울러 상하이 역사에 대해서도 시대 구분을 했다. 이 책은 근대 이래 조계가 상하이 사회의 진보에 미쳤던 복잡한 영향에 대하여 비교적 충실히 논했고, 조계의 변화나 외국인들의 생활, 방회(幇會)의 특징 및 서학의 전파 등에 대하여 깊이 있게 다뤘다. 슝웨즈(熊月之) 등이 이 책의 집필 작업을 담당했다.

장중리(張仲禮) 주편. 『근대 상하이 도시 연구(近代上海城市硏究)』.
상하이인민출판사(上海人民出版社), 1990.

　이 책은 전체 20장, 84만 6천 자의 분량으로 구성되었으며, 경제, 정
치와 사회 및 문화 등, 세 편으로 나뉘어져 있다. 그중 경제 편에서는
상하이 경제의 근대화 과정을 논했는데, 여기에는 대내외 무역, 교통,
금융, 공업, 부동산업 등이 상하이 도시 발전에 미친 영향 및 근대 상
하이 상공회 단체의 변화 등이 포함돼 있다. 정치와 사회 편은 근대 상
하이 정치제도의 변화, 시정 관리의 특징, 각종 정치세력의 활동, 시민
집단의 특징, 노사관계, 방회와 사회의 관계 등을 다뤘다. 문화 편은
개항 이전의 상하이 문화, 개항 이후 서양 문화의 전파, 중·서 문화의
충돌과 융합, 대중문화의 특색, 해파문화(海派文化) 등의 문제를 다뤘다.
이 책은 인용된 자료가 상세하고 확실할 뿐 아니라, 분석과 주장이 면
밀하여 학술적 가치가 비교적 크다.

│ 슝웨즈(熊月之) 주편. 『상하이통사(上海通史)』. 상하이인민출판사
│ (上海人民出版社), 1999.

　이 책은 상하이시 철학·사회과학 '9·5' 기획중점과제(上海市哲學社會科學
'九五'規劃重點課題)의 연구성과이자, 상하이인민출판사에서 중화인민공화
국 건국 50주년을 기념하여 출시한 중점 도서이기도 하다. 이 책은 상
하이를 전문으로 다룬 대규모 도시 통사로, 전체 15권으로 구성되었고,
그 분량은 약 600만 자에 달한다. 지금까지 중국 국내외의 상하이사 관
련 저술 가운데 규모가 가장 큰 것으로, 상하이사 연구에서 획기적 의
미를 갖고 있다. 『상하이통사』는 위로는 약 6천 년 전의 쑹쩌문화(淞澤
文化)시기부터 아래로는 당대인 1997년까지를 다뤘다. 전 15권은 각각
'도론' '고대' '청말 정치' '청말 경제' '청말 사회' '청말 문화' '민국 정치'

'민국 경제' '민국 사회' '민국 문화' '당대 정치' '당대 경제' '당대 사회' '당대 문화' '부록' 등으로 구성되었는데, 상하이사회과학원 역사연구소의 학자들이 중심이 되어 집필했다. 『상하이통사』는 제5회 상하이시 철학·사회과학 우수성과상, 저작1등상, 제5회 국가도서상을 수상하였다.

> 슝웨즈(熊月之)·저우우(周武) 주편.『상하이: 현대화 도시의 편년사(上海: 一座現代化都市的編年史)』. 상하이서점출판사(上海書店出版社), 2007.

이 책은 본문 21장 외에 언(言), 후기, 부록 등으로 구성됐으며, 그 분량은 약 75만 자에 달한다. 저자들은 모두 상하이사회과학원 역사연구소에서 상하이사 연구에 종사하는 학자들이다. 이 책은 사회적 수요와 학술 연구의 각도에서 이루어진 것으로, 사실(史實)이 정확하고 문장이 간결하며, 과학성·가독성·실용성 등이 한데 어우러져 교재로 사용하기에도 좋다.

• 전문 연구서

> 쩌우이런(鄒依仁). 『구 상하이 인구 변천 연구(舊上海人口變遷的研究)』. 상하이인민출판사(上海人民出版社), 1980.

내용이 많지 않지만, 학술적 가치는 비교적 높다. 이 책은 7장으로 나뉘는데, 아편전쟁 이전 상하이의 인구, 아편전쟁 이후 상하이 지역의 인구 분포와 인구밀도, 인구 직업 분석, 인구 성별 분석, 연령과 혼인상황 분석, 출생률과 사망률, 외국인 인구 변화 등으로 나누어 서술했다. 책의 뒷부분에는 상하이 인구 상황과 관련된 각종 통계 58개가 실려 있다.

장중민(張忠民). 『상하이: 개발에서 개방으로, 1368-1842(上海: 從開
發走向開放(1368-1842))』. 윈난인민출판사(雲南人民出版社), 1990.

상품경제의 변화를 중심으로 서술한 연구서다. 생산, 유통, 분배, 소
비의 순서에 따라 명청시기 상하이 지역의 농업이나 수공업 생산의 발
전과 변화, 상품 유통의 증가와 시장의 확대, 상인과 상업자본의 활약,
항운업과 항구 및 부두의 발전, 성진(城鎭)의 번영과 그 경제 기능의 성
장, 부의 분배 및 사회 각 계층의 경제생활의 변화, 명청시기 상하이
지역 사회·경제 발전의 특징 및 그 전국적 위상과 역할 등을 서술하였
다. 이 책은 각종 방지(方志)와 필기(筆記) 사료를 많이 활용함과 아울러
다양한 표로 정리하여 각 역사시기의 경제·사회문제를 계량화하여 분
석하는 데 힘썼다.

쉬딩신(徐鼎新)·첸샤오밍(錢小明). 『상하이 총상회사, 1902-1929(上
海總商會史(1902-1929))』. 상하이사회과학원출판사(上海社會科學院
出版社), 1991.

이 책은 당안(档案) 및 기타 자료에 근거하여 총상회(總商會)의 탄생, 조
직형식, 주요 성원의 신분, 중대한 정치적 사건에서의 입장, 국민정부
와의 관계, 상하이 사회에서의 역할 등을 분석하여 논했다.

딩르추(丁日初) 주편. 『상하이 근대경제사(上海近代經濟史)』. 상하
이인민출판사(上海人民出版社), 1994(1권), 1997(2권).

제1권은 22장, 59만 자의 분량으로 843~1894년까지를 다뤘다. 제2권
은 14장, 41만 7천 자의 분량으로, 1895~1927년까지를 다뤘다. 이 책은

개항 전 상하이 경제, 개항 이후의 대외무역, 양행(洋行)과 매판(買辦), 외
자기업, 상업·항운업, 금융업, 부동산업, 시정 건설, 농업, 수공업 및 강
남제조국(江南制造局), 윤선초상국(輪船招商局), 기기직포국(機器織包局), 전보
국(電報局), 민족자본주의 공업, 상하이 부르주아지의 사회 조직과 정치
적 입장, 노동계급의 상황과 노동운동 등의 문제를 시기별로 서술하였
다. 당시로서는 가장 전면적이고 상세했던 상하이 경제사 연구서다.

│ 쉬신민(徐新民)·황한우(黃漢吾). 『상하이 근대공업사(上海近代工業
│ 史)』. 상하이사회과학원출판사(上海社會科學院出版社), 1998.

이 책은 1843년 상하이 개항부터 1949년 5월 중국공산당이 상하이를
접수·관리하게 된 때까지를 다뤘다. 상하이 공업 발전의 역사를 시대
순에 따라 3편 9장으로 나눠 서술하였다. 상하이가 어떻게 신속하게
전국적인 공업 중심지로 발전할 수 있었는지를 연구의 주제로 삼았는
데, 상하이 공업의 형성과 발전의 사회·정치·경제 배경, 각 시기별 공
업 발전의 추세 및 외자 공업, 관료자본 공업, 민족자본 공업 간의 흥
망성쇠의 특징과 그 상호관계 등을 중점적으로 서술하여 근대 상하이
공업 발전의 역사적 궤적을 탐구하였다. 이 책의 한 가지 특징은 본문
의 뒷부분에 부가된 면방적, 제사, 모방적, 제분, 담배, 제지, 성냥, 제
약, 기계, 전력 등 주요 업종에 대한 21개의 통계로, 1895, 1911, 1925,
1936, 1947년 등, 중요한 해의 상하이 공업생산액에 대해 처음으로 통
계를 내어 실었다는 점이다.

│ 위싱민(于醒民). 『상하이, 1862년(上海, 1862年)』. 상하이인민출판
│ 사(上海人民出版社), 1991.

전체 4장, 34만 5천 자로, 이 책은 1862년이란 특정 연도를 천착해 들어가 상하이 개항 이후 처음 20년간의 사회상황을 비교적 깊이 있게 연구한 것이 특징이다. 상하이도대(上海道台), 매판과 서양인의 관계, 리홍장(李鴻章)의 부상과 상하이의 관계 및 왕타오(王韜)·리산란(李善蘭)·장둔푸(蔣敦復) 등 지식인의 심리 등을 세밀하게 분석했다.

웨정(樂正).『근대 상하이인의 사회심리, 1860-1910(近代上海人社會心態(1860-1910))』. 상하이인민출판사(上海人民出版社), 1991.

이 책은 근대 상하이의 중상사조(重商思潮) 및 도시 사회의 이민자 심리, 통속문화를 연구했다. 광범위한 사료를 엄밀하게 분석해 낸 이 연구서는 상하이 이민사회 심리에 관한 연구를 개척한 저작이다.

왕즈청(汪之成).『상하이의 러시아교민사(上海俄僑史)』. 상하이삼련서점(上海三聯書店), 1993.

전 3권으로, 27장 60만 9천 자의 분량이다. 상하이의 러시아 교민의 역사 변천, 분포 상황, 사회조직, 직업 특징, 생활 상황, 러시아 문화가 근대 상하이에 미친 영향 등을 상세하게 논하였으며, 인용된 자료가 매우 상세하다.

신핑(忻平).『상하이로부터 역사를 발견하다: 근대화과정 중의 상하이인과 그 사회생활, 1927-1937(從上海發現歷史: 現代化進程中的上海人及其社會生活, 1927-1937)』. 상하이인민출판사(上海人民出版社), 1996.

전 7장, 46만 5천 자로, 저자는 1927~37년간의 상하이의 인구, 사회구조, 사회 인격, 생활방식, 도시 건축과 공간, 도시 문화 등의 문제에 대한 연구를 통하여 '홀로그래프 사회사관(全息社會史觀)'이란 이론 틀을 구성하여 '현대 중국사회의 축소판'을 해석할 방도를 찾으려고 시도했다.

우런안(吳仁安). 『명청시기 상하이 지역의 명문가(明淸時期上海地區的著姓望族)』. 상하이인민출판사(上海人民出版社), 1997.

전 10장 51만 3천 자로, 지방지, 족보, 가승(家乘), 연보, 잡기(雜記) 등에 의거하여 명청시기 상하이 지역의 300여 명문가의 기원과 흥망성쇠 등을 세심하게 연구했고, 대표적 인물의 업적을 간략히 소개하며, 명문가와 지역사회 간의 상호관계를 종합적으로 분석했다.

쑤즈량(蘇智良)·천리페이(陳莉菲). 『근대 상하이 흑사회 연구(近代上海黑社會研究)』. 저장인민출판사(浙江人民出版社), 1991.

이 책은 중국사회사총서의 하나로서, 근대 상하이 흑사회의 형성 원인과 그 내부 상황을 연구하여 흑사회가 곧 지하사회임을 밝혔다. 흑사회는 비밀리에 주로 매춘, 절도 등의 불법 활동에 종사했던 사회집단으로, 조직적으로 범죄행위에 종사했던 대규모 사회악 세력이자 범죄 집단의 연합체임을 밝혀냈다.

위안셰밍(袁燮銘). 『동·서양 교차 속의 상하이의 역사 변천(上海中西交匯里的歷史變遷)』. 상하이사서출판사(上海辭書出版社), 2007.

분량이 총 24만 3천 자에 달하는 이 책은 본문 11장과 서(序), 후기(後記) 외에도 '쑨중산(孫中山)의 민족주의사상 및 양안관계에 대한 실천의 계시(孫中山的民族主義思想及其實踐對兩岸關係的啓示)'와 '안더하이의 생애와 사적 고증(安得海生平事迹考異)'을 부록으로 실었다. 이 책은 저자의 중국 근현대사 연구성과를 담은 것인데 그 대부분이 상하이 역사와 관련된 것들이어서 제목에 상하이를 넣었다. 내용은 주로 청조 말 상하이의 각 조계 정권의 운영체제와 상하이의 정치, 경제, 문화 풍속 등을 담았다.

선이싱(沈以行)·장페이난(姜沛南)·정칭성(鄭慶聲) 주편. 『상하이 노동운동사(上海工人運動史)』. 상·하. 랴오닝인민출판사(遼寧人民出版社), 1991/1996.

상권은 47만 5천 자, 하권은 60만 자로, 1840년 아편전쟁의 발발로부터 1949년 5월 중국공산당의 상하이 접수·관리 때까지 근대 상하이 노동자의 사회생활과 정치운동을 체계적으로 연구한 저작물이다.

우장(伍江). 『상하이 백년건축사(上海百年建築史)』. 퉁지대학출판사(同濟大學出版社), 1997.

20만 자의 분량으로, 이 책은 건축의 특징에 따라 근대 상하이 건축사를 1850~1899년, 1900~1919년, 1920~1949년 등의 세 시기로 나누고, 시기별로 근대 상하이의 초기 건축과 건축설계, 근대 건축업의 발전, 근대 건축의 성쇠, 근대 상하이 건축 설계 추세와 건축의 특징을 논했다. 이 책의 내용 중에는 일반인들이 잘 모르는 바도 적지 않은데, 근대 상하이의 '만국건축박람회(萬國建築博覽會)' 특징을 이해하는 데 크게 도움이 된다.

천보하이(陳伯海)·위안진(袁進) 주편. 『상하이 근대문학사(上海近代文學史)』. 상하이인민출판사(上海人民出版社), 1993.

1840년부터 1919년 5·4 신문화운동 시기까지를 다뤘다. 3편 17장, 38만 9천 자로, 상하이 도시문학의 특징과 근대 상하이의 시문, 소설, 희극(戲劇)의 발전사를 연구하였다.

추밍정(邱明正) 주편. 『상하이 문학통사(上海文學通史)』. 상·하. 푸단대학출판사(复旦大学出版社), 2005.

총 103만 자, 본문 4편 31장과 머리말, 후기로 구성하였다. 고대, 근대, 현대, 당대로 시대를 구분하여 상하이 지역 문학의 발전과정을 상세하게 논했다. 이 책은 출판된 후에 문학사 분야에 논쟁을 불러일으켰을 정도로 커다란 영향력을 미쳤다.

마광런(馬光仁) 주편. 『상하이신문사, 1850-1949(上海新聞史(1850-1949))』. 푸단대학출판사(复旦大学出版社), 1996.

전체 11장, 79만 자로 구성된 이 책은 당시 신문학계(新聞學界)의 최신 연구성과들을 모은 것인데, 수많은 희귀 자료를 발굴하여 공개하였다. 근대 상하이 신문업의 발전과정, 번영의 원인, 신문업과 정치·경제·사회의 관계 및 시대별로 기자의 직업생활, 사회적 지위를 논했다.

『상하이 외국문화지도(上海外國文化地圖)』. 상하이금수문장출판사(上海錦繡文章出版社), 2010.

이 총서는 상하이 개항 이후부터 현재까지 상하이에서 각국 문화가
발생·발전하고, 중국 본토문화와 서로 융합했던 명장면들을 기록하여
국제 문화교류의 중심으로서의 상하이의 독특한 매력을 보여주었다.
총서는 『상하이의 미국문화지도(上海的美國文化地圖)』[슝웨즈·쉬타오(徐濤)·
장성(張生)], 『상하이의 영국문화지도(上海的英國文化地圖)』[슝웨즈·가오쥔(高
俊)], 『상하이의 프랑스문화지도(上海的法國文化地圖)』[마쉐창(馬學强)·차오성
메이(曹勝梅)], 『상하이의 러시아문화지도(上海的俄國文化地圖)』(왕즈청),
『상 하 이 의 일 본 문 화 지 도 (上 海 的 日 本 文 化 地 圖)』[천 쭈 언 (陳祖恩)],
『상하이의 한국문화지도(上海的韓國文化地圖)』[쑨커즈(孫科志)·김광재(金光載)],
『상하이의 유태문화지도(上海的猶太文化地圖)』[왕젠(王健)], 『상하이의 독일문
화지도(上海的德國文化地圖)』[뤼펑(呂澎)·왕웨이장(王維江)] 등, 8권으로 구성되
었다. 중국어판 외에 각권은 영어·프랑스어·독일어·한국어 등의 외국
어판도 출판되었다.

「상하이도시사회생활사총서(上海城市社會生活史叢書)」 편찬위원회.
『상하이도시사회생활사총서(上海城市社會生活史叢書)』, 상하이사
서출판사(上海辭書出版社), 2011.

「상하이도시사회생활사총서」 편찬위원회의 주임인 슝웨즈의 지휘 아
래 2011년에 완간되었다. 총 800만 자, 전체 25권으로 구성된 이 총서
의 구성은 다음과 같다. 『이질 문화가 교차하는 상하이 도시생활(異質文
化交織下的上海都市生活)』[슝웨즈], 『상하이 사회와 문인들의 생활, 1843-
1945(上海社會與文人生活(1843-1945)』[예중창(葉中强)], 『상하이 저널리스트의 사
회생활, 1872-1949(上海報人社會生活(1872-1949)』[왕민(王敏)], 『근대 사회 변천
중의 상하이 변호사(近代社會變遷中的上海律師)』[천퉁(陳同)], 『근대 상하이 직
원생활사(近代上海職員生活史)』[장원쥔(江文君)], 『동·서양의 사이에서: 근대

상하이 매판의 사회생활(出入于中西之間: 近代上海買辦社會生活)』[마쉐창·장슈리(張秀莉)],『청춘비상: 근대 상하이 학생생활(靑春飛揚: 近代上海學生生活)』[스커우주(施扣柱)],『상하이 노동자 생활 연구, 1843-1949(上海工人生活研究(1843-1949)』[쑹쫜유(宋鉆友)·장슈리·장성],『상하이 여성 자살문제 연구, 1927-1937(上海女性自殺問題研究(1927-1937)』[허우옌싱(侯艶興)],『상하이 유민 개조연구, 1949-1958(上海游民改造研究, 1949-1958)』[롼칭화(阮淸華)],『동향조직과 상하이 도시생활의 적응(同鄕組織與上海都市生活的適應)』[쑹쫜유],『상하이 정재계의 상호작용 연구, 1927-1937(上海政商互動研究(1927-1937)』[바이화산(白華山)],『상하이의 일본 교민 사회생활사, 1868-1937(上海日僑社會生活史, 1868-1945)』[천쭈언],『상하이 유태인사회 생활사(上海猶太人社會生活史)』[왕젠],『근대 상하이 러시아 교민 생활(近代上海俄國僑民生活)』[왕즈청],『실체의 역사: 사진과 근대 상하이 사회생활(具像的歷史: 照相與近代上海社會生活)』[거타오(葛濤)·스둥쉬(石冬旭)],『음반과 근대 상하이 사회생활(唱片與近代上海社會生活)』[거타오],『상하이 식량 계획공급과 시민생활, 1953-1956(上海糧食計劃供應與市民生活(1953-1956))』[탕수이칭(湯水淸)],『근대 상하이 도시 공공공간, 1843-1949(近代上海城市公共空間(1843-1949))』[왕민·웨이빙빙(魏兵兵)·장원쥔·사오젠(邵建)],『신해 전후 상하이 도시 공공공간 연구(辛亥前後上海城市公共空間研究)』[취쥔(瞿駿)],『상하이에서 산다는 건, 정말 쉽지 않아: 근대 상하이 주택난 연구(上海居, 大不易: 近代上海房荒研究)』[장성],『근대 상하이의 식당과 채소시장(近代上海飯店與菜場)』[탕옌샹(唐艶香)·추샤오치(褚曉琦)],『댄스홀·도시행정: 상하이 백년 오락생활의 일면(舞廳·市政: 上海百年娛樂生活的一頁)』[마쥔(馬軍)],『근대 상하이 자베이 주민의 사회생활(近代上海閘北居民社會生活)』[장샤오촨(張笑川)],『비정상과 정상: 상하이 '문화대혁명'시기의 사회생활(非常與正常: 上海文革時期的社會生活)』(상·하)[진다루(金大陸)] 등이다. 2001년에 상하이시 철학·사회과학 기획(上海市哲學社會科學規劃) 항목으로 입안되었던 「상하이도시사회생활사총서」는 2009년에 상하이시 철학·사회과학 기

획의 중대 항목으로 승격되었고, 상하이시 제11회 철학·사회과학 우수
성과상 저작 2등상을 수상하였다.

Ⅲ. 공구서와 지방사지

공구서(工具書)

1980년대 이후 상하이사 연구가 계속 확대·심화됨에 따라 상하이사
관련 공구서도 잇따라 출간되어 사회 각계에 중대한 영향을 끼쳤다.
이 공구서들은 주로 대사기(大事記)와 사전(辭典) 등을 포함한다.

탕즈쥔(湯志鈞) 주편.『근대 상하이 대사기(近代上海大事記)』. 상하
이사서출판사(上海辭書出版社), 1989.

125만 8천 자로, 상하이사회과학원 역사연구소 학자들이 집필했다.
1840년부터 1918년까지 있었던 도시의 중대사에 대하여 연(年), 월(月),
일(日)의 순서대로 정리하였다. 상하이 직관표(職官表), 상하이 주재 외국
영사표 등, 많은 표를 부록으로 담았다.

런젠수(任建樹) 주편.『현대 상하이 대사기(現代上海大事記)』. 상하
이사서출판사(上海辭書出版社), 1996.

142만 3천 자로, 상하이사회과학원 역사연구소 학자들이 집필했다.
1919년부터 1949년 5월까지의 사건을 기록하였다. 상하이 행정관원 연표,
공공조계 공부국(工部局)의 이사(董事) 명단, 프랑스조계 공동국(公董局)의 이

사 명단, 상하이현(上海縣) 관할구역 상황 변화표 등을 부록으로 실었다.

▍중공 상하이시위 당사자료 징집위원회(中共上海市委黨史資料徵集委
▍員會) 주편.『중국공산당 상하이당사 대사기(中共上海黨史大事記)』.
▍상하이지식출판사(上海知識出版社), 1988.

　61만 8천 자로, 1919년부터 1949년까지 중국공산당의 상하이에서의
활동을 기사의 중심으로 삼았고, 기타 당파의 정치활동 및 상하이에서
발생한 중대한 정치·경제·사회 사건을 포함하였다.

▍상하이사범대학도서관(上海師範大學圖書館) 편.『상하이방지자료고
▍록(上海方志資料考錄)』, 1987.

　이 책은 방지(方志)와 전문지(專志) 두 부분으로 나누어 구성하였다. 방
지 부분은 상하이방지의 정황을 상세히 고증·해석하였다. 전통적 상하
이현지(上海縣志) 및 오늘날 상하이시 행정구역에 속하는 기타 현들의 현
지(縣志)를 포괄하였는데, 구지(區志), 진지(鎮志), 향토지(鄕土志)를 모두 다
루었다. 전문지는 상하이에 관한 각종 사료를 소개하는데, 지도와 도서
목록, 일화 등을 포함하였다.

▍우선위안(吳申元) 등 주편.『상하이사전(上海詞典)』. 푸단대학출판
▍사(复旦大学出版社), 1989.

　147만 3천 1자로, 도시 행정·경제·문화·정치·군사·인물·서적 간행,
명승지와 유원지, 토산명품과 방언 습관 편 등으로 나누어 서술하였다.

마쉐신(馬學新)·차오쥔웨이(曹均偉)·쉐리융(薛理勇)·후샤오징(胡小靜) 주편.『상하이문화원류사전(上海文化原流辭典)』. 상하이사회과학원출판사(上海社會科學院出版社), 1992.

문학·예술·희곡·영화·교육·종교·과학기술·교육·위생·신문·출판·문화박물·도서관·문화단체·오락·풍속 방면의 3,700여 항목을 수록하였다. 책의 뒷부분에는 부록으로 방언 해석, 시내 도로명의 신구 대조표, 상하이 문화원류 대사기를 실었다.

슝웨즈(熊月之) 주편.『옛 상하이 명인·명사·명물 대관(老上海名人名事名物大觀)』. 상하이인민출판사(上海人民出版社), 1997.

1840년부터 1949년까지 상하이의 저명한 인물이나 사건, 사물에 대해 2,200여 항목을 수록했다. 수록된 명인(名人) 항목에는 대중적으로 잘 알려진 인물 외에 오늘날에는 잘 알려지지 않았으나 역사적으로는 매우 중요한 인물들도 포함되어 있다. 수록된 명사나 명물의 범위는 해파(海派)의 상황, 기이하고 재미난 이야기들, 명문 학부, 특색 있는 건축물, '시화(市花)' 선거, 사회 안건 등을 모두 수록하였을 정도로 광범위하다. 책의 뒷부분에는 「상하이 주요 도로명 신구 대조표」, 「근대 상하이 주요 영화관·극장·댄스홀 일람표」, 「근대 상하이 속어·비속어·양징방화(洋涇浜話) 간단 해석」 등을 부록으로 실었다.

슝웨즈(熊月之) 주편.『상하이 명인·명사·명물 대관(上海名人名事名物大觀)』. 상하이인민출판사(上海人民出版社), 2005.

상하이사회과학원 역사연구소 학자들이『옛 상하이 명인·명사·명물 대관』을 기초로 수정·보완하여 편찬하였다. 원서는 1949년 이전 범위에 한정되어 있어 현대 상하이에 대한 사회적 관심과 궁금증을 만족시킬 수 없었다. 이 수정본은 『상하이 명인·명사·명물 대관』으로 이름을 바꾸고, 1949년 이후의 다채로운 내용을 늘려 완전히 새롭고 전체적인 상하이의 면모를 반영토록 했는데, 최근 상하이에 일어난 커다란 변화와 새로운 사물을 포괄함으로써 여러 독자의 요구를 더욱 만족시킬 수 있었다. 한편 발간 부수가 적어 영향력이 크지 않은 잡지나 문예작품 같은 것들을 수정본에서는 삭제하였다.

▌ 왕룽화(王榮華)·슝웨즈(熊月之) 주편. 『상하이대사전(上海大辭典)』. 상하이사서출판사(上海辭書出版社), 2008.

전 3책으로, 700만 자를 웃돈다. 상하이시 철학·사회과학 기획 중점 항목으로, 약 200명의 학자가 편찬에 참여하여 8년에 걸쳐 완성하였다. 이는 지금까지 간행되었던 상하이 관련 '백과전서(百科全書)' 가운데 가장 규모가 큰 것이다. 이 책은 상하이 지역의 육지화와 거주민의 출현시기부터 2006년까지의 정치사·경제사·군사사·사상사·문화사·교육사·과학기술사·민족사·종교사·법률사 등 각 영역을 포괄하였다. 지리·정치·경제·사회·문화·인물 등 6편으로 나누어 약 2만여 개의 항목을 수록하였다. 그밖에 『상하이대사전』에는 200여 장의 사진 외에 상당한 사료적 가치가 있는 상하이 역사 지도 20폭도 담겨 있다. 가경(嘉慶) 연간 이후 다양한 시기의 상하이 지도와 상하이 조계의 시기별 분구도(分區圖) 및 도시계획도가 수록되어 있는데, 옛것과 오늘날의 지도를 대조해보면 상하이 도시 변화의 궤적을 한눈에 알아볼 수 있다.

지방사지(地方史志)

1980년대 이후, 중앙정부의 통일적 배치 하에 상하이를 포함한 전국 각지에서 지방사지 편찬 사업을 새롭게 시작하였다. 상하이시는 지방지편찬위원회와 관련 부서를 설립했고, 각 구현(區縣)에도 상응하는 방지 편찬기구를 세웠다. 1980년대 이래 상하이 구현(區縣)의 설치가 여러 차례 조정되었지만, 각 구현 사지의 편찬작업은 순조롭게 진행되었다. 최근에 이미 『쉬후이구지(徐匯區志)』『창닝구지(長寧區志)』『푸퉈구지(普陀區志)』『자베이구지(閘北區志)』『양푸구지(楊浦區志)』『훙커우구지(虹口區志)』『훙커우구지, 1994-2007(上海市虹口區志, 1994-2007)』『황푸구지(黃浦區志)』『황푸구속지(黃浦區續志)』『난스구지(南市區志)』『난스구속지(南市區續志)』『루완구지(盧灣區志)』『루완구지, 1994-2003(盧灣區志, 1994-2003)』『징안구지(靜安區志)』『우쑹구지(吳淞區志)』『민항구지(閔行區志)』『상하이현지(上海縣志)』『자딩현지(嘉定縣志)』『자딩현속지(嘉定縣續志)』『바오산현지(寶山縣志)』『촨사현지(川沙縣志)』『촨사현속지(川沙縣續志)』『쑹장현지(松江縣志)』『진산현지(金山縣志)』『칭푸현지(靑浦縣志)』『난후이현지(南匯縣志)』『난후이현속지(南匯縣續志)』『펑셴현지(奉賢縣志)』『펑셴현속지(奉賢縣續志)』『충밍현지(崇明縣志)』 등이 출판되었다. 전문지 방면에서는 상하이 도시 발전의 중요한 영역을 거의 모두 포함하고 있는 각종 전문지가 이미 118부가 출판되었다. 그밖에 『상하이통지(上海通志)』도 2005년에 상하이인민출판사와 상하이사회과학원출판사가 연합하여 출판했는데, 이는 상하이 역사상 처음으로 출판한 통지(通志)가 된다. 『상하이통지』는 46권으로 나뉜 것을 10책(冊)으로 장정하였는데, 총 분량이 1,083만 6천 자에 달한다. 자료성·실용성·학술성 등을 비교적 잘 갖추었다. 『상하이통지』의 출판은 1980년대 이후 상하이에서 지방사지를 새로이 수정(修訂)한 작업이 성공을 거두었음을 보여준다.

IV. 해외 연구성과의 번역 및 소개

상하이사에 대한 해외학계의 연구는 주로 미국, 일본, 유럽의 학계에 집중돼 있다. 해외의 상하이 연구는 민국시기에 이미 매우 흥성했었다. 그러나 1949년 이후 중국과 서양 간 정치관계의 영향을 받아 서양학계의 상하이에 대한 연구는 한동안 주춤했었다. 1980년대 이래 중국 개혁·개방의 조류 하에 중국과 세계의 교류도 나날이 밀접해졌다. 상하이는 개혁·개방 중에 생기와 활력을 되찾아 중국, 나아가 세계의 미래에 대해 발휘할 구실이 나날이 중요해지고 있다. 이러한 역사적 배경하에 해외학계의 상하이사 연구가 다시 고조되었고, 뛰어난 학자들과 우수한 학술성과를 배출하게 되었다. 이에 대해 상하이 학자들도 신속히 반응하여 이를 적극적으로 번역·소개함으로써 국제 학술교류를 강력히 촉진하는 한편, 상하이사 연구의 국제화과정을 추진하였다.

그중 특히 상하이사회과학원 역사연구소가 주도적으로 도입·번역하고, 상하이고적출판사(上海古籍出版社)에서 2003년 말부터 2004년에 연이어 출판했던 「상하이사연구역총(上海史研究譯叢)」이 가장 영향력이 크다. 총서는 11권으로 구성되었는데, 최근 해외에서 출간된 뛰어난 상하이사 저작들을 중국어로 번역한 것들로, 가독성과 학술성을 겸비했다. 독특한 시각과 남다른 자료, 독창적 견해를 지닌 해외학자들의 연구는 상하이사에 대한 기존의 해석과는 달랐다. 번역 총서에는 근대 상하이의 도대(道台), 경찰, 기녀, 공업가, 교민, 동향회(同鄕會), 구화회(救火會), 쑤베이인(蘇北人) 등에 대한 연구 외에 해외 상하이사 연구를 종합적으로 논한 『해외 상하이학(海外上海學)』과 논문집인 『상하이의 외국인(上海的外國人, 1842-1949)』도 포함되어 있다. 번역총서의 목록은 다음과 같다.

[미] 프레드릭 E. 웨이크만(魏斐德, Frederic Evans Wakeman Jr.) 지
음. 루이촨밍(芮傳明) 옮김. 『상하이 다이투: 전시 테러활동과 도시
범죄, 1937-1941(上海歹土: 戰時恐怖活動與城市犯罪, 1937-1941』.
상하이고적출판사(上海古籍出版社), 2003.[1]

'다이투(歹土)'란 근대 상하이 시내 서부, 통칭 '후시(沪西)'에 폭도가 출
몰하던 지역을 가리킨다. 1937~1941년간 일본 점령군 당국, 왕징웨이(汪
精衛) 괴뢰정권, 외국의 조계 당국, 국민정부 등 각종 정치세력이 상하
이에서 복잡하고 긴장된 관계를 형성했다. 따라서 후시의 '다이투'에서
는 암살 등 테러활동이 자주 일어났고, 온종일 도박 같은 도시 범죄행
위가 만연했다. 이 책은 시각이 독특하고 사료가 상세하며 심오한 내
용을 알기 쉽게 표현하여 상하이의 특수하고 고단한 세월을 생동감 있
게 재현해냈다.

프레드릭 E. 웨이크만 지음. 장훙(章紅)·천옌(陳雁)·장샤오양(張曉
陽) 옮김. 『상하이경찰, 1927-1837(上海警察, 1927-1937)』. 상하이
고적출판사(上海古籍出版社), 2004.[2]

이 책은 비교적 완전하게 상하이 구(舊) 경찰의 역사를 재현했는데,
그 내력을 동태적으로 분석하고, 국민정부 시기 상하이 경찰업무가 결

[역주]

1) Frederic E. Wakeman Jr, *The Shanghai Badlands: Wartime Terrorism and Urban
Crime, 1937-1941*, Cambridge, England and New York: Cambridge University Press,
1996.

2) Frederic E. Wakeman Jr, *Policing Shanghai, 1927-1937*, Berkeley: University of
California Press, 1995.

국 실패하게 된 심층 원인을 깊이 있게 탐구하였다. 또한 경찰 행정이 란 관점에서 상하이 도시의 복잡성을 밝혔다.

[프] 크리스티앙 앙리오(安克强, Christian Henriot) 지음. 위안셰밍 (袁燮銘) 옮김. 『상하이 기녀: 19-20세기 중국의 매춘과 성(上海妓 女: 19-20世紀中國的賣淫與性)』. 상하이고적출판사(上海古籍出版 社), 2003.[3]

이 책은 중국 기녀사(妓女史)와 성학사(性學史) 관련 전문 연구서다. 중국 과 서양의 풍부한 신문·잡지나 당안 자료 및 저술 등에 근거하여 근대 상하이의 매춘과 기녀문제 전반에 대하여 체계적으로 연구하였다. 고급 기녀의 활동공간과 생존상황에 대한 분석부터 근대 상하이의 매춘시장, 매춘장소와 이로 인한 성 경제(性經濟)에 이르기까지 깊이 고찰하였다. 그 밖에 이 책은 근대 시기 역대 상하이정부의 기녀 통제가 실패한 것과 당 시 민간단체의 기녀 구조활동에 대해서도 상세히 논하였다.

[프] 크리스티앙 앙리오 지음. 장페이더(張培德)·신원펑(辛文鋒)·샤 오칭장(蕭慶璋) 옮김. 『1927-1937년의 상하이: 시 정권, 지방성과 근대화(1927-1937年的上海: 市政權、地方性和現代化)』. 상하이고적 출판사(上海古籍出版社), 2004.[4]

----

3) Christian Henriot., *Belles de Shanghai: Prostitution et seeaulité en Chine aux XIXe-XXe siècles*, CNRS, 1997. 번역 저본은 영문판이다. Christian Henriot., *Prostitution and Sexuality in Shanghai: A Social History, 1849-1949*, Tr. by Noël Castelino, Cambridge: Cambridge University Press, 2001.

이 책은 1927~1937년간의 상하이시 정부를 대상으로 시 정부의 설치
와 운영의 정치 및 사회 환경, 이용 가능한 인력과 재정자원 및 시정
실시의 공과를 탐구하여 국민당 정권 하 시 정부의 운용 사정을 이해
하고자 하였다.

[일] 고하마 마사코(小濱正子) 지음. 거타오(葛濤) 옮김.『근대 상하이
의 공공성과 국가(近代上海的公共性與國家)』. 상하이고적출판사(上
海古籍出版社), 2003.5)

이 책은 '사단(社團)'을 중심으로, 상하이 도시 사회를 무대로 하여 중
국 근대 지역사회의 구조와 그 공공성의 특징 및 국가와 사회의 관계
에 대하여 고찰하였다. 저자는 제제(帝制) 후기부터 '사단'이 중국 사회
에 뿌리내리기 시작해 생활 속에서 사람들이 서로 결합하는 기초가 되
었다고 본다. 근대 상하이에서 '사단'은 도시 주민의 일상생활이나 일
과 관련된 역할 외에 민족운동이 발전하는 기초가 되었을 뿐 아니라,
도시 사회의 공공 기능을 담당하여 근대 상하이 도시 발전을 지원했
다. 근대 상하이의 공공성은 '사단'의 활동 속에서 이미 배양되고 발전
해온 것이었다.

4) Christian Henriot, *Shanghai 1927-1937: Élite locales et modernisation dans la Chine nationaliste,* École des Hautes Études en Sciences Sociales, 1991. 번역 저본은 영문판이다. Christian Henriot., *Shanghai, 1927-1937: Municipal Power, Locality, and Modernization,* Tr. by Noël Castelino, Berkeley: University of California Press, 1993.
5) 小濱正子,『近代上海の公共性と國家』, 東京: 硏文出版, 2000.

[재일] 류젠후이(劉建輝) 지음. 간후이제(甘慧杰) 옮김. 『마도 상하이: 일본 지식인의 '근대' 체험(魔都上海: 日本知識人的近代'體驗)』. 상하이고적출판사(上海古籍出版社), 2003.[6]

메이지유신(明治維新) 전후에 일본 지식인들의 눈에 비친 상하이는 어떠했을까? 이 책은 상세한 고찰 끝에 다음과 같은 결론을 내리고 있다. 메이지유신 이전 일본에게 상하이는 말하자면 수많은 서양 소식이 쏟아져 들어오는 '환승역'이었고, 일본이 구미를 향하거나 근대로 발전하려 할 때 가장 가까운 입구였다. 그러나 메이지유신 이후 일본에게 상하이는 그저 일본이 대륙으로 확장하기 위한 '기지'일 따름이고, '일본 벗어나기'를 꿈꾸는 수많은 일본인들에게는 가장 가까이 있는 '모험가의 낙원'이었을 뿐이다.

[미] 루한차오(盧漢超) 지음. 돤롄(段煉)·우민(吳敏)·쯔위(子羽) 옮김. 『네온빛 저편: 20세기 초 일상생활 속의 상하이(霓虹燈外: 20世紀初日常生活中的上海)』. 상하이고적출판사(上海古籍出版社), 2004.[7]

이 책의 저자는 상하이 출신 미국인이란 특수한 감각을 갖고 방대한 사료를 기초로 20세기 초 상하이 도시 생활의 여러 분야에 대하여 생생하면서도 실증적으로 논하여 도시 일상생활의 실제 모습을 그려냈다.

---

6) 劉建輝, 『魔都上海: 日本知識人の'近代'體驗』, 東京: 講談社, 2000.
7) Hanchao Lu, *Beyond the Neon Lights: Everyday Shanghai in the Early Twenties Century,* Berkeley: University of California Press, 1999.

[미] 에밀리 호니그(韓起瀾, Emily Honig). 루밍화(盧明華) 옮김.
『상하이의 쑤베이인, 1850-1989(蘇北人在上海, 1850-1989)』.
상하이고적출판사(上海古籍出版社), 2004.[8]

이 책은 상하이의 쑤베이인(蘇北人)을 사례로 삼아 원적(原籍)이 어떻게
점차 한족(漢族) 내부의 족군(族群) 신분을 확정하는 근거가 되었는지를
분석하고, 관적(貫籍)이 어떻게 사회 등급을 구축하고 사회 갈등을 초래
했었는가를 해석해냈다.

[홍콩] 룽위엔상(梁元勝, Leung Yuen-Sang) 지음. 천퉁(陳同) 옮김.
『상하이도대 연구: 변화하는 사회의 연결자, 1843-1890(上海道台硏
究: 轉變社會中之聯系人物, 1843-1890)』. 상하이고적출판사(上海古
籍出版社), 2003.[9]

이 책은 1730년부터 1911년까지 상하이[쑤쑹타이(蘇松太)]도대(道台) 80
인에 대한 자료를 분석하여 상하이도대 제도의 운영과 변화를 고찰한
뒤, 다음과 같은 두 가지 결론을 내렸다. (1) 청말 정부는 급격히 변화
하는 환경과 국면에 대응할 때, 결코 근대화와 개혁 창신에 장애였다
기보다는 어느 정도 융통성과 적응력을 갖고 있었다. (2) 청 조정의 중
간 관료로서 '연결자'의 구실을 담당했으므로 상하이도대가 동양과 서
양, 전통과 현대, 문화와 상업, 정신과 물질, 엘리트와 대중 등을 연결
하는 데 필요 불가결의 구실을 했다는 것을 보여 주었다.

8) Emily Honig, *Creating Chinese Ethnicity: Subei People in Shanghai, 1850-1989*, New Haven: Yale University Press, 1992.
9) Leung Yuen Sang, *The Shanghai Taotai: Linkage Man in Changling Society, 1843-90*, Singapore: Singapore University Press, 1990.

[미] 브라이나 굿맨(顧德曼, Bryna Goodman) 지음. 쑹쫜유(宋钻友)·저우위민(周育民) 옮김. 『고향, 도시와 국가: 상하이의 지연망과 인가(家鄉、城市和國家: 上海的地緣網絡與認可)』. 상하이고적출판사(上海古籍出版社), 2004.[10]

이 책은 근대 상하이의 각 이민 집단의 상황을 분석하여 이민 집단의 정체성이 고향에서 도시, 국가로 확대되는 과정을 논하였다.

[영] 웡시우룬(黃紹倫, Wong Siu-Lun) 지음. 장슈리(張秀莉) 옮김. 『이민 기업가: 홍콩의 상하이공업가(移民企業家: 香港的上海工業家)』. 상하이고적출판사(上海古籍出版社), 2003.[11]

이 책은 홍콩 인구의 4%만을 차지하는 상하이 출신 이민자들이 홍콩의 공업화를 촉진시킨 과정과 공업 분야, 특히 방직업에서 뛰어난 업적을 남긴 것을 탐구하였다. 그밖에 상하이인의 이민방식, 그들이 가져온 기술과 자본, 그들의 상업 관념과 관리방식, 가족주의, 지역 관념과 경쟁책략 등을 논하였다.

슝웨즈(熊月之)·마쉐창(馬學强) 주편. 『상하이의 외국인(1842-1949)(上海的外國人(1842-1949))』. 상하이고적출판사(上海古籍出版社), 2003.

---

10) Bryna Goodman, *Native Place, City and Nation, Regional Networks and Identities in Shanghai, 1853-1937,* Berkeley: University of California Press, 1995.
11) Wong Siu-Lun, *Emigrant Entrepreneurs: Shanghai Industrialists in Hong Kong,* Oxford: Oxford University Press, 1988.

이 책은 국내의 상하이사 연구자들이 개항 후 백 년간 상하이에 거주했던 외국인들에 대한 해외 학자들의 연구 중에서 엄선한 15편의 논문들을 묶어낸 것이다. 영국, 미국, 프랑스, 일본, 포르투갈, 독일, 러시아, 인도 등지에서 온 거류민들의 정치·경제·문화 상황에 관련된 것들인데, 그중에는 문학성이 비교적 강한 글이 많은 편이다.

슝웨즈(熊月之)·저우우(周武) 주편. 『해외 상하이학(海外上海學)』. 상하이고적출판사(上海古籍出版社), 2004.

이 책은 「현상과 추세(現狀和趨勢)」 「명저독해(名著解讀)」 「저명학자 스케치(名家剪影)」 등, 3편으로 구성되어 있는데, 각각 해외 상하이학의 연구 개황, 주요 저작과 학자에 대한 전면적이고 세밀한 소개와 평가를 담고 있다. 또한 해외 상하이학자 목록, 논문 목록, 영문 박사학위 논문 목록도 부록으로 실었다.

2010년부터 상하이사회과학원 역사연구소와 상하이사서출판사가 「중국 도시사 번역총서(中國城市史譯叢)」 항목을 공동으로 기획하였다. 국제학계의 중국 도시사 관련 우수논저 10여 종을 선택하여 수년 안에 계속해서 번역·출판할 계획이다.

V. 상하이 연구의 주요 공간

1980년대부터 중국이나 해외 학계의 상하이사 연구가 계속 붐을 이루어 영향력 있는 학자들과 우수한 연구성과가 속출하였으니 상하이사가 하나의 독립된 학과가 되었다 하겠다. 이러한 상황에서 상하이 역

사학계를 중심으로 중국 학계에서 전문적인 상하이사 연구기구를 형성
하기 시작하였다. 또한 상하이사회과학원 역사연구소가 선두에서 그
조류를 이끌고 있다.

| ## 상하이사회과학원 역사연구소(上海社會科學院 歷史研究所)

1956년 성립 초기부터 역사연구소의 주요 임무 중 하나는 바로 상하
이 도시사를 연구하는 것이었다. '문화대혁명' 이전에 이미 근대 상하
이 혁명사를 중심 내용으로 한 자료 휘편들을 편찬·출판하였다. 1980
년대 이래 슝웨즈를 위시한 상하이사 연구팀은 중요한 학술 성과들을
잇달아 내놓았고, 국내외에서 비교적 높은 학술적 영향력을 갖게 되었
다(자세한 상황은 앞의 글 참조). 상하이 도시사가 상하이사회과학원
의 중점 학과가 된 것이 상징하듯, 상하이사는 정식으로 독립학과가
되었다. 2005~2009년간 역사연구소는 국가 사회과학기금 항목, 상하이
시 철학 기획 항목 등, 총 36개 프로젝트를 맡게 되었는데, 그중 국가
급 항목이 19개이고, 선정된 과제의 대부분은 상하이사나 도시사 연구
와 관련된 것들이다. 상하이사 연구의 공동 프로젝트를 통해 역사연구
소는 해외 학계와 광범위하게 연계하였다. 미국의 캘리포니아 주립대
학의 버클리분교, 하버드대학의 페어뱅크센터, 코넬대학 역사학과, 독
일의 하이델베르크대학 한학연구소, 괴팅겐대학 한학연구소, 일본의
상하이사연구회, 한국의 국민대학, 홍콩의 중문대학 등의 기구 및 관련
학자들과 서로 지속적인 협력관계를 맺고, 여러 차례 학술대회를 공동
개최하는 등 빈번히 교류하고 있다. 현재 역사연구소의 상하이사 연구
는 시야를 중국 도시사의 범위로 확장시키려고 노력 중이다.

푸단대학 상하이사연구센터(復旦大學 上海史硏究中心), 상하이사 국제연구센터(上海史國際硏究中心)

수년 전 푸단대학 역사학과는 상하이사연구센터와 상하이사국제연구센터를 잇달아 세웠다. 이런 기구들의 설립으로 상하이사 연구는 더욱더 발전할 수 있게 되었다. 특히 슝웨즈를 주임으로 하여 2013년에 설립된 상하이국제연구센터는 상하이사 연구의 국제 교류를 더욱 촉진시키고 있다. 현재 상하이사 국제연구센터의 학술잡지인 『상하이사 국제논총(上海史國際論叢)』 제1기가 곧 출간될 것이고, 상하이사국제연구센터의 홈페이지(http://shanghaistudies.fudan.edu.cn/index.aspx)도 이미 개통되었다.

상하이사범대학 도시문화연구센터(上海師範大學 都市文化硏究中心)

이 센터의 부주임인 쑤즈량(蘇智良)은 다년간 근대 상하이 도시사, 근대 상하이 흑사회의 역사와 마약의 역사를 연구해온 전문가다. 도시문화연구센터는 '도시 상하이'란 전문 주제를 개척하여 도시사, 도시문화, 근대 도시사회의 이슈 등을 포괄하여 상하이의 다양한 분야를 연구했다. 쑤즈량이 주편한 『상하이역사인문지도(上海歷史人文地圖)』(상하이인민출판사, 2010)는 지도라는 완전히 새로운 형식으로 상하이 역사·문화의 발전과정을 전방위적이고 입체적으로 재현하였으며, 상하이의 도시맥락을 계승하는 데 중요한 추진 역할을 하고 있다.

VI. 결론: 회고와 전망

개혁·개방 이래, 중국과 해외 학계의 적극적 교류 하에 상하이사 연구는 계속해서 높은 '열기'를 유지해왔다. 이러한 상황이 형성될 수 있었던 심층적 배경으로는 상하이가 중국 근대사에서 독특하고 중요한 위치를 차지했던 것을 들 수 있다. 1843년 이래 상하이는 중국 개방의 최전방에서 근대화의 역사적 조류를 이끌어왔다. 청조 말 개항뿐 아니라 민국시기 근대 도시 사회의 성숙이나 1990년대의 푸둥(浦東) 개발, 얼마 전에 정식으로 공포된 상하이 자유무역구 계획에 이르기까지 모두가 의문의 여지없이 이 점을 증명했다. 따라서 상하이는 근대 이래 세계가 주목하는 중국의 초점 중의 하나가 되었다. 상하이를 이해한다는 것은 곧 크게는 근대 중국을 이해하는 것이요, 상하이 역사를 이해한다는 것은 중국 근대사에서 상당히 중요한 내용을 이해한다는 것을 뜻하기도 한다.

상하이사가 발전하여 중국사에서 하나의 독립된 학과가 되기까지 우여곡절을 겪었다 할 수 있다. 개항 이후, 해외 인사들이 상하이를 해석·소개한 글들이 끊임없이 출간되었다. 청 말기 및 중화민국 초기에는 가이드북(指南)과 여행기가 중심이었는데, 이는 소개와 묘사에 편중된 것들이었다. 문체가 생동감 있고 대중적으로 널리 인기를 얻기는 했으나, 엽기적이거나 흥미 위주이며 학술성은 약하였다. 개항 이후에 상하이는 동남의 한 구석에서 신속하게 중국의 대외교류·경제·문화의 중심 무대로 부상하였다. 다양한 해외 인사들이 이곳에 모여들어 인생 역전의 기회로 삼으려 했고, 이러한 종류의 글들이 시대에 호응하여 나타났던 것이다. 민국 중기, 난징 국민정부 성립 후에 상하이에 특별시 정부가 설치되었다. 난징에 수도를 정하여 정치 중심이 남쪽으로 이동하였기 때문에 상하이는 중국 역사상 처음으로 중앙정치와의 관계가 긴밀해졌다. 국민당 통치시기에 상하이의 정치적 지위는 현저히 높아졌다. 근대 이래 전통적인 동·서양의 만남과 경제·문화의 중심이 되었던 것 외에도 난징 외의 또 다른 특수한 정치 중심이 되기도 하였다. 이러한 상황으로 인해 상하이 연구에 새로운 국면이 출현하게 하였다. 예를 들어, 1930년대 류야쯔(柳亞子) 등이 일찍이 상하이통지관(上海通志館) 설립을 기획·준비하여 상하이 지방자료의 수집·정리를 강화하였다. 또 같은 시기 일본이 중국 침략전쟁을 일으켰을 때, 상하이는 중요한 전장이 되었다. 침략과 점령을 더욱 순조롭게 하기 위해 일본은 상하이 각 분야에 대하여 세밀하고 깊이 있게 조사·연구하여 가치 있는 자료들을 남겼다. 그러나 국민정부 통치시기에 내우외환이 끊이질 않고, 전란이 빈번하여 상하이에 대한 연구도 수준 높은 학술로 발전하지는 못하였다.

중화인민공화국 성립 후에는 정부의 주도 아래, 역사학계는 상하이에 대한 체계적 연구를 시작했다. 1956년 상하이사회과학원 역사연구소의 전신인 중국과학원(中國科學院) 상하이역사연구소(上海歷史研究所)가 세워졌다. 그 주요 사명은 상하이사를 연구하는 것이었다. 그러나 개혁·개방 이전에 역사 연구는 정치 이데올로기 사업의 일부였다. 따라서 '문화대혁명' 전에 중국과학원 상하이역사연구소의 상하이사 연구는 이른바 '혁명사'를 중심으로 전개되었다. 근대 상하이 노동운동과 중국공산당이 지도한 혁명활동에 대하여 매우 가치 있는 자료들을 수집·정리하고 출판하여 이후 보다 나은 연구를 위한 기초를 쌓았다 할지라도, 진정한 의미에서 상하이사 연구가 전개되었다고 할 수는 없었다. '문화대혁명' 기간에 중국과학원 상하이역사연구소는 해산되었고, 모든 학술활동이 중단되었다.

학술적 의미에서 상하이사 연구는 개혁·개방, 특히 1990년대 이후에 형성되었다. 이런 면에서 상하이사회과학원 역사연구소가 연구 경향을 선도하는 구실을 하였다. 상하이 학계를 중심으로 중국과 해외 학술계가 공동으로 추진하는 가운데, 상하이사 연구는 1980년대부터 왕성하게 발전하여 1990년대, 21세기에 들어섰을 때는 이미 진정한 의미에서의 학술 연구가 되었다. 이는 주로 다음과 같은 점에서 드러난다. (1) 독립적인 학과 체계를 갖췄다. (2) 영향력 있는 우수한 학술성과가 많이 나왔다. (3) 국제 학술교류를 위한 경로가 비교적 안정적으로 형성되었다. (4) 토대가 공고하고 지속적으로 발전할 수 있는 학술 공간과 연구팀이 탄생하였다. 구체적인 상황은 앞에서 이미 밝혔다.

최근 상하이사 연구의 발전은 새로운 단계에 접어들었다. 학술 연구의 중점이 변화하고 있는데, 새로운 상징적 학술 과제도 입안(立案)하여 시행하기 시작하였다. 그중 최근의 가장 중요한 사건은 『상하이통사(上海通史)』를 새로이 간행하는 것이다. 이는 상하이시 정부가 설립한 중대 항목으로, 시 정부가 상하이사회과학원 역사연구소에 맡겨 집필을 책임지게 하였다. 슝웨즈가 주편을 맡아 2013년 9월에 정식으로 시작하였다. 『상하이통사』[신수판(新修版)]는 30권으로 나뉠 예정인데, 이는 약 1,200만 자에 해당하는 분량이고, 2018년까지 모두 출판될 예정이다. 1999년판 『상하이통사』와 비교할 때, 『상하이통사』(신수판)는 네 가지 특징을 갖는다. 첫째, 범위가 매우 넓다. 1999년판은 근대 이전에는 상하이현(上海縣)을 위주로 했고, 근대 이후는 상하이 도시를 중심으로 하였다. 『상하이통사』(신수판)는 오늘의 상하이시 행정구 전부를 담는데, 근대 이전에는 상하이현에 소속되지 않았던 쑹장(松江), 칭푸(青浦) 등지와 근대 이전에는 쑹장부(松江府)에 속하지 않았던 자딩, 바오산, 충밍 등지도 포함한다. 둘째, 시기가 더욱 길어졌다. 1999년판은 서술 하한이 1997년까지인데, 신수판은 2010년까지를 다룬다. 셋째, 내용이 더욱 완비되었다. 근대 상하이의 주요 부분은 조계인데, 도시의 설계·건설·관리 및 도시의 사회조직, 법제 체계의 대부분이 서구 문화의 주도나 영향 아래 진행된 것이었다. 상하이사 연구는 반드시 이 방면의 내용을 중시해야 한다. 넷째, 학술성이 더욱 강화되었다. 최근 10여 년 이래, 중국 국내외 학계의 상하이사 연구에 중요한 발전이 이뤄졌는데, 영어나 프랑스어, 일본어 등으로 작성된 일차 자료들이 발견된 것이다. 『상하이통사』(신수판)는 장차 중국 안팎의 연구성과를 최대한 흡수하여 21세기라는 시대에 걸맞은 수준을 구현할 것이다. 『상하이통사』(신수판)가 상하이사 연구를 새로운 단계에 들어서도록 이끌어나갈 것을 기대한다.

그밖에 이 글을 작성하는 과정에서 슝웨즈(熊月之) 교수의 지도를 받았고, 스둥쉬(石冬旭)교수의 도움도 받았음을 밝힌다.

〈번역: 유현정〉

| 참고자료 |

〈국외자료〉

熊月之,『上海通史: 導論』, 上海: 上海人民出版社, 1999.

〈웹사이트〉

상하이사회과학원 역사연구소 홈페이지: http://www.sass.org.cn/lsyjs/index.jsp
상하이지방지판공실 홈페이지: http://www.shtong.gov.cn
푸단대학교 상하이사국제연구센터 홈페이지: http://shanghaistudies.fudan.
    edu.cn/index.aspx

02

근대도시와 중국 지식인의 세계 인식
-上海時期(1849-1862)의 王韜를 중심으로-

● 김승욱 ●

Ⅰ. 서론

상해는 역사적으로 네트워크를 기반으로 성장해온 도시다. 특히 근대 이후 개항장으로서 중국의 국내 무역과 국외 무역을 연결하는 주요 무역항이 되고서는, 국내적 차원을 떠나서 적어도 동아시아 권역에 걸쳐진 초국적 무역네트워크의 한 결절점으로서 중요한 역할을 담당했다. 네트워크의 작용은 무역의 차원에만 그친 것이 아니었다. 그것은 지식, 정보의 유통에서도 활발히 작용했다. 상해는 서구를 비롯한 외부 세계로부터 새로운 지식, 정보가 수입되던 주요 창구였으며 중국, 외국의 각 지역으로부터 건너온 다양한 지식, 정보가 교류, 융합하던 주요

* 충북대학교 역사교육과 교수.

무대였다. 이 점에서 상해를 비롯한 근대도시는 중국이 서구 세계와의 접촉하는 특별한 공간이었다.

때문에 중국의 근대도시는 중국 지식인사회의 변화에 영향을 끼친 한 요소로 주목되곤 했다. 적지 않은 중국 지식인들이 근대도시를 통해서 기존에 접하지 못했던 새로운 지식, 정보를 접촉하고 또한 그 속에서 '근대'의 새로운 생활양식들을 경험했다. 이러한 것들이 중국 지식인사회가 변화하는 데 큰 자극이 되었음을 부정할 수 없다.

그런데 관련 논의를 보면, 중국 지식인들에게 있어서 근대도시라는 공간이 갖는 의미에 대해 서구중심적인 설명 방식이 뚜렷이 발견된다. 논자들은 중국의 근대도시 속에서 근대서구의 그것과 유사한 양상을 찾아보는 작업에 집중해온 듯하다. 예를 들어 공론장(public sphere), 시민사회(civil society) 등을 염두에 둔 지식인의 사회적 공간(social space)과 그 공간을 형성하는 공공 활동의 場 또는 그것을 형성하는 네트워크의 점에 해당하는 會館, 淸樓, 카페, 주점, 살롱, 서점, 출판사, 매체, 대학, 광장 등 다양한 장소들이 주로 주목되었다.[1] 그리고 그 연장선에서 근대서구의 경험으로 충분히 설명할 수 없는 특성에 대해서는, 그에 중국적 특성을 부가하는 보완적 논리가 취해졌다.[2]

----

1) 許紀霖, 「都市空間視野中的知識分子研究」, 『天津社會科學』 2004年 第3期.
2) 공론장과 연관해 도시공간에 주목하는 이러한 논의는 William Rowe, Mary Rankin, Frederic E. Wakeman Jr, Philip C. Huang 등 서구 학계의 논의에 시사를 받은 바가 크다. Rowe, Rankin 등은 무한, 절강 지역의 청말 사회와 도시에 관한 연구에서, 중국에 非하버마스적 의미의 공공영역, 즉, 비판성을 갖지 않고 단지 지방 공공사무의 관리에 간여하는 지방 신사의 공공영역만이 존재한다고 주장했다. 그에 대해 Huang은 'The third realm'의 개념을 제기하여 중국적 공공영역의 개념을 서구의 그것과 구별했다. William Rowe, "The Public Sphere in Modern China", *Modern China,* Vol.16, No.3, 1990, pp.309-329; Mary Rankin, "Some Observations on a Chinese Public Sphere", *Modern China*, Vol.19, No.2, 1993, pp.156-182 ; Frederic E. Wakeman Jr, "The Civel Society and Public Sphere Debate: Western Reflections on

이러한 설명 방식은 역사적 사실이나 현재적 요구로 볼 때, 어느 정도 타당성을 갖다고 할 수 있을 것이다. 근대 이후 중국 지식인들은 서구인들이 보여준 전방위적인 역량을 접하면서 서구 세계에 대해 문명적 충격이라고 할 만한 강렬한 인상을 받았으며, 때문에 이들에게 극복의 대상이어야 할 서구는 아울러 학습의 대상이 되었다. 물론 지식인 내부에는 서구적 요소를 수용하는 것에 대해 극력 저항하는 흐름도 존재해왔지만, 그 경우에도 서구 사회가 중요한 참조점으로써 영향을 끼쳤음을 부정할 수 없다. 전반적인 추세로 볼 때 중국 지식인들이 서구 사회의 경험을 상당히 학습, 수용했던 것은 사실이었다. 이런 가운데 중국의 근대도시에는 근대서구의 그것에 비견되는 다양한 공간들이 형성되었다고 생각할 수 있다. 또한 그 연장선상에서 오늘날 중국의 '비판적' 지식인들 가운데는 중국사회의 개혁 과제와 관련해서 여전히 서구적 개념을 활용하는 경향도 있는 듯한데, 공론장, 시민사회 등은 그와 관련해서 자주 활용되는 개념들이다.3)

그런데, 중국의 지식인이 근대 이후 서구 세계와의 관계에 있어서 실제 어떤 변화 과정을 겪어왔는지는 그리 간단히 설명할 수 있는 것이 아니다. 왜냐하면 중국/서구 또는 전통/근대와 같은 이항적 대비가 본질적으로 지나치게 도식적인 것이라는 점은 차치하고서라도 양자가 비교적 선명히 대비되는 것으로 인식되었던 것은 상호접촉이 상당 기간 경과한 뒤에 획득되는 사후적인 것일 수 있고, 더구나 그 대비적 인식은 상대적 강자인 서구사회를 잣대로 한 것일 가능성이 농후하다고

Chinese Political Culture", *Modern China*, Vol.19, No.2, 1993, pp.108-138 ; Philip C. Huang, "Public Sphere/Civil Society in China? The Third Realm Between State and Society", *Modern China*, Vol.19, No.2, 1993, pp.216-240.
3) 許紀霖, 「近代中國的公共領域: 形態, 功能與自我理解-以上海爲例」, 上海高校都市文化E研究院 編, 『上海: 近代新文明的形態』, 上海辭書出版社, 2004, 59-85쪽.

생각되기 때문이다. 이때 중국 지식인의 수용자로서의 입장이 함께 고려되어야 할 것이다. 중국 지식인 사회는 근대 이전에 외부의 이질적 문화 요소를 수용해 나름대로 소화해온 역사적 경험이 풍부했던 만큼, 그러한 기존 경험과 수용 방식이 서구 세계에 대해서도 어떤 식으로든 작용했을 것이라는 점을 무시할 수 없다. 또한 오늘날 중국 지식계가 근대 이후 장기간의 변화를 겪어왔음에도 불구하고 그 문화 전통이 해체된 것이 아니라는 사실이 지적되고 있는 점도 염두에 둘 때, 서구 세계와 접촉하면서 이들이 겪어왔던 인식 변화는 보다 완만한 것이 아니었을까 하는 생각도 하게 된다.

　이런 측면에서 필자는 개항 초기 근대도시에서 중국 지식인들이 서구의 지식, 정보를 접촉하기 시작했던 초기에 이들의 인식이 어떤 과정을 통해 변화를 겪게 되었는지에 대해 다시 차분히 검토해 볼 필요가 있다고 생각했다. 이에 본고에서는 우선 그 한 사례로서 근대중국의 대표적인 개항 도시인 상해를 배경으로 이 지역의 초기 지식인인 王韜의 사례를 검토해 보려고 한다.[4]

---

[4] 許紀霖은 향촌 지식인에서 도시 지식인으로의 전환 과정에는 몇 차례의 과도 형태가 있다고 하면서 그것을 다음 네 단계로 구분한다: (1) 명청시대 향촌 지식인에서 분화된 儒商과 文人墨客, (2) 청말 연해 대도시의 매판형 지식인, (3) 19-20세기 전환기의 維新運動 인사, (4) 민국 이후의 현대 지식인. 그에 따르면 王韜는 두 번째 단계에 속한다. 許紀霖, 위의 글, 127쪽.

II. 중국 지식인과 "도시적인 것"

근대도시와 중국 지식인의 관계에 관해 검토할 때 우선 생각해 볼 문제가 있다. 그것은 이들에게 근대도시는 과연 얼마나 새로운 공간이었는가 하는 점이다. 중국의 근대도시들은 많은 경우 서구에 대한 '개항' 이후에 새롭게 건설된 부분이 큰 비중을 점했고, 서구인의 식민 공간인 租界가 도시 발전의 중심을 점했던 상해의 경우는 더욱 그러했다. 이 점에서 중국인들에게 근대도시는 분명 새로운 공간이었다. 이들은 생전 보지 못했던 새로운 경관을 보여주는 상해를 목도하고 거의 예외 없이 놀라움을 금치 못했다. 그렇지만 "얼마나" 새로운 공간인가 하는 질문을 다시 던져보자면 또 다른 측면이 없을 수 없다. 왜냐하면 이들에게 근대도시는 분명 새로운 것이 많았지만 "도시적인 것"은 이 지역의 도시 전통으로부터 연결되는 맥락이 없을 수 없기 때문이다. 중국의 도시 전통으로부터 연원한 "도시적인 것"에 대한 인식은, 중국 지식인들이 근대도시를 관찰할 때 그 기본적인 시점이 된다는 점에서 중요하다. 이들에게 "새롭다"는 것은 "도시적인 것"에 대한 전통적 인식을 전제로 그렇다는 의미일 것이다.

결론적으로 말하자면 중국 지식인은 근대 이전에도 "도시적인 것"과 거리가 먼 존재가 아니었다. 물론 통계적으로 거주(residence)의 면에서 볼 때 전통 시기 중국 지식인들이 주로 근거했던 지역은 도시가 아니라 향촌이었다. 지식인들은 16세기 초 이후 향촌에서 도시로 이동하는 현상이 나타났으며[5] 19세기까지 강남 지역의 紳士들의 경우에 상당한

---

5) Mark Elwin, "Market Towns and Waterways: The Country of Shang-hai from 1480 to 1910", G. William Skinner ed, *The City in Late Imperial China*, Stanford University Press, 1977, pp.441-473.

폭으로 도시화가 진행되었지만,6) 전국적으로 볼 때 도시 지역에 거주
하는 지식인의 비율은 1/4를 넘지 못했다. 절대 다수의 지식인은 결코
도시에 거주하지 않았다. 그러나 지식인들은 향촌에 주거하는 경우가
절대적으로 많다고 해도, 관점을 조금 바꾸어 체류(abode)의 면에서 보
면 도시에서의 활동도 결코 그 비중이 적다고 말할 수는 없다. 모트
(Mote)는 일찍이 "학자, 시인, 사상가, 저술가, 예술가 등은 일생 중에 公
的 생활을 고향을 떠나 도시에서 보내지만, 그들의 생산적인 시간들은
사적 생활의 시간들이며 그때 그들은 한두 대도시에 집중되어 있지 않
고 폭넓게 흩어져서 농촌 지역에 거주하는 경향이 있다"고 설명한 바
있다.7) 그의 지적처럼 도시 역시 지식인들에게 있어서 주요 활동 지역
이었다. 특히 공적 활동에 있어서는 그들은 향촌보다 도시에 체류하는
경우가 많았다.

이때 "도시적인 것"은 중국 지식인에게 주로 공적 영역과 연관되어
인식되던 공간이었다. 이들은 자신들을 "君子"로서 본시 治人하는 존재
로 상정했다. 이때 행정권은 도시적인 것으로 향촌에 대해 敎化를 실
행한다. 이들은 도시기구를 민정 관리에 불가결한 것으로 간주했다.8)
반면 이들은 사적 영역에서 "향촌적인 것"에 높은 가치를 부여하는 경
향이 있었다. 이들은 문화적으로 향촌을 지향하는 성향이 강하다고도

---

6) 潘光旦·費孝通은 同治, 光緒 년간 900여 명의 진사의 사회적 배경을 분석했다.
   본적지를 확인할 수 있는 758명 가운데, 52.8%는 성도, 6.3%는 시진, 41.2%는 농촌
   이었다. 潘光旦·費孝通, 『科擧與社會流動』, 『社會科學』 第4卷 第1期, 1947.10, 1
   -21쪽.

7) F.W.Mote, "The Transformation of Naking, 1350-1400", G. William Skinner ed, *ibid*,
   pp.101-153.

8) Stephan Feuchtwang, "School-Temple and City God", G. William Skinner ed, *ibid*,
   pp.581-608. 그는 明倫堂과 같은 교화 목적의 도시기구가 왜 민정관리에 불가결
   한지에 대해 설명한다.

지적된다. 이들은 도시 생활의 사치, 음험함에 대해 비판하면서 향촌 생활에 상대적으로 높은 가치를 부여하는 경향을 보이기도 한다.[9] 요 컨대 중국 지식인은 사적 영역에서 향촌 주민의 성분에 가깝지만 공적 영역에서는 도시를 지향하는 성격이 강했다고 볼 수 있다.[10]

이 점과 관련해서 조금 더 부연하자면 중국에서 도시는 본래부터 제 국의 지배구조를 구성하는 핵심적인 요소였다. 단적인 예로 "國"이라는 글자는 성벽으로 둘러싸인 도시 공간에서 유래한 것이고 "國家" 개념 은 이로부터 파생된 것이다. 도시는 전통적으로 지배구조의 중핵이 처 하는 "안"에서 "밖"으로 영향력을 복사하는 공간으로 구획되었다.[11] 이 점에서 도시는 중국인의 天下觀을 반영하는 縮圖이기도 했다. 중국 지 식인들이 "도시적인 것"을 주로 공적 영역과 연결해 인식했다는 것은, 이러한 중국적인 세계 인식과 밀접히 연관되어 있다고 할 수 있다.

위와 같은 측면들을 상해의 경우에 적용해서 말하자면, 이 도시에 서구인의 조계가 개설되기 전에 이미 상당한 前史가 있었다는 점을 보 다 주목해야 할 듯하다. 상해가 개항 이후 조계를 중심으로 '본격적'인

---

9) F.W.Mote, 위의 글 ; Tilemann Grimm, "Academies and Urban Systems in Kwangtung", G. William Skinner ed., *ibid*, pp.475-498.
10) 이러한 관점에서 근현대 상해 지식인들이 나름대로 행했던 노력들을 해석해 볼 수 있다. 李平書 등 지역 유지들을 중심으로 화계 각 지역에서 추진된 自治運動은 그 연장선에서 이해할 수 있을 것이다. 논자들이 상해의 公共空間 속에서 하버마 스적 의미에서의 공론장을 찾아보려는 노력을 행하는 가운데 중국 지식인의 '공 공공간'이 개인적 가치에 기반을 둔 유럽사회의 "비판형 공공공간"과 구별되는 "관 리형 공공공간"의 특색을 갖는다는 점이 지적되는 것은, 사실 근대시기에 새롭게 형성된 현상일 뿐만 아니라 중국 지식인의 도시 전통과 연결해서 설명할 수 있는 부분이 없지 않다고 할 수 있다.
11) 북경과 같은 정치도시에서 대체로 나타나는 것처럼 행정 권력을 중심으로 내성, 외성 등으로 누층적으로 확대되는 성벽 구조는 관념적으로는 천하 질서로 연결되 어 있었다.

도시적 성장을 했던 것은 사실이지만 그 도시 전체가 그로부터 발원한 것은 아니다.[12] 許紀霖은 상해의 근대 지식인을 분석하면서 그들이 과거에 경험해보지 못한 근대도시 공간을 체험하면서 향촌 지식인에서 도시 지식인으로 전화했다는 도식을 제시한다.[13] 그렇지만 이는 상해 내에 존재하는 도시 전통을 간과한 것일 뿐 아니라, 중국 지식인의 인식 속에 존재하는 도시 전통에 대해서도 경시하는 것이라고 할 수 있다. 만일 이들이 단순히 향촌 지식인에서 도시 지식인으로 전환한 것이 아니라 전통적인 "도시적인 것"에 대한 인식을 바탕으로 근대도시 상해를 관찰한 것이라는 관점을 취할 수 있다면, 이들이 접촉했던 서구 세계가 이들의 인식 속에서 어떻게 수용되고 있었는가를 보다 잘 이해할 수 있게 될 것이다.

상해에서 많은 중국인들이 오랫동안 귀속감을 갖고 있던 공간은, 영국, 프랑스 등의 조계가 아니라 그 전부터 존속해왔던 縣城 등 지역이었다. 이 도시의 중국인들은 이른바 "旅滬意識"을 뿌리 깊게 갖고 있었으며 더구나 그러한 의식을 벗어나 "상해인"으로서 정체성을 갖기 시작하는 것은 20세기 초이고 그것이 비교적 뚜렷이 확립되는 것은 20세기 중반 이후인 중화인민공화국 시기였다고 지적된다. 조계가 대표하는 식민 공간은 오랫동안 이들이 지역 정체성을 갖는 데 장애를 주었던 요인이었다. 또한 공공조계, 프랑스조계 등의 식민 공간과의 구 도시 공간과의 분리와 대비 상황은 이들을 크게 규제했다. 기존 도시 공

---

12) Wasserstrom은 상해가 개항 이후 조계를 중심으로 '본격적'인 도시적 성장을 했던 것은 부정할 수 없다고 해도, 단지 갯벌에 불과하던 땅에 건설된 영국 조계로부터 온 도시가 발원한 것처럼 묘사하는 것은 "갯벌론(mudflatism)"이라 할 만한 편견이라고 지적한다. Jeffery N. Wasserstrom, *Global Shanghai 1850-2010: A History in fragments*, Routledge, 2009, p.4.
13) 許紀霖, 위의 글, 124-125쪽.

간("華界")이 公共租界, 프랑스租界 등 외국인의 새로운 도시 공간("夷場")
과 분할, 관리되는 "三界分治"의 구조는, 행정 기구를 중심으로 일원적
으로 지배력을 방사하는 전통적인 도시의 상과 현격히 대비되는 것이
었다. 또한 그러한 가운데 도시의 중심성이 현성 지역("南市")에서 조계
지역("北市")으로 급격히 옮겨가는 상황은 기왕의 중화적 세계 인식 속에
서 받아들이기 쉽지 않은 것이었다. 전술했듯이 "도시적인 것"을 주로
공적 활동과 연결해서 이해해온 중국의 전통 지식인들이 이 도시를 통
해서 새로운 세계를 어떻게 인식하고 그 속에서 자신들의 지식인으로
서의 역할을 어떻게 자리 잡으려고 했는지 주목된다.

III. 왕도의 상해 생활과 사회적 관계

王韜(1828-1897)는 江蘇 長洲(현 吳縣) 사람으로 본명은 利賓, 字는 蘭卿
이다. 塾師 집안에서 태어난 그는 10대 초반을 蘇州 근교의 甪直이라는
작은 市鎭에서 보냈다. 이후 그는 부친의 사망 등으로 생계를 꾸려야
했는데, 이에 21세였던 1849년부터 上海로 와서 생활하게 되었다. 그가
일한 곳은 영국 선교사가 운영하는 墨海書館(London Missionaty Society Mission
Press)으로 그곳에서 서구의 종교, 과학 서적을 번역하는 작업과 중문잡
지『六合叢談』등의 편집에 참여하면서 서구 지식을 폭넓게 접했다. 그
의 상해 생활은 이때부터 34세 되던 1862년에 太平天國과의 내통 혐의
를 피해 홍콩으로 피신할 때까지 14년 동안 계속되었다.

상해를 떠난 뒤 왕도는 더욱 활발히 활동했다. 그는 홍콩에서 이름
을 韜로 바꾸고 중국 經書 번역 등의 활동을 했으며, 1867-1870년에는
영국, 프랑스 등 구미 국가를 유람하면서 번역, 학술강연 등을 행했다.
또한 1874년부터는 홍콩에서 『循環日報』를 창간하고 변법자강을 적극

적으로 선전했다. 1879년에는 일본을 방문해 일본 지식인들과 교류하기도 했다. 그는 56세인 1884년 상해로 다시 돌아왔고, 1885년에는 上海格致書院에 취임해 말년을 보내다, 1897년 병사했다.[14]

왕도가 상해에서 생활하기 시작했던 1849년은 상해가 개항한지 7년째 되던 해로, 영국조계가 막 건설되고 프랑스조계도 이제 건설되기 시작했던 시점이었다. 10대까지 소주 근교의 시진에서 보낸 그로서는 서구인들에 의해 건설되고 있던 이 도시의 경관들이 실로 새롭게 비쳐졌다. 그는 상해에서 생활하기 바로 전 해(1848년) 이 도시를 처음 보았는데, 당시 받은 인상을 다음과 같이 회고한다.

> 戊申(1848年) 정월, 나는 부친을 뵈러 (상해에) 왔다. 황포강에 들어서자 풍경은 일변했다. 배 안에서 멀리 상해를 바라보자, 수면에는 안개가 자욱하고 돛대가 난립하고 있다. 강변 일대는 서양인의 빌딩으로 누각처럼 높이 우뚝 솟아 있다.[15]

당시 이 도시를 찾았던 많은 사람들과 마찬가지로, 왕도도 황포강을 들어서면서 갑자기 눈 앞에 나타나는 열국의 선박과 이국적인 건축들이 그려내는 경관에 깊은 인상을 받았다. 상해는 분명 중국의 기존 도시를 통해서 볼 수 없었던 새로운 유형의 도시의 모습을 보여주고 있었다. 이후 이 도시는 왕도가 서구가 주도하는 새로운 세계를 보는 창이 되었다.

왕도가 근무하던 墨海書館은 1843년 영국 선교사인 메드허스트(Walter Henry Medhurst, 1796-1857), 마일느(William Charles Milne, 1815-1863), 뮤어헤드(William Muirhead), 에드킨스(Joseph Edkins, 1823-1905), 와일리(Alexander Wylie, 1815-1887) 등

---

14) 「韜園老民自傳」, 『弢園文錄外編』, 上海書店出版社, 2002, 269-273쪽.
15) 王韜 編, 『漫遊隨錄』, 社會科學文獻出版社, 2007.

이 상해에 세운 書館(출판사, 인쇄소)이었다. 그 위치는 四馬路의 江海北關 부근에 위치한 麥家圈이다(현 福州路, 廣東路 간에 있는 山東中路의 서측). 사마로 는 조계 개설 초기부터 출판사, 신문사 등은 물론이고 차관, 주루 등 서구 문화가 적극적으로 수입되었던 조계 문화의 선진 지역이었다. 당 시 이 지역은 "夷場(Foreign Ground)"으로 불렸으며, 묵해서관은 바로 이장 의 중심에 있었다.

왕도는 묵해서관에서 영국 선교사들과 함께 많은 번역, 저작 작업에 참여했다. 성서 번역은 선교와 관련된 주요 작업의 하나로, 왕도는 이 번역 작업에서 중요한 역할을 담당했다. 당시까지 성서 번역은 모리슨 등에 의한 중국어본이 있었지만 그 번역이 중국인이 이해하기 어려운 면이 있었다. 이에 메드허스트는 왕도의 협력을 얻어 수년에 걸쳐 신, 구약 성서의 번역을 완성했는데, 이 중국어본 성서는 이후 1920년대까 지 정본으로 사용되었다. 왕도는 성서 외에도 다양한 분야의 번역, 저 작 작업에 참여했다.

와일리는 묵해서관의 인쇄소 책임자로 해박한 학식을 갖춘 인물이 었다. 1857년 그는 묵해서관을 통해서 중국 최초의 중국어 잡지인『六 合叢談』을 간행했다.『六合叢談』은 단순한 선교잡지가 아니라 지리, 역사, 세계 정세, 자연과학 등을 폭넓게 다룬 종합성 잡지였다. 왕도는 이 가운데 몇몇 기사의 집필에도 관여했다.

묵해서관에는 왕도 이외에도 번역, 저작 작업을 돕는 중국인 동료 들이 있었다. 李善蘭, 蔣劍人, 管嗣復 등은 왕도의 절친한 동료였다. 이 선란은 중국에 근대 수학, 물리학, 천문학을 도입하는 데 앞장을 섰던 선구적 학자로, 그가 묵해서관에 들어왔을 때는 이미 40세를 넘었고 자신의 저작을 갖고 있었다. 그는 와일리와 함께『代數學』,『代微積拾 級』등 고등수학과『談天』등 천문학 번역서를 발행해 중국에 소개했 다. 그는 이후 북경 同文館에서 수학을 담당하며 후진을 양성했다.

뮤어헤드는 개항 직후부터 사망할 때까지 53년 간 상해에 머물면서 포교 활동을 전개했다. 그는 『大英國志』를 비롯해 다양한 출판물을 출판했다. 『대영국지』에는 영국의 의회정치를 "君民共主"의 이상적 형태로 설명했는데 蔣劍人은 그 번역 작업에 함께 참여했다. 장검인은 「워싱턴전」을 『육합총담』에 게재하면서 미국의 민주제도를 소개하기도 했다. 그는 전통 지식인으로서 서구의 정치제도를 중국에 도입하는 것까지 주장하지는 않았지만, 비교적 개방적 태도를 가지고 세계 현실을 그 자체로 이해하려고 노력했다고 평해진다.[16]

묵해서관에는 인쇄, 출판과는 별도로 仁濟醫院이라는 병원이 부설되어 있었다. 이곳에서 일했던 선교의사인 홉슨은 의료 활동과 함께 의학서를 중국어로 발행하는 작업을 진행했다. 그는 전임지인 광주에서 『全體新論』을 출판했고 1857년 상해로 옮겨와서는 『西醫略論』, 『婦嬰新設』, 『內科新說』 등 의학서를 잇달아 출간했다. 管嗣復은 이러한 홉슨의 번역 작업에 협력했던 인물이었다.

묵해서관과 조계 지역은 왕도 등이 서구 지식, 정보를 접하는 주요 창구였다. 이들은 이곳에서 '생계를 위해' 번역, 저작 활동에 참여하면서 자연스럽게 다양한 영역에서 서구 학술을 접촉하게 되었다. 또한 四馬路를 비롯한 "夷場"의 도시 문화를 통해 서구 세계를 직접 경험하게 되었다.

그런데 이 과정에서, 이들은 전통 지식인으로서 상당한 심리적 혼란을 겪고 있었던 것으로 보인다. 그의 일기에는 당시 그들이 처했던 상황을 자세히 기록하고 있다. 1859년(함풍9년) 2월 6일 일기에는 관사복과의 사이에 오갔던 다음과 같은 대화가 실려 있다.

---

16) 于醒民, 「蔣劍人-介紹西方資産階級民主制度的先行者」, 『北方論叢』 1985年 第3期.

비, 小異(관사복)가 여기로 온지 10일이 되어가는데 편안히 궁구할 곳을
도모하는 바가 하나도 이루어지지 않았다. 미국 선교사 브리지먼(E.C.
Bridgeman)이 (그를) 초빙해 『구약』을 다듬고 『아메리카지』를 번역하려고
했다. 소이는 기독교 서적이 유교와 크게 어긋나 번역하고 싶지 않아 사
양하고 가지 않았다. 때문에 내게 말하기를: "나는 孔門에 들어 성인, 현인
이 되어 絶學을 이루는 것을 바랄 수도 없고 이단을 배척하고 名敎를 보
좌할 수도 없지만, 어찌 친히 필묵을 잡고 근본이 없는 글, 그릇된 논리의
책을 만들어 그 흐름을 따르고 그 물결을 부채질할 수 있겠는가?" 나는 말
했다. "西館에서 敎授하는 것은 이미 자기를 지키려는 길은 아니다. 품팔
이와 마찬가지로 단지 입고 먹는 것을 위해 하는 것이니, 마음이 편안한
바를 구하는 것은 무슨 업을 하는 바를 묻지 말라. 책을 번역하는 것은 그
들은 그 뜻에 주의하지만 우리는 단지 어휘로 꾸미는 것일 뿐이다. 그것
이 어그러졌는지 여부는 진실로 우리가 간섭할 것이 아니다"17)

여기서 관사복은 전통 지식인으로서 유교 교리와 어긋나는 기독교
서적을 번역하는 작업에 참여하기 꺼려지는 입장을 토로했고, 그에 대
해 왕도는 번역 작업에 참여하는 것은 "품팔이와 마찬가지로 단지 입
고 먹는 것을 위해 하는" 것이니 그 교리가 "어그러졌는지 여부는 진실
로 우리가 간섭한 것이 아니다"라고 조언하고 있다. 그렇지만 기실 왕
도 자신도 관사복의 고심에 공감하고 있었는데, 그는 이어서 다음과
같이 토로하고 있다.

아! 소이의 말을 듣고 가만히 스스로 탄식했다. 내가 처음 왔을 때 한
사람도 의리를 가지고 거취를 논하는 사람이 없었다. 온 집안이 입고 먹
는 것이 걱정이었을 뿐이었다. 발을 한번 잘못 내딛으면 후회해도 소용
없는 일이다.18)

17) 方行, 湯志鈞 整理, 『王韜日記』, 中華書局, 1987, 92쪽.
18) 方行, 湯志鈞 整理, 위의 책, 92쪽.

"발을 한번 잘 못 내딛으면 후회해도 소용없는 일"이라는 표현처럼, 그 역시 전통 지식인으로서 외국인의 번역, 저작 활동에 협력하는 일에 대해 고민하고 있었던 것이다.

사실 이들은 서구인의 번역, 저작 활동에 협력하면서도 전통 지식인으로서 서구에 대해 기본적으로 경계감을 갖고 있었다. 그는 묵해서관의 선교사들에 대해서 개별적으로 높은 평가를 하고 있었지만, 중국사회의 입장에서 서구인의 대중국 태도에 대해는 전반적으로 부정적인 인식이 드러난다고 지적된다.[19]

흥미롭게도 왕도와 그의 동료들은 묵해서관에서의 업무가 끝나면 "夷場"을 떠나 주로 현성 내에 위치한 예원으로 가서 함께 지내고 있다. 조계가 이들이 생계를 위한 업무를 보고 서구 세계를 경험하는 장이었다고 한다면 현성은 이들이 그러한 서구 세계와 거리를 유지하면서 관찰하고 논의하던 장소였다. 그는 동료들과 틈나는 대로 그곳에 위치한 차관에 모여 어울렸다. 그의 일기에는 그가 거의 매일 현성에 가서 동료들과 보냈던 일상들이 자세히 실려 있다. 1858년(함풍8년) 9월 26일에는 그러한 일상 가운데 하루의 모습을 다음과 같이 적고 있다.

> 이른 아침, 壬叔(李善蘭), 閬齋(梁閬齋)과 함께 현성에 갔다. 마침 성황묘에서 열리는 연극 때문에 인파가 몰려 번잡했다. 랑재는 곧 집으로 돌아갔고, 나는 임숙과 綠波廊으로 가서 차를 마시다 宋小坡를 알게되었다. (중략) 소파는 이름이 希軾으로 太倉 사람으로 글을 팔아 생활하는 이다. 얼마지 않아 陳香谷, 顧曉侯가 함께 와서 연극 얘기를 하다 해가 기울어갈 때쯤 헤어졌다. 오후에는 랑재 집으로 가서 여담을 했다. 랑재는 조용한 것을 좋아하는 편이라 나가지 않았다. 이어서 豫園을 산책하고, 宦秋苹, 陳香谷과 함께 차를 마셨는데, 임숙, 小異(管嗣復)도 와서 함께 했다. (중략) 이른 시간부터 반복해서 찻집에 갔으니, 오늘은 가히 차 전쟁(茗戰)

---

19) 宮田道昭, 『上海歷史探訪: 近代上海の交友錄と都市社會』, 東方書店, 2012, 88~90쪽.

이라고 칭할만한다.[20]

당시 상해에는 많은 차관이 있었지만 특히 예원에는 湖心亭, 春風得意樓, 綠波廊 같은 큰 차관이 많았다. 왕도는 그의 동료들과 이런 차관에 가지 않으면 酒樓, 妓樓에 갔다. 그들은 그곳에서 문학에서 정치에 이르기까지 다양한 대화를 나누었다. 당시 이곳에서 나누었던 대화들 속에는 서구 세계에 대해 갖고 있던 비판적 입장들이 자주 표출되고 있는 것을 확인할 수 있다. 당시까지 조계 지역은 중국인들이 쉽게 거주할 수 없는 곳이라는 점도 있었지만, 이들에게서 현성 지역의 차관은 조계와 서구 세계에 대해 갖는 비판적 수용자, 관찰자로서의 시점을 공간적으로 반영해주고 있는 것으로 볼 수 있을 것이다.

당시 왕도와 그의 동료들은 늘 조계와 현성 두 지역을 오가면서, 조계 지역에서 서구의 지식, 정보를 적극적으로 접촉하고서 현성 지역으로 건너 와서 그러한 서구 세계와 중국의 상호격차에 대한 인식을 공유했던 것으로 보인다. 이들에게 있어서 현성은 전통 지식인으로서 자신들의 신분과 공적 역할을 확인하는 장소였다.

이들은 그들은 서구의 지식, 정보를 적극 접촉하면서 변화하는 새로운 세계에 적극적으로 대응하는 지식인으로서의 역할을 기대했지만, 현실적으로는 이 도시 속에서 개입해서 어떤 적극적인 역할을 담당할 수 있는 입지를 확보하고 있지 못했다. 이들은 서구인의 협력자로서 자신들이 수행하는 역할에 대해서도 회의감을 보이기도 했다. 또한 이들은 중국의 정계나 학계에서 주목되는 존재들이 아니었다. 때문에 당시 이들은 전반적으로 일종의 무력감에 빠져들고 있었던 듯하다. 더욱이 당시 상해로 점차 다가오는 태평천국의 여파는 이들의 위기감을 더

---

20) 方行, 湯志鈞 整理, 위의 책, 109쪽.

욱 자극하고 있었다.

함풍5년(1959년) 3월 18일의 일기는 당시 그들의 이러한 분위기를 엿
볼 수 있게 해준다. 이날 오후 왕도는 이선란과 함께 현성에 갔다. 길
에서 우연히 장검인을 만나 함께 張筱峰, 丁步洲를 찾아 酒樓에서 술
을 한잔 했다. 이들은 그 전 날도 함께 술을 마시고 조계에서 열린 경
마를 구경하고 난 터였다.

> 산해진미가 차려지고 술이 몇 순배 돌고나니 거나하게 취기가 돌았다.
> 술을 마시는 중에 검인이 손바닥을 치면서 흉금을 터놓고 주변이 놀랄
> 만큼 큰 소리로 말하기를, 자신이 지은 詩歌는 모두 최고봉에 올랐으니
> 상해에는 그에 대적할 인사가 없다 말했다. (중략) 임숙도 말했다: "오늘
> 날 천문 권위자로는 내가 아니면 누가 있는가? 최근 와일리와 책 몇 권을
> 번역했는데 이제 곧 출간될 것이다. 이 책이 한번 나오면 국내에서 천문
> 을 논하는 자들은 필시 이를 宗師로 삼게 될 것이다.21)

당시 이들은 거의 매일 모여 차를 마시거나 술을 마시면서 서로 위
안을 삼는 생활을 이어가고 있다. 이 날 장검인, 이선란 등은 술기운을
빌어 자신들의 능력을 인정받지 못하는 것에 대한 불만을 표출하고 있
다. 이들은 서구의 지식, 정보를 가깝게 접촉하면서 지식인으로 변화하
는 세계에 대응해 자신들의 능력을 발휘할 수 없다는 현실에 울분을
드러냈던 것이다. 후일에 왕도는 당시 자신들의 모습을 다음과 같이
회상하고 있다.

> 西館에는 당시 海寧 李壬叔, 寶山 蔣劍人, 江寧 管小異, 華亭 郭友松이
> 나란히 재주와 명성을 뽐냈다. 모두 老民과 막역한 사교를 했다. 다만 시
> 국이 날로 어려워지고 도둑의 기운이 점점 더 급박해져 노민은 깊이 걱

---

21) 方行, 湯志鈞 整理, 위의 책, 10쪽.

정했지만 어찌 할 수가 없었다. 매일 같이 귀가 빨개지도록 술을 마시고
손뼉을 치면서 큰 소리를 쳐대니 종종 그 소리가 주위를 놀라게 했고, 혹
은 강개가 격앙되고 눈물을 흘리곤 했다. 모르는 사람은 미친 사람이라
거리낌 없이 행동한다고 조소했다.[22]

그들은 중국의 지식인 가운데서 서구 지식, 정보에 대해 가장 앞서
적극 수용했던 인사들이다. 그들은 전통 지식인으로서의 공적 역할에
대한 책임감도 강하게 갖고 있었다. 그렇지만 이들은 서구와 중국 양
측에 모두 온전히 속하지 않는 주변적 존재로 "어찌 할 수가 없었"던
무력감을 갖지 않을 수 없었다. 두 세계 사이에서 이들이 겪고 있던 이
러한 심리적 갈등은 스스로 "미친 사람(狂生)"으로 비치고 있음을 자각
할 만큼 자기분열적 면모를 보이고 있었던 것으로 해석된다.

Ⅳ. 왕도의 세계 인식과 그 변화

지금까지 논자들은 대체로, 왕도가 개항장인 상해에서 시작해서 많
은 시기를 홍콩, 영국, 일본 등 외지에서 보내면서 서구 문명과 적극적
으로 접촉했던 인물이라는 사실에 주목하면서, 그가 전통 지식인에서
근대 지식인으로의 전환했다는 설명을 해왔다. Paul A. Cohen는 이러
한 평가를 이끈 대표적인 연구를 한 바 있는데, 그는 위와 같은 측면에
서 주목하면서 왕도를 "개항장 지식인(treaty-port intellectual)"으로 규정했
다.[23] 이후 많은 연구자들은 코헨의 평가에 기본적으로 동조하면서 서

---

22) 「弢園老民自傳」, 위의 글, 270쪽.
23) Paul A. Cohen, *Between Tradition and Modernity: Wang T'ao and Reform in Late
Ch'ing China*, Cambridge: Harvard University Press, 1988.

구 문명과의 폭넓은 접촉, 수용 그리고 그에 따른 개혁론의 전개라는 관점에서 그를 설명해왔다.[24]

전통 지식인에서 근대 지식인으로서의 급격한 전환 속에서, 왕도의 세계 인식은 폐쇄적인 것에서 개방적인 방향으로 변화되었던 것으로 설명된다. 뒤에 살펴보겠지만 왕도의 세계 인식에 중국중심주의적인 사고가 존재했던 것은 분명하다. 기존 연구들은 대부분 이 중국중심주의적 천하관이 점차 만국공법적인 세계 인식으로 이행해갔다고 하면서 그것은 그 세계 인식의 개방적 변화라고 해석한다. 예컨대 王宏志은 왕도가 "나와 같은 족류가 아니면 그 마음이 필히 다르다(非我族類, 其心必異)"의 전통적 화이관을 가진 "南來文化人"으로 "華", "中原" 중심의 시각에서 "夷", "邊緣"을 평가하는 시각을 가졌다고 비판하며,[25] 殷懷清은 그가 밀접한 대외교류를 통해 서구문명의 지식을 흡수하면서 華夷論, 中國中心主義와 같은 협애한 민족주의적 태도에 변화가 야기되었음을 지적한다.[26] "개항장 지식인"으로서 인식적 전환을 설명하는 가운데, 그 전환 이전의 세계 인식이 보여주는 '편협성'이 대비적으로 부각되는 경향이 있다고 할 수 있다.

---

24) 王爾敏, 『晚淸政治思想史論』, 臺北: 臺灣商務印書館, 1995; 大谷敏夫, 「淸末開港後の文教政策と文人王韜に關する一考察」, 『追手門學院大學文學部紀要』 36, 2000; 高瑞泉, 「近代價値觀變革與晚淸知識分子」, 『思想家與近代中國思想』, 社會科學文獻出版社, 2005.

25) 王宏志, 「南來文化人: 王韜模式」, 『二十一世紀雙月刊』 2005年 10月號, 71쪽; 「蕞爾絶島: 王韜的香港論述」, 『歷史的沉重: 從香港看中國大陸的香港史論述』, 牛津大學出版社, 2000, 215~216쪽.

26) 殷懷清, 「對異邦文化的不同態度: 理雅各與王韜」, 『二十一世紀雙月刊』 2005年 10月號, 66쪽. 그는 왕도가 墨海書院에서 번역 작업을 할 당시, "西國政之大謬者, 曰男女並嗣也, 君民同治也, 政敎一體也"(「1859年 5月 6日 日記」, 方行, 湯志鈞 整理, 『王韜日記』 卷2, 中華書局, 1987, 112~113쪽) 라고 한 평가를 협애한 민족주의적 관념으로 서양 정치제도를 평단한 것으로 지적한다.

당시 왕도와 그의 동료들이 자기분열적인 심리 상태로 몰리고 있었던 것을 고려할 때, 위와 같이 인식적 전환을 설명하는 논리들은 다소 지나치게 깔끔하게 느껴지는 감이 있다. 사실 개항장 지식인으로서 그의 인식 전환은 그리 정합적인 양상을 보였다고 하기는 어렵다. 이는 다른 연구자들도 동의하는 것으로, 그의 논술 속에는 모순적으로 생각되는 요소들이 공존하는 경우가 적지 않다. 코헨도 왕도가 서구 등 외국 세력에 대해 적대감과 존중 등 복잡한 심리를 동시에 갖고 있다는 점을 지적하면서 "多價的(polyvalence)"이라고 표현한 바 있다.27)

그런데 기존 연구에서 눈에 거슬리는 것은, 그의 폐쇄적인 세계 인식과 개방적인 세계 인식의 증거로 제시되는 논술들이 시기적으로 선후로 나타나는 것이 아니라 동시에 존재하며 산재해 있다는 것이다. 따라서 왕도의 인식 속에서 화이론적 세계관이 "만국"의 국민국가적 세계 질서와 명확히 대비되고 있는 것인지 그리 분명치 않다. 오히려 그의 인식 속에 혼재하는 이 요소들이 실제로 모순적인 것이었는지 또는 그러한 요소들이 병존하는 것이 모순적으로 느껴지는 것이 사후적으로 획득된 생각은 아닌지 의심이 가기도 한다. 이 점에서 그가 서구 세계를 접촉하기 시작했던 청년 왕도의 세계 인식이 본래 어떤 색채를 갖고 있었으며 어떤 방향으로 변화하고 있었는지 재검토해볼 필요가 있다.

이와 관련해서 그의 인식을 엿볼 수 있는 대표적인 저작은 『弢園文錄外編』이다. 이 책은 그가 홍콩으로 피난한 뒤 발행했던 『循環日報』

---

27) 일본에 관해서는 그 근대화의 성과에 대해 칭찬, 질투, 명시 등의 복잡한 심정이 나타나며 또한 양국 간의 협력의 '興亞論'을 기대하면서 동시에 그 朝鮮, 臺灣, 琉球에 대한 침략에 대해 격렬히 저항했다는 사실도 지적된다. Paul A. Cohen, *Between Tradition and Modernity: Wang T'ao and Reform in Late Ch'ing China*, Cambridge: Harvard University Press.

에 게재한 평론과 상해에서 저술한 청년 시기의 문장을 함께 모아 1883년 홍콩에서 출판한 것이다.[28] 이하 이에 실린 논설을 중심으로 그의 세계 인식의 변화 양상을 살펴본다.

전통 지식인으로 왕도의 세계 인식이 전통 지식인으로서의 중국중심주의적 색채를 갖고 있었던 것은 자연스럽다고 할 것이다. 예를 들어 왕도는 『弢園文錄外編』에 실린 「原學」이라는 글에서, "中國은 天下의 宗邦이다. 단지 文字의 始祖일 뿐만 아니라 禮樂制度, 天算器藝가 중국에서 발원해 밖으로 흘러 전해지지 않은 것이 없다"[29]고 하면서 중국이 천하 문명이 발원한 중심이라고 주장하고 있다. 이러한 논급들은 그의 논설 속에서 자주 나타나며, 이는 중국중심주의로 해석할 충분한 근거가 된다.

그런데 그의 중국중심주의는 적지 않은 논자들이 지적해왔던 것과 달리, 본래 논리적으로 다분히 개방적인 구조를 갖고 있었다. 그는 같은 책의 바로 앞에 수록된 「原道」라는 글은 다음과 같이 쓰고 있다.

천하의 道는 하나일 따름이며 어찌 둘일 수 있는가? (중략) 천하의 도는 그 처음은 같은 것으로부터 달라지는 것이며 그 마지막은 다른 것으로부터 같아지는 것이다. (중략) 오늘날 유럽 제 국가는 날로 강성해지고 지혜로운 선비들이 火輪舟車를 만들어 같은 대륙, 다른 대륙의 여러 나라를 통하게 하고, 동서로 지구 절반에 족적이 거의 미치지 않는 곳이 없으며, 궁벽한 섬의 이민족도 거의 이르지 않는 것이 없으니, 합일의 기회가 여기서 징조를 보인다. 무릇 民은 나눠진 것에서부터 합쳐지며 道 역시 장차 다른 것에서부터 같아질 것이다. 형이상학적인 것은 道라고 일컫으

---

28) "外編"이라고 한 것은 "內編"에 상대되는 것으로, 왕도는 '성리학술'에 관한 내용을 담은 『弢園文錄內編』을 저술했지만 1861년 물에 빠져 없어졌고, "외편"에는 정론이 주로 실려 그와 구분했던 것으로 알려져 있다.

29) 「原學」, 『弢園文錄外編』, 2쪽.

며, 형이하학적인 것은 器라고 일컫는다. 도시 즉시 통할 수 없으면 먼저 器를 빌어 통하게 하는 것이니, 火輪舟車는 모두 道를 싣고 다니는 것이다. 동방에 성인이 있어 이 마음이 같고 이 이치가 같으며, 서방에 성인이 있어 이 마음이 같고 이 이치가 같다.[30]

그는 "천하의 道는 하나일 따름이며 어찌 둘일 수 있는가?"라고 천하의 일원성을 주장하면서, 아울러 천하의 도가 다름과 같음이 반복된다고 하면서 천하의 분열 역시 통일로 향하는 자연스러운 과정으로 파악하고 있다. 이어서 "오늘날 유럽 제 국가는 날로 강성해지고 지혜로운 선비들이 火輪舟車를 만들어 같은 대륙, 다른 대륙의 여러 나라를 통하게 하고, 동서로 지구 절반에 족적이 거의 미치지 않는 곳이 없으며, 궁벽한 섬의 이민족도 거의 이르지 않는 것이 없으니, 합일의 기회가 여기서 징조를 보인다"고 하면서 유럽 국가들을 중심으로 새로운 합일의 전조를 볼 수 있다고 언급하고 있다. 그는 다른 글에서 각 국가가 병렬해서 상호 경쟁하는 "만국공법"의 세계 질서를 춘추전국시대에 비유하고도 있는데,[31] 그는 각 국가들 간의 차이는 현상적인 것이고 궁극적으로 "大同"의 천하 질서로 회귀할 것이라고 인식한다. 이러한 그의 논의는 서구 열강이 부상하고 있던 당시의 세계 정세를 중국의 전통적인 천하관과 모순적으로 파악하는 것이 아니라 오히려 천하 질서라는 렌즈를 통해 설명하려고 했던 것으로 해석된다. 이때 그의 천하관은 서구 세계를 이해하는 데 있어서 개방적인 논리로 활용되고 있다고 볼 수 있을 것이다. 이는 「華夷辨」이라는 다른 글을 통해서도 확인

---

30) 「原道」, 『弢園文錄外編』, 1-2쪽.
31) 1863년 Marin William A.P.가 출간한『萬國公法』에 청조 주일공사 張斯桂이 쓴 서문에는 "首善之區, 四海會同, 萬國來王, 退哉勿可及也. 此外諸國春秋時大列國也, 若英吉利, 若法郎西, 若俄羅斯, 若美利堅之四國, 强則强矣, 要非生而强也"이라고 쓰여 있다.

할 수 있다.

> 세상에 內華外夷의 설이 있고나서 사람들은 마침내 中國을 華라고 말
> 하고 중국 바깥은 묶어서 夷라고 말하지만, 이는 완전히 틀려서 절대로
> 그렇지 않다. 『禹公』은 九州를 나누고 구주의 가운데 諸夷를 섞어 놓고,
> 周制는 九服을 설치하고 夷는 그 절반을 점했다. 『春秋』의 법은 제후가
> 夷禮를 사용하면 夷라고 하고 이적이 중국에 들어온 자는 중국이라고 하
> 며 이적이 비록 크다고 해도 아들이라고 말한다. 따라서 吳, 楚의 땅은
> 모두 聲名文物의 곳이지만 『춘추』는 묶어 夷라고 일컬었다. 그러므로 화
> 와 이를 분별하는 것은 땅의 안밖이 아니라 예의 유, 무에 있음이 분명하
> 다. 진실로 예가 있다면 이라고 해서 화에 들어올 수 있고, 진실로 예가
> 없다면 화라도 이로 변하는 것이다.

여기서 그의 천하관은 華와 夷의 구분을 지역이 아닌 禮의 유무에
두고 있다. 그는 그러한 개방적인 세계 인식을 전제로 서구 세계에 대
한 이해를 시도하면서, 서구 세계에 대해서도 그 속에서 중국적 보편
성을 찾아볼 수 있다는 쪽으로 논의를 진행하고 있다. 그는 서구 세계
에 대해서 "禮義를 敎로 삼고 仁信를 기초로 삼는다", "中國의 古法을
一循한다"[32]고 하거나 "누가 泰西의 禮儀의 敎가 중국에 미치지 못한
다고 하는가"[33]라고 반문한다. 이런 논급들을 보면, 왕도가 서구 지식
을 접촉하면서 보였다고 지적되어온 급격한 인식적 전환은, 폐쇄적 세
계 인식에서 개방적 세계 인식으로의 대비적 전환이 아니라, 서구 사
회에도 중국적 맥락에서 이해할 수 있는 보편성이 존재한다는 것을 확
인해가는 개방적 천하관의 논리적 확장으로도 설명할 수 있는 여지가
충분히 있다고 생각된다.[34]

---

32) 王韜 著, 陳尙凡, 林光亮 校点, 『漫游隨錄, 扶桑游記』, 湖南人民出版社, 1982, 546쪽.
33) 陳振國, 「長毛狀元王韜」, 『逸經』 第33號, 1936, 43쪽.

그런데 "天道"의 실현을 기대했던 "만국공법"에 대한 왕도의 인식은
구체적인 개혁론의 제기와 함께 점차 폐쇄적인 양상을 보이는 것이 보
인다. 이를 보면 그는 『萬國公法』이 각 국가 간의 협력적 관계를 위한
약속이지만 현실적으로 국력의 强弱에 따라 차별적으로 적용되는 것이
라는 점을 인식하게 되었음을 알 수 있다. 그는 만국공법에 대해 다음
과 같이 언급하고 있다.

> 『萬國公法』이라는 책을 살펴보면, 서양이 동맹국과 연합하고 근린국
> 과 결합하는 소이는 모두가 그 약속을 지키게 하는 것이다. 그러나 러시
> 아가 여러 국가를 초청해 군사와 교전의 일을 논의하려고 해도 영국이
> 가지 않으면 러시아는 끝내 어쩔 도리가 없다. 이는 생각건대 나라가 강
> 하면 公法이라도 내가 폐기할 수 있고 또 일으킬 수도 있으며, 나라가 약
> 하면 내가 공법을 사용하려고 해도 공법을 나를 위해 쓸 수 없는 것이다.
> (문단 바꿈) 아! 오늘날의 세상은 두 단어로 족히 개괄할 수 있다: 하나는
> 이익이고, 다른 하나는 힘(强)이다. 진실로 부국강병할 수 있다면 서양과
> 의 교류는 자연 공고하지 않을 것이 없으며 예기치 못한 근심을 염려할
> 것도 분수에 맞지 않는 청을 두려워할 것도 없다.35)

그는 이제 "나라가 강하면 公法이라도 내가 폐기할 수 있고 또 일으
킬 수도 있으며, 나라가 약하면 내가 공법을 사용하려고 해도 공법을
나를 위해 쓸 수 없는 것"이라고 지적한다. 그는 만국공법의 질서가 현
실적으로 국력의 强弱에 따라 차별적으로 적용되는 것이라는 점을 인
식하면서, 이를 바로 "富國强兵"의 개혁 필요성을 지적하는 논리로 연
결시켜가고 있다. 이를 보면 그의 개혁 논의는 중화론의 폐쇄적 한계

---

34) 張海林은 동서문화를 모두 보편적인 가치에 기초한 것으로 파악하게 된 왕도의
     세계관 변화에 대해 지적한다. 張海林, 『王韜評傳』, 南京大學出版社, 1993, 101쪽.
35) 「洋務上」, 27쪽.

에 대한 인식보다는 오히려 만국 질서의 폐쇄적 구조에 대한 자각을 기반으로 제기되고 있는 것이라고 해야 할 듯하다.

국민국가의 경계와 상호경쟁이라는 세계 질서에 대한 인식은, 도시 상해에 대한 인식 속에서도 발견된다. 그는 다음과 같이 상해가 국가 간의 대립 구도를 긴밀히 반영하고 있다는 사실을 인식하고 있었다.

道光 壬寅(1842년) 중국과 외국의 강화가 이루어지고 서구 각 국이 모두 무역을 하러 왔다. 5개 개항장 가운데 上海 一隅가 가장 성해서 크고 작은 수십 개의 나라들을 셈하는 데 손가락을 꼽아 세야 할 지경이었다. (중략) 壬寅에 개항장을 설치한 뒤에 자못 스스로 공로를 자처하고 서로 은혜를 베푸는 것을 자랑하나, 제 국가들은 사실 겉(陽)으로는 잘 어울리 는 듯 하지만 속(陰)으로는 서로 시기한다. (중략) 그들이 필시 청하려고 하면 우리는 허락하지 않을 수 없게 되었다. 이때부터 중원 강토는 오랑 캐와 중화가 어지럽게 섞이고 이민족들이 시장을 두루 뒤덮어, 지세와 경 치가 좋은 땅은 이미 우리와 함께 나누고 있으니, 진실로 腹心의 큰 우환 이다. 어찌 보잘 것 없는 상해 일우에 그치는 것이겠는가! (중략) 이는 서 구 각 국가가 중국과 통상한 시초이다. 뒤에 스페인, 네덜란드가 잇따라 동쪽으로 오고, 프랑스, 영국이 그를 이어, 재난과 해악이 제어할 수 없을 정도로 만연하게 되었다. 무릇 바닷가에 불쑥 솟은 섬들은 중국을 방비 하며 또한 天이 중화와 오랑캐를 엄히 나누는 것이니, 어찌 한 자 한 치 라도 내어줄 수 있겠는가!36)

그는 남경조약 이래 개항장 가운데 상해가 가장 번창하고 있다고 하 면서 이 도시에 진출한 수많은 국가들이 서로의 이익을 위해 "사실 겉 으로는 잘 어울리는 듯 하지만 속으로는 서로 시기한다"라는 치열한 무한경쟁 구도를 형성하고 있다는 사실을 심각히 인식하면서, 그와 같 은 沿海 지역의 양보는 중국 전체로 보아서 "腹心의 큰 우환이다"이 될

---

36) 「洋涇濱海市說」, 137-138쪽.

수 있다고 보았다. 이 도시를 통해 국민국가 간의 대립 구도가 구체적
으로 인식되고 있음을 엿볼 수 있다.

중국이 직접 연관된 국가 간의 분쟁을 잇따라 경험하면서, 왕도의
만국공법의 한계에 대한 인식은 더욱 뚜렷해졌다. 琉球 문제는 그 한
계기가 되었다. 일본은 1872년 琉球에 置藩하고 1879년에는 다시 冲繩
에 置縣라는 조치를 취했다. 이러한 일본의 "유구 처분"에 대해 중국의
항의, 쟁론이 야기되었다. 왕도는 이 문제가 쟁점으로 부각될 당시 마
침 일본으로 향하던 중이었는데, 이 사안에 깊이 주목하면서 일본 측
의 주장에 대해 적극적인 반박을 전개했다.[37] 당시 그는 "아! 오늘의
일은 변설로 싸울 수 있는 것이 아니다. 어찌 筆墨으로 전쟁을 할 수
있겠는가?"라고 한탄하면서 병력 강화를 통해 "外治"에 힘을 쏟아야 한
다고 역설했다.[38] 이러한 인식은 淸日戰爭을 겪으면서 더욱 강화되었
다. 그는 "堂堂絕大"의 중국이 일본이라는 한 "小邦"에 패했다는 것에
대해 수치스러움을 표명하면서 이를 교훈으로 앞으로 패배를 승리로
돌리기 위해서는 중국이 변화하지 않으면 안 된다고 주장하고 있다.[39]

이와 같이 왕도는 국민국가 간의 국제 질서가 王道가 아니라 覇道에
의해 좌우되는 현실을 자각하면서 "만국공법"의 질서에 대해 기대를
실망으로 바꾸어갔다. 이 과정을 통해 국민국가적 경계 인식이 점차
확고해졌다. 이는 그의 세계 인식이 폐쇄적인 화이관에서 개방적인 만
국공법적 세계 인식으로 전환되었다는 통설적 이해가 지나치게 단순한
논리일 수 있다는 점을 보여준다. 오히려 국민국가 간의 경계와 경쟁
구도에 대한 자각이 그의 천하관에서 본래 보여지는 개방적 구조를 무

---

37) 「琉球朝貢考」, 「琉球向歸日本辦」, 「駁日人言取琉球有十證」, 「琉事不足辨」.

38) 「琉事不足辨」, 130쪽.

39) 王韜, 「中東戰紀本末序」; 林樂知・蔡爾康 撰譯, 『中東戰紀本末』, 廈門大學圖書館
藏版影本, 九州出版社, 2004.

너뜨려갔던 것이 아닐까 하는 생각도 든다. 이는 이 시기 다른 중국 지식인들의 사례들과 함께 더 깊이 분석해보아야 할 것으로 판단된다.

V. 결론

본고는 중국의 근대 지식인의 세계 인식이 근대도시와의 관련 하에서 어떤 변화 과정을 겪어왔는지에 관해 살펴보는 작업의 일환으로, 상해의 초기 지식인인 王韜의 사례를 살펴본 것이다. 이런 분석을 시도했던 것은, 기존 연구에서 지식인에 있어서 근대도시가 갖는 의미가 다소 편향적으로 강조된 것 같은 생각이 들었기 때문이다. 그것은 현재 중국의 근대도시라는 공간에 대한 이해가 다소 서구편향적이며, 그 공간의 지식인에 미치는 영향력이 지나치게 부각되고 있는 경향과 연관이 있다. 근대 이후의 격변을 겪어왔음에도 불구하고 중국 지식계가 오늘날까지도 전통 지식인의 면모를 상당히 유지해 오고 있는 것을 볼 때, 근대도시에 의해 일방적으로 규정되는 존재로서가 아니라 그 도시 공간 속의 행위자로서 지식인의 주도적 입장을 더 검토해 볼 필요가 있다는 생각이었다.

이러한 문제의식 하에서 왕도의 사례를 통해서 이하와 같은 흥미로운 사실들을 엿볼 수 있었다. 첫째 이들이 전통 지식인으로서 공적 역할이 상해와 같은 근대도시에서 기본적으로 유지되고 있다는 점을 주목해야 한다는 점이다. 왕도는 묵해서관에서의 번역, 저작 활동과 서구적 조계에서의 문화적 경험을 통해서 서구 세계를 인식해가면서, 동시에 중국의 도시 전통 속에서 지식인들이 담당했던 공적 역할에 대한 책임감을 유지하고 있었다. 이러한 전통 지식인으로서의 역할은, 그가 이 도시와 서구 세계에 대해 관찰하는 기본적인 입장을 구성했던 것으로 판단된다. 둘째 중국 지식인의 근대 세계에 대한 인식에 있어서 전통적 천하관의 인식 장치로서의 역할에 대해서도 주목할 필요가 있다는 점이다. 기존 연구에서 왕도의 세계 인식은 대체로 중국중심주의적인 폐쇄적 인식이 만국공법적인 개방적 인식으로 변화했던 것으로 설명되어왔다. 그렇지만 실제로는 그의 화이론적 천하관이 비록 중국중심주의적이기는 했지만 오히려 서구 세계를 이해하는 개방적인 논리로 활용되었던 측면이 있었으며, 서구 세계에 대한 실제적 이해를 통해서 만국 질서의 폐쇄적 구조를 인식해갔던 것으로 생각되기도 한다. 이러한 점들은 근대도시와 중국 지식인의 관계에 관한 기존 연구에서 크게 주목되지 않았던 면들이라고 할 수 있다. 지식인의 행위자적 입장을 주목하는 더 많은 사례 연구들을 통해서, 향후 이러한 측면들을 더욱 깊이 분석해 볼 필요가 있다고 생각한다.

| 참고문헌 |

〈국외자료〉

宮田道昭,『上海歷史探訪: 近代上海の交友錄と都市社會』, 東方書店, 2012.

大谷敏夫,「淸末開港後の文敎政策と文人王韜に關する一考察」,『追手門 學院大學文學部紀要』36, 2000.

方行, 湯志鈞 整理,『王韜日記』, 中華書局, 1987.

王韜 著, 陳尙凡・林光亮 校点,『漫游隨錄, 扶桑游記』, 湖南人民出版社, 1982.

王韜,『弢園文錄外編』, 上海書店出版社, 2002.

王爾敏,『晚淸政治思想史論』, 臺北: 臺灣商務印書館, 1995.

張海林, 『王韜評傳』, 南京大學出版社, 1993.

高瑞泉, 「近代價値觀變革與晩淸知識分子」, 『思想家與近代中國思想』, 社會科學文獻出版社, 2005.

潘光旦, 費孝通, 「科擧與社會流動」, 『社會科學』 第4卷 第1期, 1947. 10.

王宏志, 「南來文化人: 王韜模式」, 『二十一世紀雙月刊』 2005年 10月號.

王宏志, 「蕞爾絶島: 王韜的香港論述」, 『歷史的沉重: 從香港看中國大陸的香港史論述』, 牛津大學出版社, 2000, 215-216.

王韜, 「中東戰紀本末序」, 林樂知・蔡爾康 撰譯, 『中東戰紀本末』, 廈門大學圖書館藏版影本, 九州出版社, 2004.

于醒民, 「蔣劍人-介紹西方資産階級民主制度的先行者」, 『北方論叢』 1985年 第3期.

殷懷淸, 「對異邦文化的不同態度: 理雅各與王韜」, 『二十一世紀雙月刊』 2005年 10月號, 66쪽.

陳振國, 「長毛狀元王韜」, 『逸經』 第33號, 1936.

許紀霖, 「近代中國的公共領域: 形態, 功能與自我理解-以上海爲例」, 上海高校都市文化E硏究院 編, 『上海: 近代新文明的形態』, 上海辭書出版社, 2004.

許紀霖, 「都市空間視野中的知識分子硏究」, 『天津社會科學』 2004年 第3期.

Frederic E. Wakeman Jr, "The Civel Society and Public Sphere Debate: Western Reflections on Chinese Political Culture", *Modern China,* Vol. 19, No. 2, 1993.

Mark Elwin, "Market Towns and Waterways: The Country of Shang-hai from 1480 to 1910", G. William Skinner ed., *The City in Late Imperial China,* Stanford University Press, 1977.

Mary Rankin, "Some Observations on a Chinese Public Sphere", *Modern*

China, Vol.19, No.2, 1993.

Philip C. Huang, "Public Sphere/Civil Society in China? The Third Realm Between State and Society", *Modern China,* Vol.19, No.2, 1993.

William Rowe, "The Public Sphere in Modern China", *Modern China,* Vol.16, No.3, 1990.

Jeffery N. Wasserstrom, *Global Shanghai 1850—2010: A History in fragments,* Routledge, 2009.

Paul A. Cohen, *Between Tradition and Modernity: Wang T'ao and Reform in Late Ch'ing China,* Cambridge: Harvard University Press, 1988.

03

중국의 정치학 연구 : 자원, 공간, 성과
-푸단대학 정치학과를 중심으로-

● 양갑용 ●

I. 서론

1. 연구 목적 및 필요성

푸단대학 정치학과 관련 인적구성, 학계 영향력, 정책 접근도 등 여러 면에서 왕후닝(王滬寧)의 역할을 빼놓고 논할 수 없을 정도로 푸단대학 정치학과 발전은 왕후닝의 기본 인식과 결정이 많이 반영되어 있다. 왕후닝은 1994년 자신이 저술한 〈정치인생(政治的人生)〉에서 문화주권, 정부이미지, 정치체제, 국제관계, 중앙과 지방관계, 당 건설, 부패 등 중국이 당면한 정치학 전반에 걸친 문제들에 대해서 비교적 상세하

* 성균관대학교 성균중국연구소 연구교수.

게 자신의 의견을 피력하였다. 이들 의견이 왕후닝이 중앙정책연구실 부주임과 주임 시절을 거치면서 중국의 중요 정책으로 발전했다.[1] 이 처럼 정단(政壇)에서의 역할 뿐만 아니라 푸단 정치학 발전에서도 왕후 닝의 역할은 매우 지대했고, 특히 상하이 지역 정치학 발전에 많은 공 헌을 하였음은 자명한 사실이다.

일례로 상하이 청년 정치학자 가운데 한 명인 상하이쟈오통대학(上海 交通大學) 국제와 공공사무학원 부교수인 천야오(陳堯)는 다음과 같이 왕 후닝을 묘사하고 있다. "왕선생님은 학교를 집으로 삼고 사무실을 숙 소 삼아 늘 늦은 밤까지 책을 읽었으며, 사무실에서 휴식을 취하였다. 바로 이런 환경 속에서도 왕선생님은 〈마르크스·앵겔스 전집〉을 완독 하였다. 이를 토대로 국내에서 최초로 마르크스주의 정치사상과 이론 을 전문적으로 연구한 저작인 〈정치 논리 : 마르크스주의 정치학 원 리〉(政治的邏輯: 馬克思主義政治學原理)를 출판하였다."[2]

---

1) 예컨대 왕후닝은 1994년 중앙과 지방관계 관련 메모를 다음과 같이 남겼다. "중앙 의 권위는 반드시 전 당의 권위로부터 쓰여져야 하고, 개혁개방 중 전 당은 모두 권위를 가져야 한다. 이러한 권위를 집중적으로 대표하는 것이 바로 중앙이다. 중 앙과 지방의 당 조직도 모두 권위를 가져야 한다. 그러나 관건은 중앙이고 중앙이 권위를 가져야 지방도 곧 권위를 갖는 것이다. 중앙의 권위를 유지하는 것은 바로 전체 정세 차원의 권위를 유지하는 것이다. 전체 정세에 영향을 미치지만 중앙에 아직 정책이 없는 경우는 반드시 중앙에 결정을 청해야 한다. 지방의 중대 문제 결정은 바로 중앙에 통보해야 한다. 지방은 중앙의 통일 영도 아래에서 적극성과 창조성을 발휘해야 한다. 중앙은 적극적으로 지방 업무를 지지한다. 지방 당위원 회는 책임지고 중앙의 명령을 해당 지역에 통용시켜야 한다. 중앙 권위의 본질은 전 당 통일 의지 기초 위의 통일 영도권이다. 결정책결이 정확해야 비로소 효율을 보증할 수 있다. 정부 관리에 속하는 것은 반드시 민주집중제를 통해서 해결해야 하고 속하지 않는 것은 시장 기제를 통해 해결한다." 이러한 왕후닝의 메모는 후 에 그가 신권위주의론을 전파하고 이론화하는데 기본 구상으로 활용되었다. 王滬 寧, 『政治的人生』, 上海: 上海人民出版社, 1995, 110~111쪽.
2) 吳新葉·任勇 主編, 『上海青年政治學年度報告2013』, 上海: 上海人民出版社, 2013,

왕후닝은 젊은 시절 중앙으로 진출하기 전까지 푸단대학 정치학과
(당시 재임 기간은 국제정치학과)에 재직하면서 개혁개방 이후 다시
부활한 정치학의 발전을 위해서 여러 가지 노력을 기울였다.3) 특히 푸
단대학 국제정치학과 주임과 법학원 원장으로 재직하는 동안 왕후닝의
생각은 푸단대학 정치학의 발전 및 상하이 정치학계의 발전, 그리고
개혁개방 초기 중국정치학의 발전 토대를 마련하고 기반을 다지는 데
적극적으로 기여하게 된다. 왕후닝이 푸단에 대해 가지고 있는 이 생
각은 그의 표현을 빌리면 '푸단정서(復旦情結)'로 요약된다.

1994년 왕후닝이 푸단대학 총장으로부터 걸출 교수 후보자로 추천한
다는 연락을 받고 당시 소감을 다음과 같이 피력한다. "푸단대학이 내
게 숭고한 영예를 주었다. 마음 속으로는 어찌할지 몰라 사실 불안하
기도 하다. 사실 미약하나마 푸단을 위해서 노력한 것을 인정받았다는
측면도 있지만 다른 한편으론 불안한 것도 사실이다. 왜냐하면 난 사
실 푸단을 위해서 한 일이 너무 작기 때문이다. 푸단이 내게 준 모든
것에 비하면 내가 한 일은 당연한 것이고 오히려 부족하다는 생각이
다. 난 정말로 학교가 내게 준 격려를 감사하게 생각한다. 내가 이 자
리에서 할 수 있는 유일한 일은 바로 다음과 같이 화답하는 것이다. 앞
으로 한층 더 많은 열정으로 푸단대학의 발전에 힘써 공헌하는 것이
다. 교사로서 신성한 직책이 더욱 빛을 발하도록 그리고 사랑스러운
학생들에게 진심을 다해 봉사할 수 있도록 말이다."4)

19쪽.
3) 왕후닝은 중앙으로 올라가기 1년 전인 1994년 푸단대학 (국제)정치학과 교수로서
   푸단, 학문, 체제, 개혁, 변화, 이념 등 여러 방면에서 자신의 생각을 정리하는 글을
   일기 형식으로 남겼으며 1995년 1월 〈정치인생〉이라는 이름으로 출간하였다. 1994
   년 발간 당시 내용을 개괄한 기사가 최근 발표될 정도로 왕후닝에 대한 관심은 여
   전하다. 당시 왕후닝의 이런저런 생각에 대한 평가는 최근 신문 기사를 참고.
   http://china.dwnews.com/news/2014-04-06/59463280.html, 검색일: 2014년 4월 7일.

이처럼 왕후닝에 있어서 푸단대학, 그리고 푸단대학 (국제)정치학과
는 '푸단학파'를 그려볼 정도로 애정이 깃든 곳이기도 하다. 그런 의미
에서 푸단대학의 정치학, 나아가 상하이 정치학계의 발전은 왕후닝의
구상과 애정, 노력과 따로 떼어 생각할 수 없다. 왕후닝은 자신의 저서
〈정치인생〉에서 역사, 문화, 철학 등을 정치학에 접목시키는 노력을 강
조하고 반드시 그래야 한다고 역설하고 있다. 이미 20년 전에 왕후닝은
문화의 중요성을 간파하였으며 인문학이 결합된 정치학 연구의 필요성
을 강조하고 있었다. 또한 이를 구현하기 위하여 학과 체계 개선이나
관리 방식의 변화, 연구 방법의 개선 등에 많은 노력을 경주하였다.

이러한 노력으로 푸단대학의 정치학과는 역사와 문화, 철학을 강조
하는 학풍이 만들어졌다고 평가할 수 있으며, 이의 기반을 왕후닝이
마련했다고 해도 과언은 아니다. 또한 현실 정치에 대한 끊임없는 관
심, 정책과 학문이 결합된 합리적 대안의 모색 또한 왕후닝의 관심사
였다. 일례로 지난 1986년 당시 왕후닝은 솔선하여 중앙 권위를 수호
하는 문제를 제기하였으며 당시 학술계는 이 문제를 둘러싸고 격렬한
토론이 진행된 적도 있다.[5]

따라서 상하이의 정치학 현황과 발전을 이해하기 위해서는 푸단대
학의 정치학 발전을 반드시 되돌아봐야 하며, 푸단대학의 정치학 발전
에 왕후닝의 경험적 노력을 동시에 살펴야 한다. 이와같이 중국 로컬
지식 이해의 일환으로 중국 정치학의 로컬리티를 상하이 지역에서 탐
색하려는 노력은 상하이 정치학의 기본 자원을 제공하고 공론장 형성
에 지대한 공헌을 하고 있는 푸단대학 정치학과에 대한 초보적인 연구
가 필요한 이유이다. 이를 통해 정치학이라는 학문이 어떤 로컬리티를

---

4) 王滬寧, 『政治的人生』, 上海: 上海人民出版社, 1995, 160-161쪽.
5) 劉世軍, 王慶洲, 「改革進程中的政治發展-訪孫關宏敎授」, 『社會主義硏究』, 1997
年 第3期, 42-43쪽.

형성하고 있으며 지역 내에서 어떻게 생명력을 가지고 확장되어 나가
는지를 살펴볼 수 있기 때문이다.

II. 연구 범위와 방법

이 글은 상하이 지역의 정치학 학문 혹은 학과를 중심으로 중국 정
치학 발전의 로컬리티를 살펴보고 있다. 상하이 지역에서 활동하는 정
치학 자원의 핵심 배출 통로를 푸단대학 정치학과가 절대적인 우위를
차지할 정도로 상하이 정치학은 푸단대학 정치학과 매우 긴밀히 연결
되어 있다. 이는 푸단대학 정치학의 오랜 역사뿐만 아니라 체계적이고
학사, 석사, 박사로 이어지는 완결된 교학 체계 및 학술 지원체계를 갖
추고 있으며 상하이 지역의 정치학 공간을 푸단대학 졸업생들이 채워
나가는 현실에서도 확인할 수 있기 때문이다. 따라서 상하이 정치학
로컬리티 이해의 출발점, 즉, 상하이 지역 중국 정치학 연구의 자원과
공간, 성과 관련 그 연구 대상을 푸단대학 정치학과로 잡을 수 밖에 없
는 경로종속성을 갖고 있다.

결국 연구 대상과 범위를 푸단대학 정치학과로 획정한 이유는 상하
이를 중심으로 화동지역에서 활동하는 주요 정치학 연구자 자원 배출
을 푸단대학이 맡고 있으며 그 역사 또한 90년에 이르기 때문이다. 또
한 걸출한 정치학자로서 중앙정치국 정치국원 지위에 오른 왕후닝의
역할이 주목받으면서 푸단대학 정치학과의 주목도가 상대적으로 높아
진 점도 일조하였다. 〈표 1〉에서 보는 바와 같이 푸단대학 정치학과는
국제관계와 공공사무학원(国际关系与公共事务学院)에 소속되어 있는 정치학
과, 공공행정학과, 국제정치학과, 외교학과 가운데 한 과로 자리잡고
있다. 그 출발은 국제정치학과 정치학 교연실과 사상정치교육 교연실

이 통합되어 만들어졌다. 법학원에 소속된 국제정치학과가 2000년 단
과대학으로 승격되면서 학과 체계를 갖춘 네 개 학과 가운데 하나로
출발하였다. 〈표 1〉에서 보는 바와 같이 정치학과는 교원 수도 네 과
가운데 가장 많으며 다루는 분야도 국내정치나 사상정치 등 주로 중국
국내 정치와 관련된 이슈를 학과 커리큘럼으로 구비하고 있다. 따라서
본문에서 주로 다루는 푸단대학 정치학과 사례는 중국 정치학의 발전
이라는 맥락에서 주로 국내 정치를 다루는 정치학과로 그 범위를 한정
하고자 한다.

〈표 1〉 푸단대학 국제관계와 공공사무학원 학과 편재

정치학과	공공행정학과	국제정치학과	외교학과
국제정치학과 정치학교연실과 사상정치교육교연실 합병 출범	국제정치학과 행정관리교연실	국제정치학과 국제관계학과	국제정치학과 외교학 전공 계승하여 2009년 신규 설립
정치학 이론 사상정치교육	행정관리와 정치학 공공행정석사(MPA)	국제관계 국제정치	외교학 외교와 공공사무
본과, 석사, 박사	본과, 석사, 박사	본과, 석사, 박사	본과 제2전공, 석사, 박사
교원 25명 (교수 12 부교수 8, 강사 5)	교원 15명 (교수 6, 부교수 8, 강사 3)	교원 21명 (교수 8, 부교수 7, 강사 6, 박사학위 21)	교원 4명(교수 2, 부교사 1, 조리연구원 1, 겸직교수와 연구원 60)
정치학 이론, 중국정치연구, 비교정치, 정치철학과 정부이론 등	행정학이론, 공공정책, 당대중국정부, 비교공공행정, 도시정부관리 등	국제관계이론, 대국전략과 대국관계, 중국대외전략과 대외관계, 아태지역국제관계, 유럽일체화연구, 군비통제와 지역안보, 세계화와 세계화문제 등	외교이론, 외교실무, 외교사, 대국외교전략과 정책, 대국외교 풍격과 특징, 국제충돌과 위기관리, 외교담판, 경제외교 등

출처: 푸단대학 국제관계와 공공사무학원 홈페이지 내용 필자 정리

 국제정치학과로부터 출발한 푸단대학 정치학과는 1980년 정치학 본과 전공을 설립하고 학생을 모집한 이후 1984년에는 정치학 이론 석사과정 인가를 받아 학생을 모집하였고, 그 후 정치학 이론 박사과정이 개설되어 본과, 석사, 박사로 연결되는 완결된 학과 체계를 갖추게 되었다. 현재 교원은 25명이며 그 중 교수는 12명, 부교수는 8명, 강사는 5명이 재직하고 있다.[6] 24명 모두 박사학위 소지자들이다. 푸단대학 정치학과의 주요 연구 방향은 정치학 이론 전공에서 다루는 정치학 이론, 중국정치연구, 비교정치 등이 있으며 정치학 이론 전공 외에 사상 정치교육 전공도 개설되어 있다.

 본 연구는 푸단대학 정치학과를 주요 연구 대상으로 하며 그 공간적 범위는 상하이 지역으로 한정하고 있다. 이는 본 연구의 목적이 상하이 지역 정치학을 둘러싼 로컬리티에 초점이 맞춰져 있기 때문이다. 시간적인 연구 범위는 개혁개방 이후 상하이 지역을 대상으로 하고 있다. 또한 내용적인 범위에서 다루는 내용은 주로 푸단대학 정치학과에 맞춘 연구자 현황, 배출 경로 및 주요 활동 공론장(잡지), 그리고 학문 후속체계 양성에 관련된 내용을 비교적 잘 드러낼 수 있도록 관련 사항을 기술(記述)하는 방법을 차용하고 있다. 특히 푸단대학의 정치학이 상하이라는 공간으로 확산되는 현상을 박사 졸업생의 활동 경로와 활동 무대를 중심으로 살펴보고 있으며, 특히 청년 정치학자들의 활동을 염두에 두고 접근하고 있다. 이러한 시간적, 공간적인 범주, 내용적인 범주를 포괄하는 주요 논증의 근거자료는 인터뷰 기사나 문헌 자료, 기존 발표된 원고, 특히 왕후닝의 정치학 발전 구상이 깊이 있게 녹아 있는 〈정치인생〉이라는 개인의 자서전을 중심으로 그 내용이 어떻게 푸단대학 정치학과와 상하이 정치학계에 투영되고 있는지를 적극적으

6) http://www.sirpa.fudan.edu.cn/s/56/t/134/10/6f/info4207.htm, 검색일: 2014년 4월 5일.

로 살피고 있다. 왕후닝이 제시하고 있는 역사, 문화, 철학을 융합하는 푸단대학 정치학과의 아이덴티티를 학문 후속세대들이나 학술 공론장에서 어떻게 구현하고 있는지를 발표 논문이나 언술을 통해 확인하는 과정을 거쳐 상하이 정치학 로컬리티 형성에 푸단대학 정치학이 어떤 역할을 하고 있는지 독자들에게 드러내려고 한다.

III. 정치학 연구자 자원

1. 중국 정치학 연구와 푸단대학 정치학

중국에 근대적 학문으로서 정치학이 도입된 것은 이미 100여 년의 역사를 가지고 있다. 그 첫 출발은 베이징에 있는 경사대학당(京師大學堂, 현 베이징대학)으로부터 시작한다. 1903년 경사대학당에서 '정치과'가 개설되어 중국에서도 정치학 전문 인재를 양성하기 시작했다. 경사대학당 정치과 개설을 시작으로 정치학과는 이미 20세기 2-30년대에 중국 대학의 필수 학과로 자리 잡았으며 교과과정 또한 매우 체계적이었다.[7] 이러한 분위기를 틈타 당시 전국 대다수 저명 대학에 속속 정치학 전공이 개설되었다. 상하이 지역도 예외는 아니었다.

상하이 저명 대학 예컨대, 푸단대학(復旦大學), 광화대학(光華大學), 다샤대학(大夏大學), 후장대학(滬江大學), 전단대학(震旦大學), 성요한대학(聖約翰大學), 상하이파정학원(上海法政學院) 등에 모두 정치학과가 개설되었다. 여기서 배양된 정치학 인력들이 상하이 뿐만 아니라 전국에 퍼져 나갔다. 당시 샤오리즈(邵力子), 왕톄야(王鐵崖), 뤄룽지(羅隆基), 왕자오스(王造時)

---

7) 王燕飞, 「中国现代政治学学科与学术史研究之思考」, 『云南行政学院学报』, 2013年 04期, 31-32쪽.

등이 활발히 활동하였다. 이들은 직업 정치가로 변신하기도 하고 몇몇
은 중국 정치학의 학술 발전을 추동하기도 했다.8)

  그러나 정치학 전공은 신중국 성립 이후 '거짓 과학(僞科學)'으로 간주
되었다. 1952년 중국고등교육기관 학과 조정 과정에서 정치학은 학과
지위를 잃게 되고 개별 교과과정은 법학이나 역사학으로 흡수되어 정
치학과는 개혁개방 전 30여 년 동안 학술 영역에서 사라지게 되었다.
중국에서 정치학이 다시 학문으로 공식적으로 자리를 잡기 시작한 것
은 대학입시가 부활되고 개혁개방이 본격적으로 추진되기 시작하면서
부터다. 1981년 개혁개방 이후 최초로 푸단대학에 정치학 전공이 개설
되고 문혁 이후 정식으로 제1기 정치학 본과생을 받아들이게 된다. 푸
단대학을 시작으로 베이징대(北京大學), 지린대(吉林大學), 중국런민대학(中
國人民大學) 등도 정치학 전공이 부활되어 중국 정치학이 회복과 발전을
시작하게 된다.9) 또한 전국적 차원에서 정치학 학회 건설도 함께 추진
되었다. 예컨대 1980년 12월 중국정치학회가 베이징에서 성립을 선포
하고 다음해 안후이(安徽), 산시(山西), 상하이(上海), 헤이룽장(黑龙江) 등 각
성, 시, 자치구 사회과학원의 연구소, 학회, 중앙과 지방 고등교육기관
의 교연실(教研室), 학과, 연구소 등이 연이어 만들어졌다.

  1981년 11월 중국정치학회는 국제정치학협회에 회원 가입 신청서를
제출하고 1982년 3월말 토쿄에서 개최된 국제정치학 라운드테이블 회
의에 참석하였다.10) 1982년 3월부터 6월 사이에는 푸단대학 국제정치
학과(国际政治系)가 제1기 전국 정치학 강습반(全国政治学讲习班)11)을 열었으

---

8) 桑玉成,「靑年與政治」, 吳新葉·任勇 主編,『上海靑年政治學年度報告2013』, 上海:
上海人民出版社, 2013, 5-6쪽.
9) 杜歡,「當代中國比較政治學發展大事記」,『比較政治學前沿』, 2013年 第1輯, 332쪽.
10) 중국정치학회가 정식으로 국제정치학회(International Political Science Association,
IPSA)에 회원으로 가입한 것은 1984년 4월이다.

며 1983년 국가교육위원회는 베이징대, 푸단대, 지린대에 정치학 전공을 설립하기로 결정하고 전문 인력을 육성하기 시작하였다. 1985년 7월 중국사회과학원 정치학연구소가 조직되고, 같은 해 〈정치학연구(政治學研究)〉 등 전문 학술지가 출간되었다.

정치학이 새롭게 자리를 잡기 시작한 것은 정치학 등 몇몇 학문의 부활 필요성을 인식한 덩샤오핑(鄧小平)의 관심이 있었기 때문에 가능하였다. 덩샤오핑은 4개 현대화를 이루기 위해서는 사상이론이 뒷받침되어야 하는데, 그 동안 정치학, 법학 등 사회과학은 '거짓 과학'으로 치부되어 사상이론을 체계적으로 연구하고 이론화할 자원과 조건이 미약하다는 점을 인식하고 사회과학의 부활을 예고하게 된다. 그는 모 이론 관련 모임에서 "정치학, 법학, 사회학 그리고 세계정치 연구를 우리들은 과거 오랜 기간 홀대하였다. 지금 빠른 보완이 필요하다"[12]고 주장하였으며, 이에 따라 정치학, 법학, 사회학 등이 새로운 학문으로 재출발할 수 있는 사회적 기반을 마련하게 된다.

이 과정에서 상하이에서는 푸단대학, 화동스판대학(華東師範大學), 상하이스판대학(上海師範大學), 동화대학(東華大學) 등이 일정한 역할을 수행하였다. 개혁개방 초기 정치학 부활과 때를 맞춰 스샤오총(石嘯冲), 왕방쥐(王邦佐), 왕송(王松), 차오페이린(曹沛霖), 순관훙(孫關宏) 등이 상하이 정치학 발전의 기초를 다지는 역할을 수행하였다. 이들이 푸단대학 정치학의 선명한 사승관계(師承關係)에 기반한 학술 분위기를 만드는 데 기반을 다졌다고 할 수 있다.[13] 특히 왕방쥐, 차오페이린, 순관훙 등은 정치학계

---

11) 전국 정치학 강습반은 중국정치학회와 중국사회과학원 정치학연구소가 연합하여 푸단대학 국제정치학과에 위탁 전국 23개 성(省), 시(市), 자치구(自治區) 60여 명의 관련 학과 교학과 연구 담당 인원이 참석하였다.

12) 『鄧小平文選(第二卷)』, 北京: 人民出版社, 1994, 180-181쪽.

13) 吳新葉・任勇 主編, 『上海靑年政治學年度報告2013』, 上海: 上海人民出版社, 2013,

의 태두로서 푸단대학 정치학과 발전뿐만 아니라 상하이 정치학과 전
국 정치학의 발전에도 일익을 담당하였다.

정치학과 정치학과가 개혁개방 분위기와 맞물려 새롭게 주목받는
분과 학문으로 부활하기 전에도 국제정치연구는 꾸준히 진행되었다.
즉, 국제정치(국제관계, 외교학 포함)는 정치학 가운데 상대적으로 독립적인
학과로서 신중국 성립 이후 정치학이 직면한 상황과 다소 다르다. 1950
년 중국런민대학에 외교학과가 설립되고 1955년에는 외교부 직속의 외
교학원(外交学院)으로 확대되었다. 1963년 12월 저우언라이(周恩来) 총리는
전국 국제문제 연구 강화에 관한 좌담회를 주재하고, 바로 중공중앙은
〈외국 문제 연구를 강화하는데 관한 결정(关于加强外国问题研究的决定)〉을 시
달한다.

이후 중국런민대학, 베이징대학, 푸단대학에 국제정치학과가 만들어
지고 베이징과 상하이에 외국문제 연구 기구가 건립되었으며 국제문제
연구 간행물이 창간되었다.14) 푸단대학은 국제정치 연구에 있어서도
초기 선발 주자 가운데 하나였다. 이때는 주로 국제문제 전문가나 외
사 업무에 종사하는 인력을 배양하는 것을 목적으로 하였다. 그러나
1966년에 시작된 '문화대혁명'으로 막 시작한 국제정치연구는 엄중한
피해를 보게 되었다. 그러나 당시 중국이 직면하고 있던 국제정세의
긴장국면과 험악한 외부환경 때문에 이 시기 중국의 국제문제 연구는
중단되지는 않았다.

덩샤오핑의 1979년 발언 이후 중국의 국제정치연구는 새로운 진전의
기회를 맞았으며 1987년 상하이에서 제1회 국제관계이론 학술회의(国际
关系理论研讨会)가 개최되었다. 1991년 베이징에서는 "세기를 뛰어 넘는

11-12쪽.
14) http://zqb.cyol.com/content/2003-10/21/content_751159.htm, 검색일: 2014년 4월 5일.

도전—중국 국제관계학과의 발전(跨世紀的挑战——中国国际关系学科的发展)"국
제학술회의가 개최되었다. 이 두 차례 학술회의는 중국 국제정치학과
의 발전에 깊은 영향을 끼치게 된다. 중국 국제정치학의 연구영역이
신속히 확대되었으며 연구방법 또한 끊임없이 새롭게 혁신되었다. 연
구성과 또한 풍부해져 중국 외교정책과 국제전략에 응용되는 학과로
발전하였다. 푸단대학 니스슝(倪世雄) 등이 1996년 1월부터 2000년 9월까
지 〈세계경제와 정치(世界经济与政治)〉, 〈유럽(欧洲)〉 등 국제문제 전문 학
술지 30종을 분석한 국제정치 영역의 연구결과는 다음과 같다.

〈표 2〉 90년대 후반 중국 국제정치 연구 현황[15]

유형	주제	논문 수량	비중	
			유형별 비중	전체 비중
중요 국제문제	냉전 후 국제 정세	120	30.8%	12.4%
	글로벌화 문제	110	28.2%	
	소련 해체 문제	50	12.8%	
	국제간섭과 국가주권	15	3.8%	
	UN 개혁 문제	95	24.4%	
	소 계	390	–	
지역 및 국가별 문제	아세안연구	100	7.0%	45.5%
	유럽 일체화 문제	150	10.5%	
	발칸반도 문제	340	23.8%	
	러시아와 독립국가연합 문제	700	49.0%	
	한반도 통일 문제	45	3.1%	
	미일관계	95	6.6%	
	소 계	1,430	–	
중국과 세계	중국 통일 문제	540	56.1%	30.6%
	중미관계	210	21.8%	
	중러관계	83	8.6%	
	중일관계	102	10.6%	
	중국과 발전도상국	28	2.9%	
	소 계	963	–	
국제관계이론		360	–	11.5%
합 계		3,143	–	–

15) http://www.zjdx.gov.cn/kyan/0402/16024.htm, 검색일: 2014년 3월 26일.

〈표 2〉에 따르면 90년대 후반 중국의 국제정치 인식은 주로 지역 및 국가별 문제에 천착하고 있으며, 특히 중국과 세계 주요 국가와의 양자관계에 연구 초점이 맞춰져 있었다. 국제이론이나 중요 국제문제를 둘러싼 연구는 상대적으로 미약했다고 볼 수 있다. 예컨대 해당 기간 전체 연구 3,143편 가운데 지역 및 국가별 문제 연구는 1,430편으로 반가까이를 차지하고 있다. 양자간의 관계를 다루는 중국과 세계 관련 연구결과 또한 30.6%를 차지할 정도로 중국이 비중있게 다루는 분야라는 것을 알 수 있다. 그러나 이론 분야를 보면 국제관계이론은 11.5%, 중요 국제문제는 12.4%를 다루는 등 중국과 직접 관련 있는 문제가 아닌 경우 연구자의 관심이 적었다는 것을 알 수 있다.

푸단대학은 대학 차원에서 청년 교사 양성 및 우수 연구자 지원 프로그램이 다양하게 존재한다. 정치학과 소속 연구자들도 이 프로그램을 활용하여 연구지원을 받고 있다. 푸단대학 인문사회과학정보망[16]에 의하면 푸단대학 인재대오 지원을 위한 프로그램이 〈표 3〉에서 보는 것처럼 7개가 존재한다. 이 프로그램은 국가사회과학발전 기금 등 교육부에서 운영하는 연구지원 사업과는 별도로 운영되고 있다. 예컨대 상하이시 철학 사회과학 학술 발전에 공헌이 인정되어 경제사회적으로 학술적으로 깊은 영향력을 행사하는 사람에게 주어지는 '학술공헌장'이 있다. 푸단대학 교수 가운데 8명이 이 상을 수상하였다. '장강학자(長江學者)' 프로그램은 교육부가 주관하는 국가 중요 고위급 인재 육성 프로그램으로 푸단대학에는 9명의 장강학자 특별 초빙교수와 5명의 장강학자 강좌교수있다. 정치학과 린상리(林尙立) 교수가 이 '장강학자' 수혜자로 2006년 3월 선정되었다. '교육부 신세기 우수 인재' 프로그램은 만 45세 이하 우수 학자 교학 개혁과 혁신성 지원 프로그램으로 푸단대학

16) http://wkkyc.fudan.edu.cn/s/38/t/69/p/1/c/492/d/511/list.htm, 검색일: 2014년 4월 5일.

에서는 2004년부터 해마다 7-8명이 선정되고 있다. 이 가운데 정치학
과 자원으로 류젠쥔(刘建军), 궈딩핑(郭定平) 교수가 지원을 받았다. '상하
이시 서광학자(上海市曙光学者)' 프로그램은 1995년에 만들어졌으며 상하
이시 교육발전기금회와 상하이 교육위원회가 공동으로 만든 대학의 우
수 중청년 핵심 교원 육성 프로그램이다. 푸단대학 정치학과 자원으로
는 린상리, 궈딩핑, 류젠쥔, 수창허(苏长和) 등 교원들이 지원 받았다.

<표 3> 푸단대학 인재 지원 및 인센티브 프로그램

학술 공헌장 (學術貢獻獎)	장강학자 (長江學者)	교육부신세기 우수인재 (教育部新世紀優秀 人才)	상하이시 서광학자 (上海市曙光學者)	상하이시 신광학자 (上海市晨光學者)	상하이시 포강인재 (上海市浦江人才)	상하이시 양광학자 (上海市陽光學者)
상하이시 철학사회과학 학회	교육부	교육부	상하이시 교육발전기금회 / 상하이시 교육위원회	상하이시 교육발전기금회	상하이시 인사국 / 상하이시 과학기술위원회	상하이시 교육발전기금회 / 상하이시 교육위원회
–	1998년	2004년	1995년	2007년	2005년	2009년
독창성 기초성 학술성	과교흥국전략	45세 이하 우수청년인재	우수 중청년 교사 배양	청년교사배양	해외유학 귀국 후 업무, 창업	사상정치교육 우수청년교사
8명	9명(특별초빙) 6명(강좌교수)	70명	64명	24명	189명	15명
–	林尙立	刘建军 郭定平	林尚立, 郭定平, 刘建军, 苏长和	–	刘晔	郑长忠

'상하이 신광학자(上海市晨光学者)' 프로그램은 상하이 교육발전기금회
가 2007년에 설립한 대학의 청년교사 육성 기금으로 주로 만 30세 이
하 연구능력이 비교적 뛰어난 청년 교원을 지원하고 있다. 푸단대학은

2007년부터 해마다 2명에서 5-6명 정도가 지원을 받고 있다. '상하이시 포강 인재(上海市浦江人才)' 프로젝트는 상하이시 인사국과 상하이시 과학 기술위원회가 2005년부터 공동으로 실시하고 있으며 주로 해외 유학 후 상하이로 돌아와 업무에 종사하거나 창업 인원을 지원하는 프로그 램으로 그 지원폭이 대단히 넓다. 푸단대학 정치학 연구자 가운데는 류예(刘晔) 등이 지원받았다. '상하이시 양광학자'(上海市阳光学者) 프로그램 은 상하이 교육발전기금회와 상하이시 교육위원회가 2009년부터 공동 으로 실시하는 프로그램으로 주로 대학의 사상정치교육 우수 청년 교 사들을 육성하는 프로그램으로 푸단대학에서는 주로 2009년부터 2-4 명 정도가 지원을 받고 있으며 푸단대학 정치학과 자원 가운데는 정창 중(郑长忠) 등이 지원을 받았다.

푸단대학 정치학과가 전국적으로 주목을 받는 이유는 〈표 4〉에서 보 는 바와 같이 '정치학 이론'이라는 국가중점학과를 갖고 있기 때문이 다.[17] 〈표 4〉에 의하면 푸단대학 정치학과 정치학 이론 전공은 국가중

---

[17] 국가중점학과란 국가가 발전전략과 중대 필요에 근거하여 혁신 인재를 배양하고 과학연구를 전개하기 위한 중요 거점으로 확정한 곳을 말한다. 제1차 국가중점학 과 선정은 1986년-1987년에 이루어졌다. 1985년 5월 27일에 반포된 〈중공중앙의 교육체제개혁에 관한 결정(中共中央关于教育体制改革的决定)〉에 근거하여 당시 국가교육위원회는 1987년 8월 12일 〈국가교육위원회 대학 중점 학과 선정을 위한 신청 업무에 관한 통지(国家教育委员会关于做好评选高等学校重点学科申报工作的 通知)〉에 따라 관련 업무를 진행 416개 중점 학과를 선정, 발표하였다. 그 가운데 문과 78개, 이과 86개, 공과 163개, 농과 36개, 의과 53개 등 108개 대학에서 중점 학과가 선정되었다. 두 번째 선정은 2001년-2002년에 이루어졌다. 이때는 주로 대 학의 학과 건설에 목표를 두고 추진되었다. 전국에서 964개 대학에 중점학과가 만들어졌다. 세 번째 선정은 2006년에 이루어졌다. 20여 년의 경험을 기반으로 대 학의 학과 체계의 조정과 최적화를 목표로 추진되었다. 이 당시에는 286개 1급 학 과, 677개 2급학과, 217개 국가중점학과가 선정되었다. http://www.chinadegrees.cn/xwyyjsjyxx/zlpj/zdxkps/257697.shtml, 검색일: 2014년 3 월 31일.

점 2급학과로 지정되어 있다. 1급학과는 본과 교육과정의 학과 체계를 지칭하는 것이며 2급학과는 학과 내에 존재하는 전공의 개념으로 인식할 수 있다. 따라서 전공이 학과가 될 수는 없지만 석사나 박사학위 수여 지위를 갖는다는 점에서 2급학과는 상대적으로 독립적인 전공지식 체계를 갖게 된다는 것을 국가가 공식화했다는 점이 특징이라고 할 수 있다. 예컨대 정치학 이론 석, 박사 과정을 이수하기 위해서는 〈표 4〉에 나와 있는 바와 같이 정치학 이론 국가중점 2급학과인 난카이대, 톈진스판대, 지린대, 푸단대 등에서 수학하는 것이 명확한 연구 방향이 설정되어 있고, 행정체계가 완비되어 있어 학위 관리나 학사 관리에 유리하다는 사실이다.

〈표 4〉 정치학 관련 국가중점학과 현황[18]

유형	학과(과목) 이름	학교 이름
1급 학과	정치학	베이징대(北京大學)
2급학과	정치학 이론	난카이대(南開大學)
		톈진스판대(天津師範大學)
		지린대(吉林大學)
		푸단대(復旦大學)
	중외정치제도	화중스판대(華中師範大學)
	과학사회주의와 국제공산주의운동	산둥대(山東大學)
		화중스판대(華中師範大學)
		중공중앙당교(中共中央黨校)
	중공당사	중국런민대(中國人民大學)
		중공중앙당교(中共中央黨校)
	국제정치	중국런민대(中國人民大學)
	국제관계	푸단대(復旦大學)

18) http://www.chinadegrees.cn/xwyyjsjyxx/xwbl/zdjs/zdxk/zdxkmd, 검색일: 2014년 3월 31일.

푸단대학 국제관계학원은 정치학 학과에서 국제관계 전공도 국가중
점학과 2급학과로 선정되었다는 점에서 푸단대학 정치학 관련 전공 가
운데 국내 정치를 다루는 정치학 이론과 국제관계 전공이 핵심 전공이
라는 것을 의미한다. 〈표 4〉처럼 2급학과로 분류되는 정치학 내 전공
(정치학 이론, 중외정치제도, 과학사회주의와 국제공산주의운동, 중공
당사, 국제정치, 국제관계 등)이 대부분 교과과정으로 개설되어 있다는
점도 역량 있는 학과 지표로 간주된다. 이 점에서 푸단대학은 2급학과
전공이 모두 개설되어 있다는 점에서 상하이 지역 내 정치학 자원의
배양과 배분에 있어서 중심 역할을 수행한다고 볼 수 있다. 다양한 전
공에서 많은 연구자 자원을 배출할 수 있기 때문이다.

2. 푸단대학 정치학 연구와 교사대오

푸단대학 정치학과 연구자 자원 관련하여 왕후닝을 빼놓고 생각할
수 없다. 현재 푸단대학 정치학과에서 중추적 역할을 맡고 있는 린상
리(林尙立, 현 푸단대학 부총장)[19], 상하이쟈오퉁대학 국제공공사무학원 원장
후웨이(胡偉)교수 등이 왕후닝의 제자들로 상하이 지역 정치학계에서
일가를 이루고 있다.[20] 왕후닝은 1979년부터 1995년까지 중앙정책연구

---

19) 1988년 푸단대학 국제정치학과 석사 졸업 후 바로 교수로 취임, 법학박사이며 박
　사생 지도교수이고 현 푸단대학 부총장. 1998년 교육부 세기 인재, 2006년 3월 제
　6기 장강학자로 선정되었다. 푸단대학 국제관계학원 교원 가운데 유일한 장강학
　자이다.
20) 후웨이 교수는 칭화대학 정치발전연구소, 베이징대학 정치학과, 중국런민대학 정
　치학과, 중앙당교 세계정당연구센터, 중앙편역국 비교정치경제연구센터 등이 공
　동 발기 단위로 참여하여 만든 '중국정치학 30인 원탁회의(2013년 8월 17일, 베이
　징)'의 멤버이기도 하다. 중국 정치학 30인회 원탁회의 관련 다음 참조.
　http://www.chinanews.com/gn/2013/08-17/5174564.shtml, 검색일: 2013년 3월 30일.

실 정치조 조장 직무를 맡아 학교를 떠날 때까지 푸단대학 국제정치학과 주임 겸 법학원 원장으로 재직하였다.

당시 왕후닝은 개혁개방 이후 정치학 부활을 맞아 초기 학과 발전에 필요한 이론적인 근거자료를 제시하는 여러 논문을 발표하여 개혁개방 이후 성장 기반을 다지는 중국 정치학계에 서구 정치학 발전 추세, 학파, 사조 등을 소개하는 중요한 역할을 담당하였다. 이후 관심사를 중국의 정치 현상으로 옮겨 중국 학자들이 서구 정치학의 이론적 틀을 이용하여 중국연구를 새롭게 시작할 수 있는 토양을 제공하였으며 중공당 14차 당대회 이후에는 중국 정치체제개혁에 관한 많은 글을 발표하여[21] 학술과 정책의 간극을 좁히려고 노력하였다.

정치학 저변 확대 (서구정치학 발전추세, 사조 등)	▶	중국 정치 현상 연구 (서구 정치학 이론틀 이용 중국연구)	▶	중국 정치체제개혁

이러한 왕후닝의 관심사는 당시 중국 정치학계 특히 상하이 정치학계의 발전과 푸단대학 정치학과 발전에 큰 영향을 미치게 된다. 그리고 이러한 노력은 중국의 학술계가 정책연구 기능을 강화하는데 크게 기여한 측면이 있음을 부인할 수 없다. 학술역량을 강화하기 위해서는 학생들을 잘 배양하고 육성하는 것이 기본적인 교학의 원칙이 되어야 함을 왕후닝은 강조한다. 이러한 왕후닝의 좋은 학생 육성 전략은 푸단대학의 교과과정 운용 원칙과도 일맥 상통한다고 볼 수 있다. 푸단대학의 교과과정 운용의 특징 가운데 하나는 박사생 지도교수에게 학

---

21) 왕후닝의 학문적인 관심사를 논문의 주제별 변화를 통해 분석한 글은 다음을 참고. 이광수, 「중국 정치학자 지식네트워크에 대한 분석: 왕후닝(王滬寧)의 논문을 중심으로」, 국민대학교 중국인문사회연구소 HK사업단 제5회 국내학술회의, 『지식네트워크와 중국의 지식기반 형성』, 2012년 12월 7일, 63-64쪽.

부생을 대상으로 가장 기초가 되는 과목의 강의를 맡긴다는 점이다.

학교는 기본적으로 사람을 배양하는 곳이기 때문에 가장 좋은 선생이 기초 단계 학생들을 대상으로 기본 교육을 담당해야 한다는 취지이다. 이래야만 학생들의 지식과 진리 추구에 가장 자극을 줄 수 있기 때문이라는 보편적 인식이 깔려 있기 때문이다. 이런 차원에서 왕후닝은 푸단대학 정치학과 초기 정착과 사회적 지위 획득 및 명성을 이어가기 위해서는 푸단대학 정치학과 역시 학생을 가장 중요하게 생각하고 학과 목표 역시 가장 좋은 학생을 배출하는 것에 맞춰져야 한다고 강조하였다.22) 이들이 체계적인 과정을 통해 연구자로 성장해가야 푸단대의 정치학 역시 발전할 수 있다는 논리가 기저에 깔려 있던 셈이다.

왕후닝은 또한 박사과정생이 기본적으로 가져야 할 덕목으로 "먼저, 박사생은 창조성을 갖춰야 한다. 죽은 지식의 기억만을 갖춰서는 안된다. 그렇지 않으면 우수한 학생을 배양해 낼 수 없다. 둘째, 논리적 분석 능력을 갖춰야 한다. 비교적 강인한 이성적 추리 능력을 갖춰야 하고, 사물을 보는 민감성을 충분히 갖춰야 하며 일반 지식 가운데서도 창조적인 면을 발견해 내야 한다. 셋째, 비교적 건전한 인격을 갖춰야 한다. 만약 건전한 인격을 갖추지 못하면 진정으로 걸출한 학생을 길러낼 수 없다"는 등 세 가지 덕목을 제안하였다.23) 왕후닝이 제안한 박사과정생이 갖춰야하는 이 세 가지 덕목은 푸단대학 정치학과 발전과 함께 푸단대학 정치학과의 주요 규범으로 자리 잡았다.

이러한 푸단 정치학의 교학 방향과 원칙에는 왕후닝의 교육관이 많은 영향을 미쳤다고 볼 수 있다. 왕후닝은 학생을 가르치는 것을 천직이며 신성한 책무라는 점을 그의 저서 〈정치인생〉에서 유난히 강조하

22) 王滬寧, 『政治的人生』, 上海: 上海人民出版社, 1995, 38-39쪽.
23) 王滬寧, 위의 책, 56-57쪽.

고 있다. 예컨대 "학생을 가리키는 것은 교육자로서 천직에 해당한다. 이러한 정신이 없다면 우수한 학생을 길러낼 수 없다. 학교 일도 마찬가지다. 예컨대 '211공정'의 경우도 마찬가지다. 새로운 성장점을 찾고 이에 부합하는 메커니즘을 찾는 일이 급선무이다. 과를 작고 학원(단과대학)을 크게 하는 기구 개편은 학과 주임에게 주로 인사 관계 처리에 일 중점을 두게 할 수 있다. 정말로 작은 과와 큰 단과대학 모델을 추진하려면 과 주임의 역량을 주로 교학이나 과학연구, 관리에 두도록 하고 복잡한 인사 관리는 간단하게 해야 한다. 인사관계를 간단하게 하는 것은 사람이 아닌 조직 건설에 의거하여 완성해야 한다. 인사관계는 매우 간단하게 해야 진정한 생산력 해방이라고 할 수 있다."[24]고 인식하고 있다. 행정이 교학에 우선하는 중국의 독특한 행정 문화에서 왕후닝은 교학이 우선이고 행정은 매우 간단하게 일을 처리할 수 있게 해야 한다는 제안을 하게 되고 이러한 노력은 법학원 원장 시절 많은 원무(院務) 회의에서도 주된 의제였다.

이와 같이 푸단대학 정치학과의 교학 원칙과 방침, 좋은 학생을 배양하고 훌륭한 인재를 사회에 배출시키며 관리 위주 행정이 아닌 교학 위주 행정을 구현하는 핵심은 바로 교사대오에 의해 보장된다고 할 수 있다. 푸단대학 정치학과의 주요 교사대오는 다음과 같다.

---

24) 王滬寧, 위의 책, 64-65쪽.

천치런(陳其人)　　　류싱한(劉星漢)　　　차오페이린(曹沛霖)　　　왕방쥐(王邦佐)
(1924-)　　　　　(1927-2012)　　　　(1933-)　　　　　(1934-)

순관훙(孫關宏)　　　왕후닝(王滬寧)　　　린상리(林尙立)　　　천즈민(陳志敏)
(1935-)　　　　　(1955-)　　　　　(1963-)　　　　　(1966-)

　개혁개방 초기 푸단 정치학의 출발은 천치런으로부터 시작되었다. 천치런은 왕후닝의 석사 지도교수이기도 하다. 그러나 푸단대학 정치학과의 학과체계 건설과 내실화 기틀을 다진 것은 왕후닝, 차오페이린, 순관훙 등 세 사람의 영향력이 절대적이었으며 왕방쥐는 상하이 사회과학계연합회나 상하이정치학회 등 외부에서 푸단대학 정치학 발전에 공헌하였다.25) 현 푸단대학 부총장과 푸단대학 국제문제연구원 원장을 맡고 있는 린상리의 경우 왕후닝의 제자라는 점에서 국제관계학원 원장을 맡고 있는 천즈민과 함께 개혁개방 이후 푸단대학 정치학과가 배출한 첫 세대라고 할 수 있다. 왕후닝은 푸단대학 정치학과(당시는 국제정치학과) 건설과 정치학의 발전 전반에 걸쳐 영향력을 갖고 있었

---

25) 천치런과 왕방쥐 탄쥔쥬(譚君久) 등은 1984년 9월 『미국양당제도분석(美國兩黨制度剖析)』을 상무인서관(商務印書館)에서 출판한다. 이 책은 미국의 정당제도를 심층적으로 분석한 책으로 당시 중국 정치학계가 서방의 정치학 성과를 수혈하는 차원에서 번역 사업을 추진하는 때에 선구적으로 이루어진 사업이라고 할 수 있다.

다.[26] 차오페이린은 서방 정치학의 흐름을 소개하고 서방 정치사상사에 정통했다는 점에서 초기 서구 정치학의 중국내 수입에 절대 공헌을 하였다.[27] 순관훙은 개혁개방 초기 중국 정치학의 교재 편찬 사업에 지대한 영향을 끼쳤다. 이러한 초기 교사들의 노력으로 푸단대학 정치학과는 왕후닝이 주창하는 이른바 '사승관계'에 의해 학문 후속세대를 꾸준히 양성하여 현재 상하이 정치학계의 주요 연구자원 배출 통로 역할을 맡고 있다.

교사대오 가운데 장강학자 프로그램의 지원을 받는 일급교수를 보유하고 있다는 점도 푸단 정치학의 영향력이 적지 않음을 보여주는 사례라고 할 수 있다. 정치학 전공의 린상리교수가 푸단대학 국제관계와 공공사무학원 전체 교원 60여 명 가운데 유일하게 장강학자 프로그램 수혜를 받고 있는 일급교수 대우를 받고 있기 때문이다.[28] 또한 완결

---

26) 왕후닝은 1987년 3월 천펑(陳峰)과 함께 로버트 달의 『현대정치분석』을 번역 출판하였으며 계속해서 로버트 달의 책이 번역 출판되는 데 길잡이 역할을 하였다. 아울러 왕후닝은 1987년 5월 본인의 저서인 『비교정치분석』을 상하이 인민출판사에 발행한다. 이 책은 중국 내에서 최초로 비교분석방법을 이용하여 정치현상에 대한 거시적 분석을 시도한 책으로 중국 내 최초 비교정치학 관련 전문 학술서적으로 기록되고 있다. 그는 자신의 저작에서 "모든 사회과학연구는 모두 비교이다. 단지 연구자 개인의 분석이론이 하나가 아닐 뿐 비교 각도는 서로 다르다"고 비교 연구의 중요성을 강조하기도 하였다.

27) 차오페이린 역시 정스핑(鄭世平), 공팅(公婷), 천펑 등과 G.Bingham Powell Jr.의 『비교정치학-체계, 과정과 정책』을 번역 출판하였다. 이 책은 중국 내에서 번역 출판된 최초의 비교정치학 관련 저작으로 중국 비교정치학 발전에 기반을 다지는 역할을 하였다.

28) "장강학자 프로그램"(长江学者奖励计划, Chang Jiang Scholars Program)은 중국 교육부와 홍콩 리카싱 기금회(李嘉诚基金会)에서 중국 고등학교(고등교육을 담당하는 대학이나 연구기관) 학술지위를 올리고 중국 고등교육을 진흥할 목적으로 1998년 공동 출자하여 설립한 고위 인재 프로그램을 말한다. 특별초빙교수 제도와 장강학자 성취장 등 두 개 프로그램을 운영한다. 〈국가 중장기 교육개혁과 발전 규획 강요(2010-2020년)〉(国家中长期教育改革和发展规划纲要(2010-2020年))와 〈국가 중장기 인재발전 규획 강요(2010-2020년)〉(国家中长期人才发展规划纲要

된 학과체계를 기반으로 끊임없이 아래와 같은 '사승관계' 사슬이 계속 재생산되고 있다는 점도 후속 연구자 충원 구조가 튼튼함을 보여준다고 말할 수 있다. 아래 그림은 극히 일부에 해당하는 예이다.

왕후닝	차오페이린	순관훙
▼	▼	▼
린상리 ▶	류젠쥔(劉建軍) ▶	허쥔즈(何俊志)
	▼	
	푸단대학 정치학과 연구자 대오	

〈표 5〉 푸단대학 정치학과 교원 현황[29]

교 수	린상리 (林尚立)	츄보성 (邱柏生)	장즈쥔 (臧志军)	천밍밍 (陈明明)	궈딩잉 (郭定平)	류젠쥔 (刘建军)
	주팡 (朱力)	상위청 (桑玉成)	저우즈청 (周志成)	천윈 (陈云)	훙타오 (洪涛)	천저우왕 (陈周旺)
부교수	천차오췬 (陈超群)	런쥔펑 (任军锋)	허쥔즈 (何俊志)	장이 (张怡)	류춘룽 (刘春荣)	한푸궈 (韩福国)
	정창중 (郑长忠)	슝이한 (熊易寒)				
강 사	구잉 (顾莺)	린쥐안 (林涓)	리후이 (李辉)	바오강성 (包刚升)	리징 (酈菁)	

(2010-2020年)을 실천하기 위하여 교육부는 2011년부터 새로운 "장강학자 장려 계획(长江学者奖励计划)"을 실행하고 있다. 새로운 "장강학자 장려 계획"은 특별 초빙교수와 강좌 교수 프로젝트를 계속 추진하여 매년 150명 정도를 특별 초빙교수, 50명을 강좌교수로 선발하고 있다. 특별 초빙교수 기한은 5년이며 기한 내 매년 20만 위안 장려금을 지급하고 강좌교수는 초빙 기간을 3년으로 하고 초빙 기간 내 매월 3만 위안 장려금을 지급받고 있다. http://www.changjiang.edu.cn/news/16/16-20070319-136.htm, 검색일: 2014년 3월 31일.

29) http://www.sirpa.fudan.edu.cn/s/56/t/134/p/1/c/1543/d/1580/list.htm, 검색일: 2014년 4월 7일.

〈표 5〉는 2014년 4월 현재 푸단대학 정치학과 재직 교원 현황이다. 개혁개방 초기 왕방쥐, 차오페이린, 순관홍, 왕후닝 등 주요 핵심 정치학 교원들은 은퇴하거나 전직, 중앙 진출 등으로 이제는 대학 입시 부활과 함께 대학에 진학한 연구자 중심으로 교원들이 새롭게 연구자 군을 형성하고 있다. 현재 푸단대학 정치학과 교원은 총 25명이며 이 가운데 교수는 12명, 부교수는 8명, 강사 5명으로 구성되어 있다. 그러나 은퇴한 순관홍과 차오페이린 등 원로급 교수들이 명예교수 형태로 강의를 진행하거나 박사과정 지도에 나서고 있으나 공식 편제에는 들어가지 않는다는 점에서 실제 활동하는 비공식 교원까지 포함할 경우 25명이 넘는다고 보는 것이 타당할 것이다.

IV. 정치학 연구공간

1. 학과 편재와 학과 건설

1980년대 초기 푸단대학의 정치학 전공을 어떻게 세분화할 것인가에 대해서 왕후닝은 "정치학 전공으로는 정치학 이론, 정부경제학, 정치발전, 행정발전, 공공정책 등을 설립하고 국제관계나 국제정치 전공에는 국제관계이론, 국제일체화, 글로벌 문제, 국제정치경제학 등"을 설치할 것을 제안하였다. 왕후닝의 교과과정 설치 제안은 주로 외국의 사례, 예컨대 하버드대학 정부학과의 교과과정 설치 등 소위 국제 일류대학의 사례를 참조할 것을 강조한 결과이기도 하다.[30] 푸단대학 정치학의 연구공간과 관련하여 우선 살펴봐야 할 것은 학과 편재가 어떻게 구성

---

30) 王滬寧, 『政治的人生』, 上海: 上海人民出版社, 1995, 17-18쪽.

되어 있느냐이다. 가장 훌륭한 학생을 배양해야 한다는 대 전제에 따라 학과 과정 역시 연구공간을 확충하는데 중요한 요소가 되기 때문이다. 개혁개방 초기만 해도 푸단대학 정치학과 학과 편재는 아래와 같았다.

1980년대 초반 푸단대학 정치학과 주요 교과과정			
정치학원리	본국정치 (정부 포함)	비교정치	국제정치 (국제관계, 외교학 포함)

중국공산당사	마르크스주의이론과 사상정치교육	과학사회주의와 국제공산주의운동사

학과 기반이 아직 깊게 뿌리내리지 못한 1980년대 초반 푸단 정치학과(당시 국제정치학과)는 주로 정치학원리, 본국정치, 비교정치, 국제정치라는 네 영역의 전공 분야를 두고 주로 중국공산당사, 마르크스주의이론과 사상정치교육, 과학사회주의와 국제공산주의운동사 등 이데올로기 등 이념 교육과 당사 교육에 치중하였다. 세련된 학과 편재와 세부 전공이 제대로 준비되지 않고 정치학 전공이 신설된 결과이기도 하다. 앞서도 언급했듯이 푸단대학 정치학과는 1923년 설치되어 2013년 학과 설립 90주년을 맞았다.

푸단대학 정치학과는 현재 푸단대학 국제관계와 공공사무학원에 편제되어 있다. 현재는 독립학과로 편제되어 있지만 전신은 국제정치학과이며 국제정치학과의 전신은 1923년 건립된 정치학과이다. 신중국 건립 이후 푸단대학 정치학과는 광화대학(光華大學) 정치학과, 다샤대학(大夏大學) 정치학과를 흡수하여 마레주의(馬列主義) 교육학과로 확대 개편되고 이후 국가의 국제정치연구에 대한 수요 증가 때문에 1964년 국제정치학과로 변경되었다. 이는 중국에서 1964년 설립된 3개 국제정치학과 가운데 하나이다. 당시에는 겨우 국제정치 전공 하나만 개설되었고 당시 주요 연구방향은 서방 선진국의 정치와 대외관계였다.

1980년 푸단대학에 전국 최초로 정치학전공이 개설되고 신중국 제1
기 정치학 본과생을 받아들였으며 1984년 사상정치교육 전공 개설,
1988년 행정관리 전공 신설 등 학과 체계를 갖추어 나갔다. 앞서 말했
듯이 푸단대학 정치학과의 대표 학과는 정치학 이론 전공이다. 정치학
이론은 90년대 중반 상하이시 중점학과 인증을 받았으며, 2002년 정치
학 이론은 전국 중점학과가 되었다. 또한 2012년 푸단대학 정치학과는
교육부 〈학위와 연구생교육 발전중심 일급학과 평가〉에서 전국 1등 평
가를 받기도 하였다.31)

푸단대학 정치학과는 학과 건설, 학술 성장(学术提升), 학생 배양이라
는 목표 아래 중국 현실과 새로운 학술 공간 혁신을 통해 '211'공정 중
점학과 건설 프로젝트도 통과하게 된다. 현재 푸단대학 정치학과는
"중국공산당 집정체계연구" 등 다수 연구 프로젝트를 수주한 경험이
있으며 〈푸단정치학평론(复旦政治学评论)〉이라는 정기간행물을 독자적으
로 발간할 정도로 성장하였으며 '장강학자(长江学者)'나 '교육부 신세기
인재(教育部新世纪人才)'등을 보유하고 있다.32) 과거 국제정치학과 시절 뿌
리를 같이 하는 국제관계 역시 2급학과로서 국가중점학과이다.33)

푸단대학 정치학과는 학부생 전공으로 〈정치학〉과 〈행정학〉 전공이
있으며 대학원생 전공으로 〈정치학〉과 〈행정학〉 그리고 〈사상정치교
육〉 과정을 갖추고 있다. 〈표 6〉에서 보는 바와 같이 정치학과 행정학
전공은 마르크스주의 기본소양과 〈정치학〉과 〈행정학〉에서 필요로 하
는 이론 위주 수업으로 채워져 있다. 반면 〈사상정치교육〉 전공은 〈정

31) http://www.sirpa.fudan.edu.cn/s/56/t/134/d3/2e/info54062.htm, 검색일: 2014년 3월
    26일.
32) http://www.fudan.edu.cn/entries/view/144/, 검색일: 2014년 4월 7일.
33) http://www.fudan.edu.cn/entries/view/145/, 검색일: 2014년 4월 7일.

치학〉과 〈행정학〉 전공과 전공 설치 목적은 유사하나 사상정치 교학에 특화되어 있는 점이 차이라고 할 수 있다. 교과과정은 〈표 6〉에 나와 있는 것처럼 세부 전공별로 세분화되어있으며 대학원 전임 교원이 따로 있지 않고 학사, 석사, 박사 전체 과정을 단일 대오 교원들이 책임지는 구조이다.

〈표 6〉 푸단대학 정치학과 교과과정[34]

전공	학부		대학원		
	정치학과 행정학		정치학과 행정학		사상정치교육
목표	마르크스주의 이론 소양을 갖추고 〈정치학〉과 〈행정학〉 등 학과에서 요구하는 기본 이론에 충실하고 당정기관이나 언론출판기구, 기업사업단위에서 교학연구나 관리 등에 종사하는 〈정치학〉과 〈행정학〉 전문 인력을 배양		정치학원리, 중·서방정치사상, 관리기초, 당대서방정치학, 비교정치제도, 공공정책과 평가, 발전정치학, 중국사회정치분석, 정치문화분석, 조직행위학, 홍콩·마카오정치와 행정		양호한 정치 소질과 도덕 수양을 갖추고 마르크스주의 이론 소양과 사상정치교육 전공 지식을 구비하고 당정기관, 기업사업단위, 대학과 과학연구기관 등에서 사상정치업무에 종사하는 전문 인재 배양
교과과정	정치학 이론, 중·서방정치사상, 당대서방정치학, 중외비교정치제도, 공공정책과 평가, 발전정치학, 중국 사회정치분석, 정치문화분석, 조직행위학, 홍콩·마카오정치와 행정 등				사상정치교육학원리, 사상정치교육심리학, 교육학, 윤리학, 청년학, 서방경제학, 공공관계학, 사회사조와 청년교육, 조직행위학 등
교사자원	교사 25명(교수 12명, 부교수 8명, 강사 5명)				

〈정치학〉과 〈행정학〉 전공은 마르크스주의 이론 소양을 갖추고 〈정치학〉과 〈행정학〉 등 학과에서 요구하는 기본 이론에 충실하고 당정기관이나 언론출판기구, 기업·사업단위에서 교학연구나 관리 등에 종사하는 전문 인력을 배양하는 것으로 목표로 하고 있다. 〈정치학〉과 〈행정학〉 전공 본과생의 전공 커리큘럼은 정치학 이론, 중·서방정치사상, 당대서방정치학, 중외비교정치제도, 공공정책과 평가, 발전정치학, 중국 사회정치분석, 정치문화분석, 조직행위학, 홍콩·마카오 정치와 행정

---

34) http://www.urp.fudan.edu.cn:93/zsjz/main.jsp?zslbdm=11, 검색일: 2014년 4월 6일.

등이다. 그러나 앞서 살펴본대로 정치학과 본과 수업은 여느 학과와
마찬가지로 통식(通識)교육과 기초교육과정 중심으로 이루어지기 때문
에 본격적인 전공수업은 대학원 석박사 과정에서 실시되고 있다. 〈표
7〉과 같이 대학원 과정은 7개 주요 전공으로 세분화되어 있다.

〈표 7〉 푸단대학 정치학과 대학원생 전공 현황

1급학과 (수권 기간)	전공 명칭	석사과정 비준 시기	박사과정 비준 시기
정치학** 2000년 12월 제8차 비준	정치학 이론*	1984년 11월	1990년 11월
	중외정치제도*	2000년 12월	2001년 4월
	과학사회주의와 국제공산주의운동	2003년 5월	–
	중공당사*	2003년 5월	2005년 1월
	국제정치*	1981년 11월	2001년 4월
	국제관계*	1981년 11월	1986년 7월
	외교학*	2003년 5월	2005년 7월

주) : *2급학과 박사과정, **박사학위 수여 1급 학과

푸단대학 정치학 이론은 국가중점 2급학과이다. 특히 린상리교수가
맡고 있는 정치학 이론 강좌는 푸단대학 국제관계와 공공사무학원 교
과과정 가운데 2009년도 상하이 정품(精品) 교과과정 명단에 포함되었
다.[35] 〈표 8〉과 같이 현재 푸단대학 정치학과 전공은 정치학과 행정학
전공 그리고 사상정치교육전공으로 나뉘어 있고, 교과 과정은 각각 정
치학원리, 정치사조, 비교정치, 중국사회정치분석 등 정치학과 행정학
전공에서 9개 교과목이 개설되어 있고, 사상정치교육전공에는 7개 교
과목이 개설되어 있다.

---

35) 『上海市教育委員会关于公布2009年度上海高校市级精品课程名单的通知』(沪教委高
     [2009] 31号文), http://www.fudan.edu.cn/entries/view/918/, 검색일: 2014년 4월 6일.

〈표 8〉 푸단대학 정치학과 전공과 교과과정 현황

푸단대학 국제관계와 공공사무학원			
국제정치학과	정치학과	공공행정학과	외교학과
정치학과 행정학 전공	전공		사상정치교육전공
정치학원리 동서방정치사조 중국정치제도 당대서방정치학 비교정치제도 발전정치학 중국사회정치분석 정치심리학 홍콩·마카오정치와 행정 등	교과과정		사상정치교육학원리 사상정치교육심리학 교육학 윤리학 청년학 사회사조와 청년교육 조직행위 등

2. 교과 과정과 소통 공간

푸단대학 정치학과는 학부, 석사, 박사 과정이 모두 갖춰진 일원적인 교학체계를 갖추고 있다. 국제관계학원에 편제되어 있는 4개 학과 가운데 교원 수도 가장 많고 장강학자와 일급교수를 구비하고 있다는 점에서 푸단대학 국제관계학원의 대표적인 과라고 할 수 있다. 학사, 석사, 박사 교과과정 역시 매우 체계적이다. 학부 과정은 푸단대학 특성화 교육 가운데 하나인 '통식교육'[36]을 1학년에 집중 배치하고 있다. 예컨대 정치학과 본과 과정의 경우 〈표 9〉에서 보는 바와 같이 전체

---

36) 통식교육(通識教育, general education)은 계열과 전공을 초월하여 모든 학생들이 기본 소양 제고를 위해 반드시 이수해야 하는 공통 과목을 말한다. 인문교육과 경전 독해 중심 수업을 핵심으로 하지만 군사, 외국어, 컴퓨터 등 대학 생활 기본 교육에 사상정치학습이 강조되기도 한다.

147학점 졸업 이수 학점 가운데 통식교육이 49학점을 차지하고 있다. 전체 이수 학점 가운데 1/3 가량을 공통 과목 이수에 할애하도록 교과 과정이 짜여 있다. 그 가운데 사상정치이론 이수 단위나 6대 이수 단위 등 핵심 과정이 26학점을 차지하고 있어 통식 교육 전체 이수 학점 가운데 반 이상을 사상이나 정치 교육에 할애하고 있다. 1학년 학생들은 또한 2학기가 되면 통식 교육 외에 기초 교육으로 계열 기초 과목을 수강하게 되어 있다. 따라서 정치학과 본과 학생의 경우 본격적인 전공 수업은 2학년부터 시작한다고 볼 수 있다. 전공 수업 가운데 2학년 1학기에는 주로 역사나 철학, 사상 등 기초 과정 입문에 교육이 집중되어 있고, 2학기에는 제도나 응용 학문 수업에 집중적인 훈련을 받는다. 3학년부터는 수업이 급격히 줄어들어 졸업 논문 작성에 많은 시간을 할애하고 있다. 예컨대 정치학과 본과생의 경우 2학년까지 수강해야 하는 과목이 전체 졸업 학점인 147학점 가운데 무려 102학점에 이른다. 그러므로 비록 정치학과 학생이라 할지라도 전공과목 수강과 전공 지식 함양을 위한 전공 심화 수업은 전체 이수 학점과 주당 수업 시간에 비해 매우 적다고 볼 수 있다.

〈표 9〉 푸단대학 정치학·행정학 전공 학부 교과과정

구분	교과과정	학점	1	2	3	4	5	6	7	8	비고
통식교육	핵심과정 사상정치이론단위	14	2,5	4,5	3,5	3,5					26학점
	핵심과정 6대단위	12	2	2	2	2	2	2			
	체육	4	2	2	2	2					17학점
	군사이론	1		2							
	대학 외국어	8	2	2	2	2					
	컴퓨터 응용 기초	4	2+2	2+2							
	통식교육 선택과정	6	2	2	2						6학점
기초교육	정치학원리	3	3								9학점
	법학기초이론	3		3							
	사회학입문	3		3							
	공공행정학	3	3								필수
	당대중국정치제도	3		3							
	고등수학D	4	4+1								
	심리학입문	3	3								16학점
	국제법	3		3							
	국제관계입문	3	3								
	헌법	3		3							
	사회업무입문	3		3							
	사회연구방법A	3	3								
	경영계열 기초과목ⅠⅠⅠ조	4				2	2				4학점
전공교육	중국정치사상	3			3						63학점
	서방정치학설사	3			3						
	서방경제학기초	3			3						
	중국역대정치와 행정	3			3						
	서방정치사	2			2						
	당대국제관계	3				3					
	비교정치제도	3				3					
	현당대서방정치철학	3				3					
	발전정치학	2				2					
	비교정치학입문	2				2					
	정부경제학	3					3				
	공공정책개론	3					3				
	집단행동(상)	2					2				
	당대서방정치학	2						2			
	비교지방정부학	3						3			
	서방정치사상개론	2						2			
	중국사회정치분석	3							3		
	집단행동(하)	2							2		
	사회실천	2							*		
	졸업논문	4							*		
	졸업선택과목	10				2	2	2	2	2	
	임의 선택과정	6						2	2	2	6학점
	이수 학점 소계	147	25,5	25,5	26,5	24,5	18	11	9	8	
	학기별 소계		30,5	29,5	28,5	25,5	18	11	9	2	

주) 푸단대학 국제관계학원 푸다오위원(輔導員)에게 자료 입수하여 필자가 정리.

<표 10> 푸단대학 정치학 이론 석사과정 교과과정

구분	교과과정	담당교원	학점	총수업시간	개설학기
기초과정	마르크스주의 정치저작선독	천저우왕(陳周旺)	3	54	제1학기
	국제정치이론	탕센싱(唐賢興)	3	54	제1학기
	정치학 이론	류젠쥔(劉建軍)	3	54	제2학기
전공필수	중국사회정치분석	천밍밍(陳明明)	3	36	제3학기
	중국정치명저선독	장즈쥔(臧志軍)	3	54	제2학기
	당대중국정치제도 이슈연구	푸싱주(浦興祖)	3	54	제2학기
	비교정치제도연구	천밍밍(陳明明)	3	54	제2학기
	서방정치명저선독	홍타오(洪濤)	3	54	제3학기
전공선택	행정학이론	주첸웨이(竺乾威)	3	54	제1학기
	행정학연구방법	주첸웨이(竺乾威) 등	3	54	제2학기
	토크빌과 마르크스	런쥔펑(任軍鋒)	2	36	제1학기
	제도경제학	저우즈청(周志成)	3	54	제4학기
	국제체계와 중국외교	천위강(陳玉剛), 수창허(蘇長和), 판중치(潘忠岐)	3	54	제1학기
	역사와 정치과학: 중국 고근대	런쥔펑(任軍鋒)	2	36	제3학기
	역사와 정치과학: 고대 그리스 로마	런쥔펑(任軍鋒)	2	36	제4학기
	관념과 거버넌스	리춘청(李春成)	2	36	제3학기
	정치문제 경제학 분석	천윈(陳云)	2	36	제3학기
	동아시아정치비교연구	궈딩핑(郭定平)	2	36	제4학기
	발전정치학	천밍밍(陳明明)	2	36	제2학기
	비교정치학기본문제	주팡(朱方)	3	54	제3학기
	서방정치사	런쥔펑(任軍鋒)	2	36	제3학기
	중국정치	외국적 교사	2	36	제3학기
	고대중국정치제도 이슈연구	류젠쥔(劉建軍)	2	36	제2학기
	학술원전정독	덩정라이(鄧正來)*	3	54	제3학기
	사회과학철학입문	탕스핑(唐世平)	3	54	제2학기

주) 푸단대학 국제관계학원 푸다오위원(輔導員)에게 자료 입수하여 필자가 정리.
 * 덩정라이는 2013년 지병으로 사망(이 자료는 2011년, 2012년 자료)

이렇게 지나치게 통식교육과 기초교육에 편중되어 있는 학부 과정과 달리 본격적인 정치학 관련 훈련은 대학원 석사과정에서 이루어지고 있다. 대학원 수업 역시 한국과 비교하여 기초과정, 전공필수, 전공선택 등 많은 수업 시간의 부담이 있으나 본격적으로 정치학 전공 수업을 체계적으로 진행한다는 점에서 푸단대학 정치학과의 학문 역량의 기초 토대를 이루는 중요한 환절이라고 할 수 있다. 〈표 10〉에서 보는 바와 같이 기초과정은 기본 텍스트 강독 시간과 기초 이론 입문 시간으로 채워져 있고, 전공필수는 주로 당대 중국 정치 이해에 필요한 저작 선독이나 이슈 분석으로 이루어져 있다. 그리고 푸단대학 정치학과는 인적 자원이 풍부하기 때문에 다양한 전공선택과목을 개설, 운영하여 학생들의 선택 폭을 높이기도 한다.

예컨대 정치학 전공임에도 불구하고 인접 학문인 행정학의 기본 이해, 정치철학, 역사와 문화, 정치사 등 정치학 이론 전공과 사상정치이론 전공에 부합하는 다양한 과목을 선택과목으로 제시하여 학생들의 선택 폭을 심화하고 있다. 또한 발전정치학이나 관념과 거버넌스 등은 새로운 학문 영역을 개척함과 동시에 복합적이며 융합적인 사고를 통해서 정치학의 학문적 발전을 추동하는 훈련을 가능케 한다는 점에서 선도적인 교과 과정이라고 볼 수 있다. 푸단대학 정치학과 학사와 석사과정이 기초 훈련과 새로운 학문적 훈련, 새로운 방식의 접근에 대한 트레이닝이라면 박사 과정은 수업 부담을 확실히 줄이고 논문을 위한 최소한의 학위 과정만을 운영하고 있다.

〈표 11〉에서 보는 바와 같이 푸단대학 정치학과 박사과정은 전공필수와 전공선택으로 심플하게 커리큘럼이 만들어져 있다. 이 가운데 첫 학기에는 전공필수 두 과목만 수강하면 되고 두 번째 학기에는 전공필수 한 과목과 전공선택 한 과목을 수강하게 되면 기본적으로 학위과정 수업은 마치게 된다. 3학기에 논문 프로포절 발표회를 갖고 본격적으로

논문 작성에 돌입하도록 교과과정이 짜여져 있다. 물론 이 과정에서 졸업에 필요한 학점 취득 외에 졸업 전에 중국 핵심 정기간행물에 두 편이상의 논문 투고라는 강제 규정이 있으나 이는 푸단대학만의 규정은 아니며 중국 전 대학의 박사 학위 취득을 위한 기본 요건에 해당된다.

〈표 11〉 푸단대학 정치학 이론 박사과정 교과과정

구분	교과과정	담당교원	학점	총수업시간	개설학기
전공필수	비교정치학	궈딩핑(郭定平)	3	54	제1학기
	비교정치제도	장즈쥔(臧志軍), 류젠쥔(劉建軍)	3	54	제2학기
	중국사회정치분석	천밍밍(陳明明), 궈딩핑(郭定平)	3	54	제1학기
전공선택	이슈연구	–	2	36	제4학기
	사회과학철학입문	탕스핑(唐世平)	3	54	제2학기

주) 푸단대학 국제관계학원 푸다오위원(輔導員)에게 자료 입수하여 필자가 정리(2011년, 2012년 자료)

결론적으로 푸단대학 정치학과의 교과과정은 통식교육이나 기초 교육 등 학교에서 기본적으로 요구하는 기본 교육에 충실하도록 편제되어 있다. 학부 1, 2학년의 경우 수업 부담이 상대적으로 크고 강하나 전공 수업에 대한 집중도는 조금 떨어진다고 볼 수 있다. 학부 3, 4학년의 경우 전공 수업이 진행된다고 하나 본격적인 정치학 훈련은 석사과정에서 주로 이루어지고 있다. 특히 석사과정의 경우 전공선택 과목을 다양하게 운영하여 학생들이 응용력을 높이고 현실 이슈에 대한 복합적이고 융합적인 사고를 가능하도록 하는 훈련에 중점이 맞춰져 있다. 이 과정을 거쳐 진학하게 되는 박사과정은 상대적으로 자율적 공간을 최대한 활용할 수 있게 수업 부담을 과감히 줄인 것이 특징이라고 할 수 있다. 이는 지도교수와의 관계를 돈독히 하는 요인으로 작용하고 있으며 소위 '사승관계'의 기반이 되기도 한다.

푸단대학 정치학자들이 활동하는 주요 공론장으로 기능하는 대표적

인 것은 푸단대학이 독자적으로 발행하고 있는 간행물과 학과에 개설
되어 있는 다양한 연구센터들이다. 정기간행물은 잡지라는 형식을 통
해서 의제의 소통이 이루어지고 있으며 다양한 연구센터를 통해서 공
동연구와 협업연구 그리고 의제의 소통과 매개가 이루어지고 있다. 푸
단대학이 발행하는 대표적인 간행물로는 〈푸단학보(復旦學報)〉를 들 수
있다.37) 왕후닝의 예를 들면 푸단 재직 기간 포함 발표 논문 77편 가운
데 15편을 〈푸단학보〉에 발표했을 정도로 푸단대학 정치학자들의 제1
의 공론장 역할을 맡고 있다. 이 외에도 상하이 지역 학술지인 〈상하
이 사회과학학술계간지〉, 상하이사회과학원 〈사회과학보〉 등도 주요
활동 무대이며 전국성 잡지인 중국사회과학원 정치학연구소 발행 〈정
치학연구〉도 주요 공론장 역할을 수행하고 있다.

　여기서 눈여겨 볼 것은 국제정치학과가 국제관계와 공공사무학원으
로 승격하면서 동시에 발간하기 시작한 〈푸단정치학평론〉이라는 잡지
이다. 매년 두 차례 발간하는 이 잡지는 정치학 이론과 방법에서 가장
선진적인 문제와 중국사회정치 현실 문제에 천착한 연구결과물이 실리
고 있다는 점에서 푸단대학 정치학과의 위상을 제고하는 주요한 공론
장 역할을 하고 있다.

---

37)『푸단학보(复旦学报, 社会科学版)』는 1935년 6월에 창간된 중국에서 가장 오랜된
　　대학 학보 가운데 하나이다. 1945년 정간된 후 중화인민공화국 성립 이후 다시 출
　　간, 문화혁명을 맞아 1966년 다시 정간되고 1978년 8월 〈푸단학보〉 사회과학판으
　　로 다시 복간되어 현재에 이르고 있다. 『푸단학보』는 현재 전국 종합성 인문사회
　　과학잡지 81종 가운데 7위, 대학 학보 가운데 4위에 랭크되어 있다. 인용지수 차원
　　에서는 전국 152개 종합성 인문사회과학잡지 가운데 10위, 대학 학보 가운데 역시
　　4위에 랭크되어 있다. 중국사회과학원 중국인문사회과학 핵심 잡지에 선정되었으
　　며 난징대학 중문사회과학 인용 색인(CSSCI) 등에 핵심 잡지로 등재되어 있다.
　　2012년부터는 국가사회과학기금 지원을 받는 학술지로 선정될 정도로 중국 내 지
　　명도가 높은 종합성 인문사회과학 간행물이다. 출처: http//www.fdwkxb.fudan.
　　edu.cn, 검색일: 2014년 4월 6일.

〈표 12〉〈푸단정치학평론(复旦政治学评论)〉 현황[38]

창간	2002년
주관	푸단대학 국제관계와 공공사무학원(复旦大学国际关系与公共事务学院)
발행 주기	매년 1-2집(봄/가을)
의제	정치학 이론과 방법의 최신 문제 중국사회정치 현실문제 천착
방향	학술성과 사상성 견지
기획	특집, 기타 논문, 번역, 평론, 서평, 연도보고 등
심사	학술위원회, 특별초빙 전문가
성과	"혁명후 사회 정치와 현대화", "중국국가건설", "정당과 국가", "정치참여", "중국대표제도", "이성과 정치", "정치문화" 등
투고 대표인물	린샹리(林尚立), 쉬용(徐勇), 쉬샹린(徐湘林), 징웨진(景跃进), 위젠룽(于建嵘) 등
학계 평가	2007년 CSSCI 등재

〈표 12〉와 같이 〈푸단정치학평론〉은 학술성과 사상성을 견지하고 중국 현실문제에 천착하는 연구결과물을 싣고 있으며 현재 중국 학계가 주목하고 있는 현안, 특히 푸단 정치학 집단에서 무슨 문제를 주요 의제로 다루고 있는지를 쉽게 알 수 있다는 점에서 중국 국내외 의제 소통에 이바지하고 있다. 특히 현장감 있는 기획을 통해서 "혁명후 사회 정치와 현대화", "중국국가건설", "정당과 국가", "정치참여", "중국대표제도", "이성과 정치", "정치문화" 등 현대 중국의 주요 문제를 드러내고 있다는 점에서도 선도적인 역할을 하고 있다고 평가 할 수 있다. 이러한 노력으로 짧은 기간인 창간 5년 만인 2007년에 중국사회과학 인용색인(CSSCI)에 등재되었다.

---

38) http://www.sirpa.fudan.edu.cn/s/56/t/134/p/1/c/1545/d/2442/list.htm, 검색일: 2014년 3월 30일.

<h3 style="text-align:center">〈표 13〉 푸단대학 정치학과 부설 연구센터 현황39)</h3>

명칭	푸단대학 중국정부·정치연구센터 (复旦大学中国政府与政治研究中心)	푸단대학 기층사회·정권건설연구센터 (复旦大学基层社会与政权建设研究中心)	푸단대학 선거·인대제도연구센터 (复旦大学选举与人大制度研究中心)	푸단대학 종교·국제관계연구센터 (复旦大学宗教与国际关系研究中心)	기타
설립시기	2000년	2006년 12월	2006년 12월	2004년	푸단대학 협력거버넌스연구센터(复旦大学合作治理研究中心), 푸단대학 청년조직과 공민사회연구센터(复旦大学青年组织与公民社会研究中心), 푸단대학 응급관리연구센터(复旦大学应急管理研究中心), 푸단대학 경제정책·기업전략연구센터(复旦大学经济政策与企业战略研究中心) 등
책임자	린상리(林尚立) 천밍밍(陈明明)	천저우왕(陈周旺)	푸싱쥐(浦兴祖) 허쥔즈(何俊志)	쉬이비(徐以骅)	
학술활동	중국정치학연구, 중국정당제도, 중국인대제도, 중국지방거버넌스 등	현대국가의 흥기, 도시정치와 사회, 사회안정, 민주건설과 기층사회 거버넌스 등	감독법과 인대감독의 미래	–	
용역과제	현대국가건설, 중앙·지방관계, 집정당과 집정능력 건설, 인대제도 건설 등	–	–	종교의 당대 국제관계에 대한 영향, 종교와 중미관계, 종교와 중국국가안보연구, 냉전 후 시기 종교·미국외교 등	
정간물	푸단대학 정치학평론 (复旦大学政治学评论)	–	–		

정기간행물을 통한 공론장 활동 외에도 푸단대학 정치학과는 다양한 연구센터를 운영하여 연구자들을 묶어세우고 있다. 〈표 13〉은 〈중국정치학연감〉(2006-2008)에 수록된 푸단대학 정치학과 부설 일부 연구센터의 실례이다. 설립 시기는 대부분 국제정치학과가 국제관계와 공공사무학원으로 승격하고 4개의 새로운 학과가 출범한 시기와 맞물려 있다. 새로운 공간에서 새로운 제도를 통한 공간 확장 및 연구접점을 확보하기 위한 노력의 산물이라고 할 수 있다. 예컨대, 푸단대학 중국정부정치연구센터의 경우 비교적 비중 있는 연구자들인 린상리, 천밍밍이 센터 책임자를 맡고 있어 무게감을 더할 뿐만 아니라 각종 용

39) 金安平 主編, 『中國政治学年鑑(2006-2008)』, 北京: 中国文联出版社, 2009, 59-61쪽. http://lib.cnki.net/cyfd/F101-N2010090060.html, 검색일: 2014년 4월 3일.

역과제를 다량 수주하여 연구자들을 불러 모을 수 있는 재정적인 안정성도 보여주고 있다. 연구용역 결과는 또한 〈푸단정치학평론〉에 게재하기도 하는 등 선순환적인 연구모형을 구축해가고 있다. 〈표 13〉에서 언급하고 있는 연구센터 외에도 "푸단대학 제도건설 연구센터" 등 현재 20개 연구센터가 활동 중이거나 활동을 준비중이다.

V. 정치학 연구성과

1. 학문 후속세대 양성과 학술활동

푸단대학 정치학과의 영향력은 적어도 상하이 지역을 포함한 화동지역에서는 여타 대학을 압도하고 있다. 이는 정치학 자원의 배출 경로에서 푸단대학이 차지하는 지위가 매우 높을 뿐만 아니라 푸단대학 정치학과 졸업생을 중심으로 청년정치학자들의 모임이 견고하게 꾸려지고 있기 때문이다. 예컨대 2012년 1월 상하이 정치학회 후원 아래 화동정파대학(華東政法大學) 정치학과 공공관리학원 주최로 상하이 청년 정치학 포럼(上海靑年政治學論壇)이 개최되었다. 상하이 지역에서 활동하는 청년 연구자 50여 명이 참여하는 첫 회의로 기록되고 있다. 향후 상하이 지역에서 정치학 학술 공동체 건설을 위한 차원에서 정기적으로 출판물을 내기로 결정하고 그 첫 결실로 2013년 5월에 〈상하이 청년 정치학자 연도 보고(上海靑年政治學者年度報告)〉를 발간하였다.[40] 이 연도보고는 상하이 정치학계의 미래를 이끌어갈 청년 학자들이 공동으로 교류하고 발전하는 지속 가능한 플랫폼을 지향한다는 점에서 상하이 정치

---

40) 吳新葉・任勇 主編, 『上海靑年政治學年度報告2013』, 上海: 上海人民出版社, 2013, 328-329쪽.

학 공동체의 조직 발전을 보여주고 있을 뿐만 아니라 개혁개방 이후
상하이 정치학이 푸단대학 정치학과에서 배출한 연구자들을 중심으로
움직여가고 있음을 여실히 보여주는 사례이기도 하다. 예컨대 〈상하이
청년 정치학자 연도 보고〉 발간을 위한 학술위원회 위원 명단을 살펴
보면 그 사실을 잘 알 수 있다. 〈표 14〉는 학술위원의 면면을 보여주고
있다.

〈표 14〉 〈상하이 청년 정치학 연도 보고〉 학술위원

이름	이름	이름
천야오(陳堯, 上海交通大學)	천저우왕(陳周旺, 復旦大學)	하오위칭(郝宇青, 華東師範大學)
허쥔즈(何俊志, 復旦大學)	뤄펑(羅峰, 上海市委黨校)	탕야린(唐亞林, 復旦大學)
왕리신(王禮鑫, 上海師範大學)	왕샹민(王向民, 華東師範大學)	우신예(吳新葉, 華東政法大學)
양훙웨이(楊紅偉, 上海大學)	정지마오(曾紀茂, 上海財經大學)	정쥔(曾峻, 上海市委黨校)
장수핑(張樹平, 上海社會科學院)	장시커(張喜珂, 華東政法大學)	주더미(朱德米, 同濟大學)

〈상하이 청년 정치학 연도 보고〉 학술위원에 이름을 올린 15명의 대
표 청년 정치학자 가운데 푸단대학 정치학과나 푸단대학 정치학과 전
신인 국제정치학과에서 박사학위를 받은 사람이 전체 15명 가운데 13
명에 달한다. 하오위칭이나 왕리신 등 두 명만이 푸단대학 정치학과에
서 박사학위 과정을 거치지 않았을 뿐이다. 왕리신의 경우 2006에서
2007년 사이에 푸단대학 방문학자로 푸단과 인연을 맺었으며 2007년에
는 푸단대학 정치학 강습반 프로그램에 참여하였다. 따라서 왕리신까
지 범 푸단대학 정치학자군으로 포함시킬 경우 적어도 〈상하이 청년
정치학 연도 보고〉 학술위원 가운데 14명이 푸단대학 정치학과와 직간
접으로 연결되어 있다. 이들이 중견 정치학자로 성장하고 있다는 점에
서 상하이, 더 넓게는 화동지역에서 활동하는 정치학 공간에 중요한
연구자 자원을 제공하는 터전이 바로 푸단대학 정치학과라고 말할 수

있다.

학술활동 또한 중요한 학문 공동체 연구성과를 확산시키는 방법 가운데 하나이다. 상하이 지역에서 개최되는 정치학 관련 학술활동의 경우 푸단대학 정치학과나 푸단대학 국제관계와 공공사무학원의 참여가 두드러진다. 예컨대 2012년 "변혁시대의 공공관리(變革時代的公共管理)" 국제학술회의를 개최하기도 하였으며 2011년 5월 17일에는 "변혁시대의 제도, 문화와 민주 : 중국과 세계(变革时代的制度、文化与民主 : 中国与世界)"라는 주제로 푸단대학 개교 기념 과학연구 보고회를 개최하기도 했다. 정치학과 주임 천밍밍(陈明明)이 주재하고 덩정라이(邓正来), 천저우왕(陈周旺), 천차오췬(陈超群) 등 푸단대학 연구자들이 주제 발표와 탕야린(唐亚林), 한푸궈(韩福国), 정창중(郑长忠) 등이 토론자로 참여하였다.[41] 2010년 12월 25일에는 상하이 정치학회에서 주최하고 푸단대학 국제관계와 공공사무학원이 주관하여 "중국정치체제개혁 : 경로, 경험과 전망(中国政治体制改革 : 道路、经验与前景)" 주제 상하이시 정치학회 2010년 연회를 푸단대학 정치학과가 주도하였다. 당시 학회에는 상하이 지역 정치학 연구자 120여 명이 참여하였으며 정당건설과 정치발전(政党建设与政治发展), 민주이론과 실천(民主理论与实践), 정치전통과 현대화(政治传统与现代化), 인터넷사회와 거버넌스(网络社会及其治理), 민주와 거버넌스(民主与治理), 국가건설과 사회성장(国家建设与社会成长) 등 다양한 세션을 구성하였다.[42]

41) http://www.fudan.edu.cn/fudannews/2011/0526/28009.html, 검색일: 2014년 3월 26일.
42) http://info.edu.hc360.com/2010/12/311716333965.shtml, 검색일: 2014년 3월 26일.

〈표 15〉 푸단대학 정치학과 주요 연구자 논문 발표 현황(2011년 기준)[43]

이름	내용	정간물	일자
陳明明	"革命"、"統治"、與"執政"：舊話重提—關於政黨變革的兩個命題的討論	社會科學研究	2011年 第4期
	從超越性革命到調適性發展：主流意識形態的演變	天津社會科學	2011年 第6期
	非常歲月的非常權利機構：從"公社"到"革命委員會"	複旦政治學評論上海人民出版社	2011年 第1版
	轉型危機與國家治理	複旦政治學評論上海人民出版社	第九輯
林尚立	團結與民主：人民政協在中國共產黨領導與執政中的地位和作用	中共黨史研究	2011年 第5期
	建構民主的政治邏輯—從馬克思的民主理論出發	學術界	2011年 5月
	人民共和與統一戰線：中國共產黨建設國家的政治方略	經濟社會體制比較	2011年 第4期
	中國政治建設中的"體"與"用"—對中國政治發展的一種解釋	經濟社會體制比較	2010年 第六期
	人民、政黨與國家：人民民主發展的政治學分析	複旦學報(社會科學版)	2011年 第5期
	社會科學與國家建設：基於中國經驗的反思	南京社會科學	2011年 第11期
	複合民主：人民民主在中國的實踐形態	中共浙江省委黨校學報	2011年 第5期
	從中國發展的全局來整體思考中國的民主政治建設	中國人民政協理論研究會會刊	2010年 第4期
	建構民主的政治邏輯—從馬克思的民主理論出發	複印報刊資料《政治學》	2011年 第8期
	人民共和與統一戰線：中國共產黨建設國家的政治方略	複印報刊資料《政治學》	2011年 第10期
	複合民主：人民民主在中國的實踐形態	複旦政治學評論上海人民出版社	2011年 第1版
	統一戰線與中國發展	複旦大學出版社	2011年 第1版
	統一戰線理論與實踐前沿	複旦大學出版社	2011年 第1版
劉建軍	中國政治發展的動力機制與修復機制	學習論壇	2011年8月
	中國政治發展的動力機制與修復機制	上海市紀念中國共產黨成立90周年理論研討會文集	2011年 第1版
	中國政治發展的動力修復機制	文彙報	2011年 7月4日
	國家語境下的中國政治學：2011年終回顧	中國社會科學報	2011年 12月29
	創新與修復政治發展的中國邏輯	中國大百科全書出版社	2011年 第1版

43) http://www.sirpa.fudan.edu.cn/s/56/t/134/96/43/info38467.htm, 검색일: 2014년 4월 8일.

집단 활동을 통한 연구성과의 확산과 소통 못지않게 개인 연구활동도 비교적 활발하게 진행되었다. 특히 박사 지도교수 등 비교적 연구역량이 높은 사람일수록 활발한 연구성과를 생산해내고 이를 널리 확산시킨다는 점에서 상하이 지역 정치학의 공론화 작업에 비중있는 중량급 연구자들의 활발한 활동은 매우 특이한 현상이라고 할 수 있다. 예컨대 〈표 15〉에 따르면, 푸단대학 정치학과 유일 '장강학자'인 린상리교수의 경우 부총장 직위를 맡고 있음에도 불구하고 2011년 13편의 크고 작은 글을 발표하고 정치학의 논쟁을 이끌었다는 점에서 시니어급 연구자의 연구역량이 성과 확산을 통한 공론장 형성에 매우 중요한 역할을 하고 있음을 알 수 있다. 논문 발표 양에서도 린상리는 여타 교수를 압도하고 있다.

2. 교재 개발과 총서 발행

푸단대학 정치학의 성과 중에 학문 후속세대의 발굴과 교육을 통한 학문의 연계 구조 기반 제공뿐만 아니라 현장에서 필요한 학과 교재를 만들어내고 관련 연구 총서 시리즈를 꾸준히 발간하는 점도 푸단대학 정치학과가 지역 내에서 중심적인 역할을 지속하는 요인 가운데 하나이다. 먼저 교재와 관련하여 차오페이린 등이 저술한 〈비교정치제도〉, 순관홍 등이 저술한 〈정치학〉, 왕후닝 등이 저술한 〈정치 논리-마르크스주의 정치학 원리〉 등은 개혁개방 초기 완결된 체계를 갖춘 교재가 없는 현실에서 학생 교육에 맞춤형 형태의 교재로 활용되었다. 그 기반은 푸단대학 정치학 관련 연구자들의 저작이었다. 초기 연구자들 뿐만아니라 학문 후속세대라고 할 수 있는 중견 연구자들, 예컨대 린상리의 〈중국정치형태분석〉, 류젠쥔의 〈단위 중국〉 등이 연이어 출간되면서 정치학 학과 교육에 크게 기여하였으며, 이는 비단 상하이 정치학계 뿐만 아니라 전국적 차원에서 정치학 교육 발전에 크게 기여한 것으로 평가받고 있다. 푸단대학 정치학과 사상정치교육 전공 연구자들이 펴낸 〈사상정치교육학원리〉는 국가 교육위원회 제2기(1993년) 전국 우수교재 1등상을 수상하기도 했다.

학과 교재 뿐만 아니라 정치학의 대중화를 위한 시리즈 출판도 푸단대학 정치학 연구자들의 성과로 평가받고 있다. 예컨대 푸단대학 정치학-행정학 관련 연구자들이 참여하고 출간한 [复旦博学·MPA(公共管理硕士)시리즈]는 지난 2006년부터 2012년까지 출간되어 MPA교육에 기여하고 있다. 그 대강은 다음과 같다.

쫭쉬잉(庄序瑩)의 〈공공관리학(제2판)〉, 〈공공경제와 관리사례〉 등이 각각 2012년 푸단대학출판부에서 출판되었으며, 후위춘(胡雨春)과 순관홍(孙关宏)이 저술한 〈정치학(제2판)〉이 2010년 6월 역시 푸단대학출판사에서 출간되었다. 그 외에도 장궈칭(张国庆)의 〈공공정책분석〉이 2009년 7월, 판바이나이(范柏乃)의 〈정부평가관리〉가 2012년 4월, 류바이룽(刘伯龙)과 주첸웨이(竺乾威)의 〈당대중국공공정책(제2판)〉이 2009년 11월, 마워취안(马国泉)의 〈행정윤리: 미국의 이론과 실천〉이 2006년 6월에 출판되었다.

푸단대학 정치학연구자들의 총서 시리즈는 학과 설립 이후 간헐적으로 진행되어오다 1993년 3월 왕후닝이 주편한 〈현대정치투시(現代政治透視)〉라는 책이 홍콩 삼련서점(三聯書店)에서 출판된 이후 본격적인 작업이 진행되었다고 할 수 있다. 왕후닝의 책이 발간된 이후 1993년부터 1994녀 사이 총 10여 종의 총서가 발행되었으며 그 내용 또한 정치학 연구의 각 영역을 포괄하는 비교분석의 시각이 충분히 반영되었다. 이 시기 발행된 10종의 총서는 왕후닝의 〈민주정치〉, 차오페이린의 〈의회정치〉, 주첸웨이의 〈관료정치〉, 상위청(桑玉成)의 〈자치정치〉, 장즈쥔(臧志軍)의 〈정부정치〉, 린샹리의 〈선거정치〉, 스쉐화(施雪華)의 〈정당정치〉,

궈딩핑(郭定平)의 〈다원정치〉, 타오둥밍(陶東明)의 〈공민정치〉 그리고 후웨이(胡偉)의 〈사법정치〉 등 10종이다.[44] 이 시리즈는 당시 비교정치 분야의 연구가 박약한 상태에 있던 중국에 영역별 기초 연구의 결과를 총화했다는 점에서 높은 평가를 받고 있다.

따라서 푸단대학 정치학 연구자들은 교재 편찬과 총서 시리즈 발간을 통해 지역내 정치학의 보급과 학과 교재 편찬에 적지 않은 기여를 했다고 평가할 수 있다. 개혁개방 초기에는 위에서 보는 바와 같이 서구 정치학의 제반 문제에 대한 깊이 있는 연구결과물을 국내 저서로 번역하는 역할을 담당하였으며 어느 정도 연구 기반이 조성된 이후에는 단독 혹은 집단 저서나 총서 시리즈로 발간 역량을 높여 연구자들이 상호 협력 연구 모멘텀을 만들어 갔으며 마지막으로 보편적으로 채택 가능한 교재를 편찬하여 정치학과 학과 건설과 교과 과정 운용에 공헌하였다는 점이다. 결국 푸단대학 정치학과의 출판 역량의 강화 및 그 결과는 상하이 정치학계의 자산으로 자리잡았다고 볼 수 있다.

푸단대학의 학문 후속세대 양성 및 역내 배치, 그리고 총서나 저서 시리즈를 통한 다양한 학과 교재의 발행은 결과적으로 푸단대학 정치학과가 인기 있는 과로 자리잡는데 일조했다고 평가할 수 있다. 〈표 16〉에서 보는 바와 같이 푸단대학 정치학과 가운데 2급학과로 분류되는 정치학 이론 전공에 신청자가 많이 몰리고 있다는 점이 이를 반증한다. 지난 2010~2012년에 걸쳐 정치학 이론 신청자는 꾸준하게 80명 내외를 유지하고 있으며 등록자 또한 일관된 패턴을 유지하고 있다.

---

44) 杜歡, "當代中國比較政治學發展大事記", 『比較政治學前沿』, 2013年 01期, 336쪽.

〈표 16〉 푸단대학 2010-2012년 국제관계학원 석사과정생 지원, 등록 현황(학술형)[45]

전공	2010년				2011년				2012년			
	신청 (명)	등록 (명)	그 중 시험면제추천 (명)	신청/ 등록 비	신청 (명)	등록 (명)	그중 시험면제추천 명	신청/ 등록 비	신청 (명)	등록 (명)	그 중 시험면제추천 (명)	신청/ 등록 비
정치학 이론	78	17	11	4.59	75	11	6	6.82	79	12	6	6.58
과학사회주의와 국제공산주의운동	6	4		1.50	5	4	1	1.25	6	4	2	1.50
중공당사	9	3	2	3.00	5	3	1	1.67	5	3	2	1.67
국제정치	33	10	5	3.30	32	8	4	4.00	28	7	6	4.00
국제관계	154	18	10	8.56	154	19	12	8.11	141	14	9	10.07
외교학	34	11	2	3.09	25	5	1	5.00	12	2	2	6.00

　　학과의 성장은 연대의 폭 증대로 이어지고 있다는 점도 푸단대학 정치학과의 발전 성과라고 볼 수 있다. 지난 2013년 8월 17일 베이징에서 제1회 중국정치학 30인 원탁회의가 개최되었다. "정부혁신과 정치발전"을 주제로 열린 이번 정치학 30인 원탁회의는 정부관리제도의 개혁과 혁신 연구를 통해서 혁신형 정부와 서비스형 정부 건설을 추동하고 중국특색의 사회주의 정치발전을 추진하기위하여 중국정치학자들이 의견을 교환하는 최초의 장이라고 할 수 있다.[46] 칭화대학 정치발전연구소, 칭화대학 정치학과, 베이징대학 정치학과, 중국런민대학 정치학과, 중앙당교 세계정당연구센터, 중앙편역국 비교정치경제연구센터 등이 참가하였다. 비록 푸단대학 정치학과는 참여 단위에 포함되지 않았지만 30인 원탁회의 멤버에 천밍밍, 상위청 등 푸단대학 정치학 연구자들이 초청되었다. 이번 30인 원탁회의는 전국 12개 중요 정치학 연구와 교학 기구가 연합으로 참여자를 추천하여 득표 순으로 정치학자 30

45) http://school.freekaoyan.com/shanghai/fudan/dongtai/20130120/1358658723122510. shtml, 검색일: 2014년 4월 7일.
46) http://www.chinanews.com/gn/2013/08-17/5174564.shtml, 검색일: 2013년 3월 30일.

명과 청년정치학자 15명을 참여시켰다. 여기에 푸단대학 정치학 연구
자들은 상하이 정치학계의 대표 자격으로 참여했다는 점에서 푸단대학
의 정치학 성과가 상하이 정치학계로 확산되고 이것이 다시 전국적 범
위로 확산되는 선순환 발전의 모습을 보여준 것이라고 평가할 수 있
다.47)

VI. 결론

〈표 17〉과 같이 2014년 QS World University Ranking에서 푸단대학 정치
학과는 중국에서는 유일하게 세계 19위에 랭크되었다.48) 중국 교육부 학
위·연구생 교육 발전센터(敎育部学位与研究生敎育发展中心)는 교육부와 국무
원 학위위원회가 반포한 〈학위 수여 및 인재 배양 학과 목록(学位授予和
人才培养学科目录)〉에 근거하여 연구생 배양과 학위 수여 자격을 갖춘 1급
학과를 대상으로 학과 수준 평가를 진행한 평가 결과에 따른 순위를
발표하였다.49) 〈표 18〉에서 보는 바와 같이 2012년 기준 푸단대 정치

---

47) 발기인 가운데 중공중앙편역국 부국장, 칭화대학 정치발전연구소 소장 위커핑(俞
可平)은 치사를 통해 "이번 정치학 30인 원탁회의는 중국 정치학의 1차 회동이다.
본 회의는 중국 정치학과 최고 우수한 전문가들이 연합하여 중국 정치학계의 학
술공동체를 형성하기를 희망하고 또한 각자 정치학 전공 지식과 전문적 재능을
기초로 중국 사회의 정치 진보와 중국의 정치학 연구를 공동으로 추진하기를 소
망한다"고 30인 원탁회의의 조직적 전망을 피력하였다.
　http://www.chinanews.com/gn/2013/08-17/5174564.shtml, 검색일: 2013년 3월 30일.
48) http://www.topuniversities.com/subject-rankings/2014, 검색일: 2014년 3월 28일.
49) 2002년 학위 평가 결과 발표 이후 현재까지 세 차례 진행되며 학과 평가는 자율
신청 원칙이다. 제1차 평가는 2002-2004년 3차례 진행. 229개 단위 1,366개 학과
평가, 제2차 평가는 2006-2008년 2차례 진행. 331개 단위 2,369개 학과 평가, 제
3차 평가는 2012년 학과 평가. 391개 단위 4,235개 학과 평가를 진행하였다. 평가

학과는 평가 결과 베이징대, 중국런민대와 함께 1위를 차지하였다. 위 두 평가 기관의 평가 결과를 보면 푸단대학 정치학과는 이미 중국 내 최고 지위에 올라 있으며 세계적인 평가 또한 중국 내 1위 임을 분명 하게 보여주고 있다.

〈표 17〉 QS World University Rankings by Subject 2014

(Politics & International Studies)

번호	대학	국가	종합점수	번호	대학	국가	종합점수
1	Harvard University	미국	93.8	11	Columbia University	미국	78.8
2	University of Oxford	영국	91.8	12	The University of Tokyo	일본	78.7
3	London School of Economics and Political Science (LSE)	영국	90.5	13	Sciences Po Paris	프랑스	77.5
4	Princeton University	미국	90.2	14	Georgetown University	미국	77.4
5	Yale University	미국	89.9	14	University of Chicago	미국	77.4
6	University of Cambridge	영국	87.8	16	University of Hong Kong	홍콩	76.0
7	Australian National University	호주	87.4	17	Johns Hopkins University	미국	75.4
8	Stanford University	미국	82.9	18	Cornell University	미국	74.8
9	National University of Singapore (NUS)	싱가포르	80.0	19	Fudan University	중국	74.0
10	University of California, Berkeley	미국	79.5	20	New York University	미국	73.5

이는 90여 년에 이르는 푸단대학 정치학과의 오랜 역사 전통과 함께 개혁개방 초기 정치학 전공을 부활하고 정치학 전국 강습반을 운영한 경험, 그리고 국제정치학과가 단과대학으로 승격되면서 규모의 경쟁력 을 갖출 수 있었고 이러한 경쟁력은 우수한 교원에 의해 유지, 발전되 어 왔다는 점을 분명하게 보여주는 사례이며, 향후 중국 내에서 정치

체계는 객관적 평가 지표 체계 위주 객관적 평가와 주관적 평가 상호 결합하는 방식이다. 4개 평가 지표는 교원 현황과 자원, 과학연구 수준, 인재배양 질, 학과 명성(전문가 설문조사 5000명) 등이며 〈2012년 학과 평가 지표 체계(2012年学科评估指标体系)〉와 〈지표체계 5개 개혁 조치(指标体系的五大改革措施)〉에 따라 평가 하였다. http://www.cdgdc.edu.cn/xwyyjsjyxx/xxsbdxz/276985.shtml#2, 검색일: 2014 년 3월 30일.

학의 발전은 당분간 북방의 베이징대와 런민대, 지린대 그리고 남방의 푸단대학 구도로 발전할 수밖에 없는 경로종속성을 갖게 되었다. 연구자 자원과 연구공간, 소통의 장이 푸단대학 정치학과 중심으로 움직여가는 현 상황에서 이를 대체할 만한 새로운 경쟁자가 성장할 수 있는 구조가 마련되기 쉽지 않기 때문이다. 결국 푸단대학 정치학과의 미래 발전과 영향력 증대는 온전히 푸단대학 정치학과 자체 발전에 기인할 수밖에 없다.

〈표 18〉 교육부 학위·연구생 교육발전센터 2012년 정치학 학과 평가 결과[50]

대학	학과 수준 점수	대학	학과 수준 점수
베이징대(北京大學)	89	난징대(南京大學)	83
중국런민대(中國人民大學)	89	지린대(吉林大學)	81
푸단대(復旦大學)	89	산둥대(山東大學)	79
화중스판대(華中師範大學)	85	중국정파대(中國政法大學)	78
난카이대(南開大學)	83	윈난대(雲南大學)	78

이런 점에서 자기 혁신을 통해서 향후 푸단대학 정치학이 상하이 지역 내 뿐만 아니라 중국, 나아가 전 세계에서 독특한 정체성을 기반으로 경쟁력을 갖출 수 있느냐는 문제가 과제로 남게 된다. 이 점에서 과거 왕후닝이 제시한 정치학 연구에 있어서 역사, 문화, 철학의 중요성을 다시 되새겨볼 필요성이 있다. 왕후닝은 중국 정치 사회 분석에 있어서 역사의 중요성과 함께 역사 분석의 당위성을 강조하였다. 역사 분석의 요점으로 왕후닝은 다음과 같은 네 가지를 제시한다.[51] 고대 사회 정치 : 봉쇄사회(封閉社會), 분합순환(分合循環), 치란순환(治亂循環), 가

---

50) http://www.cdgdc.edu.cn/xwyyjsjyxx/xxsbdxz/, 검색일: 2014년 3월 28일.

http://edu.sina.com.cn/kaoyan/2013-01-29/1112370365.shtml, 검색일: 2014년 3월 28일.
51) 王滬寧, 위의 책, 187쪽.

치통일, 체제대성(體制大成), 근대 사회 정치 : 외력개입(外力介入), 체제쇠
패(體制衰敗), 가치위기, 사회선변(社會嬗變), 당대 사회 정치 : 혁명사회, 계
획경제, 공업화, 가치혁명, 현재 사회 정치 : 개혁사회, 시장경제, 현대
화, 가치확정 등이다. 왕후닝은 현실을 어떻게 분석하든 연구자 개인이
모두 같을 수는 없으나 역사의 정치연구이든 아니면 정치의 역사연구
이든 반드시 역사적인 시각을 가지고 중국 사회와 정치를 분석할 것을
주문하고 있으며 이러한 학문 풍토는 푸단대학 정치학연구의 실사구시
적 학풍 형성 더 나아가 왕후닝이 주창한 '푸단학파'의 형성에도 일조
할 것으로 판단하고 있다.

왕후닝은 자신의 저서 〈정치인생〉에서 "푸단학파(復旦學派)" 설립 구상
을 내 비친 적이 있다.[52] 비록 방법론적인 통일성은 필요치 않지만 학
파를 이루는데 있어서 가장 중요한 것은 불가에서 말하는 깨달음(悟)
이라고 말했다. 그동안 상하이를 중심으로 진행되어 온 푸단대학 정치
학과의 방사형 연구자 네트워킹은 바로 이러한 '깨달음'에 기초한 공유
할 수 있는 정체성으로 무장되고 훈련된 학문 후속세대와의 공동 혹은
협업을 통해서 연구 어젠다를 공유하고 연구 클러스트를 구성하는 모
습으로 진화해 왔다. 2013년 열린 상하이 청년 정치학자 네트워킹이
바로 왕후닝이 소망했던 '푸단학파'의 모습일 수도 있다.

그러나 이러한 연구 공동체의 형성은 연구자간 위계 관계와 인연에
기반한 기계적인 결합이 아닌 화학적인 결합을 통해서 이루어내야 한
다. 이 점에서 푸단대학 정치학의 원로인 순관훙교수는 상하이 〈사회
과학보〉에 "중국정치학 30년: 과학과 인문 고찰"이라는 논문에서 중국
정치학에 여전히 적지 않은 문제, 즉, 과학화의 부족과 인문정신의 부
족을 진단하였다. 왕방줘 또한 중국 정치학이 사회현실정치 발전에 체

52) 王滬寧, 위의 책, 3쪽.

제개혁과 정치발전을 추동하고 정치관념의 혁신을 촉진하며 민의를 수
렴하고 민중의 요구를 표출하는 방향을 변화해야 한다고 주장한다.[53]
이는 지난 30년 상하이를 중심으로 형성되고 이미 공고화되어 있는 푸
단대학 정치학 연구가 정체되지 않고 혁신하기 위해서는 좀더 깊은 과
학화와 함께 인문정신의 부활이 필요함을 보여준다.

그럼 대안은 존재하는가? 현 시기 상하이 정치학을 실질적으로 이끌
고 있는 린상리 교수가 제안하는 내용에 상하이 정치학계의 미래와 푸
단대학 정치학의 미래를 엿볼 수 있다. "중국에는 정치학이 필요했으
며 정치학 또한 중국연구가 필요했다. 이러한 상호 필요성에 의해서
지난 시기 중국 정치학은 중국 정치발전에 적극적으로 공헌해 왔으며
실제로 쓸모도 있었다. 지금 시기는 새로운 변화에 걸맞게 정치연구의
자원과 정치연구의 새로운 공간이 만들어지고 있기 때문에 여기에 중
국 정치학이 적극적으로 대응해야 한다."[54] 지난 30년 상하이 정치학
의 발전에는 푸단대학 정치학이 필요했으며 푸단대학 정치학의 발전은
상하이 정치학의 발전을 추동하였다는 의미로 읽힌다. 따라서 현 시기
상하이 정치학과 푸단대학 정치학이 한 단계 발전하는 혁신을 이루기
위해서는 "국가건설과 제도개발, 대중민주실천과 민주성장, 중국의 구
조변화가 가져오는 새로운 정치 현상, 대국 거버넌스 중 정치 난제와
제도 응대, 중국 정치형태의 변화와 혁신에 관심을 가져야 한다"는 그
의 제안에 귀를 기울여야 할 것으로 보인다.

53) 王邦佐, 邵春霞, 「中國政治學學術發展30年」, 『探索与争鸣』, 2008年, 第12期, 11–12쪽.
54) 林尚立, 「相互给予:政治学在中国发展中的作为——中国政治学30年发展的反思」,
　　『山西大学学报(哲学社会科学版)』, 2008年, 第31卷 第3期, 67–72쪽.

| 참고문헌 |

〈국내자료〉

이광수, 「중국 정치학자 지식네트워크에 대한 분석: 왕후닝(王滬寧)의
    논문을 중심으로」, 국민대학교 중국인문사회연구소 HK사업단
    제5회 국내학술회의, 『지식네트워크와 중국의 지식기반 형성』,
    2013.

〈국외자료〉

金安平 主编, 『中国政治学年鉴(2006-2008)』, 北京: 中国文联出版社, 2009.
吳新葉・任勇 主編, 『上海靑年政治學年度報告2013』, 上海: 上海人民出版
    社, 2013.
王滬寧, 『政治的人生』, 上海: 上海人民出版社, 1995.
中共中央文獻編輯委員会, 『鄧小平文選(第二卷)』, 北京: 人民出版社, 1994.
杜歡, 「當代中國比較政治學發展大事記」, 『比較政治學前沿』, 2013年 01期.
梁瑩, 「當代中國政治學硏究中的新興交叉學科:現狀與發展展望──以七個發
    展中的政治學新興交叉學科爲硏究個案」, 『江蘇社會科學』, 2012年.
李豔霞, 「當代中國政治學硏究類型與領域的實證分析」, 『文史哲』, 2012年
    06期.
林尙立, 「相互給予:政治學在中國發展中的作爲──中國政治學30年發展的
    反思」, 『山西大學學報(哲學社會科學版)』, 第31卷 第3期, 2008年.
桑玉成, 「靑年與政治」, 吳新葉・任勇 主編, 『上海靑年政治學年度報告2013』,
    上海: 上海人民出版社, 2013年 06期.
王連偉, 「新時期中國政治學發展的回顧與展望」, 『寧夏黨校學報』, 2012年 05期.
王邦佐・邵春霞, 「中國政治學學術發展30年」, 『探索與爭鳴』, 2008年 第12期.
王燕飛, 「中國現代政治學學科與學術史硏究之思考」, 『雲南行政學院學報』,

2013年 04期.

劉世軍·王慶洲, 「改革進程中的政治發展-訪孫關宏敎授」, 『社會主義硏究』, 1997年 第3期.

張永汀, 「國家社科基金視角下我國政治學科硏究狀況分析——基於1993-2012年國家社科基金立項數據的量化分析」, 『理論與改革』, 2013年 03期.

〈웹사이트〉

『上海市敎育委員会关于公布2009年度上海高校市级精品课程名单的通知』(沪敎委高[2009]31号文).

http://china.dwnews.com/news/2014-04-06/59463280.html

http://edu.sina.com.cn/kaoyan/2013-01-29/1112370365.shtml

http://info.edu.hc360.com/2010/12/311716333965.shtml

http://lib.cnki.net/cyfd/F101-N2010090060.html

http://school.freekaoyan.com/shanghai/fudan/dongtai/20130120/1358658723122510.shtml

http://wkkyc.fudan.edu.cn/s/38/t/69/p/1/c/492/d/511/list.htm

http://www.cdgdc.edu.cn/xwyyjsjyxx/xxsbdxz

http://www.changjiang.edu.cn/news/16/16-20070319-136.htm

http://www.chinanews.com/gn/2013/08-17/5174564.shtml

http://www.chinanews.com/gn/2013/08-17/5174564.shtml

http://www.fudan.edu.cn/entries/view/144

http://www.fudan.edu.cn/entries/view/145

http://www.fudan.edu.cn/entries/view/918

http://www.fudan.edu.cn/fudannews/2011/0526/28009.html

http://www.sirpa.fudan.edu.cn/s/56/t/134/96/43/info38467.htm

http://www.sirpa.fudan.edu.cn/s/56/t/134/d3/2e/info54062.htm

http://www.sirpa.fudan.edu.cn/s/56/t/134/p/1/c/1543/d/1580/list.htm

http://www.sirpa.fudan.edu.cn/s/56/t/134/p/1/c/1545/d/2442/list.htm

http://www.urp.fudan.edu.cn:93/zsjz/main.jsp?zslbdm=11

http://www.zjdx.gov.cn/kyan/0402/16024.htm

http://zqb.cyol.com/content/2003-10/21/content_751159.htm

04

상하이 지역 경제엘리트의
사회연결망분석

● 서상민 ●

I. 서론

사회연결망분석(social network analysis: 社會連結網分析)은 사회적 행위자(actor)
간 관계가 형성되어 있으며, 특정한 네트워크 구조를 형성하고 있다고
가정한다. 행위개체 간 상호작용에 따른 영향과 정보의 교류 등을 분
석하는데 있어 사회연결망 분석은 장점이 있다고 할 수 있을 것이다.
이는 경제영역에서 활동하고 있는 행위자에 있어 역시 마찬가지이다.
특히 동아시아 문화는 유교적 관계문화가 뿌리깊이 내면화되어 있기에
연관되어 있는 행위자 간 관계를 중시한다는 점에서 동아시아 사회,

* 이 글은 「상하이 지역 경제엘리트의 사회연결망분석」, 『한국동북아논총』, 제19
집, 제2호, 2014를 수정·보완한 것이다.
** 국민대학교 중국인문사회연구소 HK연구교수.

정치, 경제 등의 분야에서의 주요 인물들이 맺고 있는 관계에 대한 분석은 동아시아 사회 구조를 파악할 수 있다는 효과적인 방법론이라고 할 수 있을 것이다.

본 논문에서는 상하이출신의 경제엘리트들이 어떤 관계를 맺고 있는지를 파악하고자 한다. 세계에서 가장 빠르게 성장하고 있는 중국, 그리고 중국에서 가장 국제화되어 있으며, 중국경제의 금융허브라고 할 수 있는 상하이 지역의 경제엘리트들이 어떤 관계 하에서 상하이경제와 중국경제를 이끌어 가고 있는지를 이들의 연결망을 통해 파악해 보고자 한다. 다른 영역과 마찬가지로 경제영역에서는 생산과 유통 그리고 금융 등과 관련된 정보는 중요한 자원이 되며 이들 정보와 지식은 특정한 연결망을 중심으로 유통되고 확산되는데, 행위자 간 맺고 있는 사회적 네트워크가 경제활동의 하나의 사회적 자본(social capital)이 된다.[1]

여기에서의 사회적 자본이라는 개념은 콜만(Coleman)이나 푸트남(Putnam)도 지적하고 있듯 '사회에서 행위자가 맺고 있는 관계 속에서 형성되는 무형의 자산'이라고 할 수 있다. 사회적 관계구조 속에 내재해 있어 '행위자 개인들이 활용가능한 무형의 자산'이라는 콜만의 정의와 '사람 간 관계로 인해서 사회의 효율성을 증가시킬 수 있는 신뢰(trust), 규범(norms), 연결망(network)' 등과 같은 사회조직적 특성이라는 측면을 강조하고 있는 푸트남의 정의 간 차이가 존재하지만[2] 행위자 간 관계

---

1) Nan Lin, *Social Capital: A Theory of Social Structure and Action*, New York: Cambridge University, 2001; P. Dasgupta and I. Serageldin eds, *Social Capital : A Multifaceted Perspective*, Wasington DC : World Bank, 2000.

2) Robert D. Putnam, "Bowling alone: America's declining social capital", *Journal of Democracy*, Vol.6(1995) pp.64-78; Robert D. Putnam, *Making Democracy Work: Civic Traditions in Modern Italy*, 안청시 외 역, 『사회적 자본과 민주주의: 이탈리아 지방자치와 시민적 전통』, 서울: 박영사, 2000; James S. Coleman, "Social Capital in

가 개인적 차원에서의 자산이냐 아니면 사회적 차원에서의 자산이냐
하는 점이 상이할 뿐 콜만이나 푸트남은 관계가 어떤 내재적인 가치를
창출하고 있다는 점에서는 같은 맥락이라고 할 수 있다.

정보와 지식은 일반적으로 행위자간 관계연결망을 통해 공유되고
확산되는 경향이 있다. 그리고 같은 정보와 지식을 공유하는 사람들은
특정한 인적 연결망을 형성하게 된다. 이렇게 형성된 정보와 지식의
연결망은 시장이라는 환경 속에서 비즈니스의 성공과 실패에 영향을
주는 중요한 요소가 될 수 있기 때문에 고급 정보와 지식을 획득하기
위한 연결망 내에 진입하려는 노력을 하게 되는 것이다. 특히 학연이
나 지연 또는 같은 업종에 종사하는 사람들을 찾아 정보를 얻거나 전
달하려는 경향을 가지고 있다. 즉, 경제활동과 정보의 수용과 유통 그
리고 확산과정이 기존에 맺고 있던 사회적 관계와 밀접하게 연관되어
있기 때문이다. 그렇기 때문에 상하이 지역 경제엘리트들의 사회적 연
결망을 분석하는 것은 상하이 지역을 중심으로 하여 진행되고 있는 경
제적 활동의 관계를 파악하는 작업임과 동시에 이 지역 경제엘리트 간
정보와 지식이 어떤 구조 하에서 유통되고 확산되는지를 알아 볼 수
있는 좋은 분석대상이 된다.

이와 관련하여 본 논문은 다음의 두 가지 질문을 규명하고자 한다.
첫째, 상하이 지역 경제엘리트들이 맺고 있는 연결망은 어떤 구조와
특성을 지니고 있는가이다. 사회적 연결망은 개인과 개인이 맺고 있는
관계의 속성 및 밀도에 따라 연결망 그 자체는 다른 구조를 지닌다. 느
슨한 연결망구조가 있는가 하면 조밀하게 얽힌 연결망구조 또한 존재
한다. 이는 분석대상 인물들이 다른 사람과 얼마나 긴밀하게 연결되어

---

the Creation of Human Capital", *The American Journal of Sociology*, Vol.94, 1988,
pp.95-120.

있는지에 따라 달라진다. 상하이 지역의 경제엘리트들이 맺고 있는 관계의 밀도가 느슨하거나 여러 그룹으로 분할되어 있는지 그렇지 않으면 조밀하여 단일 그룹을 형성하는지를 분석한다.

둘째, 상하이 지역 경제엘리트들이 구성하고 있는 연결망에서 정보와 지식의 유통과정에서 어떤 인물이 어떤 역할을 담당하고 있는가하는 문제이다. 예를 들면 연결망을 통해 경제관련 정보와 지식의 흐름이 이루어진다면 연결망 속에서 어떤 인물의 그 흐름의 중심에 있으며, 어떤 인물을 통해 연결망 내로 들어오고 어떤 인물을 통해 확산되는지를 파악하는 것이다. 이는 개인 간의 위계적 관계를 나타내는 것이 아니라 지식과 정보의 흐름에서의 수평적인 영향력(influence)의 분포를 파악할 수 있을 것이다.

이런 두 가지 질문을 통해 상하이 지역의 경제엘리트들이 맺고 있는 연결망의 구조적 수준에서의 특징과 각 행위자 수준에서의 위치와 역할을 파악한다. 그러나 본 연구는 단지 상하이 지역만을 대상으로 하는 경제엘리트 연결망 분석의 한 사례연구이며, 향후 베이징이나 광동 등과 같은 중국의 다른 지역의 경제엘리트들이 맺고 있는 연결망을 상호 비교분석하고 각 지역 연결망의 특성과 차이 그리고 그 원인을 규명하는 연구를 위한 파일럿 연구의 성격을 지닌다.

II. 상하이 지역 경제엘리트연결망의 분석 방법

1. 사회연결망분석의 이론적 배경

사회연결망 분석방법은 화이트의 구조주의적 관계형성이론3)과 에머베이어의 '관계의 사회학'4)에 기반하여 형성된 분석법이다. 이 방법론은 일단 개인이 자기 통일적 자아를 가지고 있고 단일한 정체성과 선호에 따라 행위한다는 "방법론적 개인주의"(methodological individualism)와는 달리 개인은 다양한 관계 속에서 자신의 정체성과 선호가 형성되고 정체성은 고정되어 있는 것이 아니라 대단히 유동적이라고 가정한다.5) 또한 개인의 인식과 성향을 획정하는 정체성 집단의 경계가 불확정적이며, 끊임없이 변화할 개연성이 존재하는 것으로 파악한다. 집단의 경계가 객관적으로 주어져 있는 것이 아니라 경계는 변화가능하며 집단 속에 있는 개별 행위자의 사회적 정체성이 변하면서 집단의 정체성을 변화시킬 수 있다는 것이다.

중국사회를 이른바 '관계주의 사회'라고 하지만 단지 그렇게 정의하는 것만으로는 충분하지 않다. 중국사회 뿐만 아니라 인간의 구성하고 있는 사회 일반은 행위자들이 만들어 내는 여러 관계들이 중첩적이고 교차하는 연결망이라고 할 수 있으며, 개인의 사회적 성향이나 행위패턴은 이러한 관계망 속에서 동적으로 재생산된다고 할 수 있다. 이는 공식적(formal) 관계와 비공식적(informal) 관계 두 가지 측면에서 공히 이루어진다. 제도적 기구를 통해 이루어지는 공식적 연결망과 이른바 '연고'라고 할 수 있는 지연, 학연, 혈연 등의 비공식적 연결망 역시 개인의 행위에 영향을 미친다. 물론 이렇게 형성된 연결망은 푸트남이 지적한 바와 같이 '사회적 자본'의 형성이라는 측면에서 긍정적으로 작용할 수도 있으나, 연결망 내에서만 형성되는 특수한 이익관계로 인해

---

3) Harrison White, *Identity and Control: A Structural Theory of Social Action*, Prinston: Prinston University Press, 1992.
4) Mustafa Emirbayer, "Manifesto for a Relational Sociology", *American Journal of Sociology* 103, 1997, pp.217–251.
5) 송호근·이재열, 「연결망과 한국사회의 변동」, 송호근·김우식·이재열 편저, 『한국사회의 변동과 연결망』(Ⅱ), 서울: 서울대학교출판부, 2006, 321쪽.

배타적인 집단주의이나 연고주의(cronyism)로 인해 사회적 이익보다는 개인적 이익을 위해 활용되는 등 부정적으로도 작동할 수도 있다.[6]

사회연결망분석은 구조와 행위자 간 그리고 행위자와 행위자 간 공식적, 비공식적 관계를 '관계론적' 관점에 기초해 구조와 행위자의 상호작용을 정태적이고 박제화된 관계가 아닌 동적이고 지속적으로 변화하는 관계로 이해한다. 분석대상이 되는 집단 내에서 형성된 연결망의 구조와 그러한 구조 하에서의 특정 인물의 연결망 내 영향력과 집중성과 그리고 관계의 특성을 파악하기 위한 방법론이라고 할 수 있다. 즉, 각 개인이 맺고 있는 관계의 밀도(density)뿐만 아니라 각 개인 간 관계에서 형성되는 상호 영향력을 측정하고 이를 통해 연결망 내의 중심성(centrality)과 상관성, 역할 등을 파악하는 것이며 연결망 구조에서의 행위자에게 미치는 구조의 효과를 분석하는데 초점을 둔다.[7]

그러나 행위자는 자신이 맺고 있는 연결망이 어떤 구조로 형성될 것인지를 예측할 수 없다. 그리고 자신의 위치가 어디이고 어떤 역할을 하는지를 가늠하기 쉽지 않다. 연결망은 관계가 만들어 내는 구조로서

6) Thomas M. Begley, Naresh Khatri & Eric W. K. Tsang, "Networks and cronyism: A social exchange analysis," *Asia Pacific Journal of Management*, 27, 2010, pp.281-297. 비공식적 사적인 연결망은 사회의 일차적인 관계형태로서 어떤 사회이든 존재한다. 이를테면 한국에서는 '연줄', 중국에서는 '꽌시'(關係), 러시아에서는 '블라트'(blat)라고 하는데, 이들은 전통적 사회문화적 관계형태가 현대에서도 여전히 큰 영향을 미치고 있다는 점에서 제도연구에 주목할 만한 연구주제이다. 참고로 사회주의 경제하에서 시장경제로 이행하는 과정에서의 사적인 관계인 러시아의 '블라트'와 중국의 '꽌시'의 기원과 이들 사적 연결망이 서로 다른 경제체제하에서 어떻게 작동했는지의 유사성과 차이를 밝힌 연구로는 S. Michailova & V. Worm, "Personal Networking in Russia and China: Blat and Guanxi", *European Management Journal* Vol.21. No.4, 2003, pp.509-519가 있다.
7) 김용학, 「사회연결망분석 이론틀: 구조와 행위의 연결을 중심으로」, 『한국사회학』, 제21집, 1987, 47쪽.

행위자가 임의로 생산해 낼 수 없을 뿐만 아니라 빈번하게 '의도하지 않는 결과'(unintended consequences)를 낳는다. 따라서 구조와 행위자, 행위자와 행위자 간 맺고 있는 관계를 경험적 연구를 통해 규명해야 한다. 이런 측면에서 본다면 구조와 행위가 맺고 있는 관계를 구조의 이중성(duality of structure)으로 파악하고 있는 '구조화이론'(theory of structuration)과 사회연결망분석은 이론적으로 맥이 닿아 있다고 할 수 있다.[8]

일반적으로 사회연결망분석에서 '관계성'은 분석대상 간의 거리(distance)로 나타낸다. 분석대상이 특정 집단일 경우 구성원을 공유하는 수가 많아지면 집단 간의 거리는 가깝고, 같은 집단에 소속되어 있는 개인 간의 거리는 가깝다고 가정한다. 집단 간 공유하는 구성원이 많다는 것은 집단 내 소속되어 있는 개인 사이에 상호작용할 기회와 조건이 마련되었다는 것을 의미하기 때문이다. 이러한 가정에 기초하여 사회연결망분석에서는 연결망 내에서 분석대상이 집단이든 개인이든 각 노드(node) 간의 조직화되어 있는 정도, 밀도, 각 분석대상 간의 근접성, 하위집단의 수와 크기 등을 분석하고, 특정 연결망에서 구조적 위치로부터 발생하는 행위자의 영향력을 파악할 수 있다.[9] "경험적 지표로서 많은 사람과 연계를 맺고 있는 행위자가 그렇지 못한 행위자보다 영향력을 더 많이 행사하고 있다"라는 가설을 검정하는 작업이다.[10]

이는 많은 행위자와 연결(link)되어 있는 인물은 자신의 이익과 목표를 실현할 수 있는 하나 이상의 '대안적 경로'를 상대적으로 많이 가지

8) Anthony Giddens, *Central Problems in Social Theory: Action, Structure, and Contradiction in Social Analysis,* Los Angeles: University of California Press, 1979; Anthony Giddens, *The Constitution of Society: Outline of the Theory of Ttructuration,* Cambridge: Polity Press, 1984.
9) 장덕진, 「연결망과 사회이론」, 『사회와 이론』 4, 2004, 25-27쪽.
10) Robert A. Hanneman, *Introduction to Social Network Methods,* Unpublished Textbook, www.faculty.ucr.edu/~hanneman. 2014. 1. 16. 검색

고 있다고 할 수 있으며, 링크가 적은 정치엘리트에 비해 다른 행위자
에 비교적 덜 의존적일 수 있는 반면 더 많은 자원에 접근할 수 있다고
본다. 따라서 현재 상하이 지역에서 강력한 경제적 영향력을 행사하고
있는 경제엘리트라고 할지라도 분석대상의 집단의 연결망 구조 속에서
는 영향력이 현실에서와 다를 수 있다. 그 차이의 원인 무엇이고, 이를
어떻게 검증할 것인가 하는 것 역시 연구의 대상이기도 하다.

2. 선행연구에 대한 검토

사회연결망분석을 통한 중국의 경제엘리트 간 관계나 기업 간 네트
워크를 분석한 연구는 중국에서나 한국에서도 활발하게 진행되고 있지
않다. 웨이드(R. Wade)나 존슨(C. Johnson) 등 동아시아 발전국가론을 연구
한 일련의 학자를 중심으로 하여 동아시아 국가의 기업연결망과 기업
과 관료 간 연결망이 경제발전에 미치는 영향과 효율성에 대한 연구가
진행되면서 동아시아 지역에서의 기업 및 기업가 연결망에 대한 1990
년대 중반 이후 지속적으로 진행되어 오고 있다. 웨이드의 연구가 대
만의 경제성장을 기업 간 네트워크에 초점을 맞춤으로써 대만기업의
기업구조와 이들 기업과 정부와 맺고 있는 관계를 파악하려고 했다는
점에서 선구적이라 할 수 있으며, 존슨의 일본 통산성(MITI) 연구 역시
일본의 도쿄대 출신 경제관료 연결망이 일본의 산업정책의 입안과 시
행과정에서 어떻게 작용했는지를 분석한 바 있다.11)

이러한 연구의 연장선에서 일본과 대만 그리고 한국의 기업 또는 기
업가들이 맺고 있는 연결망과 이들 국가의 경제발전에 어떤 영향을 주
었는지를 규명하고자 하는 연구들이 진행되었다. 이들 연구 중 대표적

---

11) Chalmers Johnson, *MITI and the Japanese Miracle: The Growth of Industrial Policy, 1925-1975*, Stanford, CA: Stanford University Press, 1982.

인 연구로는 해밀턴(Gary G. Hamilton)이 편집한『아시아 비즈니스 연결망』
(Asian Business Network)이 있다. 이 책은 동아시아 국가들의 경제의 이면에
깊이 잠재되어 있는 기업과 기업가들의 조직적 특성과 제도적 배경이
동아시아 발전국가들의 경제적 성공을 이끌어내는 중요한 요인이었음
을 강조하고 있다.12)

한편 시장경제로의 전환 시기 중국의 전통적인 관계연결망이라고
할 수 있는 "꽌시"(關係)가 어떻게 작동하는지에 대한 연구나 중국사회
내에서 인적 연결망이 어떻게 작동하고 어떤 함의를 갖는지에 대한 연
구들도 적지 않다.13) 중국정치를 연구하는 국내외 학자들 사이에서는
중국의 비공식적 연결망과 사적 연결망인 "꽌시"가 중국정치과정에 어
떤 영향을 주었는지에 대한 연구는 '파벌'(faction) 분석이나 '후견인-피후
견인'(patron-client) 관계 분석 등 상당히 많은 연구성과가 축적되어 있
다.14) 이는 연결망이 갖는 구조적 성격과 행위자적 특성을 연결짓는
연구라기보다는 정치적 행위자 간의 사적 관계를 중심으로 개인과 개
인 간의 이해관계와 상하관계에 초점을 맞추고 있다.

12) Gary Hamilton ed, *Asian Business Networks*, Berlin and New York: de Gruyter, 1996.
13) Jar-Der Luo, "Particularistic Trust and General Trust: A Network Analysis in Chinese Organizations", *Management and Organization Review* 1:3, 2005, pp.437-458; Yusheng Peng, "Kinship Networks and Entrepreneurs in China's Transitional Economy", *American Journal of Sociology*, Vol.109, No.5, 2004.3, pp.1045-1074; Peter M. Blau, Danching Ruan, Monika Ardelt, "Interpersonal Choice and Networks in China", *Social Forces*, Vol.69, No.4, 1991. 6, pp.1037-1062; Yanjie Bian, Ronald Breiger, Deborah Davis, Joseph Galaskiewicz, "Occupation, Class, and Social Networks in Urban China", *Social Forces*, Vol.83, No.4, 2005.6, pp.1443-1468; Yanjie Bian, Soon Ang, "Guanxi Networks and Job Mobility in China and Singapore", *Social Forces*, Vol.75, No.3, 1997.3, pp.981-1005.
14) 서진영,『21세기 중국정치: '성공의 역설'과 중국적 사회주의의 미래』, 서울: 폴리테이아, 2008, 204-208쪽.

1990년대 이후 중국 국내연구자중 경제학이나 사회학을 중심으로 사회연결망분석 방법을 통해 중국 사회를 분석하려는 시도가 있어 왔다. 특히 사회적 자본으로서 전통적 "꽌시"가 시장경제 하 중국에서 사회적 지위, 사회적 안전망, 계층과 계급 연구, 그리고 직업 이동 등과 관련된 경제적 사회적 활동 속에서 어떻게 작동하고 있는지를 정량적 방법과 더불어 정성적 방법을 통한 연구가 많다.15) 장원홍(張文宏)에 따르면 중국 내에서의 사회연결망분석은 중국의 사회적 자본에 대한 연구에서 시작되었지만 지난 30여년간 연구성과가 축적되면서 새로운 전기를 맞고 있다고 진단한다. 중국의 정보화, 도시화와 시장경제화 속에서 온라인 인구가 늘어나고 사회분화의 가속화에 따라 사회적 자본으로서 사회연결망이 중국사회의 통합과 협력을 이루어낼 수단으로써 작동가능성 여부를 타진하는 대안탐색 연구로 발전하고 있다고 지적하고 있다.16)

사회학 분야에서의 연구와는 별도로 연결망분석기법을 통한 경제적 측면에서의 분석 또한 최근 증가하고 있는 추세이다. 최근의 대표적인 연구성과로 팡따춘(方大春)과 쩌우쩡잉(周正榮)의 연구를 들 수 있는데, 안후이성(安徽省) 17개 도시들간 경제적 연계를 분석한 이들의 연구는 사회연결망분석 방법을 통한 2005년, 2008년, 2011년 세 시기의 경제적 연관정도를 시계열로 분석하고 있다. 이 연구를 통해 그는 안후이성 도시들 간 협력이 충분하지 않고, 특정도시에 집중되는 현상이 발생하고 있음을 연결망 밀도분석을 통해 밝혀내고 있다.17)

---

15) 張文宏, 「中國社會網絡與社會資本研究30年」(上), 『江海學刊』, 2011.2, 104–112쪽; 張文宏, 「中國社會網絡與社會資本研究30年」(下), 『江海學刊』, 2011.3, 96–106쪽.
16) 張文宏, 위의 글, 2011.3, 104쪽.
17) 方大春·周正榮, 「安徽省城市經濟聯系結構研究 : 基於社會網絡分析」, 『華東經濟管理』, 2013.1, 27:1, 18–22쪽.

천이(陳翊)와 장이리(張一力)는 닝보(寧波)와 원저우(溫州) 두 도시의 사회
적 자본에 대한 분석을 통해 대규모의 기업가집단의 형성과정과 두 도
시의 기업가 연결망 특성을 분석했다. 이 연구에서 천과 장은 두 도시
모두 지역문화, 가치관, 신뢰가 사회적 연결망 구축에 지대한 영향을
미쳤으나 연결망 밀도를 분석해 본 결과 원저우시의 기업가 연결망은
매우 강하게 연결되어 있음에 반해 닝보시의 연결망은 상대적 느슨한
연결망 구조를 가지고 있다는 점을 발견했다. 두 도시간의 연결망 밀
도의 차이는 외부자원의 장악력이나 산업단계 발전과정에 큰 영향을
미치고 있다고 진단한다.[18]

이 밖에 연결망분석을 활용한 중국경제 영역의 연구로는 기업연결
망이 도시의 연결망에 어떤 영향을 주는지를 연구한 리센더(李仙德)의
연구나 양쯔강 삼각주 도시들 간 자금유통연계관계를 연결망분석을 통
해 연구한 허우원후이(侯贇慧)와 류홍(劉洪)의 연구 등 다수가 있다.[19] 주
제를 놓고 보면, 이들 연구는 연결망 구조의 특징을 분석하는데 초점
을 두고 있어 구조와 행위자 간의 관계 그리고 행위간 위치나 역할을
규명하고 있지 않고 있으며, 분석대상으로는 상하이 지역의 경제엘리
트에 대한 연구를 발견하기가 어렵다.

중국정치엘리트나 경제인물을 연구대상으로 하는 연구는 그들 사이
의 연결관계를 파악할 수 있는 자료는 발굴하여 가공하기 어렵기도 하
고 그들의 관계를 파악할 수 있는 1차 자료를 수집하기 어렵기 때문에
현재까지는 더디게 진행되고 있다고 할 수 있을 것이다. 이러한 한계
에도 불구하고 본 연구는 중국 상하이 지역에서 활동하고 있는 경제계

18) 陈翊・张一力, 「社會資本, 社會網絡與企業家集群: 基于宁波和温州的比较研究」,
『商業經濟與管理』, 2013.10, 40-47쪽.
19) 侯贇慧・劉洪, 「基於社會網絡的城市群結構定量化分析: 長江三角洲城市群資金往
來關系爲例」, 『複雜系統與複雜性科學』, 2006.2, 35-42쪽.

엘리트에 대한 공개된 데이터 특히 사회배경 관련 속성데이타를 활용하여 상하이의 경제엘리트 연결망 구조와 경제엘리트 간 관계에서 나타나는 특징은 파악하고자 하였다. 활용가능한 자료의 근본적인 한계가 있었지만 본 연구는 향후 중국의 사회, 경제, 정치 영역에서의 행위개체 간 관계와 그들이 맺고 있는 연결망의 구조적 특성을 분석하고자 한다.

3. 분석대상과 변수 설명

본 논문의 분석대상은 현재 상하이에서 활동하고 있는 주요 경제엘리트 50명이다(부록 참조). 여기에서 말하는 '상하이 지역 경제엘리트'의 범위는 상하이 지역에서 활동하고 있는 전직 또는 현직의 경제부문의 고급관료를 비롯해 국유기업의 경영자와 중대규모의 민영기업가, 주요 대학의 경제·경영학 관련 교수, 언론인을 포함한다. 이들 분석대상은 중국의 평황망(鳳凰網) 내의 "상하이재경인물"(上海財經人物) 페이지에 소개된 약 120여명 인물정보자료 중의 자료의 안정성 정도를 판단하여 선정하였다.[20]

평황망에서는 어떤 기준에 따라 인물을 선정하고 어떤 자료를 사용하여 인물정보를 제공하고 있는지에 대해서 분명히 밝히고 있지 않지만, 분석대상자들의 사회배경정보를 수집하면서 파악한 바로는 평황망의 상하이 경제엘리트들은 현재 상하이에서 활동하고 있는 사람과 상하이 지역 출신인 중앙의 경제관료를 인물데이터베이스에 수록하고 있었다. 이들의 직위는 전현직 국영 및 민영기업의 이사장이나 CEO, 그리고 상하이 시정부나 중앙정부의 경제부문 관료 및 상하이 지역 대학

---

20) 鳳凰網, http://finance.ifeng.com/zhuanti/rw/index.shtml.: 2014.1.13.

에 근무하는 교수와 언론인 등이다.

분석대상 50명의 연령을 보면, 1941년생에서부터 1973년생에 이르기까지 분포되어 있다. 1973년생 경제엘리트로는 천텐챠오(陳天橋), 장난춘(江南春), 루밍(陸銘), 루쩡웨이(魯政委), 뤼쥔(呂俊)등 총 다섯 명이다. 이들 중 2명은 금융계에 종사하고 있고, 통신업, 광고업, 학계 등에 각각 종사하고 있는 것으로 나타났다. 이들 중 푸단대학 출신은 2명이었다. 반면 가장 고령의 상하이 경제엘리트로는 1941년생인 양미엔미엔(楊綿綿)으로 조사되었다. 그녀는 상하이 출신으로 산동(山東)에서 대학을 나와 가전제품 제조회사인 하이얼집단을 창업하였다. 상하이 지역 경제엘리트 50명의 평균연령(2014년 기준)은 약 57세였는데, 1950년대에 출생한 엘리트가 20명으로 가장 많았고, 1960년대 출생자는 15명이었다.

출생지역별 분포를 보면 상하이에서 출생한 인물은 전체 50인 중 24명(48%)이었으며, 저장성 출생자는 9명(18%)으로 조사되었다. 상하이 지역 경제엘리트 중 상하이와 저장출신의 비중이 전체 약 66%로 세 명 중 두 명은 상하이출신자 아니면 저장출신자였다. 나머지 10개 지역 출생자들은 각 1~3명 정도에 지나지 않았다. 본과 출신대학만을 놓고 보면, 출생지 분포와 달리 다양하게 분포되었다. 그 중에서도 푸단대(復旦大) 출신이 전체 50명 중 10명으로 가장 많았으며, 상하이자오통대(上海交通大) 출신자들이 3명, 상하이차이징대(上海財經大), 베이징대(北京大), 칭화대(清華大), 화동스판대(華東師範大) 출신자들이 각각 2명씩이었다. 학계인물은 7명 공무원은 5명, 언론매체 1명이었고 나머지 37명은 기업인들이다. 기업인 중에서는 금융계에 종사하는 기업인은 14명으로 가장 많이 분포되어 있다.

50인의 상하이 경제엘리트들이 맺고 있는 관계의 연결망의 구조적 특성과 연결망의 중심성과 연결망 내에서의 각 경제엘리트를 분석하기 위해 출신지, 졸업대학, 관련업종 변수라는 '속성 데이터'(attribute data)를 사용하였다. 본 연구에서는 사회경제적 배경으로부터 추출이 가능한 속성변수 3가지를 선택하여 상하이 경제엘리트의 연결망을 분석하였는데, '동향(同鄕)', '동학(同學)', '동항(同行, 관련 업종)'과 관련된 변수들이 동아시아 사회에서 사회적 관계를 파악하기에 가장 용이한 변수들이기 때문이다. 먼저 '동향' 관계를 측정에 대한 변수로 '출신지'를 사용하였는데 상하이에서 출생하여 상하이를 중심으로 활동하고 있는 인물인지 그렇지 않으면 다른 지역에서 출생하였지만 상하이로 진입하여 활동하고 있는 인물인지를 파악하기 위한 변수이다.

둘째는 '동학' 관계를 '졸업대학(원)'을 변수로 사용하였다. 본과를 기준으로 한 변수를 중심으로 석사와 박사과정을 졸업대학(원)을 부수적인 변수로 하여 두 가지 모두 연결망분석에 활용하였다. 셋째는 '동항' 관계를 분석하기 위해 '관련업종' 변수를 활용하였다. 예를 들면 금융업에 종사하는 경제엘리트는 같은 직종의 다른 사람과 자주 정보를 교류할 가능성이 크며, 학계에 종사한 경제엘리트라면 학회나 토론회 등을 통해 교류가 많을 것이므로 이들 간 연결망 형성이 가능하다.

Ⅲ. 상하이 지역 경제엘리트 사회연결망 분석결과

1. 연결망의 구조적 특징

사회연결망분석에서는 해당 연결망의 구조를 파악하기 위해 일반적으로 활용되는 개념이 '연결도'(degree)와 '밀도'(density)이다. 연결도는 연결망에 포함되어 있는 행위자들이 서로 연결된 정도를 파악하기 위한 척도로서 연결도의 수치가 높게 나온다는 것은 어떤 행위자가 다른 행위자와 많이 연결되어 있다는 것을 나타낸다. 밀도는 연결망의 연결수준을 나타내는 척도로 두 가지의 특성에 따라 결정된다.[21] 먼저 포괄성(inclusiveness)인데 서로 간에 연결된 노드(node)의 총합을 나타낸다. 그렇기 때문에 분석대상에 포함되어 있다 할지라도 연결이 되어 있지 않은 노드는 포괄총합에 포함되지 않는다. 예를 들면 50명의 상하이재정인물 중 분석주제에 따라 어떤 사람과도 연결되어 있지 않은 사람은 제외되어 산정된다. 이는 연결망 밀도에 영향을 미치지 않기 때문이다. 즉, 포괄성이라는 것은 연결망 내에 포함되어 있는 각 노드의 범위를 나타낸다고 할 수 있다. 다른 하나는 링크(link)의 집합이 밀도의 특성에 영향을 준다. 연결된 노드의 1/2이 링크의 수인데 전체 연결망에서 몇 개의 링크가 연결되어 있느냐가 밀도를 결정하는 중요한 요소이다. 특정연결망의 밀도가 높다고 하는 것은 연결망을 구성하고 있는 행위자 간 관계가 밀접하다는 것을 보여준다. 만일 상하이 지역 경제엘리트 연결망에서 밀도가 1.0이라고 한다면 모든 경제엘리트 간 어떤 관계를 통해서 서로가 서로를 알고 지낼 가능성이 높다는 것을 의미한다.[22]

〈표 1〉 상하이 지역 경제엘리트 연결망의 밀도와 연결도

	총 링크 수(개)	밀도	평균 링크 수(개)
상하이 경제엘리트 연결망	1,144	0.467	22.88

---

21) John Scott, *Social Network Analysis: A Handbook*, London: SAGE Publications, 2000. p.114; 김용학, 『사회연결망 분석』, 서울: 박영사, 2003, 25쪽.
22) 연결망밀도를 계산하는 수식은 다음과 같다. 김용학, 위의 책, 38쪽.
$\frac{2L}{N(N-1)}$ *N= 총 노드수, L = 총 링크수.

상하이 경제엘리트의 연결망 분석 결과에 따르면, 〈표 1〉에서와 같이 상하이 경제엘리트 간 연결된 총 링크의 수는 1,144개였고 밀도는 0.467이었다. 모든 엘리트가 연결되었을 때의 밀도가 1.0이기에 상하이 지역 전체 연결망 밀도는 그렇게 높다고는 할 수 없다. 전체 연결망 내에서 어떤 한 엘리트가 다른 엘리트와 서로 관계를 맺고 있다고 할 수는 가능성은 절반 정도되며, 최단경로의 평균거리가 1.56이기 때문에 한 두 사람을 건너면 모든 엘리트들과 연결될 가능성이 높다. 최대 3단계만 지나면 전체 연결망과 연결될 수 있다. 한편 엘리트 간 평균 링크 수를 보면 22.88개로 한 사람이 평균 약 23명 정도와 학연이나 지연 그리고 동종업종관계자로서 알고 지낼 가능성이 있는 것으로 조사되었다. 가장 적은 링크 수를 가진 엘리트는 천샤오진(陳小津)과 란센더(蘭先德)로 각 3명 정도와 직접적인 관련이 있었으며, 가장 많은 37개의 링크 수를 가진 엘리트는 청언푸(程恩富)인데 37명과 직접적으로 연결되는 것으로 나타났다.

전체 연결망 중에서 출생지와 출신대학이라는 변수만을 분리하여 2–mode 연결망을 구성하면 〈그림 1〉과 같은 연결망이 형성된다. 이 그래프를 통해 직관적으로 알 수 있는 것은 첫째, 상하이에서 출생한 사람들의 출신학교를 보면 크게 푸단대학과 상하이자오통대학이 출신이 많이 분포되어 있으며, 특히 푸단대학은 저장과 안후이출신 엘리트와 상하이출신 엘리트를 연결해 주는 매개가 될 수 있음을 알 수 있다. 반면 상하이자오통대학은 상하이출신 엘리트와 푸젠이나 장시출신 엘리트를 매개할 가능성이 크다고 할 수 있다. 허베이, 산시, 랴오닝, 장쑤 출신엘리트들은 출신대학으로 상하이출신 엘리트와 연결될 가능성이 없기 때문에 최대 집단을 형성하고 있는 상하이출신 엘리트와 연결되기 위해서는 출신대학이 아닌 다른 매개를 통해 연결된다.

〈그림 1〉 상하이 지역 경제엘리트의 출생지와 출신대학의 2-mode 연결망

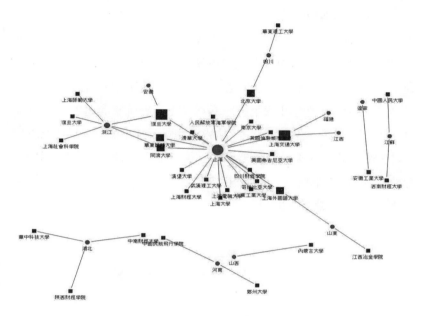

출신대학과 관련업종 변수를 가지고 2-mode 연결망 구성해 보면, 출신지와 출신대학의 연결망에 비해 훨씬 연결망의 밀도가 커지게 된다. 즉, 비상하이출신들은 출신대학이나 같은 활동영역을 나타내는 '동향'이라는 지표를 통해서는 다른 경제엘리트와 더 쉽게 연결될 수 있는 개연성이 커진다. 전체 조사대상자 중에서 활동영역으로 놓고 보면 금융계통에 종사하는 경제엘리트가 많고 푸단대학 출신자가 많기 때문에 이 두 매개를 가진 엘리트와 연결되면 상하이 지역 전체 엘리트와 연결될 수 있는 가능성은 커진다고 할 수 있을 것이다. 푸단대학 출신들은 금융업을 비롯해 부동산, 항공, 교통운수, 학계, 매체, 통신업 등 다양하게 분포되어 있고, 금융업에 종사하는 엘리트들의 출신대학 또한

푸단대학을 비롯해 중난차이징대학(中南財經大學), 상하이자오통대학, 중국런민대학, 칭화대학 등이 다양하게 분포되어 있다. 예를 들면, 선박업에 종사하는 어떤 경제엘리트가 자신이 생산하는 배를 광고하기 위해 광고업에 종사하는 사람을 찾으려고 한다면 일단 상하이자오통대학을 나온 지인을 통해 금융업에 종사하는 엘리트와 일차적으로 접촉하고 이후 베이징대출신의 공무원을 통해 화동스판대학 출신의 광고업계 인사와 연결되는 5단계 과정을 거쳐야 한다. 여기에서 푸단대학출신 엘리트와 금융업에 종사하는 엘리트는 출신대학과 활동영역에서 볼 때 상하이 지역 경제엘리트 전체 연결망 내에서 가장 빠른 길을 찾아 주는 허브역할을 할 수 있다.

〈그림 2〉 출신대학과 활동영역 간 2-mode 연결망

2. 연결망 내 개별 행위자 특징

사회연결망분석에서 연결망의 중심성(centrality)에 대한 연구는 "누가 연결망 내에서 가장 인기가 많고, 주목을 받는 사람이냐?" 라는 질문으로 시작되었다.[23] 인기가 많고 주목 받는 사람이라는 것은 직접적인 관계 맺기를 원하고 있다는 것을 반영하는 것이고, 그 사람이 연결망 내에서 가지고 있는 영향력이 상대적으로 크다는 것을 보여준다.[24] 연결도(degree)가 주변 사람들과 얼마나 연결되어 있는지를 나타내기 때문에 한정된 영역에서의 중요도를 측정하는 척도라고 한다면, 중심성은 전체 연결망의 구조 속에서 특정 인물의 중요성을 나타내는 척도라고 할 수 있다.[25] 중심성 분석을 일반적으로 근접중심성(closeness centrality)과 매개중심성(betweenness centrality)으로 구분하여 분석한다. 여기에서 근접중심성은 거리를 기준으로 하여 전체 연결망 구조 속에서 공간적 중심성을 파악하려는 분석법이라고 한다면, 매개중심성은 한 사람이 다른 사람과의 관계에 있어 교량역할을 잘 수행할 수 있는 위치에 있느냐에 근거하여 중심성을 파악하는 분석법이다.[26]

---

23) Alex Bavelas, "Communication Patterns in Task-Oriented Groups", *The Journal of the Acoustical Society of America* 22, 1950.

24) M. E. J. Newman, *Networks : An Introduction*, Oxford : Oxford University Press, 2010.

25) 박지혜·서보밀, 「온라인 소셜 네트워크 서비스 환경에서 유력자의 매개중심성이 구전효과에 미치는 영향」, *Journal of Information Technology Applications & Management*, 20:2, 2013, 131쪽.

26) 손동원, 『사회 네트워크 분석』, 서울: 경문사, 2002, 215쪽. 대개 여러 연결망을 분석해 보면 근접중심성이 높은 행위자는 매개중심성 또한 높은 것으로 나타나는데, 이는 연결망 내에서의 다른 행위자들이 접근할 수 있는 공간적 거리가 가까울수록 매개성이 증가하기 때문이라고 할 수 있다.

전체 연결망 구조에서 한 행위자의 영향력을 측정하는데 있어 근접 중심성 보다는 매개중심성 분석이 가장 널리 활용되고 있다.[27] 예를 들면 어떤 경제엘리트의 매개중심성이 상대적으로 높다고 측정되었다면, 그 사람은 다른 사람과 최단경로(shortest path)에 많이 포함될 가능성이 높다. 그리고 연결망 내에서 정보흐름에 대한 상대적 통제력이 높을 뿐만 아니라 그 사람이 빠졌을 때 연결망의 전체연결 구조에 큰 영향을 미칠 가능성이 높다는 것을 나타낸다. 매개중심성이 높은 사람일수록 전체 연결망 속에서 많은 사람들이 자신을 알 가능성이 많아지며, 여러 사람들과의 관계를 가지고 그런 관계로부터 획득한 다양한 정보와 지식을 다른 사람들과 주고받을 수 있는 교류가 많은 사람이라는 것을 의미한다. 정보와 지식에 대한 접근성이 용이할 뿐만 아니라 이를 통제할 수 있는 위치에 있다는 것을 말한다. 매개중심성을 구하는 수식은 다음과 같다.[28]

$$C_B(n_i) = \sum_{j<k} g_{jk}(n_i)/g_{jk}$$

g_{jk} : j와 k 두 노드 사이에 존재하는 최단경로 경우의 수

$g_{jk}(n_i)$: j와 k 두 노드의 최단경로 중 노드 i를 포함할 경우의 수

$g_{jk}(n_i)/g_{jk}$: 최단경로 중 노드 i가 포함될 확률

상하이 지역 경제엘리트의 연결망에서의 매개중심성 분석결과는 〈표 2〉와 〈그림 3〉과 같다. 분석대상인 상하이 지역 경제엘리트 50인

27) Douglas R. White, "Betweenness centrality measures for directed graphs", *Social Networks,* Vol.16, Issue 4, 1994.10, pp.335-346.

28) L. C. Freeman, "Centrality in Social Networks: Conceptual Clarification", *Social Networks 1,* 1979, pp.215-239.

중 매개중심성이 가장 높은 엘리트는 청언푸(程恩富)인 것으로 조사되었
는데 청언푸가 상하이 지역 경제엘리트 연결망 내에서 매개중심이 가
장 높게 나온 이유는 상하이에서 출생해 푸단대학을 졸업하였고 경제
학 전공 학자라는 점에서 다른 경제엘리트와 지연, 학연, 그리고 활동
영역 상에서 연결된 가능성이 높았기 때문이다. 이는 청언푸를 통하게
되면 상하이 지역 경제엘리트의 전체 연결망에 빠르게 접근할 수 있다
는 것을 의미한다. 〈표 2〉는 매개중심성 지수 상위 10명의 명단인데, 1
위인 청언푸가 다른 엘리트들에 비해 월등하게 높게 나타난다. 매개중
심성의 전체 평균이 0.012인데 청언푸는 평균보다 4배 이상 높은 수치
를 보이고 있다. 2위인 뤼훙쥔(陸紅軍)과도 0.02이상 차이가 나고 있다.

〈표 2〉 상하이 지역 경제엘리트의 매개중심성 상위 10명

순위	이름	매개중심도	순위	이름	매개중심도
1	程恩富	0.051834	6	吉曉輝	0.024227
2	陸紅軍	0.030259	7	楊 超	0.021838
3	周 赤	0.029632	8	胡茂元	0.021726
4	王佳芬	0.025951	9	張育軍	0.020825
5	王正華	0.025421	10	餘利明	0.019121

청언푸의 사회적 배경과 상하이에서의 활동을 구체적으로 살펴보면,
1950년생인 그는 상하이 출신으로 푸단대학을 졸업하고 같은 대학에서
석사학위를 받은 후 줄곧 마르크스경제학 연구에 전념해 왔다. 1980년
대 "해파경제학(海派經濟學)"이라는 경제학파를 창시한 경제학자로서 현재
상하이차이징대학(上海財經大學)의 마르크스주의연구원 원장으로 재직하
고 있으며, 같은 대학 해파경제학연구중심 주임을 맡고 있다. "해파경
제학"은 상하이 지역을 중심으로 마르크스주의경제학을 새롭게 발전시
켜 중국뿐만 아니라 세계에 널리 확산하겠다는 취지로 형성된 중국의
경제학파라고 한다. 청언푸는 "해파경제학" 입장에서 370여 편의 글을

국내외 학술저널, 신문, 잡지 등에 발표하고, 『사회주의 3단계론(社會主義三段階論)』, 『消費理論古今論』 등 26권의 저서를 출간하는 등 "해파경제학" 확산을 위해 활발한 활동을 하고 있다.

2004년 당시의 국가주석이었던 후진타오(胡錦濤)가 주관하는 〈중앙정치국 제13차 집단학습회〉에 참석하여 정치국위원을 대상으로 강연하고 토론할 정도로 학계뿐만 아니라 중앙 정계에도 널리 알려진 인물이며, 상하이에서는 상하이사회과학연합회 상임위원, 상하이 시당위원회 이론창신자문위원 등으로 현재 활동하고 있다. 베이징스판대학(北京師範大學), 푸단대학, 헤이룽장대학(黑龍江大學), 안후이차이마오학원(安徽財務學院) 등에서 겸직교수와 연구원으로 활동하면서 전국적인 지명도와 명성을 쌓고 있는 경제엘리트이다.[29]

이렇듯 출신배경이나 상하이 지역에서의 활동을 통해 볼 때 청언푸가 왜 상하이 경제엘리트의 연결망 내에서의 중심적 위치에 있는지를 가늠할 수 있다. 〈그림 3〉은 매개중심성 지수가 높을수록 동심원의 중앙에 위치하도록 함으로써 모든 엘리트들의 매개중심성의 상대적 차이를 분별하기 쉽게 가시화한 그림인데, 청언푸가 동심원의 중앙에 위치에 있고 상당한 거리를 두고 나머지 엘리트들이 매개중심성이 높은 순대로 배치되어 있다.

---

29) 청은푸에 대한 정보는 http://baike.baidu.com/view/553590.htm, 검색일 2014. 3. 8.

〈그림 3〉 상하이 지역 경제엘리트 연결망의 매개중심성 동심원

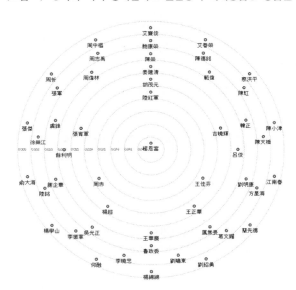

3. 연결망 구조 속에서 행위자 역할 분석

사회연결망분석 방법에서는 연결망 내에서 이루어지는 개별 행위자들의 역할을 구체적인 수치로서 추출해낼 수 있다. 즉, 전체 연결망 내에서 자신이 속한 집단과 타 집단 간 관계 속에서 개별 행위자들이 어떤 역할을 얼마나 많이 하고 있는지를 측정한다. 이를 정보와 지식의 연결망에 비유해 설명하자면, '조정자'(Coordinate)는 동일 집단 내에 속해있는 행위자 간 정보의 흐름을 매개하는 역할하며, '대리인'(Representative)은 집단을 대표하는 대표자로서 자신이 속한 집단 내의 다른 행위자에게 정보를 받아 다른 집단의 행위자에게 전달하는 역할한다. 그리고 '문지기'(Gatekeeper)는 타 집단으로부터 정보를 받아 자신이 속한 집단 내

의 다른 행위자에게 전달하는 외부정보의 내부 전달자 역할, '순회중개
자'(Itinerant Broker)는 타 집단의 행위자로부터 정보를 받아 정보를 건네
준 집단의 다른 행위자에게 다시 전달하는 역할을 하는 행위자를 말한
다. 마지막으로 '연락자'(Liaison)는 서로 다른 두 집단을 정보를 전달하는
역할을 하는 행위자 등 이상의 다섯 가지 역할로 구분된다.[30]

상하이 지역 경제엘리트 사회연결망은 5개의 변수로 구성되기 때문
에 각 변수마다 각기 다른 소집단이 형성되어 있다. 예를 들어 출생지
변수 내에는 상하이, 저장, 장쑤, 베이징 등의 소집단들이 존재하고, 출
신대학에는 푸단대학, 상하이차이징대학 등의 다수의 소집단이 있으며
활동영역에서는 금융업, 부동산업, 학계 등 총 15개의 소집단이 있다.
어떤 변수를 중심으로 분석할 것인가는 연구자가 연구하려는 내용에
따라 선택할 수 있지만 본 연구는 상하이 지역 '경제'엘리트를 대상으
로 한 연구이고 경제엘리트간 정보와 지식의 흐름을 유추하여 파악하
는 것을 연구목표로 삼고 있기 때문에 경제와 관련된 활동영역을 기준
으로 하여 전체 연결망 속에서 개별 엘리트들의 역할을 분석하였다.
이는 〈그림 4〉와 같이 도표를 통해 직관적으로 관찰할 수 있는데, G1
에서 G15까지의 집단에 속해 있는 엘리트들의 분포를 발견할 수 있을
뿐만 아니라 집단과 집단 간 관계에서 다른 집단과 관계가 밀접한 엘
리트들이 집단 간 경계선에 분포되어 있음을 확인할 수 있다.

---

30) J. Gould and J. Fernandez, "Structures of Mediation: A Formal Approach to Brokerage
in Transaction Networks. *Sociological Methodology*:19, 1989. pp.89-126.

〈그림 4〉 상하이 지역 경제엘리트의 활동영역별 Brokerage 분석

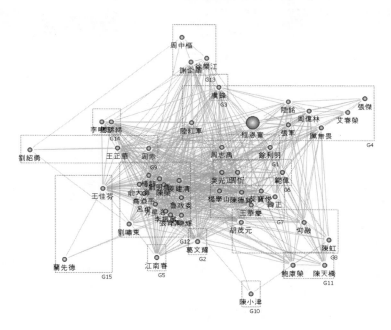

여기서 한 가지 지적해야 할 점은 본 연구에서 활용하고 있는 데이터는 엘리트의 속성에 기반한 데이터이기 때문에 정보의 주고받음을 명확하게 구별해낼 수 없어 위에서 제시된 다섯 가지 역할을 모두 분석하는데 일정정도 한계가 있다는 것이다.

〈표 3〉은 '조정자', '대리인=문지기', '연락자' 역할 점수와 그 합을 보여주고 있다. 먼저 활동영역을 기준으로 상하이 지역 경제엘리트 연결망의 역할을 분석하면 '조정자' 역할을 담당하고 있는 엘리트는 청언푸가 유일하다. 청언푸의 활동영역이 학계이기 때문에 학계라는 집단 내의 각 엘리트를 매개하는 역할을 하고 있는 것으로 파악된다.

〈표 3〉 상하이 지역 경제엘리트의 역할분석 지수

	Partition Value	Coordinator	Gatekeeper = Representative	Itinerant Broker	Liaison	Total
程恩富	學界	12	130	0	260	532
姜建淸	金融	0	124	8	130	386
吉曉輝	金融	0	123	4	106	356
周赤	航空	0	37	8	260	342
劉明康	金融	0	118	0	104	340
陳榮	金融	0	118	0	104	340
胡茂元	自動車	0	47	8	234	336
王華慶	政府	0	54	8	210	326
王正華	航空	0	31	6	196	264
王佳芬	食品	0	30	0	198	258

둘째 영역 내 집단을 대표하는 역할의 '대리인'과 자신이 속한 집단에 가장 먼저 정보를 전달받는 역할의 '문지기' 역할점수는 일치했다. 학계에서 정보의 가장 많이 받고 다른 영역으로 전달하는 역할을 하는 엘리트는 역시 청언푸였으며, 금융계에서는 중국공상은행 이사장인 장젠칭(姜建淸)이 상하이푸동발전은행 이사장인 지샤오후이(吉曉輝) 보다 1점 높았다. 금융계에서는 이 두 엘리트가 외부와 정보의 흐름을 관장하고 있다고 할 수 있을 것이다. 항공운수업 영역에서는 현 상하이항공(上海航空公司) 이사장 저우츠(周赤)가 저가항공운수분야의 일인자라고 하는 춘추항공(春秋航空) 이사장 왕쩡화(王正華)에 비해 높은 점수가 나왔다. 그리고 경제관련 정부부문에서는 중국인민은행(中國人民銀行) 기율위 서기 겸 18기 중앙기율위 위원인 왕화칭(王華慶)이 정보흐름의 중요한 역할을 담당하고 있다고 보여진다.

다음으로는 '순회중개자'와 '연락자' 역할과 관련하여, 정보를 전달한 그 영역의 다른 엘리트에 받은 정보를 전달하는 역할을 금융계에서는 장젠칭과 지샤오후이 보다 중국흥업은행(中國興業銀行) 수석경제학자인 뤼쩡웨이(盧政委)의 역할점수가 10점으로 두 엘리트보다 2점 더 높았다.

항공업계에서는 역시 저우츠와 왕정화가, 그리고 정부에서는 왕화칭이 '순환중개자' 역할을 하고 있다. 서로 다른 두 집단을 정보로 맺어주는 '연락자' 역할은 학계에서는 청언푸, 항공업계에서는 저우츠, 자동차업계에서는 상하이자동차(上海汽車) 이사장인 후마오위안(胡茂元), 식품업계에서는 광밍유업(光明乳業) 이사장인 왕자펀(王佳芬, 女)이 각각 담당하고 있는 것으로 조사되었다.

상하이 지역 경제엘리트 연결망에서 중심적 역할을 하고 있는 엘리트는 청언푸이며, 그다음으로는 장젠칭이었다. 장젠칭은 1953년생으로 상하이에서 출생하여 상하이차징대학을 졸업하고 상하이자오통대학에서 공학석사와 관리학 박사학위를 받았다. 현재 중국인민은행 화폐정책위원회 위원, 중국은행협회 회장, 중국금융학회 부회장으로 활동하고 있으며, 제18기 중앙위원회 후보위원이다. 이사장으로 있는 중국공상은행은 2014년 5월 현재 시가총액 전세계 1위기업이다.[31]

세 번째로 역할총점이 높은 지샤오후이는 1955년생으로 상하이에서 출생하여 푸단대학을 졸업하고 같은 대학 대학원 공상관리학 석사학위를 취득하였다. 현재 상하이푸동발전은행(上海浦東發展銀行) 이사장인데 일찍이 중국공상은행에서 상하이황포구사무소, 푸동분점 행장, 상하시분점 행장을 차례로 역임한 바 있으며, 상하이 시정부로 자리를 옮겨 시정부 부비서장, 금융업무당위 부서기, 금융서비스판공실 주임 등 상하이시정부에서 금융업무를 맡았다. 중국 "이동금융(移動金融)의 선구자", "상하이 금융지주회사(上海金控)의 개척자"라는 평가를 받았다.[32]

---

31) 장젠칭과 관련된 정보는
   http://baike.baidu.com/view/304847.htm?fr=aladdin, 2014. 4. 17. 참조.
32) 지샤오후이와 관련된 정보는 http://renwu.hexun.com/figure_679.shtml, 2014. 4. 17. 참조.

매개중심성과 역할분석 점수를 비교해 살펴보면, 매개중심성이 가장 높으면 역할점수 역시 가장 높게 나오는 것을 발견할 수 있다. 그러나 반드시 그런 상관관계가 성립하고 있는 것만은 아니다. 예를 들어 매개중심성이 두 번째로 높은 현 상하이국제금융학원(上海國際金融學院) 원장 뤼홍쥔(陸紅軍)의 경우 '연락자' 점수는 232점으로 비교적 높은 반면 '대리인=문지기' 역할 점수는 5점으로 매우 낮았다. 매개중심성이 세 번째로 높은 저우츠(周赤)는 '대리인=문지기' 점수는 37점에 불과했으나 '연락자' 점수는 260점으로 청언푸와 같은 수준으로 조사되었다. 이를 통해 알 수 있는 것은 매개중심성과 역할점수 총점 간의 명확한 상관관계를 발견할 수 없었지만 '연락자' 점수의 순위 완전히 일치하지는 않지만 비교적 매개중심성이 높으면 '연락자' 역할점수가 높은 것으로 나타났다. 이는 전체 연결망 내에서 타 집단끼리 연결해 주는 매개성이 두 지표와 연관되어 있다는 점을 발견할 수 있었다.

IV. 결론

상하이 지역 경제엘리트 50인의 사회연결망분석 결과에 따르면 첫째 상하이 지역 경제엘리트 연결망 구조는 분할되지 않고 단일한 연결망 구조를 가지고 있음을 발견할 수 있었으며, 연결망의 밀도가 비교적 조밀하게 엮여져 있었고 최대 3단계만 거치면 50명 엘리트 전체가 연결될 수 있었다. 즉, 50인이 거의 모두 출생지나, 졸업대학(원) 그리고 활동영역에서 한두 사람 건너면 서로 연결될 수 있을 정도로 가깝게 구성되어 있다. 이는 연결망 상으로만 놓고 볼 때, 상하이 지역의 주요 경제엘리트 간 정보와 지식의 흐름이 빠르고 원활할 수 있다는 예측을 가능하게 한다.

둘째, 연결망 상에서의 정보와 지식의 매개성 그리고 전체 연결망의 영향력을 측정하는 척도인 매개중심성 측정에서 가장 높게 나온 엘리트는 청언푸 교수였는데, 그는 상하이에서 출생하고 푸단대학교 졸업했다. 학자로서 상하이 경제학계 뿐만 아니라 상하이 경제계 연결망의 중심에 있었다. 한편 상하이 금융계는 지샤오후이의 중심성이 가장 높게 나왔고, 항공업계에서는 저우츠, 식품업계에서는 왕자펀, 자동차업계에서는 후마오위안, 정부부문에서는 왕화칭 등, 각 영역을 대표하고 있다.

마지막으로 역할분석을 통해서는 매개중심성이 높은 엘리트일수록 '연락자'의 역할점수가 상대적으로 높게 나오는 점을 발견할 수 있었으나, 그 밖의 역할은 매개중심성과는 크게 연관이 없는 것으로 나타났다. 이는 매개중심성이 높을수록 전체 연결망의 허브를 담당하기 때문에 타 집단 간을 연결해 주는 '연락자'의 역할이 자연스럽게 이루어지는 것으로 파악된다. 이러한 역할은 타 집단의 다른 엘리트와 연결함으로서 정보의 전달과 흐름의 통제가 용이하다는 점에서 연결망 내에서의 영향력이 커진다고 해석할 수 있으며 이런 역할은 전체 연결망의 성장과 효율성 그리고 응집력을 높이는데 결정적 요인으로 작용하게 될 것이라는 예측도 가능하다. 본 연구는 상하이 지역 경제계의 사회연결망에 대한 파일럿 분석이다. 향후 상하이경제계의 현실을 제대로 반영할 수 있는 연구방법과 변수 찾기를 통해 중국경제계의 연결망에 대한 실증적 검증이 더 세밀하게 이루어져야 할 것이다.

| 참고문헌 |

〈국내자료〉

김용학, 『사회연결망 분석』, 서울: 박영사, 2003.

서진영, 『21세기 중국정치: '성공의 역설'과 중국적 사회주의의 미래』, 서울: 폴리테이아, 2008.

손동원, 『사회 네트워크 분석』, 서울: 경문사, 2002.

김용학, 「사회연결망분석 이론틀: 구조와 행위의 연결을 중심으로」, 『한국사회학』 1987,21.

박지혜·서보밀, 「온라인 소셜 네트워크 서비스 환경에서 유력자의 매개중심성이 구전효과에 미치는 영향」, Journal of Information Technology Applications & Management, 2013,20:2.

송호근·이재열, 「연결망과 한국사회의 변동」, 송호근·김우식·이재열 편저, 『한국사회의 변동과 연결망』(Ⅱ), 서울: 서울대학교출판부, 2006.

장덕진, 「연결망과 사회이론」, 『사회와 이론』, 2004,4.

〈국외자료〉

方大春·周正榮, 「安徽省城市經濟聯系結構研究 : 基於社會網絡分析」, 『華東經濟管理』, 2013,(27:1).

張文宏, 「中國社會網絡與社會資本研究30年」(上), 『江海學刊』, 2011,(2).

張文宏, 「中國社會網絡與社會資本研究30年」(下), 『江海學刊』, 2011,(3).

陈翊·张一力, 「社會資本. 社會網絡與企業家集群 : 基于宁波和温州的比较研究」, 『商業經濟與管理』, 2013,(10)

侯贇慧·劉洪, 「基於社會網絡的城市群結構定量化分析: 長江三角洲城市群資金往來關系爲例」, 『複雜系統與複雜性科學』, 2006,(2).

Dasgupta, P. and I. Serageldin eds, *Social Capital : A Multifaceted Perspective*, Wasington DC : World Bank, 2000.

Giddens, Anthony, *Central Problems in Social Theory: Action, Structure, and Contradiction in Social Analysis,* Los Angeles: University of California Press, 1979.

Giddens, Anthony, *The Constitution of Society: Outline of the Theory of Structuration,* Cambridge: Polity Press, 1984.

Hamilton, Gary. ed, *Asian Business Networks.* New York: de Gruyter, 1996.

Hanneman, Robert A. and Mark Riddle, *Introduction to Social Network Methods*(www.faculty.ucr.edu/~hanneman. 2014.01.16), 2005.

Johnson, Chalmers, *MITI and the Japanese Miracle: The Growth of Industrial Policy, 1925–1975.* Stanford, CA: Stanford University Press, 1982.

Lin, Nan, *Social Capital: A Theory of Social Structure and Action*, New York: Cambridge University, 2001.

Newman, M. E. J, *Networks : An Introduction,* Oxford : Oxford University Press, 2010.

Putnam, Robert D, *Making Democracy Work: Civic Traditions in Modern Italy*, 안청시 외 역, 『사회적 자본과 민주주의: 이탈리아 지방자치와 시민적 전통』, 서울: 박영사, 2000, 1993.

Scott, John, *Social Network Analysis: A Handbook,* London: SAGE Publications, 2000.

White, Harrison, *Identity and Control: A Structural Theory of Social Action.* Princeton: Princeton University Press, 1992.

Bavelas, Alex, "Communication Patterns in Task-Oriented Groups", *The*

Journal of the Acoustical Society of America 22, 725, 1950.

Begley, Thomas M., Naresh Khatri & Eric W. K. Tsang, "Networks and cronyism: A social exchange analysis", *Asia Pacific Journal of Management,* 27, 2010.

Bian, Yanjie, Ronald Breiger, Deborah Davis, Joseph Galaskiewicz, "Occupation, Class, and Social Networks in Urban China", *Social Forces,* Vol.83, No.4(Jun.), 2005.

Bian, Yanjie, Soon Ang, "Guanxi Networks and Job Mobility in China and Singapore", *Social Forces,* Vol.75, No.3(Mar.), 1997.

Blau, Peter, Danching Ruan, Monika Ardelt, "Interpersonal Choice and Networks in China", *Social Forces,* Vol.69, No.4(Jun.), 1991.

Coleman, James S, "Social Capital in the Creation of Human Capital", *The American Journal of Sociology,* Vol.94, 1988.

Emirbayer, Mustafa, "Manifesto for a Relational Sociology", *American Journal of Sociology* 103, 1997.

Freeman. L. C, "Centrality in Social Networks: Conceptual Clarification", *Social Networks* 1, 1979.

Gould, J. And Fernandez, J, "Structures of Mediation: A Formal Approach to Brokerage in Transaction Networks", *Sociological Methodology*(19), 1989.

Luo, Jar—Der, "Particularistic Trust and General Trust : A Network Analysis in Chinese Organizations", *Management and Organization Review* 1:3, 2005.

Michailova, S. and V. Worm, "Personal Networking in Russia and China : Blat and Guanxi", *European Management Journal* vol.21, No.4, 2003.

Peng, Yusheng, "Kinship Networks and Entrepreneurs in China's Transitional Economy", *American Journal of Sociology*, Vol.109, No.5(Mar.), 2004.

Putnam, Robert D, "Bowling Alone: America's Declining Social Capital", *Journal of Democracy,* Vol.6, 1995.

White, Douglas R., "Betweenness Centrality Measures for Directed Graphs", *Social Networks,* Vol.16, Issue 4, 1994.10.

〈웹사이트〉

百度: www.baidu.com

鳳凰網: http://finance.ifeng.com/zhuanti/rw/index.shtml

和詢人物: http://renwu.hexun.com

[별첨] : 분석대상 상하이 지역 경제엘리트 50인 명단

中文名	出生年	出生地	畢業院校1	畢業院校2	專業	領域
艾寶俊	1960	遼寧	安徽工業大學	東北大學	工商管理	政府
艾春榮	1962	湖北	華中科技大學	美國MIT	經濟	學界
鮑康榮	1963	浙江	上海師範大學	中歐國際工商管理學院	工商管理	通信
蔡洪平	1955	上海	人民解放軍海軍學院	復旦大學	新聞學	金融
陳德銘	1949	上海	南京大學		工商管理	政府
程恩富	1950	上海	復旦大學		經濟學	學界
陳虹	1961	浙江	同濟大學		工學	汽車
陳榮	1960	上海			工商管理	金融
陳天橋	1973	浙江	復旦大學		經濟系	通信
陳小津	1944	福建	上海交通大學		工學	船舶
方星海	1964	上海	清華大學	斯坦福大學	經濟系	金融
範偉	1962	浙江	復旦大學	華東師範大學	理學	房地產
葛文耀	1947	上海	上海財經大學		工商管理	化學工業
韓正	1954	浙江	華東師範大學		經濟學	政府
胡茂元	1951	上海	同濟大學	復旦大學	經濟學	汽車
姜建清	1953	上海	上海財經大學	上海交通大學	經濟學	金融
江南春	1973	上海	華東師範大學		漢語言文學	廣告
吉曉輝	1955	浙江	復旦大學		工商管理	金融
蘭先德	1957	四川	華東理工大學	中歐國際工商學院	理學	食品
劉明康	1946	上海	英國倫敦城市大學		工商管理	金融
劉勇勇	1959	河南	中國民航飛行學院	清華大學	國際貿易	航空
劉東重	1961	河南	鄭州大學	新澤西州立大學	經濟系	金融
厲無畏	1942	浙江	上海社會科學院		經濟學	學界
李曉忠	1965	江西	上海交通大學	廈門大學	工商管理	電子
李振寧	1953	江蘇	中國人民大學		經濟學	金融
陸紅軍	1949	上海	上海交通大學			學界
陸銘	1973	安徽	復旦大學		經濟學	學界
魯政委	1973	湖北	陝西財經學院	中國社會科學院	經濟學	金融
呂俊	1973	湖北	中南財經大學	·	工商管理	金融
王華慶	1953	上海	四川財經學院	西南財經大學	經濟學	政府
王佳芬	1951	上海	上海電視大學	中歐國際工商學院	工商管理	食品
王正華	1944	上海	復旦大學			航空

中文名	出生年	出生地	畢業院校1	畢業院校2	專業	領域
吳光正	1946	上海	哥倫比亞大學		工商管理	房地產
謝企華	1943	上海	清華大學			鋼鐵
徐樂江	1959	山東	江西冶金學院	復旦大學	工商管理	鋼鐵
楊超	1950	上海	上海外國語大學			金融
楊綿綿	1941	上海	山東工業大學			電子
仰融	1957	江蘇	西南財經大學		經濟學	汽車
楊學山	1954	上海	北京大學		信息管理	政府
俞大海	1961	上海	漢堡大學		化學	金融
虞鋒	1963	上海	復旦大學		哲學	媒體
餘利明	1962	浙江	復旦大學	華南理工大學	工商管理	交通運輸
張傑	1958	山西	內蒙古大學	中國科學院	物理學	學界
張軍	1963	安徽	復旦大學		經濟學	學界
張育軍	1963	四川	北京大學		經濟學	金融
周赤	1951	上海	美國弗吉尼亞大學	上海財經大學	經濟學	航空
周偉林	1959	浙江	復旦大學		經濟學	學界
周忻	1967	上海	上海大學		機械工程	房地產
周志禹	1954	上海	武漢理工大學		工商管理	交通運輸
周中樞	1952	山東	上海外國語大學		國際貿易	鋼鐵

05

중국의 사회운동과 저항의 정치
- 민간환경보호조직과 환경보호군체성사건 사례 연구 -

● 이광수 ●

Ⅰ. 서론

1. 문제제기

중국은 지속적인 경제성장을 통해서 국력이 증대되고, 국민의 생활 수준도 크게 향상되고 있다. 그러나 성장일변도의 경제발전정책의 추구에 따라, 개발을 치적(治積)으로 생각하는 지방정부 지도자들의 정치적 사고와 이윤 추구를 우선시하는 기업의 경영행위가 상호 결합하면서, 무분별한 개발 사업에 따른 자연 파괴와 환경오염사건이 반복하여 발생하고 있다.

환경오염의 발생빈도만 높아지는 것이 아니라, 오염발생지역도 전국

---

* 국민대학교 중국인문사회연구소 HK연구교수.

적으로 확산되면서 환경보호에 대한 주민들의 관심이 제고되고 있다. 산, 바다, 강 등 농촌지역에서부터 도시의 주민거주지역 부근까지 차츰 근접해오는 환경오염의 위험성을 인식하게 되면서 과거에는 정부의 환경관련 부서의 업무나 환경관련 기업체에만 관련된 것으로 생각하였던 환경문제에 대해, 시민들이 직접 환경오염의 문제점을 제기하고, 유해시설의 폐쇄 혹은 설치 금지를 요구하는 등 환경문제해결을 위한 행동에 나서고 있다.

환경문제와 관련한 주민들의 행동은 문제인식과 목표를 공유하고, 조직적이고 자발적으로 참여하고 있다는 점에서 사회적 변화를 기대하는 대중적 사회운동(social movement)으로서의 성격을 지니며 동시에 정부의 정책결정에 영향을 미치는 정치적 참여이기도 하다.

주민들은 먼저 지역 환경문제와 관련한 정보습득이 빠르고, 환경의식수준도 일반시민보다 높은 언론 기자나 대학 교수와 같은 지식인층을 중심으로 환경보호를 위한 민간조직(환경NGO)을 설립하여 사회운동에 나서고 있다.[1] 민간환보조직(民間環保組織)은 정부의 환경정책의 문제점을 비판하기도 하지만, 기본적으로 환경정책과 관련하여 정부의 환경보호 관련사업을 보완하거나 대신해 주는 역할을 하는 민간조직으로 인식되고 있다. 다음으로, 주민들은 환경오염 문제가 발생하거나 환경오염 가능성이 높은데도 불구하고 정부가 문제해결을 소홀히 하거나, 주민들의 주장을 무시할 때. '환경군체성사건(環境群體性事件)'이라는 집단

---

1) 첫 번째 민간환보조직인 랴오닝 판젠 검은부리갈매기보호협회(辽宁盘锦黑嘴鸥保护协会)의 류더텐(刘德天), 지구촌(地球村)의 랴오샤오이(廖晓义), 녹가원(绿家园)의 왕영천(汪永晨) 모두 기자출신이다. 그리고 '자연의 친구' 설립자 량충제(梁从诚)는 교육가인데, 전국정치협상회의 위원이기도 하다. 중국의 경우 환보조직의 설립자가 언론인 출신이 비교적 많다는 점이 민간환보조직의 특징 중 하나다. 徐楠, 「环保NGO的中国生命史」, 『南方周末』, 2009. 10. 8.

항의 시위를 조직하면서, 국가와 사회가 충돌하는 양상이 나타나고 있다. 이 글에서는 주민들이 설립하여 운영하는 민간환보조직을 통한 활동과 자발적으로 발생하는 환경군체성사건 둘 다 다수의 민간인이 참여하고 공동의 가치와 목표를 공유하면서 목표를 성공시키기 위해서 조직적으로 행동하는 사회운동의 하나로 보고 있다.

1949년 이후 강력한 집단주의적 정치체제를 유지하던 중국에서 민간에 의한 사회운동은 전개되기 힘들었으나, 개혁개방 이후 사회통제가 부분적으로 느슨해지면서 사회운동의 양상들이 나타나고 있다. 1990년대 이후 민간조직(NGO)의 숫자가 폭발적으로 증가하고 있고, 2000년대 이후 본격적으로 노동분규, 토지징발 및 철거, 사법공정, 지방관료와 주민들의 충돌로 인한 민관충돌, 환경오염 등과 관련한 군체성 사건이 대폭적으로 증가하는 추세를 보이고 있는 것이다.

중국에서 민간환보조직은 2008년도 기준으로 3,500여개 정도이다. 하지만 등록하지 않은 조직 수도 상당한 규모이고, 학생단체와 풀뿌리 조직도 있기 때문에 실제 환경보호관련 민간조직의 규모를 파악하기는 쉽지 않다.[2] 한편 최근 환경문제와 관련한 군체성사건도 급증하고 있는 추세이다. 1996년부터 2005년까지 10년간 발생한 환경군체성 사건의 증가속도가 매년 29%로 빠르게 증가하고 있다. 특히 2007년 푸젠성 샤먼(福建省厦门) PX(파라자일렌) 공장 준공 반대시위를 기점으로 2012년에는 랴오닝성 다롄(辽宁省大连), 스촨성 스팡(四川省什邡), 저장성 닝보(浙江省宁波), 장수성 치동(江苏省启东) 등 4곳에서 PX공장의 설치 반대를 위한 대규모 시위가 발생하면서 환경군체성사건이 점차 공공영역의 범주로 들어가고 있다.[3]

---

2) 徐楠, 위의 글, 2009.
3) 杨朝飞, 「我国环境法律制度和环境保护若干问题」,
   http://www.npc.gov.cn/npc/xinwen/2012-11-23/content_1743819.htm.

이 글은 전환기에 처해있는 중국사회에서 '환경 문제'와 관련하여 이루어지는 대중들의 의사표출방식이 사회운동적 관점에서 어떻게 구현되는가에 초점을 맞추고 있다. 따라서 먼저 연성표출방식으로 합법적 틀내에서 의사표현을 하는 민간환보조직의 운영과 활동을 분석하며, 다음으로 강성표출방식으로 합법과 비합법의 경계를 넘나들며 행동하는 환보군체성사건에 대한 분석을 주 내용으로 하고 있다. 또한 이 글은 분석대상을 '상하이'라는 지역에 국한하여 분석할 것이다. 상하이 지역의 민간환보조직의 활동과 환경군체성사건을 타 지역 민간환보조직과 대표적인 환보군체성사건과의 비교를 통해 오늘날 상하이와 중국의 사회운동의 특징과 수준을 분석할 수 있을 것으로 기대한다.

이 글은 중국에서 민간조직이 발달하고, 집단시위가 빈발하면 권위적인 정부의 집정태도를 변화시키고 민주주의가 발전할 것이라는 일반적인 시각을 부정하지 않는다. 하지만 대중의 사회적 행위가 민주적 발전을 촉진시키는데 주요하게 작용할 것이라는 낙관적 전망에도 동의하지 않는다. 중국의 사회운동에서 대중은 중국적 통치체제와 사회상황에 적합한 주장과 행동을 함으로써, 사회운동의 한계를 인식하고 있는 것으로 보인다.

따라서 이 글은 다음 네 가지 문제제기에 답하는 방식으로 서술하고자 하였다.

첫째, 민간환보조직은 주로 누가 무슨 목적으로 설립하였으며, 어떻게 발전해 왔는가?

둘째, 민간환보조직은 주요하게 어떤 활동을 하며, 이러한 활동이 사회운동적 관점에서 어떤 의의를 차지하고 있는가?

셋째, 환경군체성 사건에서 조직 구성, 참여자 구성, 조직네트워크, 투쟁양태에서 나타나는 특징은 무엇인가?

넷째, 환경군체성사건에서 나타난 특징들이 사회운동적 관점에서 어떤 의미를 부여할 수 있는가?

중국에서 연성표출방식으로서의 민간환보조직과 강성표출방식으로서의 환경군체성사건을 통하여 대중의 정치적 의식이 향상되고 정치개혁이 이루어지도록 하여 민주주의 발전을 이끄는 매개체로 발전하기에는 여전히 적지 않은 제한과 장애가 있음을 판명해 볼 것이다.

2. 사회운동이론과 선행연구 검토

현대적인 의미의 사회운동은 1960~1970년대 이후 미국, 유럽 등지에서 발생하였던 인권운동, 언론자유운동, 반전평화운동, 여성해방운동, 환경운동, 동성애 권리운동 등을 포괄하고 있다. 일반적으로 사회운동은 대중 또는 시민이 현존하는 사회구조와 제도의 문제점을 비판하고, 변화를 요구하기 위하여 자발적인 의사를 전제로 조직적, 집합적, 연속적으로 이루어지는 행동을 의미한다. 사회운동이론에서 사회운동을 촉발시키는 요인이 경제적 불평등이나 신분의 차이에서 비롯되었다는 마르크스주의적 사고나 토크빌(Alexis de Tocqueville)의 인식은 구조주의적 입장을 강조하는 전통적 시각이었다. 이러한 시각에 반해서 현대의 사회운동 연구자들은 빈곤과 같은 객관적 상황보다는 사람들의 심리적 상태가 중요한 발생요인이라고 보고 있다. 테드 거(Ted R. Gurr)는 사회내에서 개인이 받고자 하는 기대치와 실제로 받는 몫 사이의 간격이 커질수록 '상대적 박탈감'(relative deprivation)이 커져 이것이 공격성과 혁명적 분노를 유발한다고 보았다. 또한 제임스 데이비스(James C. Davis)는 객관적인 사회경제상태의 변화보다도 변화의 양상에 대해서 사람들이 갖는 '기대상승'(rising expectation)이 집합행동이나 혁명의 주요 원인이라고 주장하면서 경제적 번영 이후 급박하게 침체되는 경우 기대상승이 떨어지는 상황이 발생하면서 사회운동의 조건이 생성된다는 J곡선 혁명이론

을 제시하기도 하였다.[4]

환경운동조직과 환경군체성사건에 대한 국내에서의 연구는 그다지 많은 연구가 진행되지 않은 상황이다. 먼저 중국에서 민간환보조직의 발전이 빠르게 이루어지는 상황이 아니고, 정부의 외곽보조기관의 역할을 하는 데 그치거나, 활동 자체가 두드러지지 않다보니 연구할 내용이 많지 않기 때문으로 볼 수 있다. 민간환보조직의 설립 및 활동과 관련하여 박윤철은 중국의 경제발전이 지속되면서 자연스럽게 중산층(中産層)의 숫자가 늘어나고, 이들에 의한 환경의식이 형성되면서 시민사회가 활성화되고 환경운동단체의 조직화가 이루어지고 있다고 보고 있다. 자연의 친구(自然之友), 녹가원(綠家園), 베이징지구촌(北京地球村) 등을 사례로 제시하면서 환경운동조직이 양적으로 증가하고 있으나, 강한 국가와 약한 사회라는 구조적 조건과 발전주의 이데올로기에 경도된 현상은 환경운동이 제약받는 요소로 작용되고, 자생력 없이 국가 혹은 기업의 지원이나 협력을 통해 조직을 유지하고, 타 환경조직과의 연대도 잘 이루어지지 않고, 독립적인 환경이슈의 발굴이나 대중동원능력에 있어서 한계를 보이고 있으며, 정부 정책결정에 영향력을 행사하기에는 힘든 수준이라고 평가하고 있다.[5]

한편 전형권은 환보군체성사건에서의 민간환보조직의 참여형태를 분석하여, 중국 환경운동의 정치적 영향을 평가하였다. 2004년 윈난성에서 발생했던 노강댐 건설 반대 운동인 '노강보위전(怒江保衛戰)' 환보운동세력의 성공사례와 2005년도 30여개의 대형 건설공정을 중단 또는 철회시킨 '환보폭풍(環保暴風)' 사례를 연구하였다. 두 가지 사례 분석을

4) 裵宜理(Elizabeth J. Perry)著, 閻小駿译, 「底层社会与抗争性政治」, 『东南学术』, 2008年, 第3期, 4-5쪽.
5) 박윤철, 「중국사회의 환경의식 대두와 환경운동단체의 조직화」, 『중국학연구』, 2007, 39권. 341-360쪽.

통하여 환보민간조직은 환경교육과 켐페인 등 초창기의 대중상대 위주의 활동방식에서 벗어나, 정부의 대형 국책사업을 반대하는 투쟁에 나서면서 사회문제에 적극 개입하고, 지방정부, 기업 등 행위자들의 이해관계를 조정하는 등 정책결정과정에 참여하는 수준까지 나서고 있다고 주장하였다.[6]

하지만 국내 연구는 성공적인 환보군체성사건을 통하여 민간환보조직들이 환경분쟁에 적극 개입함으로써 환경이슈가 일상화되어 중국인들의 환경의식을 높이고, 정치적 이해를 높이는 계기로 작용할 수 있을 것으로 본다. 두 가지 연구는 중국의 환경운동조직의 활동상황과 주민들이 환보군체성사건에 개입하여 정책결정에 영향력을 행사하는 과정을 분석하고, 민간환보조직과 환보군체성사건 연구에 기본적인 시각을 제시했다는 점에 적극적 의미를 부여할 수 있다.

하지만 민간환보조직의 활동에 대한 적극적인 분석이 부족하다. 특히 환경군체성사건에 대한 조직구성, 참여자구성, 조직네트워크, 참여행태에 대한 구체적 분석이 부족하다는 결점이 나타났다.

먼저 민간환보조직 연구에서 중국 연구자들은 환경보호운동이 공민사회 발전과 서로 긍정적으로 작용하는 관계를 유지하고 있다고 보고 있다. 즉, 공민사회 연구의 연장선상에서 민간환보조직의 설립과 활동에 대한 연구를 하고 있다. 환보민간조직의 운영과 발전추세, 환보조직의 발전의 제한요인, 환보조직의 사회적 영향력, 환보조직의 환경공익활동 등 민간환보조직의 발전 양상과 제약요인, 공공활동으로서의 의미 등을 분석하는 데 초점을 맞추고 있다. 분석을 통해 민간환보조직이 정

6) 전형권, 「중국의 환경운동, 민간단체와 환경 당국의 파트너십-'노강 보위전'과 '환보 폭풍'사례를 중심으로」, 한국정치정보학회, 『정치정보연구』, 2006,9권 1호, 261–283쪽.

부의 환경보호업무를 감시하고, 부족한 부분을 보완하는 역할을 함으로써 국가와 사회의 관계를 정상적으로 유지할 수 있다고 주장하거나, 민간환보조직의 활동을 보장하기 위해서는 재정확보와 활동가의 직업 안정성 문제를 해결하는 것이 시급한 문제라는 점도 제기하고 있다.7)

다음으로 환보군체성사건과 관련한 연구에서는 2007년과 2012년에 발생하였던 대규모 PX반대 운동 등에 대한 분석을 통해 중국의 환경군체성사건이 '지역 중심성'과 '가치 단일성'을 특징으로 시민들이 주체가 되어 인허가권을 지닌 정부를 대상으로 하여 집단적으로 불만을 제기한 환경보호운동이라는 평가를 내리고 있다. 이와 함께 환보운동이 중국적 사회운동으로서의 특징을 보여주고 있다는 평가를 하였다. 이러한 내용을 기본으로 환경군체성 사건의 증가추세에 대한 분석과 환경군체성 사건의 구체적 조직기제, 군체성사건에 대한 정부의 대응방식의 변화 필요성에 대한 분석이 이루어지고 있다. 최근에는 환보군체성 사건이 공민사회로의 발전을 촉진하는 대중의 불복종 운동이자 저항정치로서의 성격을 지닌다는 의미에서 '항쟁성 정치'로 이름붙인 주장도 있다.8)

---

7) 민간환보조직 연구 사례로는 冯永锋,「公众是最好的环保力量—中国民间环保组织发展综述」,『中关村』, 2009. 04, 王飞,「我国环保民间组织的运作与发展趋势」,『学会』, 2009年 第6期, 汤蕴懿,「我们需要什么样的环保组织—中国民间环保组织的发展困境」, 2010. 12, 鞠占杰,「我国民间环保组织的现状及未来发展问题探讨」,『环境保护与循环经济』, 2011. 07, 文艺花,「以社会网络理论视角分析中国环保组织的社会影响力—以保护藏羚羊运动为例简」, 2013, 周光敏,「环保组织在环境公益问题中初探」, 2014. 등을 참조.

8) 환경군체성사건 연구 사례로는 唐昊,「中国街头抗争型环境运动意味着什么」, 2012. 07. 18, 王赐江「"警惕环保类群体性事件高发势头」, 2012. 11. 06, 童克难, 高楠,「应对环境群体性事件政府需要转变角色」,『中国环境报』, 2013. 08. 26, 陈驰远,「环境群体性事件的组织机制及其分析框架构建」,『清华大学学生学报』, 2013年 5卷 등을 참조. 한편 사회운동의 관점에서 '항쟁성 정치'개념에 대한 위젠룽과 잉싱의

다시 말해 중국의 민간환보조직연구와 환보군체성사건에 대한 연구가 본격적으로 이루어지면서, 기존의 민간조직과 군체성사건이라는 개별적 연구로 진행되는 것이 지금은 '항쟁성 정치' 또는 '사회운동'의 범주에 포함시켜, 대중이 집단적 행동을 통해 정치적 의사를 표출하는 대중운동으로 이해하는 연구경향이 나타나고 있다.

II. 민간환보조직의 활동 비교

1. 민간환보조직의 분류

민간환보조직은 일반적으로 환경보호를 목적으로 비영리, 비정부, 자주관리, 비정치 및 일정정도의 자발성을 특징으로 하면서, 사회에 환경공익서비스를 제공하는 민간조직이다. 이를 위해 정부의 지원을 받아 환경오염실태를 조사하여 정부에게 제공하거나 지역의 환경위생활동 또는 환경교육활동을 진행하거나 지역사회내에서 유기농사업, 나무심기, 1회용품 사용 자제 등 녹색생활운동을 전개하고, 환경오염 사항에 대해 정부에게 환경정보 공개를 요구하거나, 환경보호의식 계몽활동을 벌이고 있다.9)

이러한 활동에서 보이는 특징에 따라 중국의 민간환보조직은 일반적으로 정부와의 관계를 기준으로 두 가지로 분류할 수 있다. 먼저 정부와 협력관계를 유지하면서, 정부 업무를 보조해 주는 역할을 하는 민간환보조직이다. 즉, 환경교육, 환경 캠페인 등의 교육적 기능과 개

상반된 시각을 소개하는 글로서 张耀杰,「应星的去政治性与于建嵘的抗争政治」를 참조.

9) 자연의 친구 상해소조 활동내용 http://old.fon.org.cn/channal.php?cid=234을 참조.

발사업에 대한 환경영향평가와 같은 조사서비스 등 정부 환경부서에서 다루어야할 업무를 민간환보조직에서 대신하여 정부 사업 부담을 덜어 주는 역할을 하고 있다. 둘째는 순수한 민간성격을 지닌 민간환보조직으로 자체 회원이나 자원봉사자를 활용하여 정부가 하지 못하는 환경보호활동을 전개하거나, 적극적으로 정부와 기업의 환경오염사례를 감시하고 고발하는 활동을 하는 환보조직이다.[10]

중국은 일반적으로 민간환보조직의 범주를 네 가지로 분류하고 있다. 즉, 정부가 만든 조직, 민간의 자발적인 풀뿌리환보조직, 학교 환보 사회단체, 국제환보민간조직의 중국지부이다.[11] 첫째 정부부문이 제안하고 설립한 민간환보조직에는 중국환경과학학회, 중화환보연합회, 중화환보기금회 등이 있다. 둘째 민간이 자발적으로 세운 민간환보조직으로서 랴오닝 판진의 검은부리갈매기보호협회, 베이징의 자연의 친구, 베이징지구촌, 상하이의 뿌리와 새싹 등과 같은 비영리기구가 있다. 셋째, 학생환보사회단체 및 연합체로서 학교 안에 있는 환보사회단체, 학교간 연합조직 등이다. 넷째로는 국제민간환보조직의 중국 사무소로 세계자연기금회(World Wildlife Fund), 녹색평화(Greenpeace) 등이 있다.[12]

정부가 위탁하는 환경영향평가와 같은 환경보호 정책프로젝트는 대부분 정부가 설립을 주도한 민간확보조직을 중심으로 이루어지고 있다. 반면에 민간이 자발적으로 세운 민간환보조직은 자금, 인원, 전문성 등에서 열악한 조건 속에서 중국인의 환경의식을 높이고, 환경보호

---

10) 중국정법대학 환경자원법연구서비스중심은 『NGO 법률수단을 통한 환경거버넌스 연구보고서』에서 중국의 민간환보조직의 발전 경로 중 하나는 하향식 발전모델로서 대부분 정부배경으로 합법적인 지위를 갖고 있고, 다른 하나는 상향식 모델로서 '풀뿌리' 민간환보조직이라고 분류하고 있다.
11) 中华环保联合会, 「中国环保民间组织发展状况报告」, 『环境保护』, 2006.
12) 鞠占杰, 위의 글, 2011.

를 위한 교육과 활동을 추진해 나간다는 목표를 내세우면서 1990년대 이후 본격적으로 민간환보조직이 설립되었다.13)

2008년 10월 기준으로 중국 전역에 민간환보조직이 3,539곳이 있으며, 이 중 정부 주도로 설립된 환보조직이 1,309곳, '풀뿌리' 환보조직이 508곳, 학교 내의 사단(社團)조직이 1,382곳, 국제환보조직의 중국사무실이 90곳에 이르는 것으로 나타났다.14) 이 통계에는 민간환보조직의 규모가 비교적 적은 것으로 나타나지만 많은 조직이 민정부에 정식으로 등록하지 않고 활동 때문에 실제로 활동하는 민간환보조직은 더 많다고 평가하고 있다.15)

2. 베이징과 상하이의 민간환보조직 활동 비교

중국에서 법적으로 등록된 첫 번째 민간환보조직은 1991년도에 설립한 '랴오닝성 판진시의 검은부리갈매기보호협회'로서 검은부리갈매기의 번식과 서식하는 습지를 보호하는 것을 활동목적으로 내건 조직이다. 이 환보조직은 2009년도에 회원수가 1만 여명에 이르도록 성장하고, 환경보호활동 이외에 각종 강좌와 환경교육을 통해 환경보호에 대한 대중의 인식을 넓히고 있다.16)

중국에서 가장 널리 알려진 민간환보조직은 중국 정협위원인 양총제(梁從誡)가 설립한 '자연의 친구'이다. 홍콩의 환보조직 '지구의 친구'에서 영감을 얻어 명명했다는 자연의 친구는 1994년 정식으로 국가환보총국에 등록하였고, 이후 베이징지구촌과 녹가원 등이 설립되었다.

13) http://old.fon.org.cn/channal.php?cid=239.
14) 鞠占杰, 위의 글, 2011.
15) 徐楠, 위의 글, 2009.
16) http://www.baike.com/wiki/1/5

중국에서 민간환보조직이 설립된 초기에는 조직에 활동하는 직원도 관심을 표현하는 사람도 소수였기 때문에 조직 운영 자금도 부족한 상태에 처해 있었다. 따라서 환경보호를 위한 적극적인 활동보다 철새 보호, 나무 심기, 오물 청소 등 기본적인 환경교육과 환경의식을 고취하는 계몽운동에 머물렀다.[17]

2000년 이후부터 중공업의 발전에 따라 환경오염이 심각해지면서 사람들의 일상생활에 직접적으로 피해사례가 발생하면서 환경오염에 대한 민간환보조직의 활동이 활발하게 나타나고 있다.

최근 '자연의 친구'와 같은 민간환보조직은 심각한 대기오염문제에 대해서도 환경단체로서의 대중의 관심을 환기하고 정부의 대응을 촉구하는 직접적인 행동으로 나서고 있다. 이 단체 회원들은 베이징 거리에서 마스크를 쓴 채 '나는 호흡하고 싶다(我要呼吸)'라는 글을 적은 종이를 들고 거리에 나가 홍보를 하고, 홈페이지에 관련 사진을 올리고 있다. 또한 이 단체는 〈환경보호법 수정안〉이 신속하게 제정되도록 시민들의 동참을 호소하는 선전활동도 하였다. 이러한 민간환보조직의 활동은 정부관료들로 하여금 환경문제에 대해 보다 적극적인 대응을 하도록 이끌고, 정책결정을 대중에게 공개하도록 영향력을 행사하고 있다.[18]

올해 3월 초, 중국 최대의 정치행사인 양회(兩會)에서는 심각한 대기오염문제의 해결을 요구하는 대중의 목소리가 커지면서 언론을 통한 전국인대 위원과 정협위원들의 정책질의와 제안이 여러 차례 보도되었다. 리커창(李克强) 국무원 총리는 폐막 기자회견에서 정부의 환경문제 해결을 위한 노력을 설명하고, 환경문제에 대한 전 사회의 관심과 참여를 요구하였다.[19]

---

17) 徐楠, 위의 글, 2009.
18) 自然之友呼吁为"大气法"提建议 http://fon.org.cn/index.php/index/post/id/1931
19) 李克强谈 "向雾霾宣战"：不能等风盼雨 要主动出击,

상하이 사회과학원의 탕원위(湯蘊懿)는 '자연의 친구'와 같은 일부 민간환보조직이 대중의 신뢰를 얻어 적극적으로 활동할 수 있게 된 배경을 세 가지 측면에서 분석하고 있다. 첫째, 정치적 급진성을 배제하고 온화한 협력자가 되는 방식을 채택하였기 때문이다. 이는 풀뿌리 민간환보조직이더라도 정부의 재정지원을 받지 않고서 회비로 조직을 이끌어나가야 하는 민간조직의 특성상, 독립적인 활동을 위한 재정, 인원의 안정성을 유지하기 힘들다는 의미이다. 둘째, 개인 혹은 소수 활동가에 의한 영웅주의 활동에 탈피하여 대중의 생활과 밀접한 생태환경교육이나 활동을 중심으로 했기 때문이다. 자연의 친구는 자연보호를 위한 일부 민간환보조직이 설립자나 소수 활동가들만 참여하는 문제들보다는 생태환경과 관련하여 일상생활과 밀접한 사업을 시행하고 있다. 이는 시민들이 민간환보활동에 대해 동참할 수 있는 공간을 제공하였다는 의미이다. 셋째, 기업의 지원을 적극적으로 유도하여 재정적 자립을 시도했기 때문에 일부 민간 환보조직은 비교적 성공적으로 정착했다고 평가하였다.[20]

이러한 성공 요인은 상하이의 민간환보조직에서도 비슷하게 작용하고 있다고 볼 수 있다.

상하이의 민간환보조직은 베이징보다 조금 늦게 1990년대 후반기부터 설립되기 시작했다. 상하이에서 가장 먼저 설립된 조직은 '상하이 뿌리와 새싹 청소년활동중심(上海根与芽青少年活動中心)'으로서 1999년 11월 설립되어 청소년을 대상으로 환경보호교육을 제공하고 환경보호능력의 제고를 통하여 야생동물보호와 환경보호 의식을 높임으로써 개인이 자연을 아름답게 변화시키도록 하는데 목표를 두고 있다.[21]

http://news.xinhuanet.com/politics/2014-03/13/c_133181989.htm
20) 湯蘊懿, 「我们需要什么样的环保组织—中国民间环保组织的发展困境」, 『上海經濟』, 2010年 上海社會科學院公共政策研究室, 12期.

조직 구성은 영국인 토리 린(Tori Lbnn Zwisier)이 이사장직을 맡아 상징적인 역할을 하며, 나머지는 중국인 활동가 10여명이 사업을 담당하는 책임 스태프(staff)제도를 운영하고 있다. 구체적인 사업으로는 사막화를 방지하기 위해 내몽고지역에서 진행하고 있는 백만그루 나무 심기 프로젝트, 농민공 아동들의 건강도우미 역할을 하는 러마오(樂苗)프로젝트, 녹색환경평가프로젝트, YES녹색청년행동, 유기농장프로젝트, 희망의 집-환자돌봄프로젝트, 비닐봉투 쓰지 않기 사업, 도시 꽃밭 조성 사업 등 친환경 생활 관련 사업과 환경보호교육, 환경보호사업을 다양하게 전개하고 있다.[22]

환경문제의 비정치적 성격은 재정 보조와 조직 활동에 있어서 긍정적으로 작용하는 요인이기도 하다. 즉, 민간환보조직의 일부 활동은 기업과 자매결연을 통해 재정을 지원받아 수행하고 있다. 특히 상하이지역은 외국계기업이 비교적 많이 진출하고 있는데, 뿌리와 새싹과 현지에 진출한 한국 화장품회사가 환경보호활동에 협력하기도 하였다. 백만그루 나무심기 프로젝트를 통하여 한국의 이니스프리(innisfree) 화장품 기업과 협력하여 내몽고 사막에 1만 그루의 나무를 심기도 하였다.[23] 또한 뿌리와 새싹은 "청소년들에게 환경보호의식을 고취하기"라는 본래 설립 취지에 맞춰, 주요하게 학생을 대상으로 하는 환경보호활동을 중심 사업으로 진행하고 있다. 즉, 초, 중, 고등학교에 환경보호 소모임(小組)을 구성하고, 학생들에게 적극적인 환경교육을 통하여 환경보호 의식 고취와 동물 보호 그리고 마을 가꾸기를 3대 핵심 과제로 내세우고 있다. 소모임이 구성된 학교는 1999년 3개 학교에서 2008년 170여개 학교로 증가하였다. 학생대상의 환보교육과 환보활동은 상하

21) http://www.jgi-shanghai.org
22) http://www.jgi-shanghai.org/index.php/chinese/about_r_s/shanghai-rands
23) http:www.bokuennews.com/news/article_print.html?no=72123

이시정부와 각 학교의 지원을 받고 있다. 한편 뿌리와 새싹은 또한 학교에서의 소모임 설립 외에 매년 상하이에서 일반시민을 대상으로 환경보호교육과 환경보호활동을 추진하고 있다.

상하이 다오롱자연보호 및 지속발전중심(上海道融自然保护与可持续发展中心) 역시 다른 환보조직과 마찬가지로 생물다양성을 보호하는데 힘쓰고, 자연자원의 지속적 이용과 녹색무역으로의 전환을 추진하여, 사회의 지속발전을 실현하는 것을 목표로 한 조직이다. 특이한 점은 이 환보조직은 자연보호와 생물다양성 보호 활동을 하는 동시에 농촌 건설의 경로를 적극 모색하고 연구하여, 농촌 지역의 발전을 추진하는 사업을 한다고 되어 있다.24) 주요 사업으로는 기업참여식 물관리, 자연학교, 환경친화형 농업, 강남수향문화 복구에 관심을 갖고 있다.

상하이 지역 민간환보조직의 특징 중의 하나는 국제환경조직과 협력관계를 맺고, 재정지원을 받고 있다는 것이다. 뿌리와 새싹은 이사장이 영국인이기때문에 국제환경단체의 지원을 받을 수 있었고, 다오롱도 외국기업 및 환경조직과의 긴밀한 관계를 통해 지원을 받고 있다. 국제적 기업인 UPS Express, P&G의 재정지원을 받아, 타이후(太湖) 수자원보호프로젝트에 참가하였다. 다오롱은 이외에 기업참여방식 물관리, 자연학교, 친환경농업 등의 환경보호사업분야에서 세계자연기금회(WWF) 중국지부와 미국분회의 지원을 받고 있다.25)

상하이의 민간환보조직은 베이징의 민간환보조직이 1990년대에 설립되어 활동을 시작한 것에 비해 5~6년 정도 늦게 설립되었다. 활동방식에 있어서는 양쪽 모두 10여명 내외의 전직 활동가(스태프)와 자원봉사자들에 의해 이루어지고, 활동내용 역시 학생, 일반인을 대상으로

24) http://www.daorong.org.cn/about/1.html
25) http://www.daorong.org.cn/working/list_35_1.html

하는 환경보호교육과 유기농업 등 친환경농업과 같은 생활밀착형 환경보호활동을 위주로 진행하고 있다. 한편 베이징의 민간환보조직이 대중앞에서 선전활동을 하거나, 환보법 개정 요구 운동을 벌이는 것처럼 좀더 정치적인 성격을 지니는 활동을 하고 있다면, 상하이 환보조직은 상대적으로 비정치적 성향을 나타내며 환경보호활동 자체에만 집중하는 편이다.

III. 민간환보조직의 활동 평가

일반적으로 시민사회의 발전이 비교적 성숙한 국가에서는 민간조직이 그 나라 사회운동의 중추적인 역할을 담당한다. 그러나 아직 시민사회의 발전이 활발하지 않은 중국에서는 사회운동을 이끌만한 민간조직의 발전이 이루어지지 않고 있다.

1. 긍정적인 측면

민간환보조직의 활동에서 나타난 다음 몇 가지 양상이 환경문제를 매개로 활동하는 민간환보조직이 중국의 사회운동을 발전시키는 데 긍정적으로 작용할 것이다. 첫째, 환경이슈의 비정치적 특성으로 인하여 대중과 정부의 지지를 비교적 쉽게 획득하고 있다. 둘째, 환경보호와 관련하여 대중의 의식수준이 높아지고 있다. 셋째, 환경문제 해결과정에서 환경소송제기와 같은 사법적 요구 방식으로 변화하고 있다.

1) 환경 문제는 주민의 건강과 생명과 관련되어 있고, 지역의 생활환경과 재산가치의 유지와도 관련되어 있다. 민간환보조직의 활동은 사회구성원 모두의 이익을 전제로 하는 공익적 성격을 지니며, 때문에

비정치적 성격을 지니고 있다. 따라서 민간환보조직의 활동은 정부에 의존하지 않고, 독립적으로 생활과 밀접한 이슈를 통해 대중의 호응을 이끌어 낼 수 있고, 또한 정부의 환경보호업무에 있어서 일정정도 보완해 주는 역할로서 정부의 지지와 지원을 받는다. 리커창 총리가 내용의 대기오염문제의 해결을 위해 사회와 대중의 관심과 참여를 요청하는 기자회견을 한 것은 환경 이슈의 비정치성을 보여주는 사례이다.

2) 민간환보조직의 활동에 참여하는 시민들의 대부분은 환경보호 운동을 지지하는 입장을 가지고 있으며, 환경보호에 관심과 의지를 적극적으로 표현하는 사람이다. 이들 성원들은 스스로 모임을 만들거나 자발적으로 참가하여 대부분 주도적으로 시민의 환경보호의식을 일깨우고, 환경보호 실천 활동에 참여하고, 활동자금을 기부하는 등의 다양한 방식으로 환보활동에 참여한다. 또한 개발지상주의, 황금만능주의적 사회분위기에서 대중을 대상으로 환경보호를 주제로 강연, 전시회, 공연, 학술연구, 실천 활동 등을 민간환보조직에서 준비하고 개최하면서 대중의 환경보호의식을 높이고, 환보활동에 대한 대중참여를 유도하여 전국민의 환경의식 수준을 높이고 있다.

3) 환경문제 해결과정에서 사법수단을 통해 시민들의 권리를 요구하는 방식으로 변화하고 있다. 최근 들어 대중의 건강권, 생명권 등 환경권익이 침해받는 상황이 빈번하게 나타나면서 개인이나 민간환보조직이 법적 해결수단을 이용하거나 민간환보조직의 명의를 통해 환경행정소송이나 환경민사소송을 제기하고, 일부에서는 환경문제로 집단소송을 제기하는 방식이 나타나고 있다.[26] 중국에서는 환경형사범죄에 대

---

26) 베이징과 가까운 허베이성 스좌장시에 사는 시민 리구이신(李貴欣)은 당국이 스

해서 환보민간조직은 법에 따라 형사소송을 지지하거나 참여할 수 있다. 따라서 '의법항쟁(以法抗爭)' 즉, 법에 의거하여 저항하는 방식은 환경문제 해결 과정에서 기존의 환경보호교육이나 환경보호 실천활동보다 발전되었고, 직접적으로 국가의 환경정책결정에 영향력을 행사하는 사회운동적 속성을 띠고 있다.

2. 부정적인 측면

민간환보조직의 활동에서 나타난 몇 가지 문제점은 민간환보조직이 정상적으로 활동하고 발전하는데 있어서 장애요소로 작용하고 있으며, 이러한 특성은 중국의 사회운동을 발전시키는데 부정적인 영향을 미칠 것이다. 첫째, 정부의 소극적 대처에 따른 법률규정의 미비 문제가 민간환보조직의 발전을 막고 있다. 둘째, 민간환보조직의 실제 운영에 있어서 활동자금이 부족하고, 활동가의 직업안정성도 허약한 실정이다. 셋째, 전문성과 투명성의 부족으로 인해 사회적 신뢰가 부족하다는 평가를 받고 있다.

1) 중국에서 민간환보조직은 민간조직으로서 관련 법률에 의거하여 정식 등록을 해야 한다. 정식등록이 이루어져야만 재정지원과 활동에 있어서 안정성을 유지할 수 있기 때문이다. 하지만 다수의 민간환보조직은 등록이 쉽지 않다는 문제에 직면해 있다. 반관방 성격의 민간환

모그를 통제할 법률적 책임을 이행하지 않았다는 이유로 시 환경보호당국을 상대로 행정소송을 제기했다. 고소장에서 자신이 마스크와 공기청정기 구입을 위해 지출한 1만 위안을 배상하라는 요구를 했다. 중국 최초로 환경오염에 대한 국가의 책임성을 시민이 물은 환경공익소송이라는 점에서 국내외 여론의 관심을 받았다. http://news.21cn.com/hot/social/a/2014/0224/17/26534654.shtml

보조직의 연합체 역할을 하는 중화환보연합회의 조사결과를 보면
2,768곳의 환보조직 중 각급 민정부에 정식 등록한 민간환보조직은
23.3%에 불과하다는 것이다. 이러한 결과는 중국의 민간조직의 등록제
도가 이중등록관리제도(双重登记管理制度)를 채택하고 있기 때문이다. 즉,
민간조직이 합법적으로 등록할 때에는 업무주관단위의 심사와 행정주
관단위의 심사가 각기 필요하기 때문이다. 이러한 이중등록심사제도는
민간환보조직의 등록이 쉽지 않은 원인이 되고, 결국 풀뿌리 민간환보
조직은 비합법상태로서 조직 확대, 자금 확보, 활동 확대 등에 있어서
제약을 받고 있다.

　이러한 법률적 제약요인을 해결하기 위하여 중국정부는 2010년 전국
인민대표대회를 통해 산업협회및상회부문(行业协会商会类), 과학기술부문
(科技类), 공익자선부문(公益慈善类), 도농사구서비스 부문(城乡社区服务) 등 4
종류의 민간조직의 경우에는 업무주관단위의 등록은 필요 없고 바로
민정부에 등록하도록 바꾸었다. 이러한 조치는 민간환보조직의 발전에
긍정적인 영향을 미칠 것이라고 평가받고 있다. 즉, 황샤오용(黄晓勇)은
중국의 민간조직의 총 숫자가 2011년 46.2만개에서 2012년 49.9만개로
3.7만개가 증가하여 증가율이 8.1%를 기록했는데, 이는 2010년에서
2011년까지 늘어난 3.7%에 비해 현격하게 증가하였다고 평가하고,
2012년이 본격적으로 중국민간조직발전이 시작되는 해라고 하였다.27)
하지만 칭화대학 NGO연구소장 왕밍(王名)은 직접등록제도는 합법성을
부여한 것에 불과하며, 민간조직 자체의 능력 부족, 낮은 공신력, 부족
한 자원 등의 문제가 여전히 존재하기 때문에 민간조직의 발전은 오랜
시간이 필요하다고 주장하고 있다.28)

---

27) 民间组织的"春天"：去行政化刻不容缓,
　　http://politics.inewsweek.cn/20131011/detail-72651.html
28) 民间组织的"春天"：去行政化刻不容缓,

2) 운영 경비의 부족 문제와 인원의 안정성 부족 문제가 다수 민간 환보조직이 직면하는 주요 장애요소이다. 조직자금의 일반적인 원천은 회원들이 내는 회비이고, 다음은 회원 기부금과 정부 또는 업무주관단위의 지원금과 기업의 기부금이다. 조사에 의하면 전체 민간환보조직 중 76.1%가 고정적인 수입원천을 가지고 있지 않으며, 풀뿌리 민간환보조직은 재정 확보가 더욱 어려운 상황이다.[29] '자연의 친구'와 같은 비교적 명성있고, 능력을 갖추고 있는 조직도 주로 각종 기금회에 사업을 신청하여 운영경비를 구한다. 그밖에 상하이의 뿌리와 새싹이나 다오롱과 같이 기업이나 외국기업 또는 국제민간환보조직의 재정지원을 통해 사업을 하는 경우가 적지 않다.[30]

이러한 문제를 해결하기 위하여 첫째, 민간환보조직의 자체 능력을 향상시켜 경비를 조달하는 시스템을 만드는 방법과 둘째, 정부의 환보 서비스 사업을 대행하여 정부 지원금을 보조받는 방식이 제시되고 있다.[31] 하지만 활동경비가 부족한 상태에서 민간환보조직의 능력을 높이는 것은 쉽지 않고, 정부의 보조금을 받기 위해 정부 환보서비스를 대행하는 것은 민간환보조직의 독립성을 저해하는 것으로 생각하기 때문에 쉽게 결정하지 못하고 있다.

민간환보조직의 참여자는 수입, 교육정도, 직업에서 보면 다수가 도시에 사는 지식인으로 중간계층에 속한다. 이러한 집단은 지식수준이나 학력수준이 상대적으로 높고, 생활수준도 상대적으로 풍요롭고, 비교적 여유시간이 있어, 사회활동에 참여하려는 의지와 능력도 갖고 있

http://politics.inewsweek.cn/20131011/detail-72651.html

29) '국외시민단체의 지원을 가급적 막으려하는 중국정부', 한겨레신문, 2014. 3. 27.
30) 黄艳, 刘佳婧, 魏梦佳, "空有理想和热情 : 民间环保组织之殇',
　　http://www.gs.xinhuanet.com/jiaodianwt/2009-12/01/content_18379829.htm
31) 王飞, 위의 글, 2009.

으면서 자연스럽게 민간환보조직의 중간층의 역할을 하고 있다. 하지만 민간환보조직에 참여하는 인원 충원이 제한적으로 이루어지면서 실제 활동을 하는 회원은 많이 부족한 상태이다. 중국의 민간환보조직에는 2011년 기준으로 22.4만여명이 회원으로 되어 있는데, 이 중 6.9만여명이 전직(全職)인원이며, 겸직(兼職)인원은 15.5만여명으로 민간환보조직의 규모는 일반적으로 크지 않다. 이 수치는 하나의 민간환보조직에 전직인원이 25명 정도 되는 것으로 나타나지만, 민간자발환보조직에서 겸직인원만 있고, 전직인원이 없는 곳도 30%정도에 이르고 있다.[32]

결국 경비부족문제가 민간환보조직에서 근무하는 활동가들의 대우 수준을 낮추는 요인이 되면서 활동가들의 이직율이 높게 나타나고, 민간환보조직의 안정성을 떨어뜨리는 요인으로 작용하였다. 일반적인 민간환보조직은 기본적으로 다수가 한 사람 혹은 지도부 몇 명 중심으로 활동이 전개되고 있다. 만약 이 사람이나 주요 구성원들이 조직을 이탈하게 되면 조직운영을 지원하는 정치, 경제계의 지원도 바로 사라지면서 조직이 해체되기도 한다.[33]

3) 전문성과 투명성의 부족으로 인해 민간환보조직이 아직 사회적 신뢰가 부족하다는 평가를 받고 있다. 중국에서 규모가 있는 민간조직은 대부분 정부와 밀접한 관계를 맺고 있으며, 기금의 집행과 활동 내용에 있어서 투명성과 공개성이 부족하여 대중들의 완전한 신뢰를 받고 있지 못하고 있다. 특히 2011년 발생했던 중국홍십자회와 관련되었다는 의혹이 제기된 '궈메이이사건(郭美美事件)'은 중국 민간조직에 대한 대중의 신뢰성을 크게 손상시킨 계기가 되었다.[34] 그리고 풀뿌리 민간

---

32) 鞠占杰, 위의 글, 2011.
33) 鞠占杰, 위의 글, 2011.
34) 红十字会遭遇诚信风波 运作模式被指神秘, http://news.sina.com.cn/c/2011-06-28/

환보조직의 경우에는 1990년대 이후 본격적으로 설립되면서 활동경험이 부족하고, 전문성을 갖춘 인원이 부족하다는 점에서 아직 대중의 신뢰를 얻지 못하고 있다. 그밖에 조직내부관리가 체계적이지 못하고 소수 인원 위주로 운영되면서, 민간환보조직의 활동에 대한 대중의 무관심과 신뢰상실이라는 부작용이 발생하고 있다.

IV. 환보군체성사건 사례 분석

1. 환보군체성사건의 증가 배경

환보군체성사건은 환경오염으로 인해 지역주민들의 생활환경이 악화되는 상황에서 지방정부 혹은 기업과의 협상이 타결되지 않을 경우에 발생하는 군중들의 집단적인 항의와 투쟁을 의미한다.[35] 또한 아직 완성되지 않은 공공서비스 시설과 공업프로젝트가 환경을 해칠 수 있고 오염가능성이 있다고 할 때에도 민중의 반대를 일으킬 가능성이 있는 경우에도 해당된다.[36] 즉, 환경군체성사건에는 이미 환경오염과 건강에 침해가 발생하는 등 실제 피해가 발생하여 나타난 사건과 아직 발생하지 않았으나 환경오염의 위험요소가 잠재되어 있을 때 발생하는 사건, 두 종류로 분류하고 있다.

중국사회과학원이 발행한 [중국법치발전보고中國法治發展報告(2014)]에 나타난 2000년 이후 2014년까지 14년 동안 발생한 군체성 사건 중 100

210922721782.shtml

35) 孟军, 巩汉强,「环境污染诱致型群体性事件的过程-变量分析」,『宁夏党校学报』, 2010. 5.

36) 陶鹏, 童星,「邻避型群体性事件及其治理」,『南京社会科学』, 2010. 8.

명 이상의 인원이 참여한 사례 871건을 유형별로 분류해 보면 노사분
쟁 267건, 부당한 법집행 174건, 토지징발 및 철거 97건, 신방(信訪) 및
권리보호 53건, 환경오염과 분노표출, 민관충돌이 각각 37건으로 상위
다섯 가지로 되어있다.[37] 하지만 2000년 이후 발생한 군체성사건에는
환경오염 관련 사건이 노사분쟁과 토지징발 및 철거 다음으로 많이 발
생하는 것으로 나타났다. 이는 그만큼 환경문제에 대한 중국인들의 관
심이 높아지고 참여도 활발하게 이루어지고 있다는 지표이다.

환보군체성사건이 늘어나게 된 요인으로는 정부의 환경정보 비공개
태도 고수, 환경영향평가의 조작 가능성, 주민의 환경의식 자각과 권리
요구 증진, 지방보호주의 혹은 님비현상 등이 복합적으로 작용하고 있다.

1) 환경정보 비공개

환경오염사건에서 정부는 과거의 권위주의적이고 폐쇄적인 업무태
도의 영향으로 정보를 공개하지 않거나, 공개하더라도 가급적 적게, 느
리게 공개하는 경향이 있다. 이는 공민의 알 권리를 침해하여 정부의
정책집행에 대한 의심을 가져오고 주민들의 항의와 반대시위를 야기하
고 있다.

상하이 자기부상열차 사건이 발생하기 1개월 전에 상하이시 환보국
국장 장첸(張全)은 기자회견에서 자기부상열차는 3-5m 바깥으로는 자기
장이 사라지기 때문에 주변 주민들에게 미치는 영향은 매우 작다고 하
였다. 하지만 시민들은 이러한 시정부의 의견에 대해 믿지 못하겠다는
반응을 표시하였다. 한 임산부는 임신기간에 장시간 컴퓨터 앞에 앉는
것도 삼가고 있는데, 매우 큰 규모의 자기장을 발산할 자기부상열차가
환경에 영향을 미치지 않고 안전하다는 것은 전혀 믿기 어렵다면서 정

37) http://www.guancha.cn/society/2014_02_25_208680.shtml

부의 발표를 신뢰하지 않았다.[38] 이 사례에서 볼 수 있듯이 건설사업을 하는 정부와 기업의 입장에서는 환경에 미치는 영향을 가급적 축소하려는 경향을 보이고, 결국 주민들은 정부가 발표하는 환경정보에 대해 불신하면서 환경군체성 사건으로 비화되는 양상을 보여주고 있다.

2) 환경영향평가 조작

중국에서는 일정 규모 이상의 사업에 대해서는 전문가에 의한 과학적인 조사와 대중이 참여하는 공청회 등을 통하여, 환경관련 사업에 대한 환경영향평가(環評)제도를 실시하고 있다. 하지만 실제로는 부실한 운영이 적지 않다. 예를 들어 상하이 송장 이온배터리 사업의 경우에, 환평부서에서는 대중들의 의사를 묻는 설문지를 150부를 하였고, 조사 결과의 2%만이 반대하는 것으로 나타났다. 하지만 사업 공포 이후 거리로 나온 시민들은 자신은 조사에 응하지 않았다고 밝혔다. 환평 조작 행위는 정부에 대한 불신감을 높이고, 환경군체성 시위에 더많은 주민들이 참여하는 원인으로 작용하였다.[39]

3) 주민의 환보의식 자각과 권리 요구 증진

건강과 생명이 직결된 환경문제는 주민의 환보의식을 높이고, 지역 내의 환경오염 대한 문제제기와 해결을 요구하도록 주민들의 권리의식을 증진시켰다.

상하이 남역의 소음, 진동, 배출가스 오염을 항의하던 상하이 신장지역 주민이나 리튬이온 배터리 공장 유치를 반대하는 주민들, 자기부상열차 노선의 변경을 요구하는 주민들에 의한 환보군체성 사건은 모두

38) 杨传敏, 「上海散步反建磁悬浮事件本末」, 『中国市场』, 2008年, 第11期. 22쪽.
39) 童克难, 高楠, 위의 글, 2013.

환경오염에 대한 인식을 높이면서 자연발생적으로 조직화가 이루어진 집단항의시위였다. 과거에는 무시되고 강압적으로 집행이 이루어졌던 개발사업에 대해서 시민들이 조직적이고 지속적으로 저항하면서, 환보 군체성 사건은 사회운동으로서의 성격을 지니고 있다. 상하이 남역 환경오염사건을 항의하는 주민들은 주민자치조직인 거민위원회와는 별개의 조직으로 권리수호를 위한 대책위원회(维权委员会)를 구성하여 조직적이고 체계적인 시위방식으로 요구사항을 구(區)정부에 요구하였다. 이러한 특징에 대해서, 한 연구는 상하이의 군체성 모델이 중국의 전통적인 군체성 사건과는 달리 조직화정도가 비교적 높다고 평가하였다.40)

4) 님비현상

님비현상은 주민들이 자신들의 생활영역을 보호하기 위하여, 쓰레기 소각장, 화장터, 핵폐기물 처리시설 등 혐오시설의 설치를 반대하는 현상을 일컫는다. 중국에도 최근 들어 환경의식이 높아지면서 도시를 중심으로 님비(NIMBY)현상 즉, '린비운동(邻避运动)'이라고 지칭하고, 사회적 충돌의 요인으로 등장하고 있다.

2011년 베이징시 중심부에서 멀리 떨어지지 않은 시알치(北京市海淀区西二旗)지역에서 수백명의 주민들이 쓰레기 소각장의 설치에 반대하는 대규모 시위를 벌였는데, 이러한 시위가 바로 원하지 않는 혐오시설의 유입을 반대하는 주민들의 지역이기주의가 바탕에 깔려 있다는 것이다.41)

차량용 리튬이온배터리 공장 착공을 반대하는 상하이 시민들의 시위도 시위 배경은 단순히 환경보호라는 명분에서 시작하지만 사실상

40) 陈驰远, 「"环境群体性事件的组织机制及其分析框架构建」, 『清华大学学生学报』, 2013年, 5卷 第1期.

41) "邻避运动"在中国 http://news.sina.com.cn/green/2012-03-20/173524145720.shtml

내부에는 다양한 이익관계가 존재하고 있다. 즉, 상하이 궈센 사례는 새로운 에너지기업 즉, 리튬이온배터리산업과 관련하여 '지방보호주의'가 작동되었을 수도 있다는 것이다. 상하이 궈센의 모기업이 안헤이성에 본부를 두고 있는 기업으로서, 상하이 기업이 아니기 때문에 배후에 있는 이익단체들이 주민들의 환보의식을 이용하여, 궈센기업을 물러나게 한 것이다.[42]

2. 상하이 지역 환보군체성사건의 특징

1) 조직구성의 특징

환경군체성사건은 조직부분에서 참여군중이 많다는 특징이 있다. 그리고 조직동원에 있어서 효율성이 높게 나타나고, 참여자들이 동일한 혹은 인근 지역주민으로서 긴밀한 지역 연대성을 보이며, 집단항쟁의 주도자들이 전문적인 지식을 보유하고 있다는 추세를 보여주고 있다.

최근 중국에서 발생한 환경군체성사건은 군체조직의 특징에 있어서 '조직성'과 '핵심지도자' 두 가지 기준에 따라 분류하는 입장이 있다. 이 입장에 따르면 집단항쟁의 계획과 실시에서 소수의 지도조직(환보NGO, 업주위원회)이 존재하여 지도와 통제를 하고 있는지 여부가 중요하다. 시위 지도자는 항쟁의 전략과 수단(평화와 폭력) 등에 직접적 영향을 미치는데, 지도조직이 없거나, 허약한 경우에는 집단행위의 불안정성을 증가시켜, 항쟁이 혼란으로 가느냐 아니면 순수한 분노표출사건으로 가느냐를 결정짓는 중요한 기준으로 작용한다.

상하이남역 소음진동오염사건(上海南站噪音震动污染事件)은 2011년 상하이

---

42) 锂污染争论 国轩新能源项目"梦断"上海滩,
http://auto.163.com/13/0524/10/8VKPTL1300084TV1.html

남역에서 발생하는 소음과 진동으로 고통받는 주변 지역주민들이 수차례 시정을 요구해도 받아들여지지 않자, 《환경소음오염예방치료법(环境噪声污染防治法)》 제37조 법률조항을 위반하였다고 주장하면서 지역정부를 대상으로 집단적으로 항의시위를 벌인 사건이다.[43]

가장 직접적인 피해대상지역인 상하이신장지구 동탕사구(上海莘庄地区东荡社区) 주민들은 상하이 남역의 소음과 진동, 배출가스오염에 항의하기 위하여 사구 300여가구주민들이 위원회를 조직하였고, 자체 선거를 통해 주민 10명을 주민대표로 선출하였다. 이후 주민들은 사구 가도판사처의 상급 행정조직인 민항구(闵行区) 정부청사로 몰려가기도 하고, 상하이 남역 대합실에 진입하여 일주일 정도 점거시위를 벌이기도 하였다. 남역 주변의 다른 사구에서도 대책위원회를 조직하고, 선거를 통해 남역으로 인한 환경오염에 대해 이웃주민들과 공동으로 항의행위를 하였다.

환경군체성사건은 비교적 높은 조직성과 지속적인 항쟁능력을 갖고 있어, 사회운동의 범주에 포함된다. 특별히 시위지도자의 출현이 선거 등의 형식을 통하지 않고, 일반적으로 시위과정에서 적극적으로 행동하는 사람이 주축이 된다는 것이다. 그러나 상하이 모델은 전통적인 군체성사건과 달리 비교적 커다란 조직성을 갖고 있다. 주민들 스스로 선거를 통하여 시위지도인원을 선출하였다. 이러한 점은 일반적인 군체성 사건에서 조직화정도가 낮다는 평가[44]와는 다른 결과이다.

2013년 4월 상하이 시정부는 송장구(松江区)에 상하이 궈셴 신에너지유한공사 신에너지프로젝트(上海国轩新能源有限公司新能源项目)를 개발하기로 하였다. 차량용 리튬이온배터리 생산 공장을 상하이 외곽지역인 송장

43) http://wmzx.eastday.com/channel_bbs/view.aspx?id=34155
44) 于建嵘, 위의 글, 2009.

구에 건설한다는 것이 핵심 사업내용이었다. 하지만 환경오염을 우려하는 시민들이 대규모 반대 시위를 벌였다. 시민들은 시위과정에서 "상하이를 사랑한다(爱上海)!, 송장을 사랑한다(爱松江)!", "그린상하이를 사랑한다(爱绿色上海)!, 오염은 거절한다(拒绝污染)!" 등의 환경보호를 주 내용으로 하는 구호를 외쳤다. 2013년 4월 24일, 상하이 송장구의 거리로 나선 시위자들은 오성홍기를 들고 송장구정부로 도보시위를 하면서, 서명운동을 벌이기도 하였다. 시민으로 구성된 시위참가자들은 공사가 시작되면 상하이의 주택단지, 토지, 공기, 수원의 오염까지 피할 수 없을 것이라면서 인터넷을 통해 주변사람들에게 알리고 참여를 이끌어내는 등 자발적인 항의시위의 특징을 보였다.[45]

2) 참여자 구성

환경군체성사건은 여타 군체성 사건에 비해 참여하는 사람이 지역을 중심으로 구성되기 때문에 비교적 많다는 특징이 있다. 환경군체성 사건에는 다양한 이익집단 또는 이익상관자가 형성되어 있다. 환경군체성 사건의 결과는 각각의 이익집단에 의해 영향받는다. 중국사회과학원의 단광나이(单光鼐)는 환경군체성 사건의 첫 번째 이익집단은 직접적인 이해당사자(이익상관자)이며, 두 번째는 이웃, 촌락이 운명공동체로 참가하며, 세 번째는 공동의 가치나 공공도덕적 관점에서 군체성사건에 동의를 표하는 도의공동체이고, 마지막으로 가장 바깥에 감정적으로 이끌려 동의와 참여를 하는 정서공동체가 있다고 분석하였다.[46]

---

45) 锂污染争论 国轩新能源项目"梦断"上海滩,
　　http://auto.163.com/13/0524/10/8VKPTL1300084TV1.html
46) 单光鼐, 「尽快开启越来越逼近的制度出口—2009年群体事件全解析」,
　　http://www.infzm.com/content/41159

이익상관자와 환경쟁의는 가장 직접적인 이익연계를 갖고 있다. 통상적으로 공업프로젝트와 오염이 발생하는 공공서비스시설 주변에 거주하는 주민들이다. 환경질량의 좋고 나쁨이 생활의 질량과 신체건강에 직접적인 영향을 끼친다. 따라서 이들의 행위가 가장 적극적이다. 운명공동체는 이익상관자의 인적 관계(혈연, 지연, 직장연)에 기반하여 생성된 집단이다. 이들과 당사자는 공동의 사회생활과 유사한 상황에 처해있기도 하며, '운명적으로 연결되었다'는 생각 속에 행동에 참가한다. 도의공동체와 환경쟁의는 구체적인 이익으로 연결되지는 않았지만 항쟁에 참여하는 것은 공중도덕과 정의를 유지하겠다는 생각에 출발하고 있다. 정서공동체는 가장 외곽계층으로 이들은 완전히 집단항쟁이라는 행동 자체에 이끌려 참가한 사람들로 흥분, 동정, 분노 등 정서적인 면에 기반하여 군체항쟁에 참가한다.

3) 조직네트워크 특징

환경분쟁으로 야기된 환경군체성 사건의 조직네트워크는 군체성 사건 참여자들이 어떤 매개를 통하여 규합되는가에 대한 대답이다. 환경군체성 사건은 지역의 환경오염이나 오염가능성으로 인한 피해배상 또는 문제점 해소를 요구하면서 나타나는 군체성 사건으로서, 이는 피해자 가족의 '혈연'관계를 통해 문제를 해결하는 의료분쟁이라든가 일반적인 노동쟁의에서 볼 수 있는 직장에서의 관계가 조직네트워크의 주요한 계기이다. 2008년 11월 총칭시 택시기사 집단파업은 바로 업연이 주요한 조직네트워크이다. 이외에 종교, 민족 등 요인들이 모두 항의자들 사이에서 네트워크가 될 수 있다. 환경군체성은 이에 비해 '지연'을 중심으로 형성되는 높은 수준의 지역중심성이 있다.

환경군체성 사건의 또 하나의 조직네트워크는 가치중심성에 의해 영향받는다. 위젠롱(于建嶸)은 환경군체성 사건은 권리보호사건의 일종으로 자신들의 주거지역이자 공동의 생활환경인 지역을 지키기 위해 단일한 가치를 중심으로 형성된다. 2007년의 샤먼, 2011년의 다롄, 2012년 닝보, 스팡, 2014년의 광동 마오밍 등지에서 연이어 발생한 PX반대 군체성 사건은 환경오염 가능성이 있는 위험한 화학공장의 진입을 거부한다는 하나의 목적이 있을 뿐이다. 지역중심성과 가치단일성에 의한 군체성 사건은 집단행동이 해당 지역 중심으로 이루어지며, 정부에 대한 직접적 공격을 내용으로 하는 구호는 제외되고 환경문제만을 제기하는 형태로 주로 이루어진다.

4) 투쟁양태 특징

환경군체성 사건은 합법과 불법의 경계를 넘나들며 저항하는 형태를 보여주고 있다. 우선 환경군체성 사건에서 주로 나오는 구호는 대부분 환경 이슈와 관련된 내용이며, 중앙정부나 공산당을 비판하는 구호는 거의 나타나지 않고 있다. 2008년 1월 6일 발생한 상하이 자기부상열차 군체성 사건은 후항선(상하이에서 항저우로 연결되는 자기부상열차 노선)이 지역을 관통하여 지나가는 계획에 대해 자기부상열차의 안전성이 입증되지 않았고, 소음, 전기자장 등으로 인한 건강권 위해, 주택가격의 하락에 따른 재산권 침해문제 등을 이유로 발생한 사건이다. 이 사건은 일주일 후인 상하이 시민 만여명이 상하이의 도심지역인 인민광장, 쉬자훼이 등 도심지를 도보로 걸으면서 "자기부상열차 반대하고(反对磁悬浮). 우리집을 지키자(保卫家园)"라는 구호를 외쳤고, 일부 아파트에서는 "지도자여 우리를 살려주시오(请领导救救我们)"라는 플래카드를 내걸기도 하였다. 또 하나 환보군체성사건에서 찾아볼 수 있는 특징은 대중들이 행동이 법을 활용한 투쟁방식을 이용하여 경찰의 진압을 효과적으로 막기도 한다. 즉, 법에 의거하여 저항한다는 의미의 의법항쟁(依法抗争)방식으로 불법시위로 강제해산당하는 것을 미리 막고, 대중의 해산을 최소화하면서, 시위 효과를 최대화하는 방식이다. 이는 2007년 저장성 샤먼PX반대 사건에서 처음 나왔던 합법적 시위 형태인 '산보'방식의 시위이다. 이 방식은 여러 지역에서의 군체성 시위방식으로 활용되었는데, 상하이 지역에서 자기부상열차 노선 통과를 반대하는 후항선 예정지역의 상하이 시민들이 이메일, 편지 등을 통한 소극적인 의사표현 이외에, 샤먼PX사건을 경험삼아 '산보'라는 적극적인 형태로 자신들의 의견을 표출하였다. 일부 중국학자는 '산보'에 대해 의사표현의 자유는 헌법에 보장된 권리로서 공민사회의 기본적 내용이지만, 집회행진 시위의 공민의 권리는 '산보'라는 비규범적인 용어로 대신하고 있다는 점이 중국의 법률이 모호한 성격임을 입증하는 것이라고 설명한다.[47]

의법항쟁(依法抗爭)은 중국 농민의 집합행동을 설명하는데 있어서 리렌장(李连江)과 오우보원(欧博文)이 제기했던 것으로 〈당대중국농민의 의법항쟁〉에서 중국농촌에서의 정치충돌을 설명하는 개념이다. '의법항쟁'은 '정책의 의거한 항쟁(policy-based resistance)'의 의미로서, 농민이 적극적으로 국가법률과 중앙정책을 활용하여 지방정부와 관료들의 간섭과 침해를 받지 않고, 자신들의 정치적 권리와 경제적 이익을 지키려는 행위를 의미한다. 의법항쟁은 정치적 참여와 정치적 저항 두 특징을 갖고 있다. 내용적으로는 정치참여에 속하나, 형식면에서는 저항과 참여 두 특징을 모두 지니고 있다. 의법항쟁의 틀 안에서 농민이 중앙정부의 정책을 이용하여 지방정부 혹은 기층정부의 정책에 대항함으로써, 상급기관을 문제해결의 주체로 보고, 상급기관에 대해서는 직접적으로 대항하지 않는다.[48] 이러한 반항형식은 공개적, 준(准)제도화 혹은 반(半)제도화의 형식이며, 주로 '상방(上訪)' 즉, 중국식 민원고발제도를

47) 杨传敏, 「上海散步反建磁悬浮事件本末」, 『中国市场』, 2008年, 第11期.
48) 李连江, 欧博文, 「当代中国农民的依法抗争」, 吴国光主编, 『九七效应』, 太平洋世纪研究所, 1997年.

통해서 이루어진다.

위젠롱은 스콧의 견해와 리렌장의 견해가 각기 동남아 농민 대상이며, 1990년대 초 중부지역의 농민들에 대한 연구결과로 인해 제한적이다는 평가를 하면서 '이법항쟁(以法抗爭)'개념을 제기하였다. 즉, 위젠롱은 직접적인 의미에서의 '법률'을 항쟁의 무기로 삼기(以法) 시작했다는 점을 변화로 평가하고 있다. 즉, 이법항쟁은 항쟁자가 직접 항쟁대상에 도전하는 것을 주(主)로 하고, 입법자를 보조로 하여 고발한다면, '의법항쟁'은 항쟁자가 입법자를 주(主)로 하고, 직접 항쟁대상에 도전하는 자를 보조로 하거나 심지어는 직접 항쟁대상에 도전하는 것을 포기한다. 이법항쟁은 항쟁자가 자신을 항쟁목표를 실현하는 주체로 인식하고, 의법항쟁은 항쟁자는 입법자가 항쟁목표를 실현하는 주체로 인식한다는 차이가 있다.[49]

V. 결론

경제 성장과 사회 발전은 정비례 관계이다. 생활수준이 높아지면서 자연스럽게 개인의 경제적 권리, 사회적 공공사건, 국가 정책에 대한 시민들의 관심이 증가한다. 공공문제와 공공정책에 대해 개인의 생각과 의견을 외부로 표현하고 행동으로 나서기도 한다. 개인적인 의견 표명 또는 구체적인 행동으로 나서다가 같은 생각과 목적을 가진 사람들이 모여 집단이 구성되며, 집단의 힘이 체계적인 조직으로 구성되어야 할 필요성을 느낄 때 단체를 설립한다. 시민사회는 이러한 과정을 거쳐 형성된다.

---

49) 于建嶸, 『抗爭性政治: 中國政治社会学基本問題』, 人民日报社, 2010, 57-58쪽.

찰스 틸리는 기존의 민주주의 이론이 민주주의를 단순한 발전론 및 단계론적 관점에서 파악하는 한계를 지니고 있다고 비판하면서, 역사적 과정, 국가와 시민사회의 관계, 사회운동의 결과로 이해할 것을 주장하였다. 민주주의를 정형화된 정치체제로 이해하는 단순논리가 민주주의를 단순한 정치제도로 오해하게 만들었으며, 그로 인해 역동적 정치체제인 민주주의가 나타나고, 유지되고 변화하는 환경을 간과하고 있다는 것이다.[50]

중국의 민간환보조직의 활동과 환경군체성 사건의 특성을 살펴보면 상하이 환보조직은 광범위한 영역에서 영향력을 행사하며, 환보활동이 국민의 환경의식을 제고시키며, 활발한 관리를 통해 정부의 환경관련 정책집행에 대한 감독과 동시에 정부활동을 보완하는 역할도 담당하고 있다. 이는 상하이 시민사회의 형성에 긍정적으로 작용할 것이다. 그러나 중국의 민간조직의 등록 및 활동과 관련한 법률규정이 불충분하다는 점, 민간환보조직의 원활한 활동을 위한 자금이 부족하다는 점, 대중으로부터 아직 충분한 신뢰를 받고 있지 못하다는 점, 환보조직의 활동이 소수의 핵심활동가들에게 의존하고 있기 때문에 핵심활동가의 부재시에 불안정 하다는 점 등은 민간환보조직의 정상적인 발전을 가로막는 요소로 작용하고 있다.

상하이에서 발생한 환경군체성사건은 비교적 높은 조직성과 지속적인 항쟁능력을 보여주고 있다. 상하이의 환경군체성사건은 중국의 전통적인 군체성사건이나 타 지역의 군체성 사건과는 달리 비교적 강한 조직성과 핵심지도자 그룹을 선출하고 전문가적인 능력을 통해 집단항쟁을 이끌고 있어 일부에서는 사회운동의 범주에 가깝다는 평가를 하고 있다.

50) 찰스 틸리 지음, 이승협 옮김, 『위기의 민주주의』, 전략과 문화, 2010.

환경군체성사건은 지역의 환경을 보호하고 주민의 건강권과 생활권을 내세우며 발생하는 집단 행위이며, 주민의 권리보호 의식을 자각시킨다는 점에서 긍정적인 영향을 행사하고 있다. 반면에 일부에서는 쓰레기 소각시설 또는 환경오염 유발 공장이라고 입주를 반대하는 집단행동이 실제로는 타 지역 출신기업의 진입을 반대하기 위하여 위험성을 과도하게 강조한다는 점에서 님비현상의 성격을 지니고 있다.

상하이 시민은 민간환보조직과 환보군체성사건이라는 두 가지 통로를 통해 시민으로서의 기본적 권리인 알권리, 생명권, 재산권을 보장받기 위한 행동에 나서고 있다. 이는 먼저 정부의 환경정책결정에 대한 협력과 비판을 통해 거버넌스 역할을 담당하고 있다는 의미이며, 다음으로 정부의 권위주의적 통치에 대한 불복종을 표현하는 것으로 저항의 정치로서의 사회운동의 성격을 지니는 것이다. 이러한 역할은 상하이에서 시민사회가 형성되는 기초를 제공할 것으로 예상된다.

| 참고문헌 |

〈국내자료〉

찰스 틸리 지음, 이승협 옮김, 『위기의 민주주의』, 전략과 문화, 2010.

박윤철, 「중국사회의 환경의식 대두와 환경운동단체의 조직화」, 『중국학연구』, 중국학연구회, 2007, 39권.

전형권, 「중국의 환경운동, 민간단체와 환경 당국의 파트너십-'노강 보위전'과 '환보 폭풍'사례를 중심으로」, 한국정치정보학회, 『정치정보연구』, 2006, 9권 1호.

〈국외자료〉

鞠占杰, 「我国民间环保组织的现状及未来发展问题探讨」, 『环境保护与循环
　　经济』, 2011. 7.

陶鹏, 童星, 「邻避型群体性事件及其治理」, 『南京社会科学』, 2010. 8.

童克难, 高楠, 「"应对环境群体性事件政府需要转变角色」, 『中国环境报』,
　　2013. 8. 26.

刘小青, 任丙强, 「'怒江'建坝决策中的公众环境政治参与个案研究」, 『北京航
　　空航天大学学报』: 社会科学版, 2008.

李连江, 欧博文, 「当代中国农民的依法抗争」, 吴国光主编, 『九七效应』, 太
　　平洋世纪研究所, 1997年.

孟军, 巩汉强, 「环境污染诱致型群体性事件的过程-变量分析」, 『宁夏党校
　　学报』, 2010. 5.

文艺花, 「以社会网络理论视角分析中国环保组织的社会影响力——以保护藏羚
　　羊运动为例简」, 2013.

裴宜理(Elizabeth J. Perry) 著, 阎小骏译, 「底层社会与抗争性政治」, 『东南
　　学术』, 2008年, 第3期.

冯永锋, 「公众是最好的环保力量——中国民间环保组织发展综述」, 『中关村』,
　　2009. 4.

徐楠, 「环保NGO的中国生命史」, 『南方周末』, 2009. 10. 8.

杨传敏, 「上海散步反建磁悬浮事件本末」, 『中国市场』, 2008年, 第11期.

王飞, 「我国环保民间组织的运作与发展趋势」, 『学会』, 2009年, 第6期.

于建嵘, 『抗争性政治: 中国政治社会学基本问题』, 人民日报社, 2010.

周光敏, 「环保组织在环境公益问题中初探」, 『资源节约与环保』, 2014年, 第1期.

中华环保联合会, 「中国环保民间组织发展状况报告」, 『环境保护』, 2006.

陈驰远, 「"环境群体性事件的组织机制及其分析框架构建」, 『清华大学学生
　　学报』, 2013年 5卷 第1期.

汤蕴懿, 「我们需要什么样的环保组织—中国民间环保组织的发展困境」, 『上海經濟』, 上海社會科學院公共政策研究室, 2010年 12期.

〈웹사이트〉

"邻避运动"在中国, http://news.sina.com.cn/green/2012-03-20/173524145720.
     shtml

民间组织的"春天"：去行政化刻不容缓, http://politics.inewsweek.cn/
     20131011/detail-72651.html

自然之友呼吁为"大气法"提建议, http://fon.org.cn/index.php/index/post/
     id/1931

锂污染争论国轩新能源项目"梦断"上海滩, http://auto.163.com/13/0524/10/
     8VKPTL1300084TV1.html

黄艳, 刘佳婧, 魏梦佳, 空有理想和热情：民间环保组织之殇, http://www.gs.
     xinhuanet.com/jiaodianwt/2009-12/01/content_18379829.htm

http://auto.163.com/13/0524/10/8VKPTL1300084TV1.html

http://old.fon.org.cn/channal.php?cid=239

http://www.21ccom.net/articles/zgyj/gqmq/article_2012110670440.html

http://www.boxun.com/news/gb/china/2011/08/201108141417.shtml.

http://www.daorong.org.cn/about/1.html

http://www.ijntv.cn/news/folder21/folder125/2012/10/2012-10-24206580.
     html

http://www.jgi-shanghai.org

http://www.oasiseco.org

http://www.rfa.org/mandarin/yataibaodao/huanjing/sd-05122013144017.
     html

06

개혁기 상하이 공간생산 지식내용과 네트워크 형성

-1990년대 싼린위안주택단지의 개발을 중심으로-

● 박철현 ●

Ⅰ. 서론

이 논문은 1990년대 내내 진행된 주택제도 개혁을 배경으로 전국적으로 몇 차례에 걸쳐 실시된 "도시주택건설시점단지(城市住宅建设试点小区)"의 모범적 사례로 거론되는 상하이 푸동신구(浦东新区)의 "싼린위안주택단지(三林苑住宅小区)"의 성립과정을 소재로 해서, 1990년대 중후반 상하이 주택단지 개발에 동원된 공간생산 지식의 내용과 공간생산 지식을 투사하는 주체들 사이에 형성된 네트워크를 분석한다. 여기서 도시주택

---

* 국민대학교 중국인문사회연구소 HK연구교수.

건설시점단지란 1990년대 중반에 들어서 전국적으로 새로이 건설되기 시작한 주택단지와 관련된 규획(規划), 설계, 시공, 과학기술, 종합개발, 판매 후 관리 등을 시험적으로 해보는 주택단지를 가리키는 것으로,[1] 1990년대 초부터 공유주택의 매각을 중심으로 진행되어 2000년대 초에 주택의 상품화로 일단락되는 일련의 도시지역 주택제도 개혁과정을 배경으로 이뤄진 것이다. 즉, 1990년대 들어서 주택시장의 본격적 형성을 앞두고 시장에서 거래되는 주택의 계획, 건설, 판매, 관리를 하기 위한 시험장소를 몇 차례에 걸쳐 전국적으로 지정한 것이라고 할 수 있다.[2]

1990년대 들어서 중국 개혁의 중심이 농촌에서 서서히 도시로 옮겨 가면서 사회보장제도 개혁, 호구제도의 개혁, 단위체제의 해체 등이 시작되고, 이와 맞물려 사회주의 시기 도시 노동자들이 자신이 속한 단위에서 주택을 실물의 형태로 직접 분배받던 주택공유제가 기존 공유주택의 사유화를 통해서 상품주택과 경제적용방(经济适用房)[3] 위주로 재편된다.[4] 이와 함께 국유기업 개혁으로 대량으로 발생한 실업 및 하강(下岗) 노동자들은 재개발로 치솟은 도시의 주택비용을 지불할 수 없으므로 상대적으로 저렴한 교외로 옮겨가게 되는데, 이 과정에서 상하이

---

1) 「关于建设部城市住宅小区建设试点单位,贯彻建设部第33号令《城市新建住宅小区管理办法》的通知」, 『中国房地产』, 1994年, 9期, 4-5쪽.

2) 상하이를 중심으로 이뤄진 주택제도의 사유화 개혁의 구체적인 과정에서 대해서는 다음을 참고, 김영진, 『중국의 도시 노동시장과 사회: 상하이시 사례를 중심으로』, 서울: 한울, 2011.

3) 경제적용방은, 주로 도시지역의 정부가 부동산개발회사를 통해서 개발하여 저소득층에게 시장가격보다 낮은 가격으로 제공하는 사회보장적 성격의 상품주택으로 일반적으로 구입 후 일정 기간이 지난 후에야 거래가 허용된다.

4) 주택의 실물분배가 1998년 7월의 국무원의 주택개혁 조치(「国务院关于进一步深化城镇住房制度改革加快住房建设的通知」)로 중지되고, 전면적 화폐화가 시작되자 주택공급을 통해 형성되었던 단위와 그 구성원 사이의 소속감과 연대감은 점차 약화된다.

시 정부(市政府)는 1990년 중앙정부의 발표로 개발이 시작된 푸동신구에
이들 철거이주민들을 이주시킬 공간을 적극적으로 개발하게 되어 싼린
위안주택단지가 건설된다.

이렇게 보면 싼린위안주택단지는 도시주택건설시점단지이면서 동시
에 철거이주민의 거주공간이기 때문에, 이 주택단지의 계획, 건설, 입
주로 이어지는 과정은 기존 단위체제에 속하던 노동자가 철거이주를
통해서 "사구(社区)"의 주민으로 재편되는 과정이면서 동시에 기업주의
도시(entrepreneurial city)⁵⁾가 행정권력을 이용하여 지역개발 프로젝트를 주
도하는 과정이라고 할 수 있다. 따라서 (지방)국가의 행정부문이 주도
하고 국유건설회사가 실제적인 개발과 시공을 담당하며 학계에서 이론
적 뒷받침을 제공하는 싼린위안주택단지의 계획, 개발, 입주 과정에서
는 "사구건설"과 "기업주의 도시"를 그 핵심내용으로 하는 공간생산 지
식이 지속적으로 투사된다.

이 논문은 싼린위안주택단지 건설을 배경으로 해서, 상하이시 정부,
푸동신구 정부, 국유건설기업, 부동산개발회사, 통지대학(同济大学) 건축
과성시규획학원(建筑与城市规划学院), 화동사범대학과 같은 주체들이 "사구
건설"과 "기업주의 도시"에 관련하여 투사하는 공간생산 지식의 내용을
분석하고 나아가서 이들 주체 사이에서 형성된 지식네트워크를 분석하
는 곳을 목적으로 한다.

이 논문의 구성은 다음과 같다. 1장에서는 싼린위안주택단지가 성립
되는 과정에 대해서 간단하게 살펴보고, 개혁기 중국에서 도심재개발
을 위한 철거이주와 주택단지 개발의 정치경제학을 알아본 후, 선양시
(沈阳市) 톄시구(铁西区) 공인촌(工人村)의 노후공업기지 개조를 배경으로 해

---

5) 기업주의 도시 혹은 도시 기업주의(urban entrepreneurialism)에 대해서는 뒤에서
   상세하게 논의한다.

서 철거이주하여 성립된 사구와 상하이 도심개발에 의해 쫓겨난 주민들이 이주한 싼린위안주택단지를 비교하여 1990년대 사구건설에 있어서 상하이 싼린위안주택단지가 가지는 차별성에 주목한다. 2장에서는 먼저 싼린위안주택단지에 구축된 사구건설과 기업주의 도시를 1990년대 중반 중국의 국가가 새로운 도시거버넌스를 구성하는 과정에서 제기된 공간생산 지식으로 인식한다. 아울러 싼린위안주택단지의 조성에 개입한 지방정부-국유건설기업-부동산개발회사-대학의 관계를 지방에서의 "성장연합" 개념으로 파악한다. 다음으로 사구건설과 기업주의 도시를 둘러싸고 공간생산 지식의 내용을 주로 대학과 학계를 중심으로 실증적으로 분석한다. 3장에서는 2장에서 분석한 사구건설과 도시거버넌스에 관하여 국가, 부동산개발기업, 대학이 구축하고 있는 "지식네트워크"를 분석한다. 마지막으로 결론에서는 먼저 앞에서 분석한 내용을 정리한 뒤 싼린위안주택단지의 계획, 건설, 입주의 과정에서 개혁기 상하이 도시거버넌스 구축의 핵심요소인 기업주의 도시와 사구건설에 관한 공간생산 지식이 상하이시 내부를 넘어서 국내와 해외의 지식네트워크와 연결될 가능성에 대해서 언급하는 것으로 마무리한다.

II. 싼린위안주택단지

1. 성립

싼린위안주택단지는 상하이 푸동신구 서남단에 위치해있는데, 1994년 중국 건설부로부터 비준을 받은 전국 제3차 도시주택건설시점단지 중 하나이며, 상하이시에서 두 번째로 건설된 주택건설시점단지(住宅建设试点小区)이다. 중국 건설부는 싼린위안주택단지의 규획과 건축설계를 상하이통지건설총공사(上海同济建设总公司)6)에 일괄 위탁하였고, 1994년 4월 공사를 시작하여 1995년 말에 완공해서, 1996년부터 입주가 이뤄진다. 1996년 1월에는 건설부의 준공심사를 통과하여 "건설시점의 각종 요구를 충족하고, 비준한 규획을 전면적으로 실시하여, 거주지역의 모범사례를 달성했다"는 평가를 받는다. 1996년 4월에는 국무원 건설부로부터 전국 제3차 도시주택건설시점단지의 종합평가에서 금메달을 획득하고, 장쩌민(江泽民), 주룽지(朱镕基), 황쥐(黄菊) 등의 국가지도자들과 상하이 지도자들이 친히 방문하여 긍정적인 평가를 내리고 참관을 위해 외국으로부터도 방문객들이 이어진다.7)

이 주택단지의 계획 및 개발에 관련된 주체들을 살펴보면 다음과 같다. 우선 앞서 언급한 상하이 통지대학 소속기업인 상하이통지건설총공사는 규획과 건축설계를 담당하고, 총건축사(总建筑师)는 상하이 통지대학 건축과성시규획학원 왕중구(王仲谷) 교수로 기획소조의 설립을 책임졌다. 실제 시공은 상하이시정부의 상하이건설위원회(上海建设委员会)8) 소속 국유건설기업인 상하이카이청종합개발총공사(上海开城综合开发总公司)와 국무원 건설부 직속기업인 상하이광순부동산개발공사(上海广顺房地产开发公司)가 연합하여 담당하였다. 또한 시공과정에서 예술가, 조각가, 광고설계사 등 다양한 분야별 전문가가 결합했다.9) 여기서 주목해야 할 사실은 싼린위안주택단지의 계획, 개발, 입주에 이르는 과정에서 중앙과 해당 지방정부는 물론 중앙과 지방 단위의 국유건설기업, 대학과

---

6) 상하이통지건설총공사는 통지대학 유일의 교명을 브랜드로 건설시공기업이다.
7) 上海市地方志办公室 홈페이지 http://www.shtong.gov.cn/node2/index.html에서 三林苑居住小区항목을 검색.
8) 상하이건설위원회는 2003년 10월 10일 상하이시건설과관리위원회(上海市建设和管理委员会)로 개명했다가, 다시 2008년 정부기구개혁으로 오늘날의 상하이시성향건설과교통위원회(上海市城乡建设和交通委员会)로 개명했다.
9) 위의 上海市地方志办公室 홈페이지에서 관련 항목.

대학소속 기업까지 동원되었다는 점이다.

관련 연구에 따르면,[10] 2006년 8월까지를 기준으로 싼린위안주택단
지의 개발은 거의 완료되어, 17개의 주택단지가 들어섰는데, 하나의 고
급별장단지를 제외하고 16개의 주택단지는 모두 철거이주민을 위한 주
택이 다수이고 입주민이 직접 구매한 상품주택은 소수이다. 또한 주민
의 구성을 보면, 10%가 못되는 주민이 상품주택 구매자이며, 20~30%가
싼린위안주택단지를 개발하면서 토지를 수용당하고 이주한 농민들이
고, 60~70%가 시내에서 이주해 온 철거이주민(动迁户)이다. 또한 이들 시
내에서 온 철거이주민들은 주로 판자촌이나 구식 리눙(里弄)에 거주하
던 서민들인데, 특히 판자촌 주민들은 주로 실업자나 하강인원들로서,
철거보상금으로는 자신들이 살던 판자촌 자리에 들어선 고가의 상품주
택을 살 수 없으므로 상하이 시내에서 멀리 떨어진 교외로 이주하게
되는 것이다.[11]

2. 철거와 이주의 정치경제학

개혁기에 들어서 시장경제의 발달과 함께 도심의 토지자원의 시장
가격이 상승하여 기존 도심에 거주하던 주민들이 좀 더 저렴한 주택을
찾아서 교외로 이주하게 되는 교외화(suburbanization) 현상이 본격화되는
것은 1990년대 들어서이다.[12] 특히 1990년대 내내 지속된 주택제도개
혁의 결과 1998년 단위에서 실물주택을 분배하는 제도가 전면적으로
폐지되자 개인 주택을 구매할 수 있게 되었지만, 동시에 도심에 거주

---

10) 陈映芳 等著, 『都市大开发: 空间生产的政治社会学』, 上海: 上海古籍出版社, 2009,
   73쪽.
11) 陈映芳 等著, 67쪽.
12) 박인성, 『중국의 도시화와 발전축』, 서울: 한울, 2009, 138~142쪽.

하던 저소득층은 도심의 토지자원의 가치에 주목하게 된 국가와 자본에 의한 도심개발로 인해서 급등한 주택가격을 감당하지 못하고 교외로 이주하게 된다.[13]

앞서 인용한 천잉팡(陈映芳) 등의 연구에서는 개혁기 중국에서 진행되고 있는 "철거와 이주의 정치경제학"을 다음과 같이 설명하고 있다. 즉, 철거이주민들이 이주하게 되는 교외는 일반적으로 농촌지역이거나 농촌과 도시의 중간지대로서 주변 환경이나 기초시설이 열악하여, 소수의 고급별장주택개발을 제외하고 시장을 통한 방식으로는 대규모의 주택개발이 불가능하고 "정상적인" 주민들은 이런 조건의 주택단지에 입주하기를 꺼려할 것이다. 따라서 이런 경우 토지소유권을 보유한 국가는 교외의 농촌지역에 대한 토지수용(土地征用)을 행한 후 국유기업 건설회사를 개발회사로 내세우고 때로는 해외부동산개발상과 계약을 맺어 해당 농촌지역을 개발하여 주택단지를 조성하여 도심에서 쫓겨난 철거이주민을 입주시킨다. 시간이 흘러서 주택단지의 기초시설이 완비되고 주택가격이 점차 증가하여 부동산개발회사가 관심을 보일 때가 되면 그때 상품주택 개발을 시작하는 것이다. 이러한 일련의 과정은 도심에서 쫓겨난 철거이주민을 위한 주택단지제공이라는 측면과 함께 동시에 국가 주도의 대규모 주택단지 개발프로젝트에 의해 다른 방법으로는 개발하기 힘들었을 교외지역의 개발을 견인한다는 측면이 있다. 이러한 방식의 개발은 국가와 부동산개발회사의 입장에서 보면 주택단지에 필수적인 기초공공시설의 건설에 필요한 비용을 적게 들이면서 철거이

---

13) 박인성, 위의 책, 147쪽. 이러한 도심 재개발과 교외 주택단지 건설에 소요되는 자금은 주로 국가가 도심의 토지사용권을 유상양도함으로써 생겨난 수익으로 충당되는데, 1990년에 「중화인민공화국성진국유토지사용권출양화전양잠행조례(中華人民共和國城鎭國有土地使用權出讓和轉讓暫行條例)」가 확정되면서 토지유상사용제도가 확립된다.

주민의 주택문제를 해결하는 장점이 있지만, 입주민의 입장에서는 생활의 불편을 감수해야 한다는 단점이 있다.[14]

필자가 분석한 바 있는 선양시 톄시구의 경우에서도 2000년대 들어서 본격화된 노후공업기지 개조를 배경으로 해서 노동자집중거주지역인 공인촌(工人村)에 대한 대대적인 철거와 철거민의 이주가 이뤄지는데, 이 과정에서 "모범 노동자"를 가리키는 "노동모범(劳动模范)"들은 공인촌 바로 옆에 새로이 건설한 공인신촌(工人新村)으로 옮겨갔다.[15] 그 외 노동자들은 톄시구의 재개발로 토지사용가격이 상승하여 주택비용을 감당할 수 없게 되자, 톄시구의 국유기업들이 이전한 선양경제기술개발구(沈阳经济技术开发区)의 상대적으로 저렴한 주택으로 옮겨갔다. 이 과정에서 구정부(区政府)는 토지사용권을 매각하여 얻은 수익을 기초로 하여 다음과 같은 세 가지 방식으로 기업들이 소속 직공의 주택문제를 해결할 수 있도록 도왔다. 첫째, 주택공적금(住房公积金)[16]에서 유리한 조건과 방식으로 해당 기업의 노동자에게 대출을 해주는 "보금자리공정(安居工程)", 둘째, 노동자가 소속한 기업이 스스로 주택단지를 조성하고 소속 노동자에게 "내부자가격"으로 판매하는 방식, 셋째, 갓 졸업한 독신자를 위한 저렴한 "청년아파트"를 공급하는 방식이다.[17]

이렇게 보면 선양과 상하이 모두 토지사용권 매각으로 획득한 수익을 기반으로 노동자들의 주택문제를 해결한 점은 동일하다. 그러나 선양 톄시구 공인촌의 경우 기본적으로 노후공업기지의 개조로 인한 공

---

14) 陈映芳 等著, 위의 책, 70~71쪽.
15) 박철현, 「중국 개혁기 공간생산 지식의 내용과 지형: 선양시(沈阳市) 톄시구(铁西区) 노후공업기지의 개조를 중심으로」, 『중소연구』,2013, 통권37호.
16) 주택의 상품화와 함께 보장성 주택을 제공하기 위해서 단위 및 그 소속 직공이 강제적으로 납부하는 주택예금이다.
17) 东北新闻网, "沈阳多家企业"东搬西建", 工人实现"易居"梦想"
    http://liaoning.nen.com.cn/liaoning/108/3683108.shtml, 검색일: 2013. 11. 20.

장철거로 기업이 다른 지역으로 옮겨갔기 때문에 노동자들도 앞서 언급한 것과 같이 소속 기업들과 어떤 방식으로든 관련이 있는 주택단지로 이주해 들어간 것에 비해, 상하이 싼린위안주택단지의 경우 공장철거로 인한 이주가 아니라, 특히 1995년 11월말부터 시작된 옌안고가로 (延安高架路) 건설, 녹지조성, 도시건설사업, 구시가지개발, 상하이엑스포 시설건설, 상품주택 개발 등으로 인한 철거를 계기로 주로 도심이나 일부 푸동신구에서 이주해 온 주민들이 다수로, 자신들이 소속되었던 공장의 철거 때문이라기보다는 자신들의 거주지역이 다른 목적의 공간으로 개발됨에 따라 치솟은 주택비용을 감당할 수 없어서 정부 주도의 교외 철거민이주촌인 싼린위안주택단지에 입주했다는 점에서 차이가 있다.[18] 따라서 톄시구 공인촌 노동자들의 다수는 톄시구의 다른 지역이나 소속 기업이 옮겨간 선양경제기술개발구 지역으로 자신의 거주지를 옮겼기 때문에[19] 노동자의 새로운 거주지는 앞서 언급한 세 가지

---

18) 한편 상하이 문화연구자 뤄강(罗岗)은, 모두 노동자 집중거주지역인 선양 톄시구 공인촌과 상하이 푸퉈구(普陀区) 차오양신촌(曹杨新村)의 차이점을 다음과 같이 지적한다. 상하이의 여타 노동자 거주지와 특히 톄시구 공인촌으로 대표되는 노동자 거주지는 소속 단위에 의해 건설되었기 때문에 대부분 소속 공장 부근에 위치한 것은 물론이고, 공장이 파산하거나 철거되는 등 단위체제도에 중대한 변화가 발생하면 이와 함께 노동자 거주지도 철거되거나 이전되는 변화를 겪는다는 점이다. 하지만 차오양신촌은 개별 단위와 상관없이 상하이시 정부 차원에서 전체 도시계획의 일부분으로 건립한 곳이라 톄시구를 포함한 다른 노동자 거주지와는 달리 개혁기에 들어서도 그 독립된 도시기능을 발휘하는 한 철거되지 않고 온존되거나 심지어는 확장되었다는 점을 지적한다. 뤄강, 「상하이 노동자신분: 사회주의와 존엄이 있는 '생활세계'―『상하이국자』의 샤오우(蕭武)의 질문에 답함」, 『문화과학』, 2012,통권 제71호, 261쪽.

19) 관련 연구에 따르면, 물론 선양 톄시구 광밍베이사구(光明北社区)처럼 기존의 톄시구의 노동자 거주지가 해체되지 않고 그대로 사구로 바뀐 경우도 있다. 1999년 조사에 따르면, 물론 이 경우도 퇴직노동자나 하강노동자가 압도적인 다수고 재직노동자는 광밍베이사구 전체 주민의 25%에 불과했다. 徐雪梅, 『老工业基地改造

주택문제 해결방법을 통해 정해진 곳이므로 어떤 식으로든 노동자 소속 기업과 관련이 있다고 하겠다. 하지만 상하이의 철거민들은 본래의 직장과는 아무런 인연이 없을 뿐 아니라 본래 자신들의 거주지역에서 한참이나 떨어진 푸동신구의 남서쪽으로 옮겨 간 것이고, 싼린위안주택단지는 주민의 다수가 실업노동자나 하강노동자이기 때문에, 선양이나 상하이나 모두 기존의 단위체제가 서서히 해체되어 사구(社区)로 재편되었지만,[20] 두 지역 사구의 성격은 상당히 다르다고 볼 수 있다.

다시 말하면, 선양 톄시구의 경우 비록 노후공업기지 개조를 배경으로 기업의 소재지와 소속 노동자의 거주지가 모두 다른 곳으로 옮겨가는 과정에서 사구가 단위를 대체했지만 아직도 동북특유의 전형단위체제로 인해서 예를 들어 사구건설이 완료되고도 해당 지역에 소재하는 기업을 통해서 사구의 각종 비용을 부담하게 하는 "역비단위화(逆非単位化)"[21] 현상까지 나타나기도 하는 상황이므로, 사실상 개혁기 국가와 사회가 만나는 새로운 도시거버넌스(urban governance)로서 사구의 건설은 여러 가지 측면에서 저항이 따르고 있다. 이에 비해서 상하이 싼린위안주택단지는 우선 주민들이 특정한 개별기업에 소속되어있는 노동자들이 아닐 뿐 아니라 다수가 실업노동자나 하강노동자이므로 사실상 기존의 개별기업이 구축한 단위체제가 가지는 일종의 경로의존성(path dependency: 路径依頼性)이 존재하지 않고, 또한 개별기업이 소속 노동자들

中的社区建设研究』, 北京: 中国社会科学出版社, 2008, 113-120쪽.

20) 徐雪梅의 책은 랴오닝성(辽宁省)의 톄시구를 포함한 주요 노후공업기지의 사구건설과정과 그 과정에서 동북지역 특유의 "전형단위체제(典型単位制)"가 제약요소로 기능하는 현상을 분석한 연구이다. 전형단위체제에 대해서는 田毅鵬,「"典型単位制度"的起源和形成」,『吉林大学社会科学报』, 2007年第4期. 田毅鵬 漆思,『"単位社会"的终结-东北老工业基地"典型単位制"背景下的社区建设』, 北京: 社会科学出版社, 2005, 40-41쪽.

21) 徐雪梅, 위의 책, 144쪽.

을 고려하여 건설하는 거주지가 아니며, 철거이주민 거주지를 조성하여 교외지역의 대규모 개발프로젝트를 통한 수익획득에 관심이 있는 기업주의 (지방)국가가 개혁기에 적합한 도시거버넌스를 구축하고자 하는 지역이므로 톄시구 노동자 거주지 사구와는 다른 사구가 형성되어 있다고 볼 수 있다.

따라서 이렇게 전형단위체제의 강력한 자장 속에서 형성된 선양 톄시구의 사구와는 달리 기존 단위체제의 제약이 존재하지 않는 상하이 쌴린위안주택단지의 사구의 계획, 건설, 입주를 주도하는 (지방)국가는 부동산개발회사를 통해서 시공을 하고 퉁지대학과 같은 학계의 도움을 받아서 개혁기 상하이에 적합한 도시거버넌스 구축에 필요한 사구 건설과 기업주의 도시에 관한 공간생산 지식을 투사한다. 그러므로 국가, 개발회사, 대학과 같은 공간생산의 주체들이 투사하는 지식의 내용을 분석하는 것은 1990년 중후반 상하이에서 형성된 새로운 도시거버넌스 구축과정에 대한 이해에서 필수적이라 하겠다.

III. 사구건설과 기업주의 도시의 공간생산 지식

1. 도시거버넌스

1990년대 중후반 도시 부문 개혁의 심화와 함께, 국가의 입장에서는 도시 지역에 새로운 도시거버넌스를 구축할 필요성이 제기되는데, 쌴린위안주택단지 조성과 관련해서 제기된 이러한 도시거버넌스를 주도하는 세력은 지방정부, 국유건설기업, 대학과 소속기업들이고 이들이 바로 사구건설과 기업주의 도시라는 공간생산 지식을 생산하고 전파하는 주체들이다.

관련 연구에 따르면,[22] 거버넌스는 자본주의가 국민국가 단위를 초월하여 전지구적인 영향을 가지게 되면서 발생하는 사회적 복잡성이 증대하자 극도로 파편화되고 중층화된 이해관계를 어떻게 통치할 것인가를 둘러싸고 제기된 개념이다. 사회적 가치들을 조정하고 조율했던 전통적 기제인 국가와 시장은 사회적 조절에 실패한 경험을 가지고 있기에, 국가와 시장이 각각 조절할 수 없었던 사적 논리와 공동체적 논리를 적절히 매개하고 결합하는 거버넌스 개념이 제기되었다. 거버넌스는 일방적인 공동체적 논리만을 강조하는 거버먼트(government)와 차별성을 지니고 있고, 공동의 의제를 둘러싸고 다양한 주체들이 참여하고 통치한다는 의미에서 일반적으로 협치(協治)라고 번역된다.[23] 이러한 국가-시장-시민사회를 중심으로 하는 거버넌스가 지방차원에서 작동을 하면 이를 지방거버넌스(local governance)라고 하는데, 전통적인 지방자치가 지방사회의 공동체적 이익을 위해 지방사회를 다스리는 힘을 의미했던 것과는 달리 지방거버넌스는 지방통치에서 관련 당사자들 사이에서 네트워크를 구성하고 조절하는 수단으로 사용되고, 특히 지방경제에 큰 영향을 미칠 수 있는 대형 개발 프로젝트가 있을 경우 이를 둘러싸고 지방정부, 기업, 시민사회 사이에 지배세력인 "성장연합(growth coalition)"이 형성된다는 것이다.[24]

개혁기 중국에서도 특히 토지자원에 대한 직접적인 관할권이 중앙정부에서 시정부와 더욱 중요하게는 구정부 수준까지로 이관되었고, 지방 수준에서의 지역개발프로젝트에 중앙정부가 직접 개입하지 않게 되자, 지방정부는 도시개발의 핵심이해당사자이자 지방정부-국유기업-부동산개발회사로 이뤄진 "성장연합"[25]을 구축하는 주도세력이 된다.[26]

22) 조명래, 「지구화, 거버넌스, 지방정치」, 『도시연구』, 2002,통권8호, 212-213쪽.
23) 중국어로는 치리(治理) 혹은 치리구조(治理结构)라고 번역한다.
24) 조명래, 위의 책, 220쪽, 222쪽.

이렇게 보면 싼린위안주택단지의 계획, 개발, 입주에 개입한 지방정부, 국유건설기업, 대학과 대학소속기업까지 포함된 성장연합은 서방에서 논의되는 기존의 성장연합과는 다음과 같이 차별성을 보인다. 첫째, 일반적으로 성장연합이라고 하면 지방거버넌스의 한 유형으로 논의되는 개념이기 때문에 주로 대형개발프로젝트를 둘러싸고 이해관계자인 지방정부와 건설기업이나 부동산개발회사 및 주민들로 구성된다. 그런데 싼린위안주택단지의 경우 앞서 지적한 것처럼 주민들이 원래 현지에 거주하던 사람들이 아니고 상하이 도심의 각종 재개발프로젝트로 인한 철거에 의해 집단 이주한 사람들이라는 점이다. 따라서 이 주택단지의 완공이후 입주를 위해 이주해온 사람들이 70% 가까이 되기 때문에, 애초에 주민들이 주택단지의 계획과 개발에 철저히 배제된다는 점이다. 둘째, 아직 재산권에 기초한 주택소유자의 연합인 업주위원회가 본격적으로 등장하기 이전이기 때문에, 업주위원회도 자신들의 재산권에 대한 이해관계를 기초로 성장연합에 개입할 수는 없었다는 점이다. 셋째, 특히 주목할 점은 일반적으로 성장연합에 포함되지 않은

---

25) 중국어로는 증장연맹(增长联盟)이라고 한다.
26) 박재욱, 「세계화 시대 중국의 도시 혁신과 거버넌스-북경시의 사례」, 『지방정부 연구』 제10권 4호 (2006). 이와 관련하여 중국의 한 연구는, 부동산개발회사와 지방정부 사이에 형성된 성장연합의 원인을 지방정부의 고위층과 부동산개발회사 사이에 성립된 개인적인 이해관계에서 찾는 것으로는 부동산개발회사와 지방정부 사이에 형성된 구조적인 이해관계를 설명할 수 없다는 점을 지적하면서, "토지재정(土地财政)"이 지방정부의 재정부문에 제도화된 것에 찾고 있다. 이에 따르면 토지재정은, 토지양도수익, 토지의 개발 판매 보유과정에서의 세수, 부동산개발과정에서 지방정부가 제공하는 공공서비스에 대한 대가로 거두는 각종 비용 등 크게 세 가지로 구성된다. 또한 지방정부가 이러한 부동산개발과정에서 토지재정명목으로 거두는 수익은 전체 토지를 포함한 전체 부동산가격의 50~80%에 이른다고 지적한다. 张振华, 「增长联盟: 分析转型期我国地方政府与经济利益集团关系的一种理论视角」, 『天津社会科学』, 2011年, 1期.

234 현대중국 로컬지식 네트워크

대학과 대학소속기업이 성장연합의 주요 구성원이라는 점이다. 지식을 생산, 유통, 교류하는 1차적 사회집단인 대학이 그 소속기업과 함께 싼 린위안주택단지 개발을 위한 성장연합에 참가해있고, 특히 이 주택단 지의 밑그림에 해당하는 규획과 설계부문을 담당했다는 사실은 대학 (과 그 소속기업)이 성장연합 내에서 지방정부와 함께 개발프로젝트에 관한 담론적 정당화 역할을 담당했다고 볼 수 있다.

즉, 성장연합이 공식적으로 추진되기 위해서는 해당 개발프로젝트와 관련된 담론적 정당화가 지식의 형식으로 제시될 필요가 있고, 싼린위 안주택단지의 경우에서는 사구건설과 기업주의 도시에 대한 공간생산 지식의 투사로 나타나는데, 그 투사는 기본적으로는 공간생산을 주도 하는 지방정부가 선전하고 대학이 이론적 뒷받침을 제공하는 형태를 가진다는 것이다.

여기서 주목할 것은, 싼린위안주택단지의 경우 그 행정구역 상의 지 위가 사구 수준인데 이 사구 조성을 위해서 토지자원을 동원하는 직접 적인 행정적 주체는 시정부 수준이라는 점이다.27) 따라서 도시거버넌

---

27) 1990년 9월 6일에 상하이시 정부가 발표한 「상하이시푸동신구규획건설관리잠행 규정(上海市浦东新区规划建设管理暂行规定)」 제1조에 따르면, "푸동신구 내에서 푸동개발의 필요에 근거하여 시(市)인민정부의 비준을 거쳐서, 중점개발지구를 확정하고 비준한다."고 되어 있어서, 푸동신구 개발지역은 기본적으로 상하이시 정부가 결정하는 것이라는 점을 명확히 하고 있고, 또한 동년 9월 10일 상하이시 정부가 발표한 「상하이시푸동신구토지관리약간규정(上海市浦东新区土地管理若干 规定)」 제3조에 따르면, "…토지사용권의 양도는 시(市)토지관리국이 실시하고, 토지사용권 양도 계약은 시토지관리국과 토지사용자가 서명한다."라고 되어 있어, 기본적으로 푸동신구의 토지사용권의 양도를 결정할 권한도 상하이시 정부가 보 유하고 있음을 명확히 하고 있다. 이렇듯 1990년대 중후반부터 본격화된 상하이 푸동신구 개발에 관련된 최종적인 권한은 상하이시 정부가 보유하였고, 이와 관 련해서 필요한 각종 정책과 법적 제도적 뒷받침은 중앙정부가 상하이시 정부에 최대한의 자주권을 허용하는 방향으로 이뤄졌다. 박인성, 위의 책, 173쪽.

스 구축과 관련된 공간생산 지식은 사구 수준에서는 사구 건설로 나타나고, 전체적인 기획의 주체인 상하이시 정부와 이를 집행하는 주체인 푸동신구 정부의 수준에서는 기업주의 도시로 나타난다고 할 수 있겠다. 시정부와 구정부 수준에서의 기업주의 도시 담론은, 1990년대 중후반, 토지자원에 대한 배타적 소유권을 보유한 (지방)정부가 자신의 위상을 기존의 관리주의(managerial) 도시정부에서 기업주의(entrepreneurial) 도시정부로 적극적으로 변화시켜서, 단위의 해체와 사구의 건설이라는 도시거버넌스의 변동에 능동적으로 대응하는 것이라고 볼 수 있다. 다시 말하면 싼린위안주택단지로 대표되는 1990년대 중후반 상하이의 사구건설과정에서 상하이시 정부와 푸동신구 정부가 이전과는 다른 기업주의 도시로서의 역할이 요구되었다는 것이다.

따라서 2절 사구건설에서는 싼린위위안주택단지의 조성과 직접 관련된 공간생산 지식을 분석하고, 3절 기업주의 도시에서는 공간생산과 관련하여 상하이시 정부와 푸동신구 정부에게 요구된 새로운 역할을 분석하기로 한다.

2. 사구건설

사구는 서방의 커뮤니티(community)의 번역어로서, 중국 사회주의 특유의 사회적 조직과 정치적 지배의 실체인 단위체제가 시장화 개혁과 함께 서서히 해체되어가는 과정에서, 개혁기에 기존의 단위체제를 대체할 도시거버넌스의 형식으로서 제기된 것이다. 특히 1990년대 들어서 도시부문 국유기업개혁의 심화와 주택제도 개혁은 단위체제의 해체를 가속화시키게 되자, 국가는 기존의 단위체제를 대체해서 기층에서의 공공서비스를 관리할 조직이 필요하다는 것을 인식하였는데, 이것은 곧 사구가 기층의 행정조직이면서 동시에 자치조직의 성격을 동시에 가진다는 것을 의미한다. 이렇게 보면 사구는 기층의 공공의 문제를 해결하기 위해서 국가와 사회가 만나는 공간이고, 이 사구라는 기층의 정치공간의 행위자는 가도판사처(街道办事处), 거민위원회(居民委员会), 업주위원회(业主委员会), 물업공사(物业公司)로 이뤄진다.[28]

따라서 단위가 애초 존재하지도 않았고 기초시설도 전혀 갖춰지지 않은 농촌지역의 토지를 수용하여 싼린위안주택단지과 같은 주택단지를 조성하려는 국가는 이와 같은 사구건설과 기업주의 도시에 관련된 공간생산의 지식을 스스로 투사하는데, 여기에는 주로 대학과 학계와 같은 주체들에 의한 담론적 정당화가 수반된다.

여기서는 대학이 투사하는 공간생산 지식을 살펴보기로 하자. 1997년 화동사범대학(华东师范大学) 교수 우둬(吴铎)는 푸동신구의 사구발전에 관한 보고서를 제출하여 다음과 같이 주장한다.[29] 첫째, 사구발전의

28) 김도희, 「중국 사구연구의 쟁점에 관한 시론적 고찰」, 『중국학연구』, 제33집, 2005; 유정원, 「중국 기층사회의 변화와 특성: 사구를 중심으로」, 『중국지식네트워크』,2011,창간호; 정해용, 「중국 상하이의 도시 거버넌스와 국가–사회관계: 변화와 연속성」, 『아세아연구』, 2008,통권131호 ;김재관, 「중국도시 내 업주권익운동의 부상에 대한 국가의 대응: 上海 深圳 지역 '업주위원회'의 활동과 당정개입을 중심으로」, 『한국정치학회보』, 2007,제41집 제4호, 169-170쪽., 가도판사처는 지방정부와 사구를 매개하는 행정조직으로 거민위원회의 사구업무를 지도한다. 가도판사처는 개혁기 이전에는 사회관리를 주로 단위가 담당하고 있었고 대부분의 도시주민은 단위에 속해 있었으므로, 실제 가도판사처가 사회관리를 하는 대상은 실업상태와 빈곤층인 주민뿐이었다. 거민위원회는 주민들의 선거로 구성되는 대중자치조직인데 주민복지 치안유지 분쟁해결 등 사구의 각종 업무를 담당하는데, 기본적으로는 기층의 국가행정조직인 가도판사처의 지도를 받는다. 업주위원회의 업주는 주택소유주를 가리키는 말로, 업주들의 주택과 거주공간이라는 합법적 이익과 권리를 보호하는 대중적 자치조직이 바로 업주위원회다. 물업공사는 업주위원회의 위탁을 통해서 설립된 기업으로 해당 주택지역의 관리와 유지보수를 담당한다. 한편, 물업공사의 원형은 주택개혁 이전 구정부를 대표해서 사실상의 자산소유권을 행사하고 있던 부동산개발회사에 부속되어있던 방관소(房管所)라고 한다.
29) 吴铎, 「论社区建设主体上海市浦东地区社区发展报告」, 『社会学研究』, 1997年, 第5期.

성공여부는 사구건설의 주체에 달려있는데, 사구건설의 주체는 정부법인, 기업과 사업단위, 사단법인 및 전체 사구 주민들이다. 둘째, 사구건설을 성공적으로 수행하기 위해서는 무엇보다도 정부법인이 주도적인 작용을 해야 하는데 정부법인은 보통 시정부, 구정부, 가도판사처로 나뉘진다. 푸동신구의 경우 푸동신구 사구관리중심(社區管理中心)과 각 가도판사처가 바로 푸동신구의 정부법인인데, 도시 사구건설과 관리체제를 실천하기 위해서는 가도판사처의 사구관리기능을 강화하여 경제체제 개혁의 심화, 도시현대화관리의 강화, 주민의 생활과 환경의 품질 제고, 기층의 사무와 사회안정을 강화해 나가야 한다는 것이다. 셋째, 기업과 사업단위는 지원역할을 해야 한다. 이들 단위는 계획경제시기에 "기업이 사회를 담당한다(企業辦社會)"는 말이 보여주듯이 기층에서 전면적인 역할을 했으나 개혁기에 들어선 지금은 이들 단위가 전통적으로 담당했던 많은 역할들은 이제 분리되어 사구가 담당하거나 시장에서 상품으로 구매할 수 있으므로 사구건설에서 정부의 주도적인 역할에 지원하는 역할을 해야 한다. 넷째, 사단법인은 정부와 사구 주민들 사이에 존재하는 사회조직인데 각종 사구에 필요한 서비스 분야의 협회의 형식을 가지고 있으며 당과 정부의 지도를 따르고 그 정책을 선전해야 한다. 다섯째, 사구 주민들은 기초적인 역할을 하는 것인데, 구체적으로 다방면의 사구 업무에 참여하고 주민회의(居民會議)를 적극 개최하여 거민위원회와 가도판사처의 정책에 참여하고 여기서 공산당원은 선진적인 역할을 해야 한다.

이상을 요약하면, 푸동신구에서의 사구건설은 가도판사처가 주도하고, 기업 및 사업단위는 지원 역할을 하며, 각종 서비스 관련 사단법인은 가도판사처와 사구 주민을 중개하고, 사구 주민들은 이러한 사구건설을 지지하고 적극 참여해야 한다는 것이다. 이러한 푸동신구에 새로이 건설되는 사구에 대해서 우뒤로 대표되는 학계가 투사하는 공간

생산 지식은 다음과 같이 분석될 수 있다. 첫째, 싼린위안주택단지가
들어서는 1990년 중반 푸동은 푸시(浦西)지역에서 철거이주해온 주민들
이 원래 소속되어있던 것과 같은 단위 자체가 존재하지 않는 농촌지역
이 위주였기 때문에, 앞서 언급한 톄시구의 공장과 공인촌의 철거이주
와는 성격이 완전히 달라서 국가의 입장에서 보면 기존 ·단위체제의 연
속성이 존재하지 않으므로 사구건설에 있어서 기존체제의 저항이 상대
적으로 적었다는 것을 알 수 있다. 둘째, 따라서 이 시기 푸동신구에서
는 현재 일반적인 사구 정치의 행위자인 가도판사처, 거민위원회, 업주
위원회, 물업공사 중에서 가도판사처와 거민위원회만 존재할 뿐 업주
위원회와 물업공사는 아직 보편적인 현상이 아니었다.[30] 따라서 우둬
가 사구건설에서 정부주도, 기업보조, 서비스업 중개, 주민참여와 같은
역할분담론을 주장하는 것은 한편으로는 기존 단위의 부재로 인해서
국가가 원하는 사구정치를 상대적으로 용이하게 구축할 수 있기 때문
이기도 하지만 다른 한편으로는 사구정치에서 국가를 대표하는 가도판
사처나 가도판사처의 영향력 하에 있는 거민위원회를 제외하면 사회를
대표하는 업주위원회나 물업공사 자체가 존재하지 않는 객관적 조건에
대한 현실인식에 기초해있다고 보인다. 셋째, 그렇다고 하더라도 우둬
가 구상하는 푸동신구 사구건설에서는 가도판사처의 주도적 역할이 강
조되어있고 주민에게는 그저 성실히 참여하는 역할만을 주문하는데,

---

30) 중국 최초의 업주위원회는 1991년 3월 22일 선전(深圳)의 톈징화원(天景花园)에서
성립되지만, 1994년 건설부가 「도시신설주택단지관리방법(城市新建住宅小区管理
方法)」을 발표하여 부동산의 재산권 소유자와 사용자의 합법적 권익을 보호하고
대표하는 존재로서 업주위원회를 정의한 후, 1990년대 말이 되어 공유주택제도가
사라지고 주택의 상품화가 완료되고 나서야 비로소 업주위원회와 물업공사는 전
국적인 보편적 현상으로 확산된다. 向云, 「中国内地第一个业主委员会诞生始末」,
『中国物业管理』, 2011年 5期, 17쪽. 曾文慧, 「社区自治: 冲突与回应 - 一个业主委
员会的成长历程」, 『城市问题』, 2002年 4期, 53쪽.

이것은 도시부문 개혁의 심화로 단위를 통한 국가의 사회통제가 어려워진 상황에서 단위를 대체하여 기층에서 새로이 건설된 사구에서 국가의 최하층 행정기관인 가도판사처의 역할을 강조하여 개혁기에도 여전히 국가가 사회를 선도하는 역할을 하기 위한 것으로 판단된다.

다음으로 통지대학 건축과성시규획학원 저우젠(周儉) 교수의 책『도시주택단지규획원리(城市住宅区规划原理)』(上海: 同济大学出版社, 1999)은 싼린위안주택단지를 구체적인 사례로 언급하면서, 도시지역 주택단지의 규획에 대해서 다음과 같이 규정하고 있다. 첫째, 도시의 주택단지는 사회학적 의미의 사구로서 주민들 상호간의 이웃관계, 가치관념, 도덕원칙 등 개인발전과 사회안정과 번영의 내용을 담고 있고, 주택단지의 구성은 물질적인 부분과 비물질적인 부분으로 이뤄지며, 둘째, 주택단지 규획의 목적을 사회발전의 시각에서 보면 양호한 생활서비스와 이웃관계에 기초한 양호한 사구건설이다. 따라서 저우젠은 싼린위안주택단지를 곧 사구를 기반으로 하는 도시주택단지의 전형으로 위상지우고 있는 것이다. 이것은 이 책이 출간된 1999년에는 이미 사구가 단위를 대체하여 중국 도시지역 중요한 거버넌스로서 자리잡은 현실을 승인하고, 그러한 현실을 기초로 향후 도시지역에 건설되어야 할 사구를 공간적으로 투사하는 것이라고 볼 수 있다.

한편 싼린위안주택단지가 모범적인 도시주택단지의 사례로서 얘기될 때 반드시 같이 언급되는 것이 바로 "필로티(pilotis: 底层空架)" 방식의 설계이다.[31] 필로티 방식으로 싼린위안주택을 설계한 인물은 앞서 언

---

31) 필로티는 '갱(杭)' 혹은 '각주(脚柱)'라는 뜻인데, 근대건축에서 건물 상층을 지탱하는 독립기둥으로, 벽이 없는 일층의 주열(柱列)을 말한다. 이것을 유행 보급시킨 것은 프랑스의 건축가 르 코르뷔지에(Le Corbusier)이다. 중국어로는 저층공가(底层空架)라고 한다. "네이버 지식백과" http://terms.naver.com/entry.nhn?docId 265019&cid=371&categoryId=1384, 검색일: 2013. 11. 20.

급한 통지대학 건축과성시규획학원 왕중구 교수였다. 그는 필로티 방식을 다층주택에 보편적으로 채용한 것은 상하이에서 최초이고 전국적으로도 선례가 없을 것이라고 하면서, 싼린위안주택단지에 필로티 방식을 채용한 것은 다음과 같이 몇 가지 의미를 가진다고 지적한다. 첫째, 상하이는 인구가 많고 땅이 좁으므로 공간을 수직방향으로 개발해야 하고, 둘째, 필로티는 노인과 아동에게 공공개방공간을 제공하며, 셋째, 주택단지 주민들이 자전거를 세워둘 수 있어 단지의 골치 아픈 문제를 해결할 수 있고, 넷째, 공간을 효율적으로 사용하여 거주조건을 개선하였다는 것이다. 다섯째 사적인 공간을 공유공간으로 확보해서 사구에서 공간의 공공성을 확보했다는 것이다.[32] 따라서 그는 도시주택단지 건설에 있어서 필로티 방식의 도입은 다양한 측면에서 장점이 있다고 주장한다.

하지만 앞서 언급한 싼린위안주택단지에 대한 연구에 따르면 필로티는 용도와 소유권의 모호함, 안전우려와 환경오염, 이익충돌 등의 문제가 발생하여 소수의 주민을 제외하고 대부분의 주민들은 필로티에 대해서 부정적인 판단을 하고 있으며, 이것은 국가 주도의 사구건설 과정에서 실제 거주자인 주민의 참여가 배제되었기 때문이라는 점을 지적하고 있다.[33] 여기서 알 수 있는 것은, 앞서 보았던 우뒈와 저우젠과 같이 도시거버넌스 구축과 관련된 사구 건설과 무관한, 필로티와 같이 주민편의를 위한 사구의 합리적 건설과 관련된 공간생산 지식조차도 싼린위안주택단지에서는 주민의 참여가 배제되고 국가를 대리하는 학계에 의해서 일방적으로 투사되었다는 사실이다.

---

32) 王仲谷, 「三林苑试点小区住宅底层架空的研究」, 『时代建筑』, 1996年 2期, 23-24쪽.
33) 陈映芳 等著, 위의 책, 113-118쪽.

3. 기업주의 도시

기업주의 도시 개념을 선구적으로 제기한 데이비드 하비에 따르면,[34] 1970년대 서구 선진국들은 복지국가체제의 한계로 정부(중앙과 지방)의 재정 위기에 봉착하게 되었고, 동시에 국민국가의 능력이 상대적으로 쇠퇴하게 되자, 중앙정부에 비해 지방정부의 역할이 상대적으로 강화되었다. 이에 따라 지방의 도시 정부들은 주민복지 중심의 재분배정책과 사회경제적 조건의 균등화에 도시 정책의 중점을 두었던 전통적인 "관리주의" 도시에서, 경제성장 중심 개발정책과 우월한 사회경제적 조건의 확보에 도시 정책의 중점을 두는 "기업주의" 도시로 점차 이행하는 변화를 보이게 된다. 하비는 미국 볼티모어(Baltimore)의 사례를 가지고 기업주의 도시의 특성을 다음과 같은 세 가지로 요약하고 있다. 첫째, 외부 기금이나 새로운 직접투자 및 새로운 고용원(源)을 끌어 들이기 위해서 종래의 도시 선전주의(boosterism)가 지방 정부의 권력행사와 결합되는 "공사파트너십(public-private partnership)"이란 개념이 생겨났다. 둘째, 기존의 개발 개념이 가진 합리적 조정과 계획적 성격과는 반대로 공사파트너십 개념은 그 집행과 설계에 있어서 투기적이기 때문에 기업주의적이다. 셋째, 기업주의는 어떤 지역의 노동과 삶의 조건의 향상과 관련된 주택과 교육 프로젝트 보다는 새로운 도시중심의 개선이나 산업단지의 조성과 관련된 프로젝트에 집중한다.

개혁기 중국에서도 지방정부가 하비가 지적한 기업주의 도시의 특성을 가지게 되는 것은 일반적인 현상이고 관련 연구가 축적되어 있다. 난징대학(南京大学) 성시와자원학과(城市与资源学系) 교수 장징상(张京祥) 등은 개혁기 중국 지방정부에 보편적으로 존재하는 경제적 이익을 목

---

34) David Harvey, "From Managerialism to Entrepreneurialism", Geografiska Annaler, Series B, *Human Geography,* Vol.71, No.1, 1989.

표로 하는 행위양식에 초점을 맞추어, "지방정부기업화(地方政府企業化)" 개념을 제기하고 이 개념의 두 가지 측면을 강조한다.[35] 하나는 정부가 자신이 장악한 행정자원 혹은 독점자원(예를 들어, 토지, 환경인허가권, 세수 등)을 통해 지방의 경제적 이익을 최단 시간 내에 극대화하는 것이고, 나머지 하나는 가시적인 경제총량과 재정수입 등 지표의 증가가 지방정부의 전체목표에서 핵심을 차지하는 것이다. 이들은 특히 중국의 지방정부 기업화와 서방의 기업주의 도시는 다음과 같은 공통점과 차이점을 가진다는 점을 강조한다. 우선, 목표라는 점에서 보면, 양자는 모두 지방경제를 촉진하는 것을 임무로 여기지만, 중국 지방정부는 경제총량과 재정수입 등 경제수량 지표의 극대화에 더 큰 중점을 둔다. 또한, 내용적으로 보면, 중국 지방정부 기업화는 기업주의 도시의 내용을 모두 포함하고 있으며, 이에 더하여 지방정부가 도시의 토지자원에 대한 경영권을 행사하고 지방 국유기업의 소유권 주체로서 기업이윤을 재정수입으로 보유할 수 있다. 마지막으로, 방법론적인 측면에서 보면, 기업주의 도시가 운용하는 것은 시장경제의 수단이지만, 중국 지방정부 기업화는 여전히 계획경제의 통제수단에 상당부분 의존하고 있다는 점이다.

앞서 지적했듯이 1990년대 중후반 싼린위안주택단지로 대표되는 새로운 거주지역은 단지 이전에 볼 수 없었던 현대적이고 세련된 거주지역이 아니라, 도시 부문의 개혁의 심화와 함께 드러난 단위의 해체와 단위 구성원의 소속감 약화라는 낯선 현실에 직면하여 국가와 정부가 기존의 단위를 대체하는 새로운 도시거버넌스를 모색하는 과정에서 제기된 사구건설이라는 목표를 현실화시키기 위해 전국적으로 지정한 몇

---

35) 殷洁·张京祥·罗小龙, 「转型期的中国城市发展与地方政府企业化」, 『城市问题』, 2006年 第4期, 38쪽.

군데의 실험장소 중 하나로 볼 수 있다. 여기에서는 이러한 싼린위안 주택단지와 같은 사구건설 과정에서 도시정부의 역할에 대한 담론을 기업주의 도시로 규정하고 그것이 지닌 공간생산 지식적인 측면을 분석하기로 한다.

화동사범대학 성시와구역발전연구소(城市和区域发展研究所) 연구원 장위즈(张玉枝)는 정부의 행정관리 직능에 관한 논문에서 푸동신구의 행정관리체제의 완비와 발전에 대해서 논하면서, 이제는 이전의 "큰 정부, 작은 사회" 모델에서 "작은 정부, 큰 사회"로 바뀌어야 할 때라면서 다음과 같이 주장한다.[36] 그는 "작은 정부, 큰 사회" 모델의 특징을 다음과 같이 개괄한다. 첫째, 정부의 직능 중에서 낮은 수준이나 일부 중간 수준의 직능은 정부로부터 분리해내고, 정부의 거시정책결정능력과 거시조정능력을 강화하여, 정책장악의 수준을 제고하여, 이로써 정부의 총체적인 기능과 부분 기능을 동시에 높은 수준으로 유지하면서 정부의 소형화를 이뤄낸다. 여기서 "작은 정부"는 시장경제에 적응하여, 모든 기능이 완비되어, 합리적인 구조로써 높은 효율을 유지하면서도, 융통성이라는 특징을 갖춘 것으로서, 이러한 작은 정부를 실현하기 위해서는 비(非)정부부문의 "공무기구(公务机构)"와 "중개기구(中介机构)"[37]의 결합

36) 张玉枝, 「"小政府、大社会、大服务"的新型行政管理模式探讨 – 兼论浦东新区行政管理体制的完善和发展」, 『华东师范大学学报』, 1995年 第2期, 91–96쪽.
37) 공무기구는 공무류사업편제단위(公务类事业编制单位)의 약칭으로 두 가지로 나뉜다. 하나는 감독검사기능을 수행하는 것으로 도시미화감찰지대(市容监察支队), 환경보호감리소(环境保护监理所), 건설공정감독총대(建设工程监督总队) 등을 가리킨다. 나머지 하나는 행정사무 집행을 담당하는 것으로, 토지수용사무소(征地事务所), 건설시장관리소(建设市场管理所), 부동산관리서비스센터(房产管理服务中心) 등을 가리킨다. 중개기구는 인재교류센터(人才交流中心), 국제교왕센터(国际交往中心), 생산력촉진센터(生产力促进中心), 경제법률자문서비스센터(经济法律咨询服务中心), 약품정보서비스센터(药品信息服务中心), 변호사사무소(律师事务所) 등을 가리킨다. 吴锦良, 「上海市浦东新区政府体制改革的情况报告」, 『资料通

이 필요하다. 둘째, 이러한 공무기구는 정부로부터 권한을 위임받아서 구체적인 행정사무를 처리하는 사업편제 단위를 가리킨다. 공무기구는 정부가 담당하던 업무 중에서 조작성과 기술성이 비교적 강한 일상적인 사무를 위임받아서 처리한다. 중개기구는 정부와 기업 사이, 상품생산자와 경영자 사이, 개인과 단위 사이에서 서비스, 협조, 평가 등의 활동에 종사하는 기구와 개인을 가리키는 것으로 비(非)관방 사회경제조직이다. 비록 정부의 직능을 대체하고는 있지만 결코 정부조직의 연장은 아니고 시장행위가 그 행위상의 특징이다. 셋째, 사구서비스와 사구건설과 관련하여, 사구서비스는 사회복지적 서비스업을 가리키는 것으로, 정부는 이러한 사구서비스 활동에 더 이상 직접 개입하지 않고 사구서비스에 관련된 각종 사회단체들과 지원자 단체 및 개인이 정부의 전체계획 하에 각각의 기능을 제대로 발휘하여 사구서비스를 제공할 수 있도록 돕는 역할을 한다. 사구건설은 사구서비스의 상위개념이다. 사구서비스가 복지와 서비스를 강조한다면, 사구건설은 사구의 통합과 발전에 집중하는 것으로 정부의 도움과 지도하에 사구 스스로 자신의 자원을 이용하여 사구의 통합과 발전을 도모하는 것이다. 여기서 사구건설의 주도적 지위는 가도판사처가 담당하고, 가도판사처는 사구건설의 임무를 거민위원회에 위탁하며, 거민위원회는 사구건설의 주체인 주민을 대표하는 대중조직이다. 사구건설은 이전의 "정부가 사회를 담당한다(政府力社会)", "기업이 사회를 담당한다(企业力社会)"와 같은 상황을 탈피하여, "사회가 사회를 담당한다(社会力社会)"는 상황을 실현시킨 것으로 정부직능을 변화시키고 기업의 부담을 경감시킨 것이다.

이상과 같이 장위즈로 대표되는 학계가 1990년대 중반 상하이 푸동신구에서 정부직능의 역할의 변화에 대한 주장은 다음과 같이 분석된다.

첫째, 이전의 사회주의 시기나 1980년대와 같이 정부가 주로 단위(주로 기업)를 통해서 사회의 거의 모든 부분을 담당하고 해결하던 것에서 벗어나서, 정부는 그 주요 역할을 거시경제조정이나 거시적 정책결정으로 국한시키고 나머지 역할은 비정부부문에게 맡긴다는 것이다. 이것은 1990년대 들어서서 도시 국유기업의 개혁이 심화되면서, 중국식 정리해고인 하강(下岗)된 노동자가 점차 증가하고 기존의 단위체제를 지탱하던 공유제 주택에 대한 개혁이 진행되자, 국가는 더 이상 이전 시기처럼 단위 내부의 당 조직과 수직적 권위구조에 의존하여 인민을 통제할 수 없게 된 현실을 배경으로 한다. 장위즈의 주장은, 앞서 논의한 기업주의 도시의 특징에서 보았듯이, 정부는 이제 기존에 주민의 복지와 행정적 서비스를 모두 담당하던 관리주의적 기능에서 벗어나서, 복지와 서비스와 관련된 상당부분의 기능을 비정부부문으로 이관할 것을 요구하는 것이다. 즉, 정부는 기존 자신의 기능 중 복지와 서비스 기능의 상당부분을 비정부부문으로 이관하여 점진적 시장화를 유도하는 것이다.

둘째, 정부를 대신해서 정부가 하던 기존의 복지와 서비스 기능을 수행하는 주체를 공무기구와 중개기구로 삼고 이들이 사구와 연계하여 사구에 필요한 각종 기능을 제공하도록 한다는 것이다. 이 주장은 무엇보다도 정부의 최하층 행정기구인 가도판사처가 기존의 단위체제를 대체하는 새로운 도시거버넌스인 사구의 핵심적인 행위자가 되어서 대중적 자치조직인 거민위원회를 지도하여 주민을 사구건설에 나서도록 유도하고, 특히 비정부부문인 중개기구가 각종 복지와 서비스를 시장적 방식으로 제공하도록 한다는 것이다. 여기서 상하이시 정부나 푸동신구 정부의 역할은 일정하게 분담되는데, 상하이시 정부가 중앙정부의 적극적인 지원 속에서 주로 앞서 보았던 것과 같이 푸동신구의 종합적 토지사용과 규획에 관련된 법제와 정책적 측면에서 뒷받침을 한다면,[38] 푸동신구 정부는 앞서 화동사범대학 우둬 교수가 주장했던 것처럼 푸동신구의 개발과 규획의 직접적인 주체로서 가도판사처와 사구관리중심을 통해서 해당 지역에 속한 사구건설을 직접 지휘하는 역할을 한다.

셋째, 상하이시 정부와 푸동신구 정부는 앞서 지적한 거시정책을 담당해야 한다는 주장은 바로 기업주의 도시에 필요한 전략이나 조건을 구축해야 한다는 것으로 이해될 수 있다. 이런 경우 도시정부는 도시공간의 생산과 소비를 통해서 새로운 도시거버넌스를 창출해야 하고, 특히 대규모 도시개발 프로젝트를 수행하기 위해서 국내외 자본을 동원하고 이러한 개발에 요구되는 세제개편이나 제도적 규제완화를 촉진한다.[39]

사실 이러한 주장은 학계에서만이 아니라, 지방정부로부터 쉽게 발견할 수 있다. 푸동신구 종합규획토지국 소속의 양민제(楊敏杰)는 푸동신구 정부 직능에 새로운 목표가 필요하다면서 다음과 같은 주장을 한다. 첫째, 푸동신구 정부의 가장 중요한 목표는 신속한 경제발전이고 이를 가능하게 하기 위해서 거시적 조정정책에 집중해야 한다. 둘째, 시장체계와 그 운영규칙을 규범적으로 발전시켜서 기업이 진정한 시장의 주체가 되게 해야 한다. 셋째, 정부는 가용한 자금을 최우선적으로 기초시설 완비에 집중투입하여 국내외 자본이 투자하기에 양호한 환경을 만들어야 한다. 넷째, 과학기술인재를 집중 육성하여 과학기술에 의한 경제발전을 선도해야 한다.

이처럼 학계와 푸동신구 정부 모두 1990년대 중후반 정부의 역할과 직능 중 가장 중요한 것은 바로 신속한 경제발전을 위해서 관련된 제

38) 주 27을 보라.
39) 최병두, 『자본의 도시: 신자유주의적 도시화와 도시정책』, 서울: 한울, 2012, 104쪽.

도적 정책적 법제적 뒷받침을 하는 것이라고 주장하고 있는데, 이것은 정부의 역할이 경제발전을 위해서 사적 부문(국내외 자본)과 긴밀한 관계를 가지고 대규모 개발프로젝트 추진에 의한 개발수익 확보를 최우선적 목표로 한다는 점에서 앞서 제시한 데이비드 하비가 지적한 기업주의 도시의 특성에 상당부분 부합된다.

이렇게 보면 싼린위안주택단지의 계획과 조성은 기존의 단위체제를 대체하는 기층정치질서인 사구를 건설하는 과정이면서, 동시에 기존의 관리주의 도시정부 역할을 탈피한 상하이시 정부와 푸동신구 정부가 장기적인 대규모 개발프로젝트의 일환으로서 거주지역을 개발하는 과정으로 볼 수 있다. 싼린위안주택단지 자체는 1995년 완공되어 1996년부터 입주가 이뤄지지만, 실제로 2000년대 들어서면 상하이엑스포 개최를 계기로 싼린위안주택단지는 싼린진(三林鎮) 혹은 싼린사구(三林社区)로 확장되어 싼린위안주택단지의 외연은 크게 확대된다.[40] 이렇게 1990년대 중반부터 2000년대까지 이어지는 싼린위안주택단지의 외연 확장은, 앞서 I장에서 논의했듯이 초기에는 관련시설이 열악한 주택단지만이 있다가 시간이 흘러서 주택단지의 주변 환경과 시설이 점차 갖춰지면 본격적으로 상품주택이 개발된다는 철거와 이주의 관행에도 사실적으로 부합된다. 또한 중국의 지방정부는 관할지역의 토지자원에 대한 배타적 권리를 보유하고 행사하는 주체라는 점에서 보면, 상하이시 정부와 푸동신구 정부는 1990년대 초반에 이뤄진 일련의 법제화와 정책적 특혜를 통해서[41] 토지사용권을 양도할 수 있는 권리를 확보하게 되었기 때문에, 이 두 지방정부는 대규모 개발프로젝트 추진과 이

---

40) 하지만, 이 논문의 관심사는 공유제 주택의 개혁을 배경으로 해서 사구건설과 기업주의 도시라는 공간생산 지식이기 때문에 분석대상 시기를 1990년대 중후반까지로 제한한다.

41) 법제화와 정책적 특혜의 구체적인 내용은 다음을 참고. 박인성, 위의 책, 172쪽.

를 위한 관련 친기업적 제도정비를 그 특징으로 하는 기업주의 도시로
서의 성격을 가진 것은 물론이고, 토지사용권 보유를 통해서 성장연합
에서도 부동산개발기업, 국유건설회사, 대학 등에 비해서도 주도적인
역할을 했다고 추정할 수 있다.

이상에서 분석한 바와 같이 1990년대 중후반 단위체제의 해체와 공
유제 주택제도 개혁을 배경으로 해서 도시지역에서 국가와 사회가 만
나는 새로운 거버넌스 구축의 필요성이 제기되는데, 성장연합의 일원
으로서 싼린위안주택단지의 계획과 조성에 참여한 대학과 학계는 싼린
위안주택단지를 사구건설로 인식하면서도 장기적인 대규모 프로젝트
의 일환으로서 기업주의 정부가 주도해야 할 것으로 인식하는 공간생
산 지식을 투사한다.

Ⅳ. 공간생산 지식네트워크

앞서 Ⅱ장에서 분석한 사구건설과 기업주의 도시라는 공간생산 지
식을 투사하는 주체인 지방정부, 국유건설기업, 대학, 대학소속건설기
업 등이 공간생산 지식네트워크를 구성하는 주체들이다. 이 논문에서
다루고 있는 싼린위안주택단지의 사례로 보면 상하이시 정부, 푸동신
구 정부, 국유건설기업, 부동산개발회사, 통지대학 건축과성시규획학
원, 화동사범대학 등이다. 1990년대 중후반 새로운 도시거버넌스 구축
의 문제를 둘러싸고 이들 사이에 형성된 네트워크는 다음과 같은 것들
이 있다.

첫째, 상하이시성시규획업종협회(上海市城市規划行业协会)이다. 홈페이지
에는 이 협회의 성립과 구성 및 소속회원에 대한 상세한 소개가 나와
있다.[42] 소개에 따르면, 이 협회는 1999년 8월에 성립된 기구로 상하이

시 성시규획 업종관련 기업단위와 사업단위 및 관련 단위들이 자발적으로 조직한 비영리 사회단체법인이다. 조직도를 보면 18개 소속기구 외에 편집실 및 사무실과 상하이시성건당안전업위원회(上海市城建档案专业委员会)로 구성되어있다. 업무범위는 업종의 조사와 연구, 기술훈련, 학술교류, 편집출판, 성과추천, 자문서비스, 국내외 정부기술 교류 등이다. 또한 "상하이시규획과국토자원관리국(上海市規划和国土资源管理局)을 비롯한 시정부의 관련부문의 지지와 지도하에 업종협회의 발전에 노력"하며, 주요 업무내용은 "정부주관부문의 규획설계에 대한 평가를 보조하고, 규획설계 관련인원의 업무관련 훈련을 조직"하는 것이다. 이 협회는 151개 회원단위가 있는데, 주로 상하이시 각종 분야의 규획과 설계에 관련된 단위들로서 부동산 회사는 전체의 10%에 못 미친다. 이렇게 보면, 상하이시성시규획업종협회는 주로 도시의 규획과 설계에 관련된 정부와 민간의 조직들의 협의기구이며, 도시건설과 관련된 정부의 공식문건인 당안(档案)을 담당하는 위원회도 포함되어있다.

둘째, 상하이시건축시공업종협회(上海市建筑施工行业协会)이다. 이 협회도 홈페이지 상세한 소개가 나와 있다.[43] 이 소개에 따르면, 이 협회는 1985년에 성립되었는데 원래는 상하이시건축업연합회(上海市建筑业联合会)였다가 2003년 현재의 이름으로 바꿨다고 한다. 이 협회는 상하이시 건축시공 업종의 기업단위와 사업단위들이 자발적으로 조직한 비영리성 사회단체법인이다. 이 협회는 위의 상하이시성시규획업종협회가 규획과 설계에 관련된 단위들의 협회인 것과 대조적으로, 주로 주택건축, 인테리어, 도시건설 사업과 관련된 실제 건설시공 기업들로 구성되어 있고, 협회 소속기업들이 매년 상하이시 건축시장 생산액의 85%이상을

42) http://www.supta.com.cn/index.asp
43) http://www.shjx.org.cn

차지할 정도로 상하이시 기업들의 협회로는 최대라고 할 수 있다. 특히 주목할 점은 이 협회가 우수 건축공정에게 수여하는 바이위란(白玉兰)상을 1995년 수상한 것이 바로 싼린위안주택단지라는 점이다.[44)

셋째, 통지대학 건축과성시규획학원이다.[45) 이 학원은 1952년 몇 개의 학교가 합병을 통해서 성립된 것으로 성시규획, 역사건축보호, 경관학 등의 측면에서 중국 최초로 전공을 설치했고, 그 이후에도 지금까지 중국을 대표하는 성시규획관련 최고의 교육 및 연구기관으로 평가받고 있으며, 특히 상하이의 성시규획과 관련해서 지식네트워크의 중심에 있다고 볼 수 있다. 앞서 분석한 대로 싼린위안주택단지의 사구건설에 있어서 필로티의 의미를 사구의 공공성 확보라는 측면에서 주장한 인물이 바로 이 학원의 왕중구 교수이고, 이 단지가 사회학적 의미에서의 사구건설의 모범적 사례라고 주장한 저우젠 교수도 이 학원 소속이다. 특히 왕중구 교수는 이 단지의 계획과 건설과정에서 총건축사 역할을 담당했다. 또한 통지대학 소속의 건설기업인 상하이퉁지건설총공사가 이 주택단지의 규획과 총설계를 담당했다. 이렇게 보면 통지대학 건축과성시규획학원을 중심으로 하는 통지대학 네트워크는 싼린위안주택단지의 조성에서 총건축사와 실제설계는 물론 이 단지가 사구건설에서 가지는 의미에 대한 담론적 정당화 작업까지 수행하는 역할을 했다고 볼 수 있다.

넷째, 상하이시사구발전연구회(上海市社区发展研究会)이다. 이 연구회는 상하이에서 사구건설이 처음으로 시도되던 1997년 조직된 것으로 상하이 사구건설을 위해 당과 정부 및 학계의 인물들이 서로 연구 교류하는 곳이다.[46) 이 네트워크에서 주목할 것은 2010년 현재 이 연구회의

---

44) 上海市地方志办公室 홈페이지 http://www.shtong.gov.cn/node2/index.html에서 三林苑居住小区항목을 검색.
45) 관련 소개는 다음을 참조. http://www.tongji-caup.org/intro.php

부회장이자 상하이 사회과학계 연합회 과학연구처 처장인 쉬중전(徐中
振)이 연구회 초창기부터 구성원으로서 활동을 해왔는데, 1998년의 논
문에서 그는 이 연구회가 연구하는 분야를 밝히고 있으며, 2001년 발표
한 논문에서 정부가 거민위원회를 통제하여 사구건설에 나서게 해야
한다고 주장하고, 2004년 발표한 논문에서도 당조직과 정부행정조직이
주도하고 주민들이 참여하는 "상하이식" 사구건설모델을 제시했다.[47]
또한 그는 상하이식 사구모델에 대한 책도 편찬하기도 했다.[48] 이렇게
보면 상하이시사구발전연구회는 쉬중전과 같은 인물들이 상하이의 사
구건설과 관련된 공간생산 지식을 전파하고 교류하는 네트워크를 상정
될 수 있다.

　다섯째, 위에서 언급한 4가지 네트워크는 상하이시 내부에서 업종별
로 혹은 대학이나 학계를 중심으로 형성된 비교적 수평적인 성격이라
면, 싼린위안주택단지 건설에 직접 시공을 담당했던 상하이시정부의
국유건설기업인 상하이카이청종합개발총공사와 국무원 건설부 직속
상하이광순부동산개발공사가 연합하여 담당했던 사실에서 중앙정부와
지방정부 사이에 공간생산 지식을 중심으로 일종의 수직적 네트워크가
형성되었을 것으로 추정할 수 있다. 특히나 1990년대 들어서 본격화된
푸동신구의 개발은 1980년대 내내 동남 연해지역 경제특구에서의 실험
을 통해서 축적된 경험을 기초로 중앙정부가 직접 결정한 것이므로 푸
동신구에서 사구건설의 대표적 사례인 싼린위안주택단지의 건설에도
중앙의 건설기업이 직접 개입하여 사구건설에 관한 중앙정부의 의지를
관철시킨 것으로 이해될 수 있다.

　여섯째, 상하이와 다른 지역의 당정협의회를 통하는 방식이다. 2008

46) 徐中振, 「上海市社区发展研究会召开首届年会」, 『社会』, 1998年11期, 35쪽.
47) 徐中振 徐珂, 「走向社区治理」, 『上海行政学院学报』, 2004年1期, 27-33쪽.
48) 徐中振, 『上海社区发展报告』, 上海: 上海大学出版社, 2000.

년 10월 헤이룽장성(黑龙江省) 민정청(民政厅)은 칭다오와 상하이 등지에 대표단을 파견하여 사구건설 경험을 학습한다.49) 또한 2010년 충칭시 (重庆市) 위중구(渝中区)은 상하이 황푸구(黄浦区)에 대표단을 파견하여 사구 건설 경험을 고찰한다.50) 비록 이 사례들은 2000년대 후반의 일이긴 하지만 관련 연구에 따르면,51) 1990년대 중후반 형성된 상하이식 사구 건설 모델은 2000년대 내내 칭다오, 선양, 우한(武汉)과 같은 다른 지역 의 사구건설 모델에 비해서 정부의 권력강화와 관리효율이 높은 모델 로 평가받고 있으며 중국정부는 이 상하이 모델을 확산시키려는 의도 가 있는 것으로 분석된다. 따라서 상하이와 다른 지역이 당과 정부 사 이의 협의회를 통해서 상하이식 사구건설 모델과 관련된 공간생산 지 식을 교류하고 전파하는 네트워크가 형성된 것으로 보인다.

이상을 정리하면, 1990년대 중후반 싼린위안주택단지로 상징되는 새 로운 도시거버넌스 구축을 위해서 상하이의 공간생산 지식을 투사하는 주체인 지방정부, 국유건설기업, 대학, 대학소속건설기업 등은 다음과 같은 세 가지 방식으로 공간생산 지식네트워크를 형성되었다. 첫째, 상 하이시 내부에서 형성된 업종별 혹은 대학을 중심으로 하는 수평적 네 트워크가 형성된 것으로 상하이시성시규획업종협회, 상하이시건축시 공업종협회, 통지대학 건축과성시규획학원이 바로 그것들이다. 둘째, 중앙정부와 지방정부의 동일부문 사이에 수직적 네트워크가 형성된 것 으로 싼린위안주택단지의 실제 시공에서 중앙과 지방의 국유건설업체

---

49) http://www.hljmzt.gov.cn/zwxxgk/sqjs/sqgk/200902/t20090227_10496.htm, 검색일: 2014. 3. 20.

50) http://www.cqyz.gov.cn/web/sub/news/view.asp?siteid=52&newsid=61250, 검색일: 2014. 3. 20.

51) 김도희, 「중국도시기층의 자율성: 사구의 조직과 행위를 통한 고찰」, 『중소연구』, 2006년 가을, 21-23쪽.

가 결합한 사례이다. 셋째, 지역간 당정협의회 방식으로 1990년대 중후반 이후 생겨난 여러 가지 사구건설 모델 중에서도 정부에 의해서 선호되는 상하이 모델이 상하이시 정부나 구 정부와 다른 지역의 동급 정부 사이에 교류 전파되는 네트워크다.

V. 결론

지금까지 상하이 푸동신구에서 성립된 싼린위안주택단지를 소재로 해서 1990년대 중후반 국유기업 개혁 진전과 함께 단위체제가 해체되고 노동자들의 단위 소속감이 약화되는 현실에 국가가 대응하는 과정에서 제기된 새로운 도시거버넌스 구축의 과제를 공간생산 측면에서 사구건설과 기업주의 도시로 파악하여, 사구건설과 기업주의 도시의 담론을 주로 대학과 학계의 주장을 중심으로 분석하고 이러한 공간생산 지식을 투사하는 주체들이 형성한 네트워크를 살펴보았다.

이러한 분석을 통해서 다음과 같은 사실들을 발견하였다.

첫째, 싼린위안주택단지는 전국적인 차원에서 지정된 도시주택건설 시점단지 중 하나로 그 조성과정에서 중앙정부로부터 주목을 받았는데, 계획과 개발에 상하이시 정부, 푸동신구 정부, 통지대학, 통지대학 소속 건설기업이 참가했고, 실제 시공은 중앙과 지방의 국유건설기업이 담당했다는 점이다. 또한 완공 후 입주한 주민은 주로 상하이 도심 재개발 과정에서 거주지역이 철거되어 이주한 사람들이다.

둘째, 싼린위안주택단지는 도심에서 이주해온 철거이주민이 주민의 70%를 차지하고 나머지는 주택단지 개발과정에서 토지를 수용당한 현지 농민들로서, 특정 기업에 소속된 노동자들로서 구성된 주택단지가 아니기 때문에 사구건설이라는 새로운 도시거버넌스를 구축하려는 국가의 입장에서 보면 기존 단위체제의 저항이 아직 강고하게 남아있는 동북지역에 비해서 사구건설이 훨씬 더 용이하다고 할 수 있다.

셋째, 1990년대 중후반 새로운 도시거버넌스로 제기된 사구건설과 기업주의 도시 담론은 공간생산 지식의 형태로서 나타나는데, 우선 사구건설과 관련해서 대학과 학계는 주로 국가의 최하층 정치조직인 가도판사처의 지도를 받는 거민위원회가 주민들을 동원하여 사구건설에 나서야 한다는 주장을 하고 있으며 싼린위안주택단지는 이러한 내용의 사구가 건설되어야 할 모범적인 사례로 인용된다. 다음으로 기업주의 도시는 원래 서방에서 제기된 개념이지만 중국 학계에서도 인정하듯이 중국 지방정부는 주민의 복지와 행정서비스에 정부기능의 중점을 두던 것에서 탈피하여 경제발전에 정부의 최우선적 목표를 두는 기업주의 도시의 성격을 고스란히 지니고 있을 뿐 아니라 배타적 토지소유권을 행사할 수 있다는 측면에서 서방의 도시정부보다 훨씬 강력한 자원을 가지고 자신의 의도대로 경제발전에 나설 수 있다고 분석되었다.

넷째, 따라서 싼린위안주택단지의 계획과 조성은 기존의 단위체제를 대체하는 기층정치질서인 사구를 건설하는 과정이면서, 동시에 상하이시 정부와 푸둥신구 정부의 위상이 기존의 관리주의 도시정부에서 기업주의 도시정부로 이행하면서 대규모 개발프로젝트의 일환으로서 거주지역을 개발하는 과정으로 파악할 수 있다.

다섯째, 싼린위안주택단지로 대표되는 사구건설과 기업주의 도시에 관련된 공간생산 지식은 그 주체들 사이에 형성된 수평적 네트워크, 수직적 네트워크, 그리고 지역간 당정협의회라는 세 가지 방식을 통해서 교류 전파되는 것을 보인다.

향후 연구과제로는 다음과 같은 것들을 지적할 수 있다. 우선, 1990년대 지나면서 상당수의 국유기업이 사영기업화 된다는 점을 감안하면, 2000년대 들어서서 사영기업화된 건설기업이 사구건설과 기업주의 도시와 관련하여 어떤 공간생산 지식을 만들어내며 그 내용에 있어서 이 논문에서 집중분석한 학계와 어떤 유사성 및 차별성을 보이는가를 분석하는 것이 필요하다. 또한 이 논문에서는 단지 외형적인 분류에 그친 공간생산 지식을 투사하는 주체들 사이의 네트워크가 어떤 역사적 계기를 통해서 형성되고 변화되었으며 구체적으로 어떠한 공간생산 지식에 관한 교류와 전파가 이뤄졌는가를 분석할 필요가 있다. 마지막으로 개혁기 중국에서 상하이가 보여준 적극적이고 선도적인 개방과 교류의 경험에서 볼 때, 이 논문에서 분석한 1990년대 중후반 새로운 도시거버넌스의 문제를 둘러싼 상하이 내부의 공간생산 지식의 네트워크가 상하이 외부의 중국 국내 및 해외의 공간생산 지식의 네트워크와 어떠한 교류와 전파를 하였는가를 분석하는 것도 향후 중요한 연구과제이다.[52]

---

52) 실제로 이 논문에서 분석한 싼린위안주택단지는 중국과 함께 싱가폴 정부가 공동으로 투자하고 개발에도 참가했다.

| 참고문헌 |

〈국내자료〉

김영진, 『중국의 도시 노동시장과 사회: 상하이시 사례를 중심으로』,
　　　서울: 한울, 2011.
박인성, 『중국의 도시화와 발전축』, 서울: 한울, 2009.
최병두, 『자본의 도시: 신자유주의적 도시화와 도시정책』, 서울: 한울,
　　　2012.
김도희, 「중국 사구연구의 쟁점에 관한 시론적 고찰」, 『중국학연구』,
　　　2005, 제33집.
김재관, 「중국도시 내 업주권익운동의 부상에 대한 국가의 대응: 上海
　　　深圳 지역 '업주위원회'의 활동과 당정개입을 중심으로」, 『한국
　　　정치학회보』, 2007, 제41집 제4호.
뤄강, 「상하이 노동자신촌: 사회주의와 존엄이 있는 '생활세계'-『상하
　　　이국자』의 샤오우(蕭武)의 질문에 답함」, 『문화과학』, 2012, 통
　　　권 제71호.
박재욱, 「세계화 시대 중국의 도시 혁신과 거버넌스-북경시의 사례」,
　　　『지방정부연구』, 2006, 10권제 4호.
박철현, 「중국 개혁기 공간생산 지식의 내용과 지형: 선양시(沈阳市)
　　　톄시구(铁西区) 노후공업기지의 개조를 중심으로」, 『중소연구』,
　　　2013.
유정원, 「중국 기층사회의 변화와 특성: 사구를 중심으로」, 『중국지식
　　　네트워크』, 2011, 창간호.
정해용, 「중국 상하이의 도시 거버넌스와 국가-사회관계: 변화와 연속
　　　성」, 『아세아연구』, 2008, 통권131호.
조명래, 「지구화, 거버넌스, 지방정치」, 『도시연구』, 2002, 통권8호.

최병두, 「중국도시기층의 자율성: 사구의 조직과 행위를 통한 고찰」, 『중소연구』, 2006년 가을.

〈국외자료〉

徐雪梅, 『老工业基地改造中的社区建设研究』, 北京: 中国社会科学出版社, 2008.

徐中振, 『上海社区发展报告』, 上海: 上海大学出版社, 2000.

田毅鹏 漆思, 『"单位社会"的终结-东北老工业基地"典型单位制"背景下的社区建设』, 北京: 社会科学出版社, 2005.

陈映芳 等著, 『都市大开发: 空间生产的政治社会学』, 上海: 上海古籍出版社, 2009.

徐中振 徐珂, 「走向社区治理」, 『上海行政学院学报』, 2004年 1期.

徐中振, 「上海市社区发展研究会召开首届年会」, 『社会』, 1998年 11期.

吴铎, 「论社区建设主体上海市浦东地区社区发展报告」, 『社会学研究』, 1997年 第5期.

吴锦良, 「上海市浦东新区政府体制改革的情况报告」, 『资料通讯』, 1996年 第9期.

张玉枝, 「"小政府、大社会、大服务"的新型行政管理模式探讨 - 兼论浦东新区行政管理体制的完善和发展」, 『华东师范大学学报』, 1995年 第2期.

张振华, 「增长联盟: 分析转型期我国地方政府与经济利益集团关系的一种理论视角」, 『天津社会科学』, 2011年 1期.

田毅鹏, 「"典型单位制度"的起源和形成」, 『吉林大学社会科学报』, 2007年 第4期.

曾文慧, 「社区自治: 冲突与回应 - 一个业主委员会的成长历程」, 『城市问题』, 2002年 4期.

「关于建设部城市住宅小区建设试点单位,贯彻建设部第33号令《城市新建住宅小区管理办法》的通知」,『中国房地产』, 1994年 9期.

向云,「中国内地第一个业主委员会诞生始末」,『中国物业管理』, 2011年 5期.

〈웹사이트〉

东北新闻网, '沈阳多家企业"东搬西建", 工人实现"易居"梦想'

　　http://liaoning.nen.com.cn/liaoning/108/3683108.shtml, 검색일: 2013. 11. 20.

07

상하이와 창장삼각주(長江三角州) 여행 네트워크의 형성과 함의

● 최은진 ●

Ⅰ. 서론

중국에서 대중관광여행은 개혁개방 이후 본격화 되었다. 현재 여행은 중국인의 삶에서 일상적인 활동이자 사회를 존속시키는 주요한 기제로 작동하고 있다. 그러나 관광은 1990년대 이래 도시의 여행 산업 경쟁력 지수로 표현되는 것에서 나타나듯 산업의 측면에서 주로 관심의 대상이 되었다.[1] 그리고 이러한 관점에 의거하여 각 지역의 여행자

---

* 이 글은 「상해 여행공간 형성 네트워크의 문화적 함의」, 『동북아문화연구』, 제38집, 2014를 수정·보완한 것이다.

** 국민대학교 중국인문사회연구소 HK교수.

1) 중국에서 이루어지는 여행관련 연구는 정부의 여행정책, 여행업의 발전과정, 발전현황 등에서의 고찰이 주를 이룬다. 盧移海, 『长三角地区城市旅游产业竞争力研究』, 浙江大学硕士論文, 2012. 또한 국내 연구 역시 관광산업정책위주의 연구로 송재

원 개발의 당위성과 목적성에 대한 연구가 진행되어 왔을 뿐 관광을
포함한 여행이 중국사회에서 차지하는 문화적 함의에 대해서는 그다지
주목하지 않았다. 기실 여행이 학문적으로는 여행산업의 측면 외에도
여행자의 여행 동기, 국가의 역할, 여행지의 상황, 여행담론의 생산과
그 영향 등 사회문화 전반과 긴밀하게 관련되어 있는 복잡한 고찰과
접근이 필요한 영역임에도 불구하고[2] 기존의 문화연구에서 전적으로
다뤄지지는 못했다고 할 수 있다.

중국은 2000년 이래 여행산업을 문화산업에 포괄하였는데 이에 따라
문화와 여행이 함께 언급되기 시작했다는 점을 주목할 필요가 있다.
즉, 산업적 측면 외에 여행이 중국에서의 문화전략이나 그 함의로 이
해하는 것이 필요하다는 것이다. 중국에서 문화의 함의에 대한 기존의
연구는 산업발전의 측면에서 문화산업을 중시하는 연구[3]와 세계화와
지역의 관계 속에서 전개되는 문화산업이란 측면에서 비판적으로 바라
보는 연구로 대별된다. 전자가 국가경쟁력지수의 각도에서 문화와 여
행을 바라본다면 후자는 국가주도적 정책에 의거한 인프라 구축과 국
가와 지역, 시장, 국가와 지역민의 상호 욕망의 공모관계가 문화산업의
전개과정에 내재되어 있다고 보고 있다. 그러므로 여행산업은 그 활성
화를 위해 전국적 차원에서 개발광풍이 이루어졌고 그 방식은 개발이
라는 현대화의 당위성을 표방함으로써 지역의 삶을 상품화하고 상상된

훈, 「중국 관광산업의 정책 및 법제에 관한 연구」, 『산업경제연구』, 2005년, 18권
1호 및 중국 관광산업의 발전목표, 법제현황, 개발투자계획 검토는 전동매, 「중국
관광객 유치 전략에 관한 연구」, 『한국동북아논총』, 2006년, 39권 0호와 중국의
출국관광 시장에 중점을 둔 정책과 현황 고찰로 이승곤·서윤원·강정길, 「중국
제11차 5개년 계획에 따른 한국의 관광발전 전략」, 『관광연구저널』, 2007년, 21
권 2호 등 주로 중국 관광산업 관련 정책 검토가 주를 이루고 있다.
2) 닝왕·이진형 옮김, 『관광과 근대성-사회학적 분석』, 서울: 일신사, 2004.
3) 李萌, 『基于文化創意視覺的上海文化旅遊研究』, 復旦大學博士論文, 2011.

과거문화를 소비하게 하여 현실의 갈등을 묻어 버리는 양태로 이루어
져 왔다는 것이다.[4] 선전(深圳)의 민속문화촌에 대한 니웨이(倪偉)의 연
구에 의하면 테마파크를 둘러싼 국가와 시장, 문화가 소비주의 이데올
로기를 통해 문화의 정치를 구현하는 중국의 현실이 드러난다.[5] 박정
희도 베이징이 세계도시로의 전환과정에서 재구성한 경관과 공간이 창
출하는 비가시적 영역인 네트워크와 정신문화적 함의를 분석하고 베이
징의 후통(胡同) 관광이 지역기억을 국가기억으로 대체하는 과정과 관
광개발과정과 연계되었음에 주목했다.[6] 그러므로 여행의 문화적 함의
를 살펴보는 것 자체가 다양한 영역 간 관계의 고찰을 전제로 하는 것
이고 이는 구체적인 지역과 여기서 생산되는 여행담론 생산주체들의
상호작용을 드러냄으로써 이루어진다고 볼 때 다양한 차원의 네트워크
적 이해와 접근이 전제되어 있다고 볼 수 있다.

그렇다면 개혁개방이후 급격한 변화와 경제적 성장을 이룩해 온 상
하이의 경우는 어떠한가. 여행과 관련한 지표로 보면 현실경쟁력은 꽝
둥, 장쑤에 이어 3위이고 잠재경쟁력은 베이징, 꽝둥에 이어 3위로 나
타났다.[7] 그러므로 세계화의 전개 속에 상하이의 도시공간의 변화가

4) 백원담, 「문화산업, 내셔널리즘, 문화공공성」, 『마르크스주의연구』, 2009년, 6권 3
호, 92쪽; 왕샤오밍, 「상하이의 새로운 삼위일체: 부동산 시장을 중심으로」, 서울:
『문화연구』, 2010년, 가을호 63호, 194-196쪽.
5) 니웨이, 「선전 민속문화촌을 통해 본 기호 소비의 문화정치」; 왕샤오밍, 『21세기
중국의 문화지도』, 서울: 현실문학, 2009, 288쪽.
6) 박정희, 『세계도시 베이징의 공간기억과 문화재현』, 서울: 글로벌콘텐츠, 20쪽,
2012, 95-105쪽. 한편 江西 여행지의 주민들이 유람객을 공격하는 사건이 2011년
8월에 발생하는 등 지역민의 여행산업에서의 배제와 상업적 이용 등에 대한 반발
에서 비롯된 사건들에 대한 연구도 있다. 李勤, 「文化視覺的生態旅遊社區參與問
題探析」, 武漢: 『武漢交通職業學院學報』, 2012년, 14卷 56期.
7) http://www.shanghai.gov.cn/shanghai/node2314/node2315/node18454/u21ai694101.html,
검색일: 10월 17일.

여행산업과 관련하여 어떻게 이루어졌는지 상술한 문화산업의 전략 속
에서 상하이의 도시공간의 여행자원 형성은 어떻게 이루어졌는지에 대
해서 네트워크를 염두에 두고 문화적 함의를 파악하려고 노력한다면
개혁개방이후 세계화와 이에 따른 지역문화의 변용 과정에 대한 이해
도 가능할 수 있을 것이다.

상하이는 세계화와 지역성 담론이 교차하는 지역으로 개혁개방이래
자본과 시장의 복잡한 상호작용 속에서 소비문화가 일상의 삶 속에 뿌
리내린 지역이다. 중앙정부의 정책 하에 상하이시 정부의 시정 정책은
여행문화 형성에 중요한 작용을 하였다. 이는 여행이 1990년대 이래
이 지역을 이끈 경제성장과 발전주의 담론 및 소비주의 이데올로기에
따라 형성된 소비문화의 중요한 부분을 견인하기 때문이기도 했다. 그
리고 여행자원은 포괄적으로 논의되는데 여행지로서, 여행의 출발지로
서 도시 상하이와 주변 저장과 장쑤 등 창장삼각주(長三角) 지역의 경제
적 연계 속에서 이루어진 것이다. 그러므로 본고에서는 중국정부와 상
하이시정부 및 상하이 지역의 여행자원개발의 주체들을 고려하면서 여
행공간의 자원개발과 형성이란 측면에 초점을 맞추어 살펴보고자 한
다. 또한 이를 위해 기존의 연구성과들을 재검토하고 재구성하면서[8]
개발의 주체들이 여행공간 형성을 어떻게 이루어갔는지를 고찰하되 관
주도의 성격을 띠게 되는 네트워크적 요소의 관련을 드러내어 그것이
내포하는 함의를 살펴보는데 초점을 두고자 한다.

---

8) 1990년대 전후한 도시 전반의 공간재구성과 상하이 노스텔지어와 조계지역의 옛
   경관이 재구성되는 것에 대한 연구를 통해 도시경관 조성에서 상징적 측면만이
   아닌 경관 생성과정의 복잡한 정치경제적 측면의 작용을 이중적으로 고려한 연구
   는 한지은, 「문화지리학의 경관 연구와 경관의 텍스트성」, 『영미문학연구회 안과
   밖』, 2013년, 34권 0호, 145-146쪽이 있다.

II. 상하이 시정부의 도시여행전략과 여행자원 개발

1987년 당시 상하이 여행발전전략 연구조는 상하이 시의 중심(市區)을 제고하고 양 날개에 해당하는 지역을 개척하고 잠재적 여행자원을 적극적으로 개척해야 하므로 상하이 시만의 자원개발을 고집하지 말고 전 방위의 개방적인 네트워크형의 3개 층차를 조성하여 경제적 연대의 횡적 연계를 갖춘 대여행네트워크를 형성해야 한다고 여행정책의 방향을 제언하였다.[9] 이에 따르면 상하이가 중심이 되지만 다른 지역과의 연계를 통해 여행자원을 확장해 나간다는 방향이 개혁개방 초기부터 설정되었던 것을 알 수 있다.

그러나 1989년까지는 주로 상하이시 중심의 고문화유적지, 기념지와 명인고택의 개발을 위주로 하는 것으로, 여행자원 개발로서의 대규모 자연경관의 개발은 1990년대부터 1996년까지 이루어졌다. 이는 상하이를 포함한 전국의 각 지역에서 나타난 대규모 여행공간의 개발과 휴식공간의 재창조와 맞물리는 것으로 상하이의 경우는 市政府가 주도하여 푸둥(浦東)지역과 도심을 잇고 푸둥지역을 개발하는 것을 주로 진행하여 東方明珠, 南浦大橋, 楊浦大橋, 陆家嘴 건물 및 도시중앙의 휴식구역인 인민광장 등의 건립에 주력했다. 이 과정에서 인민광장은 과거의 정치공간으로서가 아닌 휴식 공간으로 기능하게 되었고 푸둥지역 여행경관으로 인민광장-남경로-와이탄(外灘)-豫園-동방명주가 주 여행지로 형성되었다.

또한 테마공원이 건설되기 시작하여 민항취(閔行區)의 錦江樂園, 南上海水上樂園 등 수십 개가 건립되었으나 큰 수익을 내지 못했다. 佘山

---

9) 上海旅游发展战略研究课题组, 「上海旅游发展战略研究」, 『上海社会科学院学术季刊』, 1987年, 03期.

의 수상표류세계는 문을 닫았고 잡초만 무성하게 되었는데, 이는 부실한 경영 때문이었다.[10]

1995년 중국정부는 주 5일 근무제를 시행하고 1997년 외국여행의 자유화가 결정되었다. 또한 1998년 노동자의 유급휴가제도의 실시, 국민노동 및 여가시간의 합리적 조정, 서비스업의 확대, 국민서비스소비의 장려를 추진한다는 법적 규정이 정해짐과 동시에 중앙경제공작회의에서도 여행업을 국민경제의 새로운 성장동력으로 자리매김하였다. 다음해인 1999년에는 황금주가 제정되면서 법정공휴일이 114일에 이르게 된다. 여행의 활성화는 바로 이러한 일련의 정책적 뒷받침에서 비롯된 것이었다.[11]

이에 부응하여 상하이시의 1997년 '도시여행' 전략은 주 내용으로 도시풍광, 도시상업과 도시문화로 여행지로서의 활성화를 모색한다는 것을 내용으로 정하였다. 1997년 3월 상하이시위원회와 시정부는 여행사업관리공작위원회와 여행사업관리위원회(上海市旅游事業管理委員會)를 성립시키고 양급정부, 양급관리체제를 가동하게 됨에 따라 여행사, 호텔과 교통 등 관련 서비스업에 대한 통제와 관리가 강화되었다.[12]

또한, 중앙정부의 정책과 상하이 지역을 연계하여 여행사업관리위원회가 주도하여 상하이의 18개 구(區)의 다양한 특성화를 위해 여행공간을 조성해 나갔고 구정부 역시 매우 적극적이었다.

---

10) 張媛, 「上海旅遊資源開發路經初探」, 『企業导报』, 2009年, 08期, 137쪽.
11) 정기은, 「중국 관광산업의 환경변화 및 발전추세」, 『문화관광연구』, 2003년, 5권 제1호, 183쪽.
12) 道书明, 『上海旅游年鉴』, 上海: 上海辞书出版社, 2012.

〈그림 1〉 상하이 행정구역13)

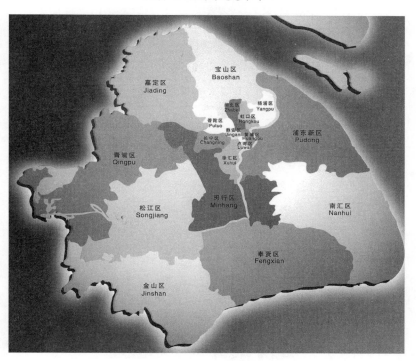

이러한 여행공간의 개발계획과 실행에서 1997년부터는 상하이시정
부와 기업이 중요한 주체로 작용했다. 대표인 예가 1999년의 上海靑靑
旅遊世界로서 기업 偉盟集團이 투자하고 개발한 여행지였다. 이렇게
기업이 참여하는 개발이 활성화된 이유는 1997년 상하이의 일인당

---

13) 오른쪽 상단의 섬이 충밍현(崇明縣)이며 도심은 옛 조계구역인 황푸취(黃浦區)와
   루완취(盧灣區), 쉬후이취(徐滙區), 창닝취(長寧區), 징안취(精安區), 푸둥신구(浦
   東新區), 홍코우취(虹口區), 민항취(閔行區) 등과 화인구역인 푸퉈취(普陀區), 자베
   이취(甲北區), 양푸취(楊浦區)가 있고, 외곽의 칭푸취(靑浦區), 송장취(松江區) 등
   이 보인다. 陳海汶 主編, 『中國·上海』, 上海: 上海文化出版社, 2003.

GDP가 3000달러가 되면서 외국관광객을 위한 여행자원 개발의 요구가 높아짐과 함께 상하이시민의 여가문화를 충족시킬 필요도 발생했고 여행내수의 진작을 위하는 등 다양한 여행수요를 충족시키기 위함이었다.

1997년 이후 상하이 도시여행전략에 의거하여 도시자원은 모두 여행자원으로 활용되게 되었다. 그 과정에서 도시자원의 활용에 있어서 고부가가치의 문화와 소프트자원의 개발이 중요하게 인식되면서 도시중심부 공간의 경우 외곽과 같은 개발이 쉽지 않은 상황이기에 기존의 舊자원을 합리적으로 이용한다는 전략이 세워졌다.

도심중심부의 대표적 여행자원인 와이탄 3호는 바로 이러한 전략 하에 조성된 것으로 식민지와 관련된 부정적 장소라는 기억의 근대 역사 경관이 긍정적으로 변모되는 과정을 거쳐 이루어진 것이다. 이러한 과정에서 여행상품의 가치창출을 위해 기억을 다시 규정하는 문화정치적 힘이 정치경제적 힘과 함께 작용했다고 할 수 있는데 1990년대 후반 이래 전국적인 상하이 노스텔지어 풍조의 유행과 라오상하이를 상기시키는 구문화를 상징으로 상상의 미래를 제시하는 방식으로의 문화정치가 여행자원인 경관조성에 작동되었다는 것이다.[14]

그러므로 상하이 노스텔지어는 상하이의 정체성 형성과 긴밀하게 관련되어 작용하였고 라오상하이의 근대모던양식은 근대 자본주의 소비문화의 활성화라는 미래의 상하이 도시 정체성을 형성해 주는 작용을 했다고 하겠다. 그리고 새롭게 조성된 여행자원들은 관광과 휴식, 여가오락과 식사, 쇼핑, 회의 개최 등을 위해 활용되었다는 점에서 상하이 소비문화의 진작과 깊은 관련이 있었다.

한편 도심의 소비공간으로서의 여행공간 조성과 더불어 역사문화여

---

14) 한지은, 「근대역사경관을 활용한 도심재생: 상하이 구 조계지역을 사례로」, 『대한지리학회』, 2008년, 46.5, 626-627쪽.

행지구, 홍색여행지구, 공업여행지구, 과학여행지구, 생태여행지구의
조성도 이루어졌고 상하이인들의 휴양여행을 위한 교외지역의 농업여
행지구, 생태여행지구 및 역사문화여행지구의 조성과 개발도 이루어졌
다. 崇明縣의 '農家樂'은 농업여행지구로, 松江區, 靑浦區의 朱家角 등
은 역사문화여행지구로 조성된 것이다.

　이렇게 정부와 기업의 대규모 여행공간의 개발의 결과 상하이의
2002년 여행 총수입은 1200억 위안(元)에 달하였고 여행객이 272만 여명,
국내여행객은 8,750만 명에 이르렀다. 여행산업도 323.8억 위안(元)으로
1996년도에 비해 18%가 증가했고 여행관련 소득이 상하이시 전체 GDP
의 6%를 차지했다.[15] 이외 여행업과 관련하여 110여만 명이 근무하게
되면서 여행업은 이제 상하이시의 3차 산업으로 간주되기에 이른다.

　1990년대 내수소비의 진작과 관련된 여행활성화 정책은 상하이의 경
우 정부주도에서 정부와 기업이 연계하여 대규모 여행자원의 활용과
개발을 진행해 가면서 관련 제도와 법규를 정비하고 시중심과 외곽의
개발을 도모하면서 여행산업의 기반을 조성하는 방식으로 진행되었다.
즉, 도심여행자원의 개발과 연계된 교외지역의 개발에서 정부와 기업의
여행자원 개발의 방향은 라오상하이의 문화코드를 활용한 소비도시로의
여행공간의 조성이었다고 볼 수 있다. 그리고 이와 연계된 교외지역 개
발 역시 다양한 여행수요를 만족시키고 소비의 진작과 중요한 소비의
대상으로 여행을 자리매김하도록 작용하는 과정이었다고 할 것이다.

---

15) 上海市統計局 篇, 『上海統計年鑑』, 上海 : 上海統計出版社, 2003 : 상하이시의 1997
　　년부터 2003년까지 국내여행수입은 8.72% 증가, 국제여행수입은 11.53% 증가하였
　　으나 동시기 상하이의 GDP가 10.92% 성장한 것과 비교하면 여행업의 발전이 충
　　분했다고 보기 어려웠다.

III. '세계유명여행도시화'정책과 여행자원

1. 글로벌시티 전략과 여행자원의 개발

2003년 새로운 여행정책과 이념의 제시는 2002년에 2010년 상하이 엑스포 개최가 결정된 이후 나타났다. 그것은 '국제대도시화' 정책에 따른 '세계유명여행도시화'정책이었다.[16]

상하이가 글로벌시티로의 전환을 선언한 것은 세계 글로벌 도시들이 세계경제를 통제하는 공간의 접점으로 정치와 경제 문화권력의 중합지점이 되었다는 것을 파악하고 이를 따라가기 위한 것이었다. 그리고 상하이와 장삼각지역과의 연계를 통해야만 문화와 과학기술의 결합을 통한 고부가가치 산업으로의 구조조정이 가능하고, 이러한 구조조정이 기반이 되어야만 글로벌시티로의 전환이 이루어질 수 있다고 보게 되었기 때문이었다.

문화부는 2003년 9월 〈문화산업발전촉진과 지지에 관한 약간 의견〉(關于支持和促進文化産業發展的若干意見)에서 9개 산업에 문화여행업을 포함시켰으며, 2004년 3월 국가통계국의 〈문화와 산업통계분류〉(文化及相關産業統計分類)에서 여행사 업무, 여행지 문화서비스 등을 문화산업의 외곽 층에 분류하여 여행관련 업무를 문화산업의 범주에 포함시켰다.

이렇게 문화산업이 강조된 이유는 무엇일까? 그것은 첫째, 중국이 세계의 공장 역할을 하면서 발생된 환경오염, 자원소모, 노동자문제를 해결하고 서구 선진국 브랜드라는 무형의 상표가 창출하는 고수익을 누릴 수 있는 산업구조의 변화가 필요하다는 경제적 전략과 관련이 있었다. 둘째, WTO가입 이후 개방된 문화시장을 통해 문화시장이 잠식되고 대중의 의식변화가 초래되고 나아가 중국의 사상적·정치적 안전에도

---

16) 姚明宝 編, 『上海旅游年鑑』, 上海辞書出版社, 2003.

문제가 생길 수 있다는 문화정치적 의식이 작동했기 때문이었다.[17]

상하이의 글로벌시티로의 전략에 따른 세계유명여행도시(국제일류도시 여행목적지) 조성정책 역시 문화여행업의 인식과 긴밀한 관련이 있다. 상하이시사회과학원은 상하이를 런던, 파리, 동경, 뉴욕, 홍콩, 비엔나 등 7개 도시와 공간의 크기, 인구의 규모, 인구밀도, 자본의 개방도, GDP 크기, 3차 산업구조와 직업종사률과 이에 따른 여행업의 위상 등에서 비교 검토하였다. 이를 통해 공간의 크기와 인구, 밀도, 자본의 개방도에서 모두 잠재력이 있는 것으로 평가되지만 3차 산업의 구조적 전환은 미흡하다고 보았다. 즉, 상하이의 산업구조에서 여행업의 위상은 높지 못하고 이에 따라 교통과 숙식 등의 기본 인프라가 충분히 완비되지 못했다고 평가했다. 특히 여행지역(景區, 景點)이 부족하다고 보고 있었는데 상하이 전체로는 83개에 이르지만 3A급이 26개, 홍색여행기지 26개, 공업여행시범지점 15개, 농업여행시범지점 16개 등으로 다른 나라의 국제도시와 비교해 여행공간이나 자원은 적은 편이라고 평가했다. 이외 종합적인 주제공원이 없고 현재 錦江樂園, 松江區의 佘山歡樂谷은 세계적 수준에 미치지 못하므로 세계적 수준의 종합적 주제공원의 필요성을 제기했다. 이외 중심성구 위주의 여행을 부중심성구와 교외지역, 향촌지역을 종합적으로 연계하는 교통체계와 여행 네트워크를 구축해야 한다고 주장했다. 이는 상하이는 더 많은 여행자원을 개발해야 하고 도심중심의 여행을 벗어나기 위한 여행공간간의 연계가 필요함을 제기한 것이라 볼 수 있다. 그러므로 여행자원의 개발과 다양한 여행공간간의 네트워크화는 사회문화와 경제의 융합이 강조되는 경향을 띠며 높은 문화적 목표가 제기되는 글로벌시티의 도시개발 전략과 함께 이루어져야 했기 때문에 문화창조도시에 따른 문화창의 여행공간

---

17) 王曉明, 「籬笆里的河水-關于文化競爭力和城市發展的感想」, 『探索與爭鳴』, 2006年, 4-5쪽.

조성을 강조하는 것으로 이어졌다.[18]

이렇게 문화전략에 따른 창의산업의 분야에 포함된 연구개발, 건축설계, 문화예술, 패션소비, 기획 등을 수행할 공간인 창의산업지구의 조성이 필요하게 되자 이러한 여행자원 조성은 도시개발과 맞물려 이루어졌다. 그러므로 세계유명여행도시 정책은 산업의 구조적 전환과 함께 모색된 여행자원을 개발하는 방향으로 나아갔던 것으로 볼 수 있다.

2003년 상하이사회과학원에서 상하이가 세계일류도시를 지향하는데는 세계주의가 내포되어 있고 그것이 상하이의 海派文化이며 이는 혼종성과 융합을 내용으로 한다는 상하이의 문화성격을 규정한 책이 출판되었다. 또한 2008년 상하이시정부는 '海納百川, 追求卓越, 開明銳智'를 상하이의 도시정신이라고 공식적으로 표방했다. 그런데 이 하이파이문화가 라오상하이를 의미하는 것이라면[19] 노스탤지어 현상으로 라오상하이에 상하이의 상상의 미래가 역시 재구성되어 투영된 것으로서의 하이파이문화를 의미한다고 볼 수 있다. 그리고 이 하이파이문화는 개방적인 코스모폴리타니즘으로 이해되며 상하이가 자본주의 소비도시로의 완전한 전환을 지향한다는 것을 의미한다.

2003년 상하이여행업발전삼년행동계획(上海旅遊業發展三年行動計劃) 역시 이와 관련된 것으로 산업구조조정에 부합하는 여행자원의 개발이 가속화 되었고 이에 따라 문화여가구역, 공업기업구역, 현대공업구역, 창의산업구역, 농업여행구역 등으로 각 구가 경쟁적으로 개발을 진행했다.[20] 이에 따라 문화여가구역으로는 外灘-新天地-田子坊이 선정되었고 공업기업구역, 현대공업구역, 산업박물관 등은 서북부지역에 집중

18) 包亚明, 「关于空间, 文化与都市研究」, 2005年11月07日11:32,
   http://theory.people.com.cn/GB/41038/3834303.html/검색일: 2013.11.25.
19) 钟浴曦, 「上海國際大都市文化構建及其世界主義內涵」, 『理論觀察』, 2013年, 3期, 30쪽.
20) 張媛, 위의 글, 2009, 138쪽.

적으로 개발되었다. 교외지역은 농업여행구역으로 松江區의 佘山국가 여행리조트인 歡樂谷이 지정되었다. 그리고 이러한 여행자원의 개발을 통해 松江區는 2005년에 비해 2010년 말 여행과 관련하여 여행수입이 3.4배가 증가했고 매년 여행객의 증가율도 21.7%에 이르렀다. 金山區 역시 여행수입이 2005년에 비해 2010년 2.37배 증가했다.[21] 그러나 개발과정에서 높은 비용의 토지매각과 별장조성을 통해 외자도입을 시도하면서 쟝수(江蘇)성 남부나 져쟝(浙江)성 북부와의 경쟁에서 뒤쳐지게 되었고 區정부가 토지관리권을 이양 받아 구정부 간의 이익경쟁이 치열하게 되었다.[22]

2006년 11차 5개년계획의 〈문화발전계획강요〉는 이전의 문화전략이 한층 대국의식의 차원에서 자리매김한 것으로 문화경쟁력 강화 방안의 성격을 띠었다. 이는 GDP 계산 하에 현실의 실용성과 공리적 각도에서 정부와 경제계가 이를 좌우하여 정책과 제도수립, 경제적 지원 등의 방식으로 문화를 생산하도록 하면서 지역경제의 활성화를 위한 문화산업차원에서 지역문화를 강조하는 것이었다. 그러므로 국가와 지역정부가 주도하는 문화개발의 성격을 띠면서 지역민은 문화의 소비자로 간주되었는데 상하이 지역 역시 예외는 아니었다.

이렇게 상하이만이 아니라 국가문화산업시범기지가 전국적으로 선정된 이래 2008년에는 관광지도 그 안에 포함되게 되었고, 2009년 현급 이상의 관광지구(旅遊景區)가 25,000여 개에 이르게 되고 국가급 풍경명승구(風景名腥區)는 208개, 省급 풍경명성구가 698개 지정되어 관리되었다. 이렇게 전국적 관광지구 개발 열풍 속에 상하이의 여행자원 개발도 이루어진 것이며 그 개발의 방식은 위와 같은 특성을 지녔던 것이다.

---

21) 李萌, 위의 글, 2011, 90쪽, 132~134쪽.
22) 정해용, 「중국 상하이(上海)의 도시발전 전략과 세계도시 전망」, 『국제지역연구』, 2005년, 9권 2호.

이렇게 여행자원의 개발은 여행지점의 급속한 증가를 초래했고 아래의 〈표 1〉에서 볼 수 있듯이 엑스포가 개최되는 2010년까지 급속히 증가한 것을 알 수 있다. 특히 2010년 5A급 여행지점과 紅色여행기지가 급속히 증가한 것을 알 수 있어서 엑스포의 개최가 실제 상하이 여행자원의 개발을 추동한 중요한 계기가 된 것을 알 수 있다.

〈표 1〉 상하이의 주요여행지점수

	A급	4A급	5A급	홍색기지(전국홍색기지)
2005년	18	17	0	
2006년		19		
2010년	61	28	3	30 (8)
2011년	74	35	3	33 (9)

자료출처: 『上海統計年鑑』

또한 상하이시는 2006년을 계기로 여행사는 879개, 성급호텔이 317개로 여행의 6대 요소인 식, 주, 행, 유람, 소비, 오락이 갖추어지게 되었다고 한다.

〈표 2〉 상하이 여행객수의 추이[23]

	상하이시민	국내 타지역민	국내여행객총수 (상하이시민+국내 타지역민)(만명)
2002년			8,750
2005년	2,207	6,805	9,012
2006년	2,357	7,327	9,684
2007년	2,444	7,766	10,210
2008년	3,164	7,842	11,006
2010년	11,177	11,255	22,432
2011년	12,202	10,877	23,079

23) 『上海統計年鑑』, 116-118쪽.

한편 상하이를 여행하는 여행객의 수를 살펴보면 국내여행객이 꾸준히 증가한 것을 알 수 있다. 특히 상하이시민의 상하이 여행이 증가한 것이다. 즉, 상하이인의 상하이여행이 24.5%, 외지인 여행은 75.5% 정도의 비중이었다. 외지인의 경우 장쑤와 안후이, 저장에서 온 경우가 많았다.

하지만 여행객수의 증가에도 불구하고 숙박비, 음식소비, 오락비용, 시내교통비용 등은 크게 증가하지 않았고 쇼핑만 꾸준히 증가하는 양상을 보였다.[24]

그런데 상하이거주민의 가처분 수입이 여행의 증가에 영향을 미칠 수 있었던 시점은 보통 2006년으로 보고 있다. 당시 상하이거주민의 가처분 수입은 18,645위안이었다. 여행사이트가 조사한 장기휴가기간 동안 여행자가 가장 많은 지역으로 2006년, 2007년, 2010년 모두 상하이가 1위를 차지했고 다음이 北京, 廣州, 深圳의 순서였다. 또한 여행지로 가장 선호되는 지역에서 베이징 다음으로 상하이가 선정되었고, 다음이 杭州, 成都, 廈門, 南京의 순서였는데 이를 보면 상하이는 2006년 이래 여행이 가장 활발히 이루어진 지역이라고 볼 수 있을 것이다.[25]

그렇다면 상하이가 여행지로 선호된 이유는 무엇인가. 자연환경, 인문자원의 풍부, 도시환경의 양호함, 편리한 교통, 여행부대시설의 완비 및 독특한 도시의 풍격이 제시되었다. 이 가운데 도시의 풍격이란 쁘띠브르조아적 즉, 小資적 풍격을 갖춘 국제화된 도시라고 설명되고 있고 장삼각지구의 중심도시이기 때문이라 설명되고 있다.

2009년 말 국무원은 〈여행업가속발전에 관한 의견〉을 국무원 41호 문건으로 발표했다. 이는 상하이의 엑스포를 염두에 두고 발표된 것으

---

24) 道书明, 『上海旅游年鉴』, 上海: 上海辞书出版社, 2008.

25) 「中国旅游研究院和携程联合发布"十一"黄金周人气城市排行榜」, 2010年 10月 11日 携程旅行, www.ctrip.com.

로 회의와 여행의 결합을 통해 발전의 계기를 마련하고 향후 산업구조
의 변화를 모색하는 세계유명여행도시로 나아가야 한다는 발전방향을
다시 제기한 것이라는 점에서 중요하다. 여행과 문화의 결합을 처음으
로 강조했는데 2009년 8월 西安에서 개최된 세계문화여행논단의 주제
는 여행발전의 핵심동력이 문화창의라고 하고 있다.[26]

2011년 상하이시旅遊局은 〈上海旅遊業十二五發展規劃系列研究〉를
제기했다. 2010년 상하이 엑스포 개최를 계기로 글로벌 도시로의 건설
을 지향하고 여행자원을 종합적으로 발굴하며 새로운 상품을 개발하고
모델을 창신하는 한편 여행업을 완비하고 경쟁력을 제고하여 국제일류
도시여행목적지로 조성할 것을 여전히 내세웠다. 그러므로 도시의 풍
격을 갖춘 국제화된 도시라는 여행자원으로서의 특징은 상하이의 여행
자원개발의 방향으로 지속적으로 작용한 것이고, 2000년 이래 문화창
의산업과의 긴밀한 관련 하에 이루어져 왔다고 할 것이다.

2010년 2월 상하이시위에서 발표한 1圈 4區 3帶 1島는 상해여유국
이 상해사범대학에 위탁하여 정한 상하이시 전체의 여행자원의 배치도
라고 할 수 있다. 이에 따르면 1권은 도시여행 중심권으로 황푸구를 포
함한 구 도심지역이고 4구는 푸둥지역의 상무회의와 테마오락여행구,
崇明과 嘉定이 포함된 생태휴가와 산업체험여행구, 松江과 靑浦가 포
함된 산수여행과 여가리조트여행구, 金山을 포함한 향촌여행구로 조성
되고 있다.

---

26) 李萌, 위의 글, 2011, 33쪽.

〈그림 2〉 1圈 4區 3帶 1島[27]

3대는 소주하도시 생활문화여유대와 남경서로 패션예술여유대, 항
주만북해안여유대가 지정되었다. 소주하도시 생활문화여유대는 시급
이상의 문물보호단위와 시급우수 근대보호건축물 28개, 37개의 이농(里
弄)주택이 있고 이를 통해 상하이시민들의 일상생활을 보여줄 수 있는
공간으로 선정되었고 남경서로 시상예술여유대는 SMG를 비롯한 각종
방송매체기구가 즐비하여 도시의 유행하는 예술과 문화를 보여줄 수
있는 지역으로 선정되었다. 그리고 항주만북해안여유대는 해변지역으
로 3대는 상하이인의 도시적 삶을 표현하는 공간이라고 볼 수 있을 것
이다. 그러므로 도심여행지역과 테마오락, 산업체험, 리조트, 향촌여행
등으로 각 지역의 특성을 살리고 이를 연계하는 방식으로 상하이시 전

---

27) 李萌, 위의 글, 2011, 108쪽;「关于加快上海旅游业发展建设世界著名旅游城市的意
见(摘要)」,『中国旅游报』, 2011年 4月18日.

체를 여행지역으로 묶는 기획이며 공간여행과 역사적 여행이라는 문화
여행관념을 구현하려는 구도라고 볼 수 있다. 그러므로 세계유명여행
도시로 나아가기 위한 여행자원의 개발은 문화산업전략의 맥락 하에서
각 지역정부가 문화개발의 주체가 되는 방식으로 더욱 강화되는 것이었
으며 국가와 상하이정부의 또한 각구가 산업구조조정을 고려한 가운데
이루어지는 방향에서 이루어졌음을 알 수 있다. 따라서 여행자원의 개
발의 주체, 그 방향은 실용성과 공리적 각도에서, 또한 상하이 지역의
산업구조조정의 목적과 연동되어 진행되었던 것이다. 또한 이는 창의산
업이 포함된 문화산업의 발전에 기반 한 국제대도시로의 도약과 함께
이루어질 수 있었고 상하이의 여행자원의 개발은 이러한 문화산업과 연
동되어 한층 계통적이고 종합적인 성격을 띠며 진행되었던 것이다.[28]

2. 여행공간으로서의 창의산업구역

2003년 문화여가구역으로 선정된 田子坊와 서북부 지역의 공업기업
구역 등의 등장과정을 살펴보면 이러한 세계유명여행도시정책의 구현
과정을 알 수 있다. 세계유명여행도시정책이 포함된 상하이의 국제대
도시화 정책은 이미 영국의 2000년 문화정책을 따라 이루어졌다. 2000
년 상하이는 '양개우선 발전전략' 즉, 중심도시는 선택적으로 현대적
서비스업 우선으로 발전시킨다는 것으로 이에 따라 대량의 공장과 공
업시설은 교외로 이전하게 되었다. 그리고 이로 인해 생겨난 상하이의
폐공장지역이 처음에는 예술가들의 자발적 모임에 따라 사용되면서 창
의산업원구로 인식된 것이었다.

---

28) 赵金凌, 「上海创意产业发展策略研究」, 『地域研究与开发』, 2010年, 第29卷 第3期;
姚明廣, 「上海都市文化旅遊資源開發現狀及影響要所分析」, 『時代文學』, 2009, 178
쪽 재인용.

2000년 5월 泰康路 210弄의 田子坊이 상하이시 양급정부의 주도 하에서 첫 번째 창의산업지구로 개조되었다. 이는 미국뉴욕의 맨하탄과 같은 문화예술구를 조성하는 것을 목표로 한 것이었다. 좁은 길에는 많은 낡은 건물, 석고문 건물 등 50년대 농탕공장의 전형적 흔적이 그대로 남아 있고 이를 활용하여 조성되었다.

이후 창의산업지구가 늘어나 2005년 50개, 2008년이 되서 상하이에만 75개에 이르렀으나 이렇게 많은 수의 창의산업지구가 생겨난 이유와 200여만 평방미터 면적의 65% 이상이 구공장지대를 개조하는 방식으로 조성된 이유를 알기 위해서는 상하이시의 토지활용상황과 관련하여 이해해야 한다.

초기 자발적인 공간조성과 달리 이러한 창의산업지구의 급증은 상하이 토지사용과 개발의 특성에 의한 것이라 볼 수 있다. 상하이의 국유 토지사용의 삼불변원칙 즉, 토지성격의 불변, 재산권관계의 불변, 건축구조의 불변이 노공장지역에 해당되었기 때문에 이러한 삼불변원칙을 유지하며 할 수 있는 공간사용방안은 창의산업지구 조성이었던 것이다. 만약 창의산업지구로 개발된다면 용지의 성격과 재산권의 관계, 건물의 활용 면에서 모두 만족시킬 수 있었기 때문에 상하이의 만병통치약이 될 수 있었다.

이후 卢湾8号桥, 长宁时尚园, 浦东车博会, 杨浦创意联盟 등은 상하이 중심도시의 구공장지역을 개조한 곳으로 발전가능성이 엿보이는 곳으로 부상했다. 상하이 11·5 창의산업발전계획에는 창의산업이 상하이 GDP의 10% 이상을 차지하게 할 것으로 기대되고 있었지만 문제가 많았다. 특히 임대료가 너무 인상되기 시작했고 2003년에서 2007년까지 5-6배로 상승했다. 또한 자연적으로 형성된 것이 아니라 정부가 공간조성을 주도하면서 창의산업기업이 부동산기업의 성격을 띠게 되었던 것도 문제였다.[29] 그러므로 시중심의 조성은 특혜정책과 토지임대 수단

을 활용한 정부와 기업의 발전주의적 성장연합의 성격을 보여준다.[30]

이는 비단 상하이에만 나타난 것으로 보기는 어려운데 전국적으로 지방정부는 공적사업을 위해 토지와 자원의 낭비를 초래했기 때문이다. 상하이의 각 구도 저마다 창의산업원구를 경쟁적으로 설립하면서 주변의 소비상황을 조사하지 않고 각 지방정부의 체면을 위해 기업은 투자를 하고 건설을 했지만 세제의 문제나 후속 자금의 지원 등에 대해 모두 제도적 장치를 마련하거나 준비하지 않았다.[31] 더욱이 지구 내에서 기업과 기업 간, 정부와 기업 간, 기업과 학계, 기업과 정부와 중간조정기구 등의 네트워크가 원활히 작용되어야 했음에도 정부의 작용이 전체적으로 과했고 중간조정기능의 작용은 거의 이루어지지 않는 상황이 현재까지도 계속 문제로 발생하고 있다고 한다.[32]

이는 창의산업지구의 조성과정에서 개발자, 창의기업의 대표가 이를 주도하면서 거주자들 즉, 社區의 참여가 배제되는 경우가 잦았기 때문이기도 하다. 실상 각 區 마다 부동산개발이권 문제가 연계되면서 우후죽순 생겨나게 되었고 자연스런 생계형 상업구역이 아닌 기획적 구역화로 인해 부동산 가격만 상승시키며 지역민의 생활을 어렵게 하는 결과를 초래했다. 이에 따라 그 지역의 생계나 생활과 관련되는 중소

---

29) 통지(同濟)대학 건축과 城市規劃學院의 전문가 王凱丰은 '현재 창의산업원구는 단지 부동산업일 뿐이다'라고 했다. 胡家源, 「离真相越来越远的上海创意产业」, 『财经』, 2002.

30) 공간촉진(place promotion) 혹은 공간마케팅(place marketing) 전략은 해당지역에 경제적 투자나 외래 관광객의 유치를 목적으로 인프라 등 환경적 여건(built environment)을 개선하거나 지역의 정체성 확립과 이미지 제고를 통해 도시공간의 브랜드 파워(brand power)와 경쟁력을 강화하는 것을 말한다. 정해용, 「중국상하이의 도시발전 전략과 세계도시 전망」, 『국제지역연구』 2006년, 9, 638쪽.

31) 상하이시창의산업중심비서장 何增强의 언급, 胡家源, 2002, 위의 글.

32) 沈丹, 「上海创意产业园区发展中的网络关系」, 『科技进步与对策』, 2008年, 03期.

형기업들이 오히려 활성화되지 못하여 창의산업지구가 누구를 위한 혹은, 진정한 창의적 산업지구인가를 회의하게 되었다. 그러므로 여행지로서의 창의산업구역의 활성화를 위해서는 공간조성을 하는데 있어 행위자간의 활발한 네트워크화가 이루어질 것이 요청되고 있다.

IV. 창장삼각주(長三角) 여행 네트워크 형성

창장삼각주 지역을[33] 전체로 하는 여행업의 일체화 추구정책은 개혁개방 이후 대여행네트워크에서 이미 제기되었고 1992년에도 '江浙濠 여행의 해' 행사가 이루어진 바 있었다. 이러한 정책은 상하이를 중심으로 장쑤(江蘇)와 저장(浙江)의 양 날개를 통해 나비효과를 누려 長江의 내륙과 서부지역까지 경제적 발전을 추동시킨다는 덩샤오핑의 초기구상을 이어가는 것이었다. 하지만 지방정부로의 권한이양이 대거 이루어지자 지역 간 지방본위가 더 추구되었던 상황에서 강력한 감독기구도 없이 표류할 뿐이었다.

이러한 상태에서 창장삼각구역여행일체화 계획은 세계일류여행도시 담론이 산업구조조정의 일환에서 제기된 2003년을 전후로 본격화되었다. 특히 2010년 상하이에서 엑스포 개최가 확정되자 여행업 발전의 호

---

33) 창장삼각주는 상하이와 서쪽의 난징시, 남쪽의 항저우를 잇는 넓이 10만 제곱킬로미터의 양쯔강 하구 삼각주를 일컫는다. 창장삼각주(長三角) 도시군은 중국 동부 연해 개방지대와 창장에 연한 상하이, 장쑤, 저장의 15개 도시로 구성된 권역이다. 중국 6%의 인구 7천만이 모여 있고 20%의 GDP가 창출되는 곳이며 400개의 외자기업이 진출해 있는 경제가 발달한 지역이다. 2005년 중국도시종합경쟁력 10위 내에 上海, 杭州, 寧波, 蘇州, 무석이 들어가게 되면서 중국여행의 金삼각지대로도 불리게 되었다.

기로 간주되었고 이를 준비할 필요가 발생했다. 2003년 상하이가 추진하는 상하이대도시여행권계획에는 도시핵심, 도시환, 도시여행권(장삼각) 조성을 강조하여 장삼각지역과의 연계를 포함하였다. 당시 浙江省에서도 상하이의 배후 花園의 기능을 통해 여행을 활성화시키고자 했다.[34]

상하이시는 1997년부터 2003년까지 동시기 GDP 10.92% 성장률과 비교해 여행업의 발전이 따라가지 못하였고[35] 세계일류여행도시가 되기 위해서 여행산업이 전체 GDP의 20%를 점유해야 했지만 2002년 6%정도였기 때문에 장삼각 지역의 여행자원을 연계하여야만 이러한 조정이 가능할 수 있다고 보게 된 것이다. 이외 WTO가입에 따른 여행산업의 위기가 초래될 수 있기 때문에 이에 대한 대응의 차원에서 고민된 것이기도 하다.[36]

이외 여행자원에 있어서도 상하이가 과거 조계지였고 사회주의시기에는 공업도시로서의 특성이 주된 것이었기 때문에 자연경관이나 인문역사환경은 부족하고 조계지역 중심의 여행자원만으로는 산업구조조정을 이끌 여행업의 발전이 이루어질 수 없었기에 상하이에 부족한 여행자원을 인문역사환경이 풍부한 장쑤와 자연경관이 수려한 저장에서 충족하여 여행업의 비약적 발전을 모색하고자 했다.

우선 창장삼각주 지역은 교통망의 인프라를 갖추었다. 이 지역에 철도로 상하이와 남경, 상하이와 항주의 양대 철도 연결선에 도시가 집중적으로 연계되는 도시권 쾌속 교통망이 갖추어졌고, 고속도로 역시 상하이와 남경간의 후닝(滬寧)고속도로, 상하이와 항주간의 후항(滬杭)고

---

34) 马丽卿·毛宗祺,「浙江旅游业现状及融入长三角旅游圈的策略」,『商业经济与管理』, 2004.

35) 贾铁飞·张振国,「上海都市旅游发展的若干问题」,『旅游科學』, 2004年, 8卷 4期.

36) 史国祥,「都市旅游与城市经济──兼论上海都市旅游的战略转型」,『上海管理科学』, 2007年, 05期, 54쪽.

속도로가 구축되었다. 이에 따라 이하 그림에서 나타나듯 창장삼각주
내 인구와 화물의 유동이 상하이로 집중되는 Z형 교통체계가 완비되었
다. 〈그림 3〉은 상하이를 중심으로 강소성 지역의 도시와 저장성 지역
의 도시들이 도시의 규모에 따라 크기를 달리하여 표시해 본 것이다.

〈그림 3〉 장삼각여행 일체화 도시와 지역[37]

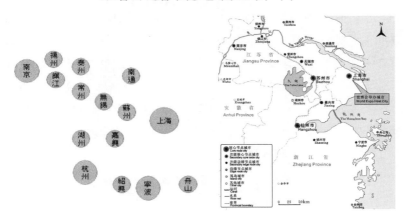

한편 장삼각지역 전체를 보면 전국 여행사의 20%가 소재하며 역사
문화적 유사성 속에서도 상하이의 海派문화, 강소의 園林문화와 인문
역사, 浙江의 산수여행 등 서로 다른 여행지 특성을 지니고 있어 여행
을 활성화 시킬 수 있을 것으로 기대되었다. 즉, 상하이는 도시적 특징
을, 강소는 전통문화의 특성을, 절강은 자연환경의 특징을 부각시킨다
는 전략이었다.

---

37) 吳国清, 「区域旅游城市化与城市旅游区域化研究−兼论长三角区域一体化的旅游互
动」, 『地域研究與開發』, 2008年, 第27卷 第1期, 2008, 51쪽.

이후 2010년까지 추진된 실제적 협력의 과정을 거치게 된다. 즉, 2003년 7월 '장강삼각주여행도시합작선언'(長江三角洲旅遊城市合作宣言)으로 15개 도시가 장애 없이 여행을 할 수 있게 할 것을 선언 했으며 '상하이강소절강여행시장공작(濠蘇浙旅遊市場工作) 제 1차 연석회의'를 시작으로 지방정부차원의 논의도 시작되었다. 연석회의 참석자들은 각 지역의 여행시장공작분관국 담당자와 시정부 책임자들이었다. 회의를 통해 "江浙濠여행의 해" 행사가 10여년 만에 부활 제정되었고 上海와 蘇州, 湖州가 연계하여 미식여행, 수학여행, 女청년여행 상품을 출시했다. 그리고 중앙정부차원의 요청에 따라 2004년 11월 22일 '창장삼각주여행일체화계획 편제에 관한 초보적 의향' 협의서가 발표되었다.[38] 또한 2005년 無錫에서 회의가 열려 '중국장삼각황금대여행권'이 발의되고, 상호선전, 네트워크 형성, 교류, 협조 사항이 논의되었다.

그리고 2007년 중국국내여행교역회에서 상하이와 강소, 절강간의 여행일체화의 방안을 홍보했고 2010년 엑스포와 여행을 연계하기로 하였다. 그러나 실제 상하이가 핵심적 역할을 하지 못하였고 남경, 항주, 상하이 간 여행경제관련도 2008년까지 낮은 편이었다.[39]

이를 타개한 것은 중앙정부의 적극적 역할이었는데 2010년 5월 중앙정부는 '장삼각지구 여행합작의 전면추진에 관한 약간의 의견'을 제시하면서 교통네트워크건설, 정보네트워크건설, 정책법규건설, 홍보와 서비스, 시장관리, 자격인정 등을 통일하도록 유도했고, 이에 따라 정식으로 '장삼각여행경구(점)도로교통표지설치규범'(長三角旅游景区(点)道路交通指引标志设置规范)과 '장삼각경점도로교통표지설치세칙'(長三角旅游景点道路交通指引标志设置细则)이 시행되었다.[40] 이것은 여행일체화를 실현하는 실제

---

38) 姚明宝 編, 『上海旅游年鑒』, 上海: 上海辞书出版社, 2004.
39) 马丽卿·毛宗祺, 위의 글, 2004, 53쪽.
40) 『上海文化年鑑』, 上海图书馆上海科技情报研究所, 2008年, 56~57쪽.

적 작업으로서의 의미를 지녔을 뿐 아니라 전국에서 처음으로 區域여행표준이 작성되고 여행업의 시장화가 이루어진 것을 의미했다. 이에 국내여행사와 각 매체에서도 "강소, 절강, 상하이를 함께 여행하는 것이 여가의 가장 좋은 방법이다"(同游江浙沪, 休閑好去處)라고 광고되었다. 그리고 2008년에는 홍보책자인 '장삼각여행지안내서(长三角旅游精华景点导读)'를 제작하여 '도시상하이, 산수절강, 인문강소'라는 이미지를 구축하여 대내외에 알렸으며 실제 2010년 엑스포기간에는 장삼각여행지인 寧波, 蘇州, 無錫, 南京, 紹興, 杭州 등에 국제회의를 개최하였을 뿐 아니라 상하이와 남경, 상하이와 항주가 3백킬로 이내 한 두 시간 내 도착할 수 있는 여행 적합지였기 때문에 상하이의 메가 이벤트가 여행활성화의 계기를 마련한 것이 분명했다.[41)]

엑스포 기간에는 여행자의 행로를 따라 조사한 결과, 가장 여행자가 많이 방문한 곳은 上海와 蘇州, 杭州였고 南京과 無錫, 嘉興이 여행지로 선호되었다고 한다. 2010년 5월 상하이국제회의센터에서 열린 '중국도자기도시생태문화여행엑스포회의'에서는 無錫과 宜興을 묶는 문화여행기획이 고안되는 등 장삼각지역 내의 전통문화의 여행상품화에 대한 모색이 보다 작은 도시에까지 포괄되어 가고 있음도 나타났다.[42)] 그 결과 2010년 장삼각지역의 여행업의 총수입이 전국의 60%를 차지하였던 것이다.[43)]

〈그림 4〉는 1990년대 이래 30년간 전국 여행의 발전수준을 보여주는

41) 呂丽・陆林・凌善金, 「上海世博会旅游者空间扩散网络分析」, 『旅游学刊』, 2013年, 第28卷 第6期, 117쪽.
42) 劉征, 「云游宜興潘酒飘向上海世博會, 宜興生太文化與遊推介會和陶瓷藝術精品展在濠擧行」, 『華東旅遊報』, 2010年 5月 13日.
43) 朱冬芳・陆林・虞虎, 「基于旅游经济网络视角的长江三角洲都市圈旅游地角色」, 『經濟地理』, 2012年, 第32卷 第4期, 152-153쪽.

것으로 오른쪽 동부연해지역의 여행종합수준이 향상된 것으로 나타나
있는데, 이것은 장삼각지역의 여행종합발전이 2000년 이래 더욱 발전
한 것을 의미하는 것이다.

〈그림 4〉 여행종합발전수준과 중심[44]

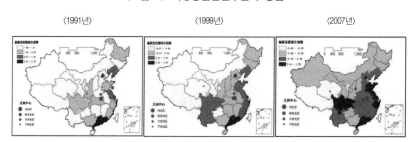

그런데 장삼각여행네트워크에서 볼 때 상하이와 다른 도시나 지역
간의 관계에서 다소 차이가 나타났는데, 저장의 경우 경제력의 규모에
비해 여행수입이 적어 상하이와 보다 긴밀한 관련을 맺는 것이 유리할
수 있지만 장쑤는 저장에 비해 다양한 여행지가 분포되어 있고, 여행수
입도 적지 않아 저장과 상하이의 협력이 보다 원활하게 이루어질 것으
로 예측되었고[45] 실제 조사결과도 상하이와 저장간의 여행지간 협력이
상하이와 강소보다 더 원활한 것으로 나타났다.[46] 2011년 이후에도 여
전히 장삼각여행일체화가 중시되어 진행되고 있는 것은 여전히 산업구

---

44) 张振国·李雪丽·温家洪, 「改革开放30　年来中国旅游业发展空间差异演变研究」,
『經濟地理』, 2010年, 第30卷 第9期, 154쪽.
45) 吳国清, 위의 글, 2008.
46) 2008년의 항저우만 대교의 건설로 항주와 상하이의 연결이 더 긴밀해지고 있다.
王艶艶, 『上海對長三角入境旅遊市長影向研究』, 華東師大碩士論文, 2011, 25쪽; 김
혜진, 「장강삼각주 지역의 경제일체화와 세계 대도시군의 형성에 대한 고찰」,
『중국학연구회학술발표회』, 2007, 149-150쪽.

조조정을 위한 여행자원의 개발과 연계가 필요하기 때문일 것이다.[47)

그러나 창장삼각주 지역 내 지역 간 과열경쟁현상은 중국정부가 조장한 면이 있고, 강소와 상하이는 산업구조와 경제수준이 비슷하고 상하이와 절강처럼 격차가 존재하다보니 협력이 이루어지기 힘들었으며, 이것은 여행일체화 협력에도 그대로 드러났다. 이것은 정부에 의해 주도되는 여행일체화의 성격이 강하고 지역 내의 자발적 일체화 움직임에 의거한 것이 아니기 때문일 것이다.[48) 2011년 5월 10일 상하이시여유국국장 다오슈밍(道书明)은 권위와 구속력이 필요하고 非정부여행조직의 추동력이 필요하다는 것을 여전히 제기하고 있다.[49)

이러한 상황에서 상하이의 디즈니랜드 설립과 유치는 장삼각지여행네트워크의 긴밀함을 위해 기획된 것으로 보인다. 물론 디즈니랜드는 푸동신구 개발의 일환이기는 하다. 즉, 12·5 이후 푸동신구(浦東新區)가南淮지역을 흡수하여 홍콩보다 넓은 부지를 확보한 이후 홍콩과 런던을 모방하여 4대 지주산업으로 금융, 무역, 상업, 여행을 설정하고 대투입-대산출의 방식으로 개발을 진행했는데 7개의 여행공간자원 조성을 기획하였다.[50) 또한 세계일류여행도시에 구비되어야 할 테마공원이

---

47) 2011년 4월 12일 중국상하이회의와 여행산업발전논단개막식, 道书明, 「上海世博后会议与旅游产业的发展― 在"中国上(海)会议与旅游产业发展论坛"开幕式上的致辞和主题演讲」, 『上海旅游年鉴』, 上海辞书出版社, 2012.
48) 林武 何萍 「上海世博會後的長三角區域旅遊一體化硏究」, 『江南論壇』, 2011年. 8, 26~27쪽.
49) 道书明, 「在长三角地区旅游合作联席会议上的讲话」, 『上海旅游年鉴』, 2012.
50) 東方明珠 등 도시적 경관, 世紀公園 등의 여가오락시설과 여가와 쇼핑을 겸하게 하는 여가상업공간, 국제회의센터 등 회의여행공간, 해양수족관, 과학기술관 등 과학형 여행공간, 현대적인 여가상업계열, 나아가 역사적 인물의 주택을 정비한 장원톈(張聞天), 황옌페이(黃炎培) 역사인문환경의 7개 여행자원을 구축했다. 何建民, 「其于十二五規劃視覺的浦東新區旅遊業發展硏究-現象, 問題及構想」, 『旅遊科學』, 2010, 41쪽.

논의되면서 정부는 푸동지역에 대규모 부지를 선정하고 외자를 유치하여 설립할 것을 결정하였다. 특히 상하이인들을 포함해 일년간 저장과 장쑤(250~300만 명) 및 외국에서의 관광객 720만 명을 수용할 수 있도록 기획하였다는 면에서 세계유명도시로의 전환과 장삼각여행네트워크의 형성에서 중요한 여행지점이 될 것으로 기대한 것을 알 수 있다.

2005년 개장된 홍콩의 디즈니랜드에는 정부투자 비율이 43.4%인 것을 선례로 볼 때 푸동지역의 디즈니랜드 설립은 정부가 적극 추진하였다. 2015년 개장을 예정으로 2011년 4월 기공식을 갖고 추진 중인 계획에 의하면 디즈니랜드는 호텔과 오락시설, 쇼핑공간이 모두 갖추어진 종합적 소비공간이 된다. 더 많은 관광객을 유치하기 위해 푸동국제공항과 셔틀로 연계를 한다는 것이다.

이렇게 디즈니랜드 설립을 놓고 상하이에서는 2009년 '新상하이인' 즉, 상하이에 기여하는 외국인을 포용하자는 주장이 전개되었고 디즈니랜드의 설립을 통해 오히려 상하이의 전통잡기, 민중의 오락 京昆劇의 전통문화를 추동하겠다는 주장도 있었다.[51] 이것은 디즈니랜드 조성에 대해 미국의 문화를 그대로 수용하고 이것의 일상에의 전파가 이루어질 것이라는 반대와 우려의 의견이 한편으로 강하게 존재하였지만, 결국 세계일류여행도시가 갖추어야 하는 세계주의 해파(海波)문화의 확산이란 측면이 더 강조되면서 적극 추진되어 나가는 과정이 있었음을 보여주는 것이다. 더욱이 중앙정부까지 예외적으로 적극적 지원의 태도를 보여 4대 국유은행의 하나인 농업은행을 통해 상하이시 국내총생산(GDP)의 12.5%에 해당하는 거액의 대출을 디즈니랜드 리조트 사업을 위해 상하이시 정부에 대출을 하기로 했다.[52] 그러므로 디즈니랜드

---

51) 謝韋, 「全球化背景下中西休閑文化融合與影響- 以上海和四川爲例」, 『四川烹飪高等轉科學校學報』, 2013年, 4期, 42쪽.
52) 「상하이시에 45조원 대출계약 중 '비공식 경기부양' 나서나」, 『한계레신문』, 2013.

등 리조트 사업은 중앙정부와 상하이정부 등 성장연합 거버넌스의 방식으로53) 이루어지고 있는 것을 알 수 있다. 이렇게 상하이를 포함한 창장삼각지역의 여행자원개발은 여전히 자발적 추동력에 의하기 보다는 정부의 막강한 지원과 자본의 추진력에 의해 창장삼각지역까지 확장되어 지속되면서 여행자원의 재편과 공간의 재구성 방식으로 진행되고 있다. 그리고 상하이의 국제적 소비도시로서의 산업구조전환을 위한 여행자원의 개발은 가족중심의 오락여가문화의 공간 여행을 통해 장쑤, 저장 등 주변지역에도 일상생활의 삶을 변화시키는 기제로서 작동할 것으로 보인다.

Ⅴ. 결론

본고는 기존의 문화연구에서 분석된 중국 여행공간형성 네트워크의 중요한 요인으로 간주되는 국가 문화전략의 작용을 상하이시를 통해 살펴본 것이다.

상하이시는 90년대 이래 도시건설과 여행자원의 개발이 함께 이루어졌다. 그러므로 이를 살펴보기 위해 중앙정부의 여행관련 문화정책과 상하이시의 공간촉진에 따른 여행자원 개발을 네트워크적 관점에서 파악하여 그 문화적 함의를 도출해 보고자 했다. 이상을 통해 보면 상하이의 여행자원의 공간촉진은 상하이시 역시 정부가 주도하고 각 구정부가 주도하면서 적극적인 여행자원의 구축을 도모해 나갔다는 것을

---

8. 12.
53) 정해용, 「중국 상하이의 도시 거버넌스와 국가-사회관계: 변화와 연속성」, 『아세아연구』, 2008년, 51, 257-258쪽.

알 수 있고 그 결과 여행객의 증가와 수입의 증가를 이루었다.[54]

개혁개방이후 세계화의 흐름 속에 놓인 상하이는 국제화도시로의 도약이라는 도시계획 속에서 '세계유명여행도시'로 부상하기 위해 여행 공간자원을 개발해 나갔다. 이는 국가적 차원에서의 산업구조조정이라는 경제적 기획 하에 놓여진 여행 산업의 활성화 전략과 연동되어 일어난 지역차원의 대응이라는 성격을 지닌다. 그리고 상하이의 여행자원의 개발은 단일한 개발에서 다양한 개발, 중심에서 교외로의 확장 발전, 다양한 개발주체의 형성 등의 방향으로 나아갔다고 볼 수 있고 여행자원의 개발과 문화산업으로의 여행서비스업은 산업구조조정을 위한 것이었다.

하지만 정부주도의 여행자원의 개발에 초점이 두어지고 여행자원의 문화적 내용과 특성을 생산하는 것에서 지역적 특성을 드러내지는 못하였다. 이로 인해 관광을 넘어선 문화적 체험을 특징으로 하는 여행으로 이어지고 있는지에 대해서는 회의적이다.[55]

또한 3차 산업 위주의 산업구조로 전환을 위해 여행산업은 上海지역만이 아닌 浙江, 江蘇지역을 포함하는 長三角삼각 지역까지 포괄되어야 했기 때문에 철도 및 고속도로 등의 인프라가 완비되고 지역과 도시 간의 위계적 역할이 부여되는 등 상하이에서 확장된 지역공간의 차원에서 여행자원이 개발되고 재생산하는 방식으로 이루어졌다. 그리고 이후에도 장삼각여행네트워크의 심화는 상하이의 글로벌시티로의 도약을 위한 공간촉진의 여행자원변화를 함께 추동하게 될 것인데 상하이와 장삼각여행네트워크 형성의 함의는 산업구조조정에 따른 위로부터의 여행자원 개발에 따른 공간조성, 여행일상 문화의 확산이 상하이

---

54) 張媛, 위의 글, 2009, 138쪽.
55) 李萌, 위의 글, 2011, 132쪽.

인의 삶을 규정한다는 것이다. 즉, 상하이 지역의 여행자원의 개발현상은 국가주도로 이루어졌으며 세계화와 상업공간으로의 전환의 성격을 띤 도시공간 재생산과정의 일환이라는 성격을 지닌 것이었다. 이 모두 시정부 주도의 성장연합의 공간촉진 방식으로 이루어져 계획에서 추진까지 여행자원의 개발과 여행업의 관리감독에서 상하이시민의 참여는 거의 이루어지지 못했다. 상하이의 여행공간으로서의 創意산업단지나 교외지역의 개발, 디즈니랜드 조성과정에는 부동산 가격의 상승, 거주민의 개발주체에서의 소외, 상업화 등의 갈등이 나타났으며 문화여행지로의 상하이의 정체성보다는 소비도시로서의 정체성 형성이 강제되어 온 일련의 과정도 드러났다. 그러므로 상하이의 여행일류도시로의 진입은 상하이여행자원의 개발과정에 여러 주체자가 참여할 수 있고 향유할 수 있으며 적절한 여행공간의 창출에 문제를 제기할 수 있는 여행공간형성 네트워크가 활발히 작용될 때 이루어질 수 있을 것이다.

| 참고문헌 |

〈국내자료〉

닝왕·이진형 옮김, 『관광과 근대성-사회학적 분석』, 서울: 일신사, 2004.

박정희, 『세계도시 베이징의 공간기억과 문화재현』, 서울: 글로벌콘텐츠, 20, 2012.

김혜진, 「장강삼각주 지역의 경제일체화와 세계 대도시군의 형성에 대한 고찰」, 『중국학연구회학술발표회』, 2007.

니웨이, 「선전 민속문화촌을 통해 본 기호 소비의 문화정치」, 왕샤오밍, 『21세기 중국의 문화지도』, 서울: 현실문학, 2009.

백원담, 「문화산업, 내셔널리즘, 문화공공성」, 『마르크스주의연구』, 2009년, 6권 3호.

송재훈, 「중국 관광산업의 정책 및 법제에 관한 연구」, 『산업경제연구』, 2005년, 18권 1호.

왕샤오밍, 「상하이의 새로운 삼위일체: 부동산 시장을 중심으로」, 『문화연구』, 2010년, 가을호 63호.

이승곤·서윤원·강정길, 「중국 제11차 5개년 계획에 따른 한국의 관광발전 전략」, 『관광연구저널』, 2007년, 21권 2호.

전동매, 「중국 관광객 유치 전략에 관한 연구」, 『한국동북아논총』, 2006년, 39권 0호.

정기은, 「중국 관광산업의 환경변화 및 발전추세」, 『문화관광연구』, 2003년, 제5권 제1호.

정해용, 「중국 상하이(上海)의 도시발전 전략과 세계도시 전망」, 국제지역학회: 『국제지역연구』, 2005년, 9권 2호.

_____, 「중국 상하이의 도시 거버넌스와 국가-사회관계: 변화와 연속성」, 『아세아연구』, 2008년, 51.

한지은, 「근대역사경관을 활용한 도심재생: 상하이 구 조계지역을 사례로」, 『대한지리학회』, 2008년, 46.5.

_____, 「문화지리학의 경관 연구와 경관의 텍스트성」, 『영미문학연구회 안과 밖』, 2013년, 34권 0호.

〈국외자료〉
道书明, 『上海旅游年鉴』, 上海: 上海辞书出版社, 2012.

卢移海, 『长三角地区城市旅游产业竞争力研究』, 浙江大学硕士论文, 2012.

上海市統計局 篇, 『上海統計年鑑』, 上海: 上海統計出版社, 2003.

周慕尧 编, 『上海文化年鉴』, 上海图书馆上海科技情报研究所, 2011.

中华人民共和国国家旅游局 编, 『中国旅游统计年鉴』, 中国旅游出版社, 2012.

中国旅游研究院,『中国旅游发展年度报告2011-2012』,中国旅游出版社, 2011-2012.

陳海汶 主編,『中國・上海』, 上海 : 上海文化出版社, 2003.

姚明宝 编,『上海旅游年鉴』, 上海辞书出版社, 2003.

李萌,『基于文化創意視覺的上海文化旅遊研究』, 復旦大學博士論文, 2011.

王艳艳,『上海對長三角入境旅遊市長影向研究』, 華東師大碩士論文, 2011.

贾铁飞・张振国, 「上海都市旅游发展的若干问题」,『旅游科學』, 2004年, 18
卷 4期.

吕丽・陆林・凌善金, 「上海世博会旅游者空间扩散网络分析」,『旅游学刊』,
2013年, 第28卷 第6期.

马丽卿・毛宗祺, 「浙江旅游业现状及融入长三角旅游圈的策略」,『商业经济
与管理』, 2004.

史国祥, 「都市旅游与城市经济—兼论上海都市旅游的战略转型」,『上海管理
科学』, 2007年, 05期.

謝韋, 「全球化背景下中西休閒文化融合與影響- 以上海和四川爲例」,『四川
烹飪高等轉科學校學報』, 2013年, 4期.

上海旅游发展战略研究课题组, 「上海旅游发展战略研究」,『上海社会科学院
学术季刊』, 1987年, 03期.

沈丹, 「上海创意产业园区发展中的网络关系」,『科技进步与对策』, 2008年,
03期.

吴国清, 「区域旅游城市化与城市旅游区域化研究-兼论长三角区域一体化的
旅游互动」,『地域研究與開發』, 2008年, 第27卷 第1期.

姚明廣, 「上海都市文化旅遊資源開發現狀及影響要所分析」,『時代文學』, 2009.

王曉明, 「篱笆里的河水-關于文化競爭力和城市發展的感想」,『探索與爭鳴』, 2006.

李勤, 「文化視覺的生態旅遊社區參與問題探析」,『武漢交通職業學院學報』,
2012年, 14卷 56期.

林武・何萍, 「上海世博會後的長三角區域旅遊一體化研究」,『江南論壇』,

2011年, 8.

張媛, 「上海旅遊資源開發路經初探」, 『企业导报』, 2009年, 08期.

张振国・李雪丽・温家洪, 「改革开放30 年来中国旅游业发展空间差异演变研究」, 『經濟地理』, 2010年第, 30卷 第9期.

赵金凌, 「上海创意产业发展策略研究」, 『地域研究与开发』, 2010年, 第29卷 第3期.

钟浴曦, 「上海國際大都市文化構建及其世界主義內涵」, 『理論觀察』, 2013年, 第3期.

何建民, 「其于十二五規劃視覺的浦東新區旅遊業發展研究–現象, 問題及構想」, 『旅遊科學』, 2010.

胡家源, 「离真相越来越远的上海创意产业」, 『财经』, 2002.

〈웹사이트〉

携程旅行, www.ctrip.com.

08

상하이 시 문화산업에서 네트워킹
유도자로서 정부의 역할

I. 서론

　1992년 푸둥신구(浦東新區) 개발에 착수하고 30년이 흐른 현재, 상하이
는 뉴욕, 파리, 도쿄 등 글로벌 도시와 어깨를 나란히 하는 도시로 성
장하였다. 특히 2010년 개최되었던 글로벌 메가 이벤트인 2010년 상하
이 세계 엑스포(The World Exposition Shanghai China 2010)는 '상하이(Shanghai)'를
국제적인 도시 브랜드로 발전시키는 데 기여했다. 상하이 시는 조계
지역이었다는 자랑스럽지 못한 과거사가 담겨져 있는 와이탄(外灘)이나
눈부신 경제성장을 상징하는 루자쭈이(陸家嘴)만을 기억하는 세계인에게

---

*　본 보고서는 노수연, 곽주영의 『상하이 시 문화산업 현황과 시사점(대외경제정책
　연구원, 2013)』의 일부 내용을 발췌하였다.

** 　대외경제정책연구원 부연구위원.

과거와 현재, 클래식과 모던 개념이 충돌하지 않고 융합되면서 형성된 독특한 도시 특성을 보여줌과 동시에, 상하이엑스포를 계기로 환경 친화적이면서 컨벤션, 공연 등이 중심이 되는 도시 이미지를 만들어내는 융합형 도시로 발전할 전망이다.

특히 상하이가 중국 최고의 도시라는 지위에서 벗어나 세계 최강의 도시로서 발돋움하기 위해 내건 핵심 키워드 중 하나는 '문화'이다. 상하이 시는 현재 중국에서 문화산업이 빠르게 성장하고 있는 지역 중 하나이자, 향후 성장 가능성과 인근 지역으로의 파급효과가 높은 지역이다. 상하이 시는 2011년 기준 문화산업 부가가치가 처음으로 베이징 시를 제치고 광둥(廣東)성, 산둥(山東)성, 장쑤(江蘇)성에 이어 4위를 차지했다.[1] 각종 문화산업기지를 건설하고 중국 최초로 문화재산권거래소를 설립하였으며, 상하이국제영화제를 개최하는 등 문화산업 육성에 적극적인 지역이기도 하다. 또한 미국의 드림웍스사가 2012년 오리엔탈 드림웍스(Oriental DreamWorks) 설립을 결정하는 등 문화산업 관련 외국 기업의 상하이 시 진출도 이루어지고 있다.

상하이 시의 문화산업의 발전에는 시 정부의 적극적인 육성과 기업의 활약 등을 기반으로 한 도시 전체의 창의성 향상이 주효했다. 일례로 상하이 시는 중국에서 '가장 창의적인 도시(創意名城)'로 선정되기도 하였다.[2] 본 연구는 지역경쟁력 증강에 있어 문화산업이 중요한 역할을 한다는 가정 하에 문화산업 발전의 주요 행위자(actor) 중 하나인 정부의 역할을 네트워킹 유도자의 관점에서 분석한다.

---

1) 賈斯汀·歐康納文化, 傳媒和創意産業研究中心, 『我國31個省市區文化産業競爭力實證研究(2008~2010)』, 2012.
2) 「上海獲評最中國創意名城」, 『解放日報』, 2012. 12. 13. 그 밖에도 베이징, 광저우, 청두, 선전, 쑤저우, 우시 등이 창의적인 도시로 선정되었다.

II. 이론적 검토

1. 지역경쟁력과 문화산업

지역경쟁력에 있어서 문화는 경쟁력의 필수적 요건으로 인식되어 왔다. 문화를 부흥시키고자 하는 정책적 노력은 선진국에서는 이미 오랜 역사를 지니는데, 예를 들면 유럽 도시의 경우 1950년부터 문화예술을 도시 정책의 핵심적 요소로 인식하였다(임학순, 2008).

문화산업이 지역경쟁력을 제고하는 방식은 문화적 접근과 산업 정책적 접근으로 나눈다. 문화적 접근은 문화 자체의 질을 고양시키려는 노력이다. 반면 산업 정책적 접근은 문화콘텐츠의 생산, 유통, 소비와 관련한 문화를 발전시키면서 창의성을 제고하는 데에 있다. 문화산업 정책은 문화산업이 경제적 가치를 창출하는 고부가가치 산업이라는 인식에 바탕을 두고 있다(임학순, 2004). 따라서 문화산업과 지역경쟁력을 연구하는 목적은 해당지역의 문화적 특수성을 바탕으로 문화산업을 육성함으로써 문화산업의 경쟁력을 강화하고 그 지역의 부가가치 창출을 증가시키는 것이다.

기존 이론은 문화산업을 통하여 지역경쟁력을 제고시키기 위해서는 해당 지역이 다른 지역과 차별적인 지역 특수적 콘텐츠를 만들 수 있어야하고 그 콘텐츠를 생산·유통·소비하는 과정에서 더 많은 부가가치를 생산할 수 있도록 행위자끼리 시너지를 극대화시켜야한다는 견해로 수렴된다. 여기서 문화와 경제를 두 축으로 삼아 어느 쪽에 더 비중을 두는 지에 따라 지역경쟁력의 성격이 결정된다. 문화를 기본 축으로 삼는 모델 중에서는 이른바 문화예술 지향형인 유럽도시 모델, 지역주민 지향형인 미국 샌디에이고(San Diego) 모델, 창조도시 지향형인 일본 가나자와(Kanazawa) 모델 등이 대표적 예이다(최지연, 2012). 반면 경제를 기본 축으로 삼는 모델은 미국 뉴욕(New York)과 같은 메트로폴리탄 모델이 있다.

첫째, 문화를 기본 축으로 삼는 모델 중 유럽도시 모델은 유럽 문화의 풍요로움을 바탕으로 유럽국가가 공통적으로 지니는 문화의 특성에 주목하고 국가 상호간의 이해를 증진시키는 것이 목적이다. 따라서 문화산업도 상업화에 치중하는 대신 상대적으로 순수 예술적인 문화 활동 및 예술 향상 프로그램을 수행하는 것을 중시한다. 반면 미국 샌디에이고 모델은 시 의회의 주도로 미래의 발전이 될 전략적 비전을 만들었는데 그 골자는 개발의 결과로 앞으로 이용 가능할 자연 그대로의 토지는 현재 수준의 10%밖에 안 될 것이라는 가정에서 도시민의 삶의 질을 고양시키는 것이다. 샌디에이고 시의 문화정책은 "열린 공간, 다양성, 공공시설, 주택, 보행성, 학교, 휴양, 경제, 분권주의, 이동성, 다양성, 효율성" 등의 핵심가치를 바탕으로 디자인된다. 일본의 가나자와는 뉴욕이나 도쿄 같은 글로벌 도시를 지향하는 모델이다. 이 모델은 가나자와 시의 제조업이 쇠퇴하고 청년 실업이 증가하며 재정위기에 직면한 복지국가 시스템에 대한 재검토의 요청에 해결책으로 등장하였다. 가나자와 모델은 일본의 전통 예능과 가나자와 특유의 전통 공예를 바탕으로 한 생활문화를 상업화시킨 형태로서 중소도시로서 매우 성공적이라는 평가를 받고 있다.

둘째, 경제를 축으로 하는 뉴욕 같은 경우는 도시의 특유한 문화는 사라졌지만 다양한 유입문화가 섞이고 도시 자체가 지역 문화 대신 전 세계적 문화를 지향하는 경우이다. 문화예술이 지역경제를 활성화시키는 기제가 극대화되어 있는 도시이다.

뉴욕을 제외하고 앞에서 제시한 도시 모델들은 선진국 위주로서 문화의 보전이 잘 되어 있고 제조업의 비중이 적기 때문에 상대적으로 문화적 자원의 비중이 크다. 뿐만 아니라 문화산업과 관련한 다양한 측면에서도 상업화보다는 복지나 예술을 우선시하는 경향도 보인다. 그러나 이러한 모델을 개도국 도시가 직접 벤치마킹하기는 현실적으로 불가능하다. 우선 개도국은 산업화와 발전의 영향으로 유형적 문화자산이 많이 파괴되었으며 경제성장에 따른 역동성으로 인하여 예부터 내려오는 무형문화를 지속적으로 발전시키기 힘들다. 외부 인구의 끊임없는 대규모 유입도 무형문화자산의 보전이 힘든 이유 중 하나이다. 현재 개도국에서 어느 정도 외부에 문화산업으로 알려져 있는 지역은 영화산업으로 발리우드(Balley Wood)라고 불리는 뭄바이(Mumbai) 정도이다. 그러므로 개도국 상황에 맞는 문화산업을 통한 지역경쟁력 향상은 기존 모델과 다른 변형을 보일 수 밖에 없다. 또한 지역경쟁력도 문화적 접근보다는 지역경제를 활성화시키기 위한 산업정책에 초점을 맞추게 된다. 이는 본고에서 연구하고자 하는 상하이 시에서도 동일하게 적용되어, 상하이 시 정부는 지역경쟁력 향상을 위해 문화산업 및 시장의 행위자(actor)로서 적극적인 문화산업정책을 시행하고 있다.

2. 개도국의 문화산업과 정부의 역할

개도국에 그대로 적용하기에는 기술적, 개념적 어려움이 있지만 특정 산업을 바탕으로 지역경쟁력을 고양하기 위한 이론적 프레임은 지리학, 도시공학, 경제학, 정치학, 경영학, 사회학 등 여러 학문 분야에서 제기되었다. 이러한 이론적 프레임은 분과 학문에 따라 변형되었지만 기본적으로 지역의 "특화적이고 집합적 자산(Embedded and Collective Assets)"을 활용하는 능력을 기르는 내생적 발전전략을 토대로 하고 있다 (김선배 외, 2003). 따라서 논의의 초점은 단순히 개별 행위자의 전략이 아니라 행위자 간의 상호작용이나 연계가 된다.

지역경쟁력에 영향을 미치는 이론적 프레임은 대체적으로 〈그림 1〉

과 같이 개념화된다. 즉, 다양한 행위자들의 이익과 상호작용에 영향을 미치는 제도와 거버넌스, 환경적 요인인 인프라, 그리고 정부의 역할로서 주로 금융지원과 관련 있는 인센티브가 지역경쟁력에 영향을 미치는 주요 요소이다.

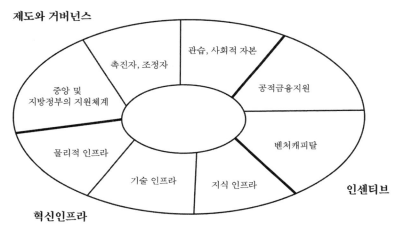

〈그림 1〉 지역경쟁력에 영향을 미치는 요소

자료: Andersson and Karlsson(2002)

〈그림 1〉에 제시된 각각의 요소들이 지역경쟁력에 어떤 영향을 끼치는지 더 자세히 알기 위해서는 이들 요소들이 어떤 행위자와 관련 있는 지를 이해해야한다. 문화는 구성원들이 공유하는 경험이기 때문에 외부성이 특히 강한데, 이러한 외부성의 개념은 행위자가 투자한 편익이 다른 행위자에게 누출된다는 것이다(Marshall, 1879). 이러한 외부성은 비의도적(Accidental)이고 우연적(Incidental)인데, 문화가 지역경쟁력을 제고시키는 데에는 이렇듯 비의도적이거나 우연적인 효과만으로는 설명이 불충분하기 때문에 문화산업 내 행위주체의 공동행위나 전략적 상호작용을 고려할 필요가 있다. 왜냐하면 문화클러스터는 시장규모효과과

(Krugman, 1995)뿐만 아니라 행위자간의 상호작용적 학습효과(Saxenian, 1994)에 의해 형성되기 때문이다(강현수·정준호, 2004).

여기에서 핵심적 행위자에 대한 논의는 국가, 산업, 지역, 시기별로 다양하게 존재한다. 일례로 고정민(2007)은 미시적 관점에서 비전 제시자, 시스템 통합자, 전문요소 공급자 등 세 가지를 제시하였으며, 정우식(2009)은 마케팅적 관점에서 기업, 고객 및 경쟁자로 보았다. 강내영(2012)은 정치학적 관점에서 정부, 시장, 대중이라고 주장하였다.

주어진 맥락에 따라 행위자는 여러 가지로 파악될 수 있지만 본 연구가 개도국의 문화산업 발전에 있어 우선적으로 제시하는 행위자는 정부이다. 사회적 자본이 지역에 배태된(embedded) 선진국에서는 신뢰를 바탕으로 한 네트워크가 쉽게 이루어지는 반면, 개도국에서는 네트워크가 쉽지 않다. 따라서 정부의 중요한 역할 중 하나가 네트워킹을 유도하는 일이다(Amsden and Chu, 2003). 이외에도 정부는 문화산업정책을 설계하고 집행하는 주체로서의 본연의 임무도 수행해야한다.

특히 중국처럼 정부의 역할이 폭넓고 강력한 국가에서는 정부가 행위자 중 우선적으로 고려해야할 대상임이 분명하다. 더욱이 중국은 산업정책에서 중앙-지방이 이원화되어 있고, 지역별 문화산업 육성 방향이 다르므로 정부를 중앙-지방으로 나눌 필요가 있다. 정부는 비전을 제시하는 중앙정부와, 지역의 시스템을 통합하고 직간접적으로 산업을 지원하는 지방 정부의 역할로 나뉜다.

3. 문화산업클러스터의 개념과 영향요인

문화정책을 적극적으로 설계하고 집행하는 주체 중 하나가 지방자치단체이기 때문에 현실적으로 문화정책은 도시를 위주로 접근하고는 한다. 그러나 실제로 도시를 위주로 정책을 설계, 집행하더라도 문화정책은 도시의 배후지까지, 심지어는 인접 도시까지 폭넓게 영향을 미친다. 또한 문화의 속성으로 인하여 특정 도시(로 대표되는 문화)는 타 도시, 타 지역과는 차별성을 뚜렷이 보인다. 따라서 문화정책은 지역의 경제활동에 강한 외부성을 낳는다. 이러한 외부성은 긍정적인 측면에서 지역경쟁력(Regional Competitiveness)으로 인식된다. 특정 지역의 문화는 그 지역에 소속된 문화 주체간의 상호작용을 전제하고 있는데 이러한 성격 때문에 국가 및 지역정부는 문화산업클러스터를 설립한다.

여기에서 문화산업클러스터란 일정한 공간에 문화산업 관련 업체와 기관들이 상호 연계된 집합체를 의미한다(임학순, 2004). 클러스터적 접근법은 지역경쟁력의 제고를 정책의 지향점으로 삼고, 이를 위해서는 문화사업체간의 경쟁과 협력을 통해 집적에 따른 시너지 효과를 창출해야 한다고 보는 것이다. 산업클러스터의 성공사례로는 미국 캘리포니아주에 위치한 첨단기술 연구단지인 실리콘 밸리(Silicon Valley)가 대표적이며, 문화산업클러스터로서는 영국 셰필드(Sheffield)의 뉴미디어 클러스터나 리버풀(Liverpool)의 비틀즈 지구 등이 유명하다.

위치하고 있는 면적에 따라 거대 지역부터 행위 주체간의 소규모 네트워크에 이르기까지 클러스터의 크기는 다양한데, 대규모 클러스터는 종종 지역혁신체제(Regional Innovation System)로 이해되기도 한다. 개념은 다르지만 지역혁신체제는 클러스터와 밀접한 관련을 맺고 있다. 지역혁신체제가 창의적인 방향으로 잘 설립될수록 창의적 클러스터가 많이 생겨난다. 지역혁신체제는 특히 개도국을 중심으로 활발히 논의되는데 이러한 추세는 세계화(Globalization)와 지방화(Localization)에 대응한 서구의 신지역주의(New Regionalism) 및 국가의 공동화(Hollowing Out of the State) 논의와 맥을 같이 하고 있다는 점에서 지역 차원이 더욱 강조되고 있다(강현수·정준호, 2004).

클러스터 구축에 영향을 미치는 요인에 대해서는 다양한 견해가 존재한다. 임학순(2004)은 기존 이론을 토대로 클러스터 구축에 영향을 미치는 요인을 정책적 요인, 창작역량 요인, 혁신환경 영역으로 구분하였다. 〈표 1〉에서 제시한 순서대로 설명하자면, 리버만의 4C모델은 창작의 주체(Creative Actor)에 초점을 맞춘 반면, 셰필드 모델과 페니더 모델은 정책과 창작역량, 혁신 환경 모두를 주목하였다. 포터 모델은 정책과 창작 역량으로 문화산업클러스터를 접근한 반면, 지역혁신체제는 제도와 조직간 네트워크를 기반으로 한 혁신환경을 중시한다.

〈표 1〉 문화산업 클러스터 모델비교

영역	리버만의 4C모델	셰필드 모델	페니더 모델	포터 모델	지역혁신체제
정책		• 계획 수립 및 평가 • 조정과 비전 제시	• 세제혜택 • 정책지원	• 정부역할	
창작 역량	• 창의적 기획 • 기술 • 인력 • 저작권 환경 • 유통, 마케팅 • 융합환경 • 상품의 소멸성	• 창의적 예술 • 기술 • 시설 • 교육 • 자금	• 생산기반 • 잠재창작수요 • 유통, 마케팅 • 인력 • 연구개발	• 요소조건 • 수요조건 • 기업전략, 조직 및 경쟁 환경 • 관련 및 지원 산업	
혁신 환경		• 네트워크 • 파트너십	• 정보와 지식 교류 • 역동적 보완성		• 혁신 네트워크 • 지역 혁신과 활동 • 지역 특성 분석

자료: 임학순 (2004, 313쪽)에서 재인용.

또한 정책, 역량(기업), 환경이 각각 어떤 역할을 얼마나 잘하고, 어떻게 상호작용하는지에 따라 문화산업클러스터는 일반적으로 대학·연구소 주도 모델과 대기업 주도 모델, 지역특화 모델, 벤처형 모델 등으로도 나뉜다. 그러나 상하이의 문화산업클러스터의 경우에는 민간에서 자생적으로 조성된 일부의 경우를 제외하고는 오히려 정부의 적극적인 주도에 힘입어 조성되는 경우가 많기 때문에 일반적인 클러스터 구분과는 달리 정부 주도 모델로 파악할 수 있다. 그만큼 문화산업클러스터에서 정부의 역할이 중요하게 된다.

따라서 이하에서는 상하이 시 문화산업 발전에 있어 정부의 역할이 중요하다는 전제 하에 시 정부가 현재 시행하고 있는 문화산업 육성정책을 살펴본 후, 네트워킹과 관련이 깊은 문화산업클러스터 조성에 있어 정부가 어떤 역할을 수행하고 있는지를 사례를 통해 분석한다.

III. 상하이 시 정부의 문화산업 육성정책

상하이 시 정부는 2015년까지 문화창의산업의 부가가치가 시 전체 GRDP에서 차지하는 비중을 12% 이상으로 확대하여, 문화창의산업을 상하이 시 경제의 기간산업으로 육성할 계획이다.[3] 이를 위해 다양한 육성정책을 시행하고 있는데, 구체적으로는 각종 인센티브 및 육성정책 시행, 금융 지원, 기업 창립, 재정투입을 통한 문화 인프라 확충, 관련 법제 정비 등이 있다. 본고에서는 이 중 현 단계 문화산업 육성정책의 근간이 되는 '12·5계획'을 살펴보고, 자금지원 및 문화 인프라 구축 현황을 분석한다.

1. 12·5계획 기간(2011~2015년) 육성계획

상하이 시는 2012년 5월 중국 최초로 시 정부 판공실에 별도로 문화발전영도소조를 설립하고 선전부 부장이 팀장을 맡으며, 계획, 상무, 과학교육, 발전개혁위원회, 문화국 등 문화와 관련된 모든 부서를 통합적으로 관리·운영하고 있다. 여기에서는 경제 차원의 문화산업뿐만 아

---

3)「上海圈定文化創意業重點項目」,『東方早報』, 2011. 9月 23日.

니라 공공사업으로서의 문화사업 등도 관장하고 있다. 12·5계획 기간 동안 상하이 시는 27개의 프로젝트를 집중 추진할 계획인데, 여기에는 국가디지털출판기지(國家數字出版基地), 국가온라인시청각산업기지(國家網絡視聽産業基地), 국가애니메이션게임산업시범단지(國家動漫游戱産業示範區), 상하이문화재산권거래소(上海文化産權交易所) 등이 포함된다.

　상하이 시는 중국 국가 차원에서 볼 때 중국 문화산업발전의 방향을 선도하는 역할을 한다는 면에서 매우 중요하다. 일례로 상하이 시는 중국 최초로 문화산업을 과학기술에 접목시키는 시도를 하고 있다. 2012년 상하이 시는 문화와 과학기술을 결합하는 아이디어를 제안했고 중앙정부가 이를 수락함으로써 "국가 문화과학기술 혁신요강(國家文化科技創新綱要)"이 발표되었고, 상하이 시는 이와 관련한 3개년액션플랜을 발표하였다.[4] 문화와 과학기술을 접목한 혁신의 주요 내용에는 첫째 디지털출판, 고해상도 등 핵심기술에서의 장벽을 타파하고, 둘째 장장(張江)하이테크단지를 중심으로 한 문화창의단지를 건설하며, 셋째 정책 및 재정차원의 지원시스템을 구축하고, 넷째 관련 기업을 육성하는 것이다.[5]

　아울러 부서배치에 있어서도 상하이 시는 중국에서 선두적인 역할을 하고 있다. 2013년 3월에 개최된 중국 중앙정부 양회(兩會)에서는 영화, 방송 산업을 관장해 온 광전총국과 출판 및 인터넷 관련 산업을 관장하는 신문출판총서를 통합하여 국가신문출판광파전영전시총국(國家新聞出版廣播電影電視總局)을 신설하였다. 그러나 이에 앞서 상하이 시는 1999년에 이미 광전총국과 문화부를 통합하여 문화광파영시관리국(文化廣播影視管理局, 약칭 문광국)을 설치한 바 있다.

---

4) 현재까지 중국에서 '문화+과학기술'과 관련된 계획을 발표한 곳은 상하이 시와 우한(武漢) 시가 유일하다.
5) 상하이사회과학원 문화산업연구중심 화젠(花建) 주임 인터뷰 내용, 2013. 2. 1.

12차 5개년 계획 기간 문화산업 발전과 관련하여 문광국은 2011년 "상하이 문화문물방송영화발전 '12·5' 계획(上海文化文物廣播影視發展"十二五"規劃)"을 발표하고, 2011~2015년간 업종별로 구체적인 목표를 제시하였다.

〈표 2〉 12·5기간 상하이 문화산업 및 시장 발전 목표

연번	항목	목표치	특징
1	문화, 영상(영화, 방송)산업 총생산액	1,000억 위안	예기성
2	영화 박스 오피스 수입 연간 성장률	20%	예기성
3	영화 관람객 연간 성장률	20%	예기성
4	신규 건설 종합영상기지	1~2개	구속성
5	상하이 영화제작량이 전국에서 차지하는 비중	8%	예기성
6	애니메이션산업 연 생산액	55억 위안	예기성
7	창작 애니메이션상품 생산액이 총생산액에서 차지하는 비중	30%	예기성
8	온라인게임산업 매출수입	200억 위안	구속성
9	온라인게임 수출수입	6,000만 달러	예기성
10	디지털TV 보급률	100%	구속성
11	문화공연 영업총수입 성장률	50%	예기성
12	극장 공연횟수 성장률	50%	예기성
13	문화오락시장 영업수입 성장률	50%	예기성
14	예술품 시장 영업수입 성장률	50%	예기성

자료: 上海市文廣局(2011), 『上海文化文物廣播影視發展"十二五"規劃』.

여기에서 주목할 점은 〈표 2〉의 각 지표의 특징이다. 중국 정부가 발표하는 목표는 그 특징을 예기성(豫期性)과 구속성(約束性)으로 나눌 수 있다. 예기성 목표치의 경우 기업, 개인 등 시장 주체의 자발적인 경제 활동을 통해 달성하고자 하는 목표로서 정부는 거시적인 환경 조성만 담당하게 된다. 반면 구속성 목표치는 정부가 주체가 되어 적극적으로 달성하고자 하는 목표로서 달성 여부가 정부 실적에 직접 반영된다. 따라서 〈표 2〉에서 제시한 지표 중 구속성 지표에 해당하는 종합영상 기지 건설과 온라인게임산업 매출증대, 디지털 TV 보급은 2015년까지

반드시 목표를 달성해야 하며, 따라서 향후 시 정부의 육성이 이들 분야에 집중될 가능성이 높다.

2. 자금 지원

문화산업 육성은 상하이 시의 4대 국제중심 계획과 밀접한 관련이 있다. 상하이 시는 2020년까지 국제적인 금융, 물류, 무역, 경제의 중심이 될 것을 목표로 하고 있으며, 문화산업을 대상으로 한 다양한 금융지원을 아끼지 않는다는 점이 다른 지역의 문화산업 육성정책과 차별화된다. 상하이 시 정부는 기업에 자금을 직접 지원하거나 기업을 대신해 관련 플랫폼을 구축해 주는가 하면, 문화기업이 은행 등 금융기관에서 손쉽게 융자를 받을 수 있도록 지원하고 있다.

상하이 시 정부는 "상하이 시 문화, 금융 융합발전 추진을 위한 행동계획(上海推進文化和金融融合發展行動計劃)"을 발표하고, 은행의 문화기업 대출을 장려하고 문화산업융자담보기구를 지원하며 '문화기업 상장예비 자원 데이터베이스(文化企業上市後備資源庫)'를 구축하였다. 그 결과 2012년 6월 말까지 상하이 은행업계가 문화산업에 제공한 대출잔액은 118억 700만 위안으로, 전년 같은 기간에 비해 50.62% 증가했다. 이는 기타 분야 대출 속도보다 41.47%포인트 빠른 속도이다. 또한 상하이문화재산권거래소가 '상하이 문화재산권거래시장 발전 3개년 행동계획(上海文化産權交易市場發展三年行動計劃)'을 발표하고 문화기업의 지분, 판권 등 거래 방식을 혁신했다.

또한 중국 최초로 중소 문화기업을 대상으로 담보를 제공하는 전문 금융기관인 둥팡후이진담보회사(上海東方惠金文化産業擔保有限公司)를 설립하고, 최초의 사모펀드인 화인문화산업투자기금(華人文化産業投資基金)을 설립하여 1차로 20억 위안을 모집, 운영하는 등 문화기업의 융자에 있어서 다른 지역보다 앞서 있다. 그뿐만 아니라 하이퉁증권(海通證券)이 발기한 상하이 문화산업 지분투자펀드도 조성되었으며, 2012년 상하이 시 소재 민영기업으로는 최초로 상하이 신문화 전매집단(上海新文化傳媒集團股份有限公司)이 증시에 상장되었다. 현재 상하이 소재 문화기업 중 17개가 국내외 증시에 상장되었다. 2011년 8월에는 269억 위안 규모의 상하이 창의(설계)산업투자기금연맹(上海創意(設計)產業投資基金聯盟)을 설립하여 상하이 시 창의설계산업 관련 프로젝트에 집중 투자하고 있다.6)

2012년 상하이 시는 전국에서 최초로 출판물발행지점건설지원자금(出版物發行網點建設扶持資金)을 설치하고 35개의 초소형 및 중소형 서점에 500만 위안을 지원하였다.

최근에는 특정 개별 기업에 대한 직접적인 자금 지원보다는 와이가오차오(外高橋)나 장장(張江)처럼 문화산업 발전을 위한 플랫폼 마련을 지원하는 형태로 지원이 이루어지고 있다. 2012년 '상하이 시 문화창의산업 발전 촉진을 위한 재정지원자금 실시방법(임시)(上海市促進文化創意產業發展財政扶持資金實施辦法(試行))'을 제정하고, 같은 해 5월에 '2012년 상하이 문화창의산업발전 촉진을 위한 재정지원자금 신청 가이드라인(2012年上海市促進文化創意產業發展財政扶持資金申報指南)'을 발표하였다. 그 결과 디자인류(54건), 서비스류(36건), 정보기술류(28건), 문화예술류(15건) 산업 공공서비스플랫폼의 신청을 받아 133개 프로젝트에 총 2억 9,500만 위안을 지원했다.7) 아울러 문화산업 발전에 필요한 인력 양성을 위해서 '1천명 인재양성 프로젝트(千人計劃)'를 시행하고 있으며, 우수한 중국인 유학파의 귀국을 장려하고 있다. 특히 문광국 산하 문화산업처에서는 2013년

---

6) 발기인은 上海市創意產業展示與服務平臺管理中心, 上海國盛集團投資有限公司, 紅杉(中國)投資基金, 海通創新資本管理有限公司 등 8개 기관이다.
7) 上海市文化創意產業推進領導小組辦公室, 「2012年上海市促進文化創意產業發展財政扶持資金情況公示」, 2012. 11. 20.

목표 중 하나로 '스타(領軍人物)' 발굴을 꼽고 있다.[8]

3. 문화 인프라 구축

특정 산업이 발전하기 위해서는 관련 시장 및 산업의 규모가 확대되는 것이 중요하다. 그러나 문화산업은 제조업과는 달리 투입에 따른 산출효과가 즉각적으로 나타나는 산업이 아니며, 사회 전반에 문화적인 분위기를 조성하는 것이 중요하다는 특성이 있다. 이를 위해 정부는 상술한 방법을 활용해 직·간접적으로 시장 활동에 참여하는 한편, 공공재에 해당하는 문화 사업에 대한 재정지출을 확대하게 된다.

상하이 시 정부는 재정투입을 통해 문화 인프라를 구축하고 있다. 중국의 31개 성(省)별로 문화 사업비가 재정지출에서 차지하는 비중을 비교해 보면, 상하이 시의 문화사업에 대한 재정지출이 전체 지출에서 차지하는 비중은 2005년 0.48%에서 2010년 0.56%로 0.08%포인트 확대되었으며, 전국 순위도 2005년의 9위에서 2010년에는 4위로 상승했다.

또한 〈그림 2〉는 2011년도 상위 5대 지역의 문화사업비 전체 규모와 1인당 문화사업비 규모를 비교한 것이다. 〈그림 2〉에서 보듯이 문화사업비 규모는 광둥성이 33억 7,000만 위안으로 전국에서 가장 크고, 상하이 시는 광둥성, 저장성에 이어 3위 수준이다. 그러나 1인당 문화사업비의 경우, 상하이 시가 베이징 시의 약 88위안보다 15위안 많은 103위안으로 전국 1위를 차지하고 있다. 특히 상하이 시는 문화사업비와 1인당 문화사업비 모두 전국에서 유일하게 3위권에 들고 있어 문화사업비 지출을 통한 인프라 구축에 가장 적극적임을 볼 수 있다.

---

8) 상하이 시 문광국 관계자 인터뷰, 2013. 1. 31.

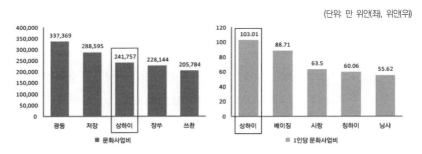

〈그림 2〉 2011년 상위 5대 지역의 문화사업비

자료: 文化部(2012).

IV. 상하이 문화산업클러스터 조성현황과 정부의 역할

본 장에서는 2장의 이론적 검토를 배경으로 상하이 시 문화산업 발전현황을 문화산업클러스터에 초점을 맞춰 살펴보고, 클러스터 육성을 위해 시 정부가 어떤 역할을 수행하고 있는지를 분석한다.

상하이 시의 문화산업은 주로 시 정부 산하 선전부와 경제신식화위원회(經濟信息化委員會)가 주도하고 있다. 시 정부는 '상하이 문화산업 발전 촉진에 관한 의견', '상하이 금융의 문화산업 발전 번영 지원 실시의견', '상하이 문화창의산업 12차 5개년 발전 계획', '상하이 창의산업 발전 중점 지침' 등을 발표하여 정책적으로 문화산업 발전을 유도하고 있다. 또한 산업클러스터 조성에 각별한 노력을 기울여 '상하이 시 문화산업단지 인증 방법', '상하이 창의산업집적단지 인증 관리 방법', '상하이 시 창의산업집적단지 건설 촉진에 관한 의견' 등을 발표하였다. 뿐만 아니라 시 정부는 중국 최초로 문화산업투자기금회사를 설립하여

문화산업에 전문화된 투자를 하고 있어, 정부가 자금 공급자이면서 정
책지원자, 감독 관리자의 역할을 동시에 수행하고 있다.[9]

상하이 시는 제9차 5개년 계획(2006~2010년) 때부터 이른바 '문화회랑(文
化走廊)'이라는 명칭으로 상하이 시 문화산업 육성 계획을 추진해 왔으
며, 특히 2011년 발표한 "상하이 문화창의산업 발전 12·5계획"에서 구
체적인 육성계획을 발표하였다. 이에 따라 상하이 시는 크게 1개의 축,
2개의 강, 복수의 권역(一軸, 兩河, 多圈)으로 지역을 나누어 블록별로 문화
창의산업을 육성하고 있다.

이 중에서 복수의 권역(多圈)이란 상하이 시 전역에 소재하는 문화산
업단지 및 창의산업집적단지(創意産業集聚區)를 의미한다. 저탄소 EXPO
시범창의도심, 패션 징안(靜安) 시범창의도심, 관광 황푸(黃浦) 시범창의
도심 등 지역별로 특색 있는 문화창의산업단지를 조성해 수십 개의 문
화산업단지와 100개 이상의 창의산업집적단지를 발전시킬 계획이다.[10]

최근 몇 년간 상하이 시 정부는 많은 문화창의산업클러스터를 승인
하였고 설립을 지원해 왔다. 모든 클러스터의 성공 요인으로 가장 중
요한 것은 제대로 작동하는 네트워크와 파트너십이며(강현수·정준호,
2004), 이는 문화산업에서도 마찬가지이다. 이를 활성화하기 위하여 정
부의 과감한 지원과 투자는 항상 강조되어 왔다. 네트워크와 파트너십
을 활성화하는 데에 기업과 시장의 역할이 중요하지만 정부의 역할 역
시 간과되어서는 안 된다.

심지어 선진국의 클러스터도 정부의 역할이 결정적이었다는 보고가
있다(Markusen, 1991). Florida(2002)는 문화산업이 지역경쟁력을 갖추기 위
해서는 "창조계급(Creative Class)"을 구성하는 커뮤니티간의 네트워크가 결

---

9) 「華人文化産業投資基金臺前幕後: 引進來再走出去」, 『瞭望東方周刊』, 2012. 8. 20.
10) 上海市人民政府, 『上海市文化創意産業發展"十二五"規劃』, 2012.

정적 요인이라고 주장하였으며, Saxenian(1994)도 네트워크나 파트너십을 제대로 작동시키는 신뢰나 지역 토착적 문화는 이미 존재하는 것으로 가정하듯이 네트워크나 파트너십 같은 관계적 자산(Relational Assets)을 구축시키는 데에 투자의 개념은 종종 배제되고는 한다. 그러나 Florida나 Saxenian이 예를 들었던 실리콘밸리의 창조적인 기업이나 개인 커뮤니티를 만들기 전에 미국 정부는 이 지역의 항공우주산업 분야에 대해 막대한 투자를 했음을 주지할 필요가 있다. 따라서 문화산업클러스터의 발전에 있어 필수요소로 인식되는 네트워크와 파트너십을 활성화하는 데 있어 상하이 시 정부의 적극적인 지원과 투자가 기업이나 시장 못지않게 중요한 역할을 하고 있다고 볼 수 있다.

1. 국가급 문화산업 시범기지 건설

중국은 문화산업을 육성하기 위해 문화부, 신문출판총서, 광전총국에서 각기 다른 명칭으로 국가급 문화산업시범기지를 지정해 지원해왔다. 이 중 문화부가 2004년부터 5차례에 걸쳐 지정한 국가문화산업시범기지를 중심으로 살펴본다. 문화부는 2012년까지 총 274개의 문화산업시범기지를 지정했으며, 상하이 시에는 〈표 2〉와 같이 13개의 기지가 소재하고 있다. 국가급 시범기지가 되면 금전적으로 직접적인 혜택이 늘어나는 것은 아니지만 정책상의 우대가 많아진다는 장점이 있다.

이 중 가장 대표적인 기지는 가장 먼저 지정된 상하이 장장문화과학기술 창의산업기지(上海張江文化科技創意産業基地)이다. 이 기지는 상하이에서 유일하게 문화부, 과학기술부, 신문출판총서 3곳에서 국가급 기지로 인정받았다. 2004년 설립된 이 단지는 총면적 30만 ㎡에 상하이장장(張江)집단과 상하이 원신바오예(上海文新報業)가 공동으로 설립한 상하이 장장 문화과기창의산업발전유한공사(上海張江文化科技創意産業發展有限公

〈표 2〉 상하이 시 소재 국가급 문화산업 시범기지 현황

연번	명칭	지정연도	유형
1	上海張江文化科技創意産業基地	2004	센터형
2	上海盛大網絡發展有限公司	2004	기업형
3	上海大劇院總公司	2004	기업형
4	上海瑞安集團	2004	기업형
5	上海時空之旅文化發展有限公司	2006	기업형
6	上海多媒體産業園發展有限公司	2006	기업형
7	上海東方明珠(集團)股份有限公司	2008	기업형
8	上海長遠集團	2008	기업형
9	上海天地軟件創業園有限公司	2010	센터형
10	上海今日動畫影視文化有限公司	2010	기업형
11	上海世博演藝中心有限公司	2012	기업형
12	上海寶山科技控股有限公司	2012	기업형
13	上海淘米網絡科技有限公司	2012	기업형

자료: 문화부(www.ccnt.gov.cn)(검색일: 2013.3.14); 中国經濟網(2012.9.18), 「第五批國家文化産業示範基地 公布 新增69家企業」.

司)가 단지개발 및 운영관리를 담당하고 있다. 주요 산업은 애니메이션, 온라인게임, 영화/TV프로그램의 후반 제작, 제품디자인 등이다. 단지에는 미국의 게임 개발 및 유통업체인 일렉트로닉 아츠(Electronic Arts), 프랑스의 미디어사업체인 비방디(Vivendi), 중국의 샨다(盛大網絡), The9(第九城市), 조이파크(網星游戱), CORE, 시환과기(矽幻科技), SJS 등 기업이 입주해 있다.

장장문화산업기지는 정부의 적극적인 지원을 바탕으로 성장한 대표적인 사례로서, 정부는 〈표 3〉과 같이 기술과 투·융자를 제공하는 플랫폼을 구축했다. 또한 푸둥신구 정부는 1억 2,000만 위안 규모의 지원기금을 조성했으며, 중요한 문화산업프로젝트를 유치하는 문화중개기업에는 40~50%의 재정보조금을 지급했다. 푸둥신구의 시설발전계획에 포함되어 있는 문화프로젝트의 경우 토지양도 시 인센티브도 제공했

다. 그 결과 2011년까지 이 기지에서 달성한 문화산업 총생산액은 329
억 6,600만 위안에 달하며, 이 중 애니메이션과 게임산업이 128억 7,800
만 위안을 차지하고, 온라인문화산업이 96억 100만 위안에 달했다.

문화산업클러스터의 성과를 객관적으로 평가할 수 있는 양적 지표
중 하나가 해당 클러스터에서 발생하는 부가가치나 생산액이라고 할
때 장장문화산업기지는 정부의 입주기업에 대한 적극적인 지원을 바탕
으로 소기의 성과를 거둔 클러스터라고 평가할 수 있다. 이와 함께 지
식네트워크의 형성에 있어서도 특히 샨다, The9과 같이 로컬 앵커기업
을 적극 육성함으로써 이들을 중심으로 한 온라인게임업체의 집적효과
를 극대화하고 입주 기업 간의 상호교류를 활성화할 수 있다. 뿐만 아
니라 단지 내에는 중국미술대학(中國美術學院)의 상하이 디자인예술분교
(上海設計藝術分院)와 상하이영화예술대학(上海電影藝術學院), 상하이희극대학
(上海戱劇學院)의 창의대(創意學院) 등도 입주해 있어 정부와 기업, 대학이
공동으로 공익성 애니메이션 연구개발 플랫폼도 조성해 산-학-연-관
의 네트워킹을 통한 시너지 효과도 노리고 있다.

〈표 3〉 장장문화산업기지의 정부 지원 플랫폼

	기술 서비스 공공플랫폼		투·융자 서비스 공공플랫폼
	애니메이션 연구개발	영화, TV 프로그램 후반작업	上海東方惠金文化産業投資基金
설립연도	2005년	2006년	2006년
투자주체	푸둥신구 과학위원회가 1,000만 위안, 장장집단과 電影學院에서 각각 200만 위안 출자	上海永尊文化傳播有限公司와 공동 출자	장장집단과 상해문신보업이 공동으로 5,000만 위안 출자
기능	설비임대, 위탁연구개발(프로젝트 인큐베이션), 전문교육	중소기업 및 개인을 대상으로 프로그램 촬영, 편집, 후반제작, 포장 등 기술 지원	융자담보, 투자, 펀드 제공

자료: 上海東灘投資管理顧問有限公司(2011. 292쪽)중.

2. 시(市)급 문화창의산업단지 조성

국가에서 선정한 문화산업시범기지와 함께 주목해야 할 기지로는 상하이 시 정부가 자체적으로 선정한 문화창의산업단지가 있다. 일반적으로 창의산업집적단지(創意産業集聚區)로 불리는 이들 단지는 2012년 9월 기준으로 상하이에는 최소 200여 개가 있으며, 이 중 시 정부가 공식 인정한 단지만 해도 〈표 4〉와 같이 총 78개에 달한다. 이들 단지의 가장 큰 특징은 노화한 공장이나 건물을 개조해 활용하는 경우가 많다는 것이다. 실제로 78개의 창의산업단지 중 70%는 낡은 공장이나 창고를 개조해서 조성되었다.[11] "상하이는 중국 근대산업의 발원지로 베이징에 비해 많은 수의 공업문화가 축적되어 있다. 상하이의 문화산업단지는 주로 시 중심에 집중되어 있는데, 중심에 있던 많은 공업시설들이 시 외곽으로 이전하면서 이들 공업시설을 리모델링하여 새로운 문화산업기반 시설로 이용하고 있다"(이동훈 2012, 359쪽).

시 정부로부터 문화창의산업단지로 인증 받게 되면 정부의 재정지원 혜택을 받을 수 있다. 현재 정부의 인증을 받은 78개 단지에는 총 5,000여 개의 문화관련 업체가 입주해 있다. 그러나 상하이 시 전체 문화산업 부가가치 중 이들 단지에서 창출하는 부가가치는 1/10 수준에도 미치지 못하는 상황이다. 다시 말해 아직까지 이들 단지는 본격적인 산업 클러스터라기 보다는 시범단지로서의 의의가 더 크다고 할 수 있다.

문화창의산업단지는 앞서 살펴본 국가급 문화산업시범기지와 비교할 때 산업클러스터보다는 상업지구의 성격이 보다 강하다. 여기에서는 문화창의산업단지의 가장 대표적인 성공사례로 평가되는 톈쯔팡(田子坊)의 사례를 살펴본다.[12]

---

11) 劉文沛, 「上海文化創意産業園區硏究」, 『公共藝術』, 10月, 2012, 9쪽.
12) 東方網, 「上海"田子坊"文化産業園區情況介紹」, 2011. 12. 27.

<표 4> 상하이 시의 주요 문화창의산업단지

행정구역	단지 명칭
徐匯	2577創意大院, 尙街LOFT, 設計工廠, 文定生活, 西岸創意區, D1國際創意空間, 築園, 數娛大廈, 虹橋軟件園, 匯豊創意園, 樂山軟件園, X2創意空間, SVA越界
長寧	新十鋼(紅坊), 時尙産業園, 映巷創意工場, 時尙品牌會所, 湖絲棧, 創邑·河, 創邑·源, 華聯創意廣場, 天山軟件園, 周家橋, 原弓藝術創庫, 聚爲園
虹口	1933老場坊, 智慧橋, 花園坊, 建橋69, 綠地陽光園, 新興港, 空間188, 彩虹雨, 優族173, 通利園, 物華園
靜安	靜安現代産業大廈, 靜安創藝空間, 傳媒文化園, 800秀, 匯智創意園, 3樂空間, 98創意園, 同樂坊
閘北	創意倉庫, 新慧谷, 工業設計園, 名仕街, 合金工廠, 老四行倉庫, JD製造, 孔雀園, 東紡谷
楊浦	上海國際設計交流中心, 銘大創意廣場, 昂立設計創意園, 海上海, 創意聯盟, 建築設計工場, 中環濱江128
普陀	M50, 天地軟件園, 創邑·金沙谷, E倉, 景源
盧灣	田子坊, 8號橋, 江南智造, 卓維700
黃浦	旅遊紀念品設計園, 上海灘, 南蘇河
浦東	張江文創産業基地, 鑫靈創意園
寶山	上海國際節能環保園
閔行	西郊鑫橋
嘉定	智慧金沙3131
松江	第一視覺創意廣場

자료: 劉文沛(2012), 「上海文化創意産業園區硏究」, 『公共藝術』, 10月, 8쪽.

텐쯔팡은 상하이 시의 중심가인 황푸(黃浦)구에 위치하며, 전체 부지 면적은 2헥타르, 건축면적은 3만 ㎡이다. 이 단지는 이곳에 거주하던 주민들이 자발적으로 1998년 개조에 나서고 유명 예술인이 이곳에 입주하면서 2000년대 중후반 언론의 주목을 받았고, 이를 계기로 빠르게 성장하였다. 현재는 426개 기업 및 상점이 단지에 입주해 있으며, 이 중 문화창의관련 기업이 297개로 전체의 69.7%를 차지하고, 기타 관련 기업도 63개에 달한다. 그밖에 상업부대서비스업체가 66개로 전체의 5.5%를 차지하고 있다. 문화창의관련 산업으로는 미술업(화랑), 출판업(도서, 음반 소매), 영화업(영화 후반작업), 전시업(전시서비스), 디자인업(광고, 공업, 건축, 의류, 이미지 디자인), 문화관련산업(유리공예품 제작, 구식 사진기 제작, 사진촬영, 도자기제작 등) 등이 있다. 또한 대표적인 기업으로는 상하이유리예술박물관(上海琉璃藝術博物館), 천이페이 공작실(陳逸飛工作室), 천하이원 촬영공

작실(陳海汶攝影工作室), 얼둥창예술센터(爾東强藝術中心), 상하이 서우바이 문
화예술유한공사(上海守白文化藝術有限公司) 등이 있다. 특히 천이페이, 천하
이원, 얼둥창, 리서우바이 등 유명 예술인의 작업실이 이곳에 입주함으
로써 관련 예술인과 기업의 집결을 자연스럽게 유도할 수 있었다. 그
밖에도 미국, 영국, 프랑스, 독일, 일본, 홍콩, 한국 등에서 온 외국기업
과 해외유학파 등이 투자한 기업이 72개에 달한다.

그 결과 2010년의 세수(稅收)가 전년대비 64.8% 증가한 1,473만 위안
에 달했고, 고용증대에 기여했으며, 낡은 공장, 주택, 창고 등이 리노베
이션을 통해 부가가치를 창출하게 되었다. 톈쯔팡 사례의 경우 정부의
역할은 상대적으로 간접적인 지원 역할로 국한된다. 즉, 톈쯔팡은 장장
산업기지처럼 정부가 주도적으로 부지를 개발하고 기업을 유치하며 지
원금을 제공하는 것이 아니라, 민간이 자발적으로 거주지를 개조하고
정부가 이를 보조하는 형태로 클러스터가 조성되었다.

이러한 개발상의 근본적인 차이로 인해 톈쯔팡과 장장기지 모두 고
용창출이나 세수 증대 등 지역경제 활성화에는 기여한 것은 동일하나,
클러스터로서의 네트워킹이나 시너지 효과 면에서는 차이가 존재하게
되며, 이를 조율할 수 있는 관리자로서의 정부의 기능에도 차이가 발
생한다.

실제로 Jane Zheng(2013) 등이 상하이 소재 7개의 시급 문화창의산업
단지 입주자를 대상으로 시행한 설문조사 및 심층인터뷰 결과 입주기
업 간의 활발한 소통을 통한 시너지 효과는 상대적으로 낮은 것으로
드러났다. 그의 연구에 따르면 단지의 인지도가 높아지면서 임대료 부
담이 커지고, 이에 따라 입주기업이 차츰 중, 대형화하면서 기업 간의
교류 보다는 오히려 기업 내에서 모든 문제를 해결하려는 추세가 강해
진다. 따라서 입주기업 간 네트워크를 통한 기술, 학습, 브랜드 등의
클러스터 효과보다는 단순히 같은 공간에 입주해 있다는 공통점만 있

을 뿐이다. 특히 상하이의 문화창의산업단지처럼 도심에 위치하면서 문화산업의 특성상 제조업단지와는 달리 관광상품으로서의 가치가 높은 단지의 경우, 단지 내 문화산업 기업 간의 교류를 통한 새로운 서비스, 상품의 개발이나 아이디어 창출보다는 오히려 외부에서 유입되는 관광객의 이목을 끌어 수익성을 창출하려는 행위가 단기적으로는 기업에게 더 유리하기 때문에 자연스럽게 상행위와 연결된다.

또한 정부의 주도 하에 계획성 있게 산업을 유치하기 보다는 필요에 의해 자연발생적으로 모여든 기업이기 때문에 어떤 산업에 특화한 클러스터를 형성하기가 어렵다. 일례로 앞서 살펴본 장장시범기지가 애니메이션과 온라인게임에 주로 특화해 발전하고 있다면, 톈쯔팡에는 미술, 출판, 전시, 영화, 디자인 등 보다 다양한 업종이 입주해 있다. 또한 상업과 산업의 연계는 있지만 연구 및 학계 등과의 연계는 약하기 때문에 중장기적으로 시너지 효과를 극대화하는 데는 한계가 있다.

따라서 상하이 시 정부 차원에서 추진하는 문화창의산업단지의 경우, 애초에 의도한 바대로 발전하고 있는지 재고할 필요가 발생한다. 현재 상하이의 문화클러스터는 정부가 오래된 거리를 리노베이션(renovation)하거나 특정 지구를 문화산업 내 하부 산업중심으로 지정하는 식이다. 물론 상하이의 "문화"를 "문화산업"으로 발전시키는 시도가 최근이라서 아직은 가시적 성과가 미미한 시기이다. 또한 상하이 시 당국에 의해 상하이 내부에 여러 문화산업 클러스터가 조성되고 있지만 이들 클러스터끼리는 네트워크가 잘 되지 않는다. 오히려 독립된 신톈디(新天地)나 구베이(古北)처럼 소규모 상업지구에 더 가깝다. 심지어 클러스터끼리 배타적인 관계가 되어 상권을 두고 경쟁하는 경우도 있다.

이는 상하이가 목표로 하는 디자인과 미디어를 중심으로 문화산업을 발전시키겠다는 전략과 관련하여 문제점을 낳는데, 상하이는 디자인과 미디어라는 발전의 통로(channel)를 적절하게 선택했지만 문화산업을 어떤 주제(theme)로 발전시킬 것인지는 아직 비전이 서있지 않다. 그렇기 때문에 상하이 시 정부가 승인한 80곳에 육박하는 문화 클러스터들의 면면을 살펴보면 중구난방 식으로 설립되고 있다. 또한 클러스터끼리 네트워크가 되지 않아서 각각의 클러스터들의 문화가 하나로 수렴되고 있지 못하다.

문화창의산업단지 조성에서 또 한 가지 주목할 점은 정부의 역할 변화이다. 장장시범기지 등 전통적인 의미의 문화산업클러스터에서 정부가 주력하는 기능이 입주 기관 간 네트워킹과 시너지 효과 창출을 위한 플랫폼 마련이었다면, 톈쯔팡과 같은 상업성이 강한 문화창의단지에서 정부의 기능에는 시장 행위자(market player)가 추가된다. 일례로 또 다른 문화창의산업단지인 1933단지의 사례를 살펴본다.

상하이 시 훙커우구(虹口區)에 위치한 문화창의산업단지인 1933라오창팡(老場坊)은 1933년 시 정부의 요청으로 영국의 설계사가 건축, 설계한 도살장을 2006년 정부가 현대식으로 개조한 단지이다. 이 단지는 건물 면적 3.17만㎡의 5층짜리 단일 건물로 구성되어 있으며, 홍콩의 유명 설계회사인 가오원안설계유한공사(高文安設計有限公司), 보야산예술관(博雅珊藝術館) 등 문화창의산업 관련 기업과 상점, 레스토랑, 전시장 등이 입주해 있다.

이 단지의 개발 주체는 상하이창의산업투자유한공사(上海創意産業投資有限公司)이다. 이 회사는 2006년 5월 상하이 자동차 자산경영유한공사(上海汽車資産經營有限公司)와 상하이 창의산업센터(上海創意産業中心), 영국의 호킨스가 공동으로 투자 설립하였으며, 상하이 시 공상관리부처가 특별 비준한 유일한 창의산업투자기구이다. 상하이 시 정부의 성격이 강한 이 회사의 경영범위는 상업부동산투자, 창의산업 투자, 투자자문, 자산관리, 비즈니스 중개 등 다양하나, 이 중에서도 단지 건설, 전시, 인큐베이팅, 벤처투자 등이 핵심 업무이며, 1933단지가 대표적인 사업 중 하나이다.

정부 출자로 회사를 설립해 단지를 조성, 분양하는 것은 다른 산업단지에서도 마찬가지이지만, 1933의 경우에는 입주기업 선정과정에서 공익성보다는 수익성이 우선적인 기준이 된다는 점에서 차이가 있다. 따라서 명칭은 문화창의산업단지이지만 실제로 입주한 문화창의산업 관련 기업은 극소수에 불과하며, 대부분은 상점과 레스토랑이 차지하고 있고 건물의 상당 부분은 전시장이나 행사장으로만 임대하고 있다.

<그림 3> 1933老場坊 전경

자료: 저자 촬영(2013.1.30).

톈쯔팡의 사례에서도 수익성 추구를 위한 상업단지화 현상은 발견되지만, 1933의 경우에는 이를 정부가 주도하고 있다는 점에서 차이가 있다. 즉, 애초 산업단지 또는 집적단지라 명명한 것이 클러스터를 통한 네트워크 강화나 시너지 효과를 노렸던 것이라면, 실제 이들 단지들의 발전방향은 이와는 괴리가 있으며, 클러스터 내 네트워킹 유도자로서의 정부의 역할이 약화되고 있다고도 볼 수 있다.

V. 결론

상하이 시는 1930년대 경제, 문화의 중심에서 1949~1970년대 공업의 중심으로 변모했다가, 1980~1990년대에는 다시 종합적인 경제 중심으로, 그리고 2000~2010년에는 국제 금융, 무역, 항운, 경제의 4대 중심을 기반으로 한 세계도시를 목표로 해 왔다. 그러나 2011~2020년간에는 기존의 4대 중심에 '문화'요소를 더해 '국제문화도시'로 성장할 계획이다.

상하이 시는 정부주도형의 문화산업발전모델로서, 문화산업 발전을 위해 시 정부가 자금지원, 문화산업단지 건설 등 직접적인 지원과, 재정투자를 통한 사회 전반의 문화 인프라 조성 등의 간접적인 지원을 병행하고 있다. 또한 시 정부는 문화산업을 통해 지역경쟁력을 높이는 한편, 궁극적으로는 문화창의도시로서의 도시 브랜드를 구축하고자 한다.

중국 문화산업의 특징 중 하나는 지역마다 다양한 문화산업기지를 건설한다는 점이며, 상하이 역시 국가, 시, 구 차원에서 다양한 문화산업기지 및 단지를 조성 중이다. 현재 추진 중인 상하이 시 정부의 문화산업 육성방향이 산업단지 혹은 중점 업종에 대한 직접적인 지원을 위주로 이루어져 왔다면, 향후에는 〈그림 4〉와 같이 이들 각각의 클러스터(기지, 단지)를 하나로 수렴하여 창의도시(Creative City)로서의 상하이만의 도시 브랜드를 만들어내고, 산업의 범위를 확장하며, 직접적인 산업지원보다는 문화산업과 시장을 활성화하는 사회적인 분위기를 조성하는 방향으로 나아갈 가능성이 높다. 이를 통해 문화산업이 자생적이고 지속적으로 발전할 수 있는 지식네트워크 토양을 구축할 수 있다.

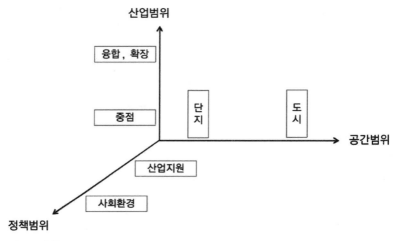

〈그림 4〉 상하이 시의 문화산업 육성방향

자료: 王慧敏(2012), 32쪽.

물론 상하이 시가 문화를 산업으로 인식하고 본격적으로 육성을 시작한 역사는 길지 않기 때문에 최종적으로 상하이식 문화도시 모델을 완성하기까지는 상당한 시간이 요구된다. 그러나 만약 상하이 시가 영국 리버풀이나 일본 가나자와 등 기존의 문화산업발전모델을 그대로 답습하는 대신 자신만의 경제적, 문화적 특성을 고려한 새로운 모델을 만들어 낼 가능성도 배제할 수 없다. 이 과정에서 상하이 시 정부가 현재 산재해 있는 문화창의산업 관련 클러스터를 하나로 묶어 네트워크를 강화하고, 상호 교류를 통해 '크리에이티브 브리튼(Creative Britain)'처럼 '창의적인 상하이(創意上海)' 도시 브랜드를 구축하는데 일익을 담당할 수도 있을 것이다.

| 참고문헌 |

〈국내자료〉

고정민, 『문화콘텐츠경영전략』, 커뮤니케이션북스, 2007년.

강내영, 「중국영화의 생산, 유통, 소비 인프라 연구」, 『현대중국연구』 2012년, 제13집 제2호.

강현수・정준호, 「세계의 지역혁신 사례 분석: 관련 이론, 성공 요인 및 실패 사례」, 『응용경제』, 2004년, 제6권 제2호.

김선배・정준호・송우경, 「OECD 국가의 지역발전정책 동향과 사례」, 『KIET 정책자료』, 2003년, 제243호, 산업연구원.

이동훈, 「중국의 도시화와 창조산업클러스터의 특징에 관한 고찰」, 『브랜드디자인학연구』, 2012년, 제10권 제1호.

임학순, 「문화산업을 활용한 지역활성화 정책 모델 개발: 클러스터를 넘어 문화산업도시모델로」, 『문화정책논총』, 2008년.

_____, 「지역문화산업 클러스터 조성사업의 사전평가 모델 개발에 관한 연구」, 『한국사회와 행정 연구』, 2004년, 제15권.

정우식, 「중국문화산업 시장참여자 연구: 3C(Company, Customer, Competitor)를 중심으로」, 『현대중국연구』, 2009년, 제11집 제1호.

최지연, 「문화도시조성사업이 지역경제에 미치는 영향에 관한 연구」, 『한국전자통신학회논문지』, 2012년, 제7권 제2호.

〈국외자료〉

文化部, 『中國文化文物統計年鑑』, 國家圖書館出版社, 2012.

上海東灘投資管理顧問有限公司, 『文化創意産業園區策劃』, 2011.

上海市文廣局, 『上海文化文物廣播影視發展"十二五"規劃』, 2011.

上海市人民政府, 『上海市文化創意産業發展"十二五"規劃』, 2012.

賈斯汀・歐康納, 「文化, 傳媒和創意産業硏究中心」, 『我國31個省市區文化産業競爭力實證硏究(2008~10)』, 2012.

東方網, 「上海"田子坊"文化産業園區情況介紹」, 2011, (12月 27日)

「上海圈定文化創意業重點項目」, 『東方早報』, 2011, (9月 23日)

瞭望東方周刊, 「華人文化産業投資基金臺前幕後: 引進來再走出去」, 2012, (8月 20日)

劉文沛, 「上海文化創意産業園區硏究」, 『公共藝術』, 10月, 2012.

上海市文化創意産業推進領導小組辦公室, 「2012年上海市促進文化創意産業發展財政扶持資金情況公示」, 2012.

王慧敏, 「文化創意産業集聚區發展的3.0理論模型與能級提升 - 以上海文化創意産業集聚區爲例」, 『社會科學』, 第7期.

中国經濟網, 「第五批國家文化産業示範基地公布 新增69家企業」, 2012, (9月 18日).

「上海獲評'最中国創意名城'」, 『解放日報』, 2012, (12月 13日)

Amsden, A. and Chu, W.-W, *Beyond Late Development: Taiwan's Upgrading Policies.* Cambridge, MA: MIT Press, 2003.

Florida, R. *The Rise of the Creative Class: And How Its Transforming Work, Leisure, Community, and Everyday Life.* New York, NY: Basic Books, 2002.

Krugman, P. Development, *Geography and Economic Theory.* Cambridge, MIT Press, 1995.

Marshall, A. *Economics of Industry.* London, UK: Macmillan, 1879.

Saxenian, A. A *Regional Advantage: Culture and Competition in Silicon Valley and Route 128.* Cambridge, MA: Harvard University Press, 1994.

Andersson, M. and Karlsson, C, "Regional Innovation Systems in Small and Medium—Sized regions: A Critical Review and Assessment", *JIBS Working Paper Series* No. 2000—2, 2002.

Markusen, A, "The military industrial divide: Cold war transformation of the econony and the rise of new industrial complexes. Environment and Planning D", *Society and Space 9*(4), 1991.

Zheng, Jane & Chan, Roger, "A Property—led Approach to Cluster Development: 'Creative Industry Clusters' and Creative Industry Networks in Shanghai", *The Town Planning Review* 84(5), 2013.

⟨웹사이트⟩

文化部 www.ccnt.gov.cn

09

상하이영화의 사회성과
그 형성 네트워크의 양상과 변화

● 곽수경 ●

Ⅰ. 서론

1895년 12월 28일 프랑스 파리의 그랑카페에서 몇몇 사람이 모여 앉아 약간의 돈을 지불하고 움직이는 사진을 구경했다. 이것이 바로 세계 최초의 영화 상영 모습이었다. 여기에는 영화라는 이름의 신기한 볼거리를 비롯해서 상영관, 관객, 관람료라는 영화의 핵심적인 구성요소들이 고스란히 담겨져 있고 이로부터 우리는 영화의 속성을 알 수 있다. 바로 영화는 탄생할 때부터 돈을 지불하고 구경하는 상품이었다는 것이다. 이 점에서 본다면 중국에서 최초로 영화가 만들어졌던 베이징이 아니라[1] 상하이가 영화산업의 중심지가 된 것은 너무도 당연

---

* 동아대학교 국제학부 강사.

1) 1905년 베이징의 펑타이(豊泰)사진관 주인 런칭타이(任慶泰)가 당시 유명한 경극

한 일이었다고 하겠다. 일반적으로 베이징에서 중국 최초의 영화가 탄생한 것은 우연한 사건이었던 것에 반해 상하이가 중국영화의 메카가되었던 것은 필연적이라고 한다. 다시 말해서 영화는 자신이 소비되는공간으로 도시를 선택하게 되어 있는데, 보수적인 제왕의 도시 베이징이 아니라 새로운 문화를 적극적으로 수용하고 소비할 수 있는 상업도시 상하이가 그것이 성장하고 발전하기에 최적의 환경이었던 것이다.

한편 그럼에도 불구하고 상하이영화는 할리우드영화나 홍콩영화와달리 그것의 탄생에서부터 소멸 때까지[2] 단순히 상업적 이익만을 추구한 오락거리가 아니라 사회와의 연관 속에서 사회 비판과 교육의 수단으로서의 역할에 충실했다는 점에 주목할 필요가 있다. 이런 상하이영화의 특징에 대해 류하이보(劉海波)는 그것이 좌익정신을 계승하면서도 해파의 특징, 즉, 상업적인 기질을 놓치지 않았다고 주장한다. 류하이보는 상하이영화의 양대 전통으로 좌익전통과 해파전통을 거론하면서 해파전통이란 영화의 상품적 속성과 영화인의 상인성이라고 했다.[3] 본 연구자는 류하이보가 지적한대로 상하이영화의 특징으로 상업성과좌익정신을 꼽는 것에 기본적으로 동의하지만 여기에서 말하는 좌익정신이란 1930년대 좌익과의 연계를 통해서 비로소 생겨난 속성이 아니라 중국 최초의 단편 극영화인 〈힘겨운 부부難夫難妻〉(1913)에서부터 가지고 태어난 것이라고 본다. 즉, 상하이영화는 처음부터 영화의 생래적속성인 상업성을 기본으로 하면서도 사회 교화와 민중 계몽의 성격을가지고 있었다는 것이다. 그리고 이런 특징은 1930년대와 1940년대에~

배우였던 탄신페이(譚鑫培)의 60세 생일 기념으로 그가 〈딩쥔산(定軍山)〉이라는경극 동작을 하는 것을 촬영해 주었는데, 이것이 중국 최초의 영화가 되었다.
2) 중국 최초로 상하이에 영화가 유입되어 상하이가 명실상부한 중국영화의 중심지역할을 했던 신중국 건설 이전까지를 말한다.
3) 劉海波, 「論上海電影的傳統品格及其消長」, 『電影藝術』, 2005年 第6期, 95쪽 참고.

도 지속되어 상하이영화는 당시의 현실을 적극 반영하고 사회 변혁에 기여하고자 했다.

그런데 중국영화의 초기부터 할리우드영화가 영화시장을 거의 독점하다시피 했던 상황에서 상하이영화 역시 그것의 영향으로부터 자유로울 수 없었기 때문에 상업성은 상하이영화의 특징 중의 하나가 되었고 당시 상하이가 '동양의 할리우드'라는 별칭을 가지게 되었던 것은 상당히 자연스러운 현상으로 보인다. 반면 상업성이나 오락성과는 잘 어울리지 않을 것처럼 보이는 사회 교화와 민중 계몽이라는 특징은 어떻게 형성된 것일까? 본고에서는 상하이영화의 시기를 초기 단계인 1930년대 이전, 신흥영화운동이 일어났던 1930년대, 그리고 항일전쟁에서 신중국 건국 이전까지인 1940년대로 구분하고, 각 시기를 대표하는 주요 영화사를 중심으로 그들의 영화가 사회성이라는 특징을 가지게 된 요인을 영화사의 외적 네트워크에 있다고 보고 그 양상과 변화를 살펴보고자 한다. 여기에서는 외적 네트워크 중에서도 특히 문화계 지식인들을 중심으로 살펴볼 것인데 이를 통해 각 시기 상하이영화계의 상황과 사회 변혁을 위한 문화계 지식인들의 노력 및 그들의 역할 등을 알 수 있을 것이다.

II. 중국영화의 메카, 상하이의 탄생과 발전

영화는 세상에 처음 모습을 나타낸 지 채 8개월이 지나지 않아 중국 최초로 상하이에서 소개되었다. 비록 우연한 이유로 베이징에서 중국 최초의 영화가 탄생했지만 사회주의 중국이 건국되기 이전까지 상하이는 중국영화의 메카라는 수식어에 걸맞게 그 위용을 뽐냈다. 먼저 영화가 소개되었을 때 베이징과 상하이에서의 관객들의 반응을 살펴보자.

중국인이 영화 방영업에 종사하기 시작한 것은 1903년으로, 상인 린주 싼(林祝三)이 외국에서 영화와 방영기기를 들여와서 베이징 다모창(打磨廠)에서 톈러찻집(天樂茶園)을 빌려 상업적 방영을 했다. 그에 앞서 외국 인이 베이징에서 영화를 방영했었는데 관객들이 서양인의 '혼을 빼놓는 속임수'라고 두려워하여 감히 많이 보지 않을까봐 걱정을 했다.[4]

수백 년 동안 황제가 살았던 수도 베이징은 폐쇄적이고 보수적인 성향을 가지고 있었기 때문에 새로운 문물을 수용함에 있어서도 조심스럽고 소극적인 경향이 강했다. 게다가 1904년 서태후의 70세 생일 때 주베이징 영국공사가 서태후에게 영화방영설비와 영화 여러 편을 진상했는데, 영화를 방영할 때 갑작스런 기기 고장으로 폭발이 일어나는 일이 발생하자 서태후는 이를 불길한 조짐이라고 하여 다시는 영화를 방영하지 못하도록 했던 사건[5]까지 일어나서 베이징에서 영화가 뿌리를 내리기는 무척 어려웠다.

상하이에서 1896년 8월에 처음으로 영화가 상영되었는데, 관객이 끊이지 않아 열흘 동안 계속해서 상영을 했다. 반면 베이징에서는 1902년 1월에 상영을 했는데 호기심이 많고 대담한 사람들이 한번 보는 식이어서 두 지역의 차이가 컸다. 베이징은 왕조가 있는 고도(古都)로서 폐쇄적이고 보수적이었던 것에 반해 상하이는 상업도시로서 현대적이고 개방적이었는데, 이것이 그들의 시장 환경의 차이를 결정하게 되었으며 이런 차이는 상업적 상영에 대한 영향을 확실하게 보여주었다. 이후에 시장을 유일한 지주로 하는 중국의 영화제작업이 상하이에 고도로 집중된 것은 이런 원인에서 비롯되었다.[6]

---

4) 陳墨, 『百年電影閃回』, 北京: 中國經濟出版社, 2000, 4-5쪽.
5) 陳墨, 위의 책, 5쪽 참고.
6) 宋維才, 「中國早期電影市場略考」, 『當代電影』, 2004年 第3期, 54쪽 참고.

위 인용문을 보면 상하이와 베이징의 상반된 도시 성격이 영화를 수용함에 있어서도 그대로 반영되고 있음을 알 수 있다. 조계와 이민사회라는 토대를 가지고 있는 상하이는 개방적이고 외래문물을 받아들이는 데에도 거부감이 없었기 때문에 영화라는 새로운 매체에 대해 호기심을 가지고 적극적으로 수용했던 반면에 오랜 동안 수도로서의 자부심을 가지고 있으면서 보수적이었던 베이징에서의 반응은 조심스럽고 부정적이었던 것이다. 따라서 이처럼 확연히 구분되는 두 도시의 성격과 그들의 반응을 간과했을 리 없는 투기 상인들이 상하이를 자신들의 활동무대로 삼았던 것은 당연하다. 그에 따라 상하이에서는 다양한 영화관이 건립되고 영화가 수입되었으며 영화제작사들이 생겨나는 등 영화산업을 위한 토대가 발 빠르게 구축되면서 상하이는 독보적인 중국 영화의 중심지가 되었다.

상하이에서 초기 영화관 건립은 주로 외국인의 투자로 이루어졌는데, 1908년에 스페인 영화상영업자인 안·레마스(A·Ramos)가 중국 최초의 정식영화관인 홍커우활동영희원(虹口活動影戱院)을 세웠다. 그 후로 "1920년대부터 상하이에 영화관이 대규모로 세워지고 새 단장을 하기 시작했으며 1930년대에는 최고조에 달했다."[7] "1923~1939년까지 상하이 전체에 영화관이 50여 곳이 세워졌는데, 그 중 1928~1932년 사이에만 28곳이 생겼다. 상하이의 영화시장은 갈수록 확장되어 규모나 수적으로도 이미 전국 각지를 크게 앞질렀다."[8]

영화관뿐만 아니라 영화제작사 역시 상하이에 집중되어 있었는데 당시 전국과 상하이의 영화사 분포 상황은 다음과 같다. "1920년대 중반 전국의 영화사는 180여 곳에 달했는데 그중에서 상하이에 130여 곳

---

7) 姜玢,「20世紀30年代上海電影院與社會文化」, 上海:『學術月刊』, 2002年 第11期, 67쪽.
8) 陳文平·蔡繼福編著,『上海電影100年』, 上海: 上海文化出版社, 2007, 112쪽.

이 있어 전체의 약 70%를 차지했으며, 1926년에 극영화 생산량이 처음 으로 백 편을 넘었다....(중략)....1920년대 중반에 세계에서 장편 극영 화 생산량이 백 편을 넘은 나라는 미국, 일본, 독일뿐이었다."9) 1927년 『중화영화산업 연감』의 통계를 보더라도 당시 중국 전역에 영화사가 모두 179곳이 있었는데 상하이에만 142곳이 있어 전국의 79%를 차지했 고, 그 중에서 작품을 출품한 영화사 54곳 중에서 91%에 해당하는 49 곳이 상하이에 있었다. 또한 이들 영화사가 출품한 작품 수는 전국적 으로 178편이었는데 상하이는 172편으로 97%를 차지했다. 1934년 통계 에도 전국의 영화사 55곳 중 상하이가 48곳으로 여전히 87%에 달하는 높은 비율을 보이고 있다.10)

이상의 내용을 바탕으로 이들 영화사의 전국적 분포와 제반 상황을 좀 더 자세히 살펴보자. "베이징에서 20여 년 동안에 설립되었던 영화 제작사는 광화영화사(光華影片公司, 1926), 안주영화사(安竹影片公司, 1927), 르웨 영화사(日月影片公司, 1928) 세 곳뿐이었고 톈진에도 보하이영화사(渤海影片公 司, 1926), 베이팡영화사(北方影片公司, 1926), 신싱영화사(新星影片公司, 1926) 세 곳뿐이었으며 홍콩에는 화메이영화사(華美影片公司, 1913)와 민신영화제작 유한공사(民新制造映畫片有限公司, 1923), 그리고 롄화영화사의 홍콩제작소(聯 華影業公司香港分廠, 1930)가 있었다. 타이완에는 르르신보사 영화부(日日新報 社電影部, 1923), 타이완영화연구회(臺灣映畫硏究會, 1925), 바이다영화사(百達影片 公司, 1929), 타이완영화제작소(臺灣映畫制作所, 1932)라는 네 곳의 영화제작기 구가 있었고 광저우에는 더욱이 쫜스영화사(钻石影片公司, 1925)와 톈난영 화사(天南影片公司, 1926)만이 있었으며 항저우, 난퉁, 산터우에는 각각 신 밍영화사(心明影片公司, 1926), 중국영화제작주식유한공사(中國影片制造股份有限

9) 汪朝光,「早期上海電影業與上海的現代化進程」, 蘇智良 主編,『上海:近代新文明的
　形態』, 上海:上海辭書出版社, 2004, 232-233쪽.
10) 龙錦,「早期中國電影企業類型及經営模式」,『電影藝術』, 2005年 第4期, 31쪽 참고.

公司, 1919), 진예영화제작사(進業電影制片公司, 1926)가 있었다. 상하이 이외의
영화제작기업 수는 전체 영화제작기업의 15%에 불과했을 뿐만 아니라
절반이 극영화 한 편만을 제작하고 문을 닫은 '한 편 영화사'였다. 마찬
가지로 20여 년 동안 이들 영화제작기업이 제작한 극영화는 총 20편이
되지 않았는데 이 수치는 이 시기의 전체 출품작 중에서 2% 정도에 해
당한다. 흥행성적 또한 대부분 지극히 참담할 정도여서 사회적 반향이
나 여론의 관심을 끌기는 대단히 힘들었다."[11] 이것은 역으로 말하면
중국 전체 영화제작사 중에서 85%가 상하이 한 곳에 집중되어 있었고
이들이 전국 영화제작의 98%를 차지했다는 말로서, 상하이는 명실상부
한 중국영화의 메카이자 중심지였다고 하기에 부족함이 없다는 것을
알 수 있다.

비록 중국영화는 1905년 베이징에서 탄생했지만 상하이가 공인된 중국
영화의 발상지이자 영화의 도시이다. 1896년 8월 11일 상하이 쉬위안(徐
園)의 "유이춘(又一村)"에서 첫 선을 보였고 1908년 상하이 홍커우(虹口)
에 중국 최초의 영화관이 세워졌다. 1912년에는 미국이 출자를 하고 장스
촨(張石川)과 정정추(鄭正秋)의 책임 하에 중국 최초의 영화사인 "아세아
영화사(亞細亞影戲公司)"가 설립되어 중국 최초의 단편 극영화인 〈힘겨
운 부부〉를 제작했다. 1920년 상하이에 있는 중국영화연구사(中國影戲研
究社)가 중국 최초의 장편 극영화인 〈옌루이성(閻瑞生)〉을 제작했다.
1920년대 중국영화의 초창기에 전국에 170여 곳의 영화사 중 140곳이 상
하이에 있었고, 항전 기간에는 만저우를 제외하고는 상하이 고도(孤島)가
여전히 중국영화의 주요 생산지였다. 1940년대 구중국영화의 마지막 찬
란한 빛은 여전히 상하이에서 빛났는데, 쿤룬(崑崙), 원화(文華), 궈타이
(國泰)와 좌익의 중뎬(中電)계열의 영화기구가 관객들에게 주요한 영상소
비품을 제공했다. 따라서 영화 발전의 전반 50년간 상하이는 중국 최대의
영화생산기지였을 뿐만 아니라 최대의 소비기지였으며 1950년대 이전까

---

11) 李道新, 『中國電影文化史(1905-2004)』, 北京: 北京大學出版社, 2005, 45-46쪽.

지 중국영화가 곧 상하이영화이며 상하이영화는 손색이 없는 중국영화의
주류라고 할 수 있다.[12]

이상에서 언급한 것처럼 중국 최초의 영화 상영, 중국 최초의 영화
관 건립, 중국 최초의 영화사 설립, 중국 최초의 단편 극영화 제작, 중
국 최초의 장편 극영화 제작 등 역사적인 사건이 모두 상하이에서 최
초로 발생했고 영화사나 영화 제작의 비중을 보더라도 상하이가 중국
영화사에서 차지하는 위상과 중국영화의 메카라는 수식어가 명불허전
임을 알 수 있다. 또한 1930년대까지 상하이는 중국영화산업에 있어서
거의 독보적인 존재였으며 항일전쟁으로 인해 상하이의 영화산업이 잠
시 주춤하기는 했지만 1945년 이후 민영기업을 중심으로 다시 꽃피기
시작했다는 점에서 사회주의 중국의 건설과 더불어 모든 문예가 사회
주의 성질로 변화하기 이전까지 상하이영화란 곧 중국영화, 중국영화
란 곧 상하이영화를 의미하는 것으로 이해해도 큰 무리가 없다고 할
수 있다.[13]

III. 1930년대 이전 영화계와 신극계의 연계

1930년대 이전에 중국의 영화산업은 제대로 정립이 되지 않았으며
투기 상인들에 의해 크고 작은 영화사들이 난립했다. 이런 상황에서
상하이영화가 가정윤리영화의 형태를 시작으로 사회성을 가지게 되었
던 것은 어떤 연유에서였을까? 그것은 바로 이 시기 영화가 연극계 지

식인들과의 연계 속에서 발전했다는 점에서 찾을 수 있다.

> 중국영화 탄생 초기에 대다수의 영화예술가들은 모두 연극의 각도에
> 서 영화를 인식하여 영화를 '영희(影戱)'로 보았으며 당시 사회에 유행하던
> 문명극과 원앙호접파 소설로부터 크게 영향을 받아 대량의 가정윤리영화
> 를 제작했는데 사회문제영화가 나타나고서야 서서히 이런 상태가 끝났
> 다.14)

중국영화 초기에는 외국상인들과 더불어 중국의 투기 상인들이 영
화를 돈벌이 수단으로 간주하고 무작정 영화산업에 뛰어들었다. 그들
은 영화를 제대로 이해하지 못했기 때문에 자연스럽게 영화를 잘 아는
사람들에게 도움을 요청했다. 하지만 당시 영화는 탄생한 지 얼마 지
나지 않은데다가 박래품이었기 때문에 실지로 중국에서 영화를 제대로
이해하는 사람은 거의 없었다. 다만 중국에서 영화가 '서양영희(西洋影
戱)'라는 이름으로 소개되었다는 사실에서도 알 수 있듯이 중국 사람들
은 영화를 연극의 변종으로 생각했다. 따라서 아주 자연스럽게 중국영
화는 연극에 도움을 요청하게 되었고 당시 신극은 영화를 이끄는 주요
한 동력이 되었다.

중국영화의 초기에 지식인들은 결코 영화에 주목하지 않았다. 5·4신
문화운동이 일어났을 때에도 신문화계 인사들은 영화에 관심을 가지지
않았기 때문에 영화는 신문화의 세례를 받을 수가 없었다. 그 이유는
홍선(洪深)이 영화계에 투신하기로 했을 때 주위에서 '스스로 타락하지
말라', '자신의 예술로 매음을 한다'는 경고와 비난을 쏟아 부었다고 하
는15) 일화에서 잘 엿볼 수 있다. 즉, 영화는 애초에 외국상인들이 중국

---

14) 章栢靑, 『中國電影·電視』, 北京: 文化藝術出版社, 1999, 14쪽.
15) 黃修己, 『中國現代文學發展史』, 北京:中國靑年出版社, 1988, 191쪽 참고.

에 들여와서 잡기와 함께 보여주는 구경거리로 출발했던 데에다가 영
화 제작 역시 대부분 국내외의 투기자본이 투입된 돈벌이 수단이었기
때문에 중국의 지식인들은 영화를 극도로 부정적인 시각으로 보았던
것이다. 반면 연극계에서는 이미 만청 때부터 시작해서 5·4이후까지도
연극의 선전선동성에 주목하고 그것을 사회 변혁의 수단으로 삼으려는
움직임이 끊이지 않았다. 지식인들은 아편전쟁과 신해혁명 등을 거치
면서 낙후된 중국의 현실을 깊이 깨닫고 희곡 개량을 통해 "희곡과 민
족존망, 사회개량, 국민정신을 명확하게 연계시키고 현실에 입각해서
희곡으로 계몽과 구국을 하려고 했다."16) 또한 5·4신문화의 영향을 받
아 서양 연극이 가진 사회적 기능에 눈을 뜨게 되면서 희곡 개량의 뒤
를 이어 신극을 통해 사회 교화와 민중 계몽을 실천하고자 했다. 따라
서 이들 연극계의 지식인들이 영화계와 손을 잡고 활동하게 되자 신극
에 대해 가지고 있던 사회 교화와 민중 계몽이라는 인식을 영화에서도
구현하려 한 것은 당연한 일이었다고 하겠다.

이런 사정은 신극활동에 심취해 있다가 영화계에 들어와 영화사 운
영, 시나리오 창작, 감독에 이르기까지 다양한 영역에서 활발하게 활동
하면서 중국영화의 기틀을 마련하는 데 지대한 공헌을 했던 정정추에
게서 잘 나타난다. 정정추는 "연극은 사회교육의 실험장이요, 배우는
사회교육의 훌륭한 스승이다. 풍속을 좌우할 수 있고 민심을 좌우할
수 있으니 이런 까닭으로 나는 배우를 소홀히 할 수 없고 연극을 무관
심하게 둘 수 없다"17)라고 했다. 그리고 "연극에 있어서 최고는 반드시
인생을 창조하는 능력을 가지고 있어야 한다. 그 다음은 사회를 바로
잡는 의의를 가지고 있어야 한다. 최소한도 사회를 비판하는 성질을

16) 胡星亮, 『二十世紀中國戲劇思潮』, 宜興: 江蘇文藝出版社, 1995, 23쪽.
17) 陸小洛, 「紀念影國拓荒的鄭正秋先生」, 陳播 主編, 『三十年代中國電影評論文選』,
北京: 中國電影出版社, 1993, 57쪽.

가지고 있어야 한다"고 했다.[18] 정정추도 다른 사람들과 마찬가지로 영화를 연극의 연장선상에서 이해했기 때문에 연극에 대해 가지고 있던 이런 자신의 소신을 영화에서도 실현하려고 했다. 그리하여 자신의 첫 번째 시나리오이자 중국 최초의 단편 극영화인 〈힘겨운 부부〉에서 부터 가정윤리영화로 출발했던 것이다.

중국영화 초기의 주요감독이었던 페이무(費穆)가 〈정정추 선생을 애도하며〉라는 글에서 "정정추 선생은 직접 밍싱영화사(明星影片公司)를 창립하고 중국영화사업의 기틀을 마련했다. 그가 없었으면 중국에는 어쩌면 신극과 영화가 없었을 것이다"[19] 라고 했을 정도로 신극과 영화 양대 분야에서 모두 중요한 역할을 했던 정정추가 영화계에 발을 들여놓게 된 계기는 우연하게 마련되었다. 당시 양행에서 일을 하고 있었던 장스촨은 한 미국인 영화업자로부터 영화사 일을 맡아달라는 요청을 받게 되자 자신을 도와줄 사람으로 정정추를 떠올리게 되었던 것이다. 당시의 상황에 대해 장스촨은 다음과 같이 회고한 바 있다.

> 약간의 흥미와 약간의 호기심 때문에 영화라고는 거의 몇 편 보지 않았던 내가 뜻밖에도 생각지도 않고 허락을 해버렸다. 영'희'(影'戲')를 찍는다는 것은 당연히 곧바로 중국 고유의 구'희'(舊'戲')를 연상시켰기 때문이었다. 내 친구 정정추 선생은 모든 흥미가 연극에 집중되어 매일 극장을 드나들고 매일 신문지상에 리리쒀연극평(麗麗所劇評)을 발표했으며 당시의 명배우 샤웨산(夏月珊), 샤웨룬(夏月潤), 판웨차오(潘月樵), 마오윈커(毛韻珂), 저우펑원(周鳳文) 등과 아주 친했다. 당연히 그는 나의 가장 좋은 협력자가 되었다.[20]

---

18) 連文光, 『中外電影史話』, 廣州: 暨南大學出版社, 1992, 211쪽 참고.
19) 連文光, 위의 책, 211쪽.
20) 張石川, 「自我導演以來」, 陳播 主編, 위의 책, 91쪽.

중국영화 초기에 연극계에 종사하면서 영화계에서도 활약했던 지식
인들로는 정정추 외에도 밍싱영화사의 운영을 담당했던 저우젠윈(周劍
雲), 롄화영화사에서 감독을 했던 쑨위(孫瑜), 그리고 여러 영화사와 연계
를 맺고 그들에게 시나리오를 써주었던 훙선, 샤옌(夏衍), 톈한(田漢), 양
한성(陽翰笙), 어우양위첸(歐陽予倩) 등이 있다. 이들은 대부분 재학시절부
터 정식으로 연극을 공부했고 직접 극단을 설립하거나 극단에서 활동
했던 인물들이다. 하지만 이 시기에 이들과 영화계의 네트워크는 주로
영화사 관계자들과의 개인적인 친분을 통해 이루어졌다. 이처럼 이 시
기는 중국영화산업의 초기단계로서 크고 작은 영화사들이 난립하고 있
었고 영화에 대한 전문지식이나 전문가도 거의 없는 상태에서 연극계
인사들이 영화 제작에 참여했기 때문에 연극에 대한 인식이 고스란히
영화로 이식되었으며 그들 간의 연계도 개별적이고 산발적일 수밖에
없었다. 한편 주로 영화사에 시나리오를 써주는 역할을 담당했던 이들
연극계 인사들이 대부분 지식인이었다는 점에서 그들의 영화가 사회성
과 더불어 인문적 풍격을 지니는 이유가 되기도 했다.

IV. 1930년대 주요 영화사와 영화소조의 연계

좌익연극인연맹(劇聯)이 1931년 9월 1일에 통과시킨 「중국좌익연극인
연맹 최근 행동강령」(이하 「최근 행동강령」)은 전체 6개의 항목으로
이루어져 있는데, 그 중의 절반이 영화에 관한 것이다.

> 본 연맹은 연극 이외에도 현재 중국영화운동을 함께 살필 필요가 있
> 다. 영화시나리오를 써서 각 영화제작사에 공급하고 연맹원들을 각 영화
> 제작사에서 활동하게 하는 외에 동시에 방법을 마련해서 자금을 모아 직
> 접 영화를 제작해야 한다.

영화연구회를 조직해서 진보적 연기자와 기술인력을 흡수하여 중국좌
익영화운동의 기초로 삼는다.
　동시에 중국영화계의 프로키노(즉, 무산계급영화)운동과 부르주아 및
봉건적 경향의 투쟁을 준비하고 발동하기 위해 현 단계의 중국영화운동
을 비판하고 청산할 필요가 있다.[21]

위에서 인용한 「최근 행동강령」을 보면 이 시기에 이르면 이전 시기
와는 달리 좌익문예계가 당시 영화계를 투쟁해야할 대상이자 투쟁의
기지로 인식하고 구체적인 활동 범위와 내용까지 규정하고 있음을 알
수 있다. 하지만 이는 말 그대로 강령이었을 뿐 그것을 당장 실천하겠
다는 의지는 없었던 것으로 보인다. 왜냐하면 그 이후에 전개되었던 몇
가지 사건, 즉, 밍싱영화사의 협조 요청에 대한 반응과 이화영화사(藝華
影業公司)의 설립 및 그곳으로부터의 철수 과정을 보면 그들이 상당히 소
극적이고 부정적인 태도를 보였고 무기력하게 대처했기 때문이다.
　먼저 밍싱영화사의 경우를 보자. 1927년부터 상하이에서 일어났던
상업영화의 붐은 1931년 만저우사변이 일어났을 때까지 지속되고 있었
다. 당시 최고의 영화사였던 밍싱영화사는 무협영화의 유행을 선도한
〈불타는 훙롄쓰(火燒紅蓮寺)〉를 19편까지 시리즈로 찍어내면서 상업적으
로 크게 성공을 거두었다. 이에 장스촨은 1932년 다시 한번 거액의 제
작비를 투입하여 야심차게 원앙호접파의 대표작가 장헌수이(張恨水)의
〈제소인연(啼笑姻緣)〉[22]을 영화로 각색했다. 하지만 영화는 참담할 정도

21) 陳文平·蔡繼福 編著, 위의 책, 124-125쪽.
22) 〈제소인연〉은 장헌수이의 대표작이자 1930년대 최고의 베스트셀러 장편소설이었
　다. 장헌수이는 원앙호접파 중에서도 가장 성취가 크고 진보적인 경향을 가진 작
　가로, 군벌통치하에서의 상층사회의 어두운 면을 폭로하는 작품을 많이 썼다. 〈제
　소인연〉 역시 원앙호접파의 언정소설 중에서 가장 적극적인 의의를 가진 소설 중
　의 하나라고 할 수 있다(黃修己, 위의 책, 388-389쪽 참고).

로 흥행에 실패했다. 1931년 만저우사변과 1932년 상하이사변이라는
국가와 민족의 위기에 직면하여 영화에 대한 관객들의 기호가 변화했
다는 것을 감지하지 못한 결과였던 것이다. 그로 인해 영화사가 자금
난에 허덕이게 되자 당시 밍싱영화사에서 시나리오 고문을 맡고 있던
홍선이 난관을 타파하기 위해서는 진보적인 작가에게 시나리오 창작을
의뢰해서 현실의 변화를 수용해야한다고 건의했다. 이에 영화사의 부
사장이었던 저우젠윈이 동향사람이자 당원작가였던 아잉(阿英, 즉, 錢杏村)
을 찾아가서 부탁을 했고, 자신과 샤옌, 정보치가 함께 시나리오 고문
을 맡게 해달라는 아잉의 제안을 저우젠윈이 흔쾌히 받아들임으로써
밍싱영화사와 좌익문예계의 연계가 이루어지게 되었다. 또한 이로써
한동안 상업영화의 늪에서 허우적거리던 상하이영화는 다시 한번 사회
현실을 직시하고 그것과 손을 잡게 되었다.

그런데 좌익문예계가 그때까지만 하더라도 「최근 행동강령」을 실천
할 의지가 없었다고 보는 이유는 그들이 영화계에 들어가는 문제를 두
고 보인 태도에서 찾을 수 있다. 즉, 샤옌과 아잉이 당의 회의석상에서
저우젠윈의 협조요청에 관한 일을 토론에 부쳤을 때 당시 영화계가 너
무 복잡하고 자신들이 영화 일에 종사한 경험이 없다는 이유로 반대
의견이 많았다는 것이다. 심지어 회의를 주관했던 취추바이(瞿秋白)조차
도 쉽게 결정을 내리지 못하고 주저하다가 결국 동의하면서, 영화계의
부패세력에 오염되지 말 것과 자신들이 직접 영화를 찍을 수 없는 상
황에서 자본가들이 제작하는 영화 속에 보다 진보적이고 애국적인 내
용을 더할 것을 요구했다는 것이다.[23]

하지만 이를 계기로 비로소 공산당은 당시의 영화계에 대해 자신들
의 능력이 충분히 축적되기를 기다리기 보다는 보다 신속하고 적극적

---

23) 連文光, 위의 책, 232-233쪽 참고.

으로 대처하기로 한 것으로 보인다. 왜냐하면 그들이 밍싱영화사와 손을 잡기로 한 후인 1932년 5월에 취추바이의 영도 하에 당의 영화소조가 결성되어 다양하게 활동을 시작했기 때문이다. 샤옌이 조장을 맡고 아잉, 쓰투후이민(司徒慧敏), 왕젠우(王尖無), 스링허(石凌鶴)로 구성된 영화소조의 활동은 크게 다음의 네 가지 분야로 요약된다. 첫째, 반제반봉건적 주제의 시나리오 창작. 둘째, 좌익영화비평을 발표하고 좌익영화비평잡지인 『영화예술』을 간행. 셋째, 문학, 연극, 음악, 미술계의 진보적 인사들과 영화사의 네트워크를 형성하여 진보적 역량을 확대. 넷째, 소련영화를 대대적으로 소개.[24) 이 중에서 세 번째 항목을 좀 더 자세히 살펴보면 '좌련'의 연맹원인 선시링(沈西苓), 왕잉(王瑩), 저우보쉰(周伯勛), 정쥔리(鄭君里), 수슈원(舒繡文), 웨이허링(魏鶴齡), 쓰투후이민, 저우다민(周達民) 등을 '밍싱영화사', '롄화영화사', '이화영화사'로 보내 좌익간부 대오를 탄탄하게 육성하고 좌익영화 탄생의 기틀을 마련했다.

하지만 그럼에도 불구하고 이화영화사의 설립과 그것의 방향 전환은 좌익문예계 인사들의 활동이 우연적이고 비체계적이었으며 영화사 외부의 조력자에 불과하다는 신분의 한계를 뚜렷하게 보여준다. 1932년 10월에 설립된 이화영화사는 다소 과장한다면 톈한의 말 한 마디로 인해 만들어졌다고 할 수 있다. 톈한은 우연한 기회에 상하이에서 아편 판매로 거부가 된 옌춘탕(嚴春堂)의 제자 펑페이(彭飛)와 친분을 쌓게 되었고 옌춘탕이 영화사업에 투자해서 문화사업을 하면 이미지가 개선될 것이라는 말을 했다. 그런데 옌춘탕은 그 말을 전해 듣고는 그것에 상당히 공감하고 톈한이 시나리오를 써주는 조건으로 영화사를 설립하겠다는 뜻을 전했다. 그렇게 되자 톈한은 오히려 당황을 했다고 하는데, 그는 당에 소속되어 있어서 개인적으로 결정할 수 없었기 때문이

---

24) 連文光, 위의 책, 233-234쪽 참고.

었다. 그리하여 이 일은 당에 보고되었고 조직의 결정을 거쳐 톈한은 이화영화사에서 영화 창작을 주관하고 시나리오위원회를 이끄는 일을 담당하게 되었다. 톈한의 소개로 양한성, 샤옌 등이 동참했고 훙선, 쑤이(蘇怡), 수슈원, 부완창(卜萬蒼), 스둥산(史東山), 잉윈웨이(應雲衛), 단두위(但杜宇) 등 시나리오, 감독, 배우들도 동참했다. 그 중에는 상당수가 신흥영화 종사자들이었기 때문에 이화영화사는 신흥영화운동의 진지가 되었다. 그런데 이를 못마땅하게 여긴 국민당 정부는 이화영화사를 시작으로 신흥영화운동의 뿌리를 뽑겠다고 생각하고 1933년 11월 12일 이화영화사에 불량배들을 투입했다. 이 사건 이후로 신흥영화운동 상황은 더욱 험악해졌고 일부 영화사들이 동요함에 따라 1934년 하반기에 샤옌, 톈한, 양한성 등이 밍싱영화사와 이화영화사를 비롯해서 자신들이 활동하던 영화사에서 물러났다. 이후 계속해서 국민당이 다양한 형태로 영화계를 압박하자 옌춘탕은 소시민의 취미에 영합하는 영화 제작으로 노선을 변경했다.[25]

이것이 이화영화사의 설립에서 방향 전환까지의 전말인데, 이 과정에서 좌익문예계는 더 이상 영화사의 외부 조력자가 아니라 그것의 경영주체가 되어야지만 자신들의 뜻대로 활동할 수 있다는 인식을 하게 된 것으로 보인다. 왜냐하면 한동안 진보영화의 진지가 되어주었던 이화영화사가 국민당의 압박에 동요하는 모습을 보면서 당의 영화소조는 1934년 봄에 한 영화기자재제조사 관계자들과 합작하여 뎬퉁영화사(電通影片公司)를 설립했기 때문이다. 그리고 영화사 내부에서 선돤셴(沈端先), 톈한 등이 영화창작을 지도하면서 위안무즈(袁牧之), 잉윈웨이, 쉬싱즈(許幸之), 쑨스이(孫師毅) 등을 중심으로 뎬퉁영화사를 신흥영화운동의 새로운 진지로 만들었던 것이다. 그러나 이들의 활동도 오래 지속되지는

---

25) 陳文平·蔡繼福 編著, 위의 책, 176-183쪽 참고.

못하고 1935년 말 자금난과 국민당의 탄압으로 영화제작을 중단하면서 문을 닫게 되어 아직은 그 역량이 충분하지 않았음을 알 수 있다.

이처럼 이 시기에는 "샤옌, 정보치, 아잉, 홍선, 천우(塵無)와 커링(柯靈) 등으로 대표되는 좌익문예계 인사들이 밍싱영화사, 롄화영화사, 이화영화사 등과 연계를 맺으면서 영화창작에 동참했으며 덴퉁영화사를 설립해서 중국영화문화운동의 새로운 진지를 마련하여 반제반봉건사상을 요지로 하여 사회현실을 진실하게 반영하고 사회의 암흑을 폭로하는 것을 제제로 하며 강렬한 계몽과 구국정신을 불어넣은 영화를 제작함으로써 오로지 이익만을 추구하던 국면을 근본적으로 변화시켰다."26) 비록 자본과 흥행, 국민당이라는 현실적 조건으로 인해 신흥영화운동은 많은 제약을 받기는 했지만 이 시기에는 이전 시기에 비해 영화인 대오가 기본적으로 갖추어졌고 그들의 활동영역과 내용도 훨씬 광범위해지는 등 자체적인 역량을 갖추어 가는 한편 상하이영화가 첫 걸음을 내디딜 때부터 가지고 있던 사회 비판, 민중 교화의 기능이 계승, 발전되고 있었다고 하겠다.

V. 1940년대 진보 영화사 설립과 독자성 확립

1930년대 후기 이후로는 항일전쟁과 국민당의 개입으로 인해 상하이가 중심이 되었던 기존의 중국영화산업 구도에 변화가 따르는 한편 영화에 대한 독립적인 관념과 독자적인 역량이 구축되었다. 그리하여 더 이상 영화사 외부에서의 조력자 역할에만 머무르지 않고 좌익영화계가 직접 영화사를 설립하여 자신의 창작노선을 관철하기에 이르렀다.

26) 李道新, 위의 책, 118쪽.

1937년 7월 7일 전면 항전이 시작되자 상하이에서는 "7월 28일, 상하이문화계 인사 500여 명이 모여 상하이문화계구국협회를 조직했고, 7월 30일에는 상하이영화계가 밍싱영화사에서 대회를 열어 중국영화공작자협회의 결성을 선포"[27]하는 등 항전과 관련된 활동들이 신속하게 전개되었다. 하지만 상하이의 영화제작사들은 전쟁의 화염 속에 잿더미가 되거나 폐쇄되었고 영화계 인사들도 피난을 가거나 항일전선에 합류함으로써[28] 상하이의 영화산업은 기본적으로 정지되었다. 이로써 중국영화는 크게 대후방의 항전영화, 조계지역의 상업영화, 일본점령구의 만저우영화, 근거지의 인민영화로 분화되어 상하이를 중심으로 했던 기존의 중국영화산업의 구도는 깨어지게 되었다. 하지만 항일전쟁이 끝난 후에는 다시 상하이를 중심으로 중국의 영화산업이 재개되었다. 국민당은 중앙영화기업주식유한공사(中電)를 내세워 영화산업을 독점하고 통제하려고 했지만 상하이에 있던 중덴 1, 2제작소에서 우융강(吳永剛), 자오단(趙丹), 천리팅(陳鯉庭)을 비롯한 좌익영화인들이 활동하면서 시대를 반영하고 현실을 비판한 작품들을 창작했다. 이와 더불어 민영영화사들이 생겨나서 국민당이 영화산업을 독점하는 구도를 깨뜨리고자 했다. 더욱이 이들 민영영화사 중에는 좌익영화인들이 주축이 되어 설립된 것도 있어 국민당이 영화산업을 마음대로 하면서 그것을 자신들의 선전기구로 삼으려고 하던 계획에 맞섰다. 그리하여 "항전

---

27) 李道新, 위의 책, 119–120쪽.
28) 1937년 8월 20일 상하이연극계구국협회는 대회를 열고 영화와 연극종사자들을 모아 13개의 구국연극대를 결성해서 각지를 다니며 항일구국 선전 연극활동을 했다. 이 밖에도 천바이천(陳白塵) 등을 비롯해서 30여 명이 영화인극단을 결성하여 청두와 충칭으로 가서 구국연극을 공연했다.
진보영화인들은 구국연극대를 따라 임시 정치문화의 중심이 된 우한으로 가서 중화전국영화계항적협회를 설립했다. 이와 동시에 중국영화제작소도 전시의 첫 번째 극영화 〈우리의 토지를 보위하자〉를 제작했다.

승리 후부터 신중국 건국까지 약 4년간 150여 편의 극영화(홍콩 제외) 중에서 80% 이상이 모두 상하이에 있는 크고 작은 영화제작사 20여 곳에서 출품되었는데"29) 쿤룬영화사를 비롯해서 원화영화사(文華影業公司), 궈타이영화사(國泰影業公司), 다퉁영화사(大同電影企業公司) 등이 그 주체였다. 이 중에서 쿤룬영화사와 다예영화사(大業影片公司)는 좌익영화인들이 직접 설립한 것이며 원화영화사를 비롯한 그 밖의 영화사들에서는 여전히 좌익영화인들이 영화사 내부에 깊이 관여하거나 활발하게 활동했다.

쿤룬영화사는 좌익영화인들이 저우언라이(周恩來)의 동의를 거쳐 민족자본가와 합작해서 세운 영화사인데, 합작에 앞서 좌익영화인들이 국민당을 상대로 롄화영화사를 되찾기 위한 투쟁을 벌여야 했다. 즉, 롄화영화사는 항일전쟁 이전부터 진보적 성향을 가진 영화계 인사들이 활동하고 있었지만 일본점령기간 동안에는 일본이 상하이 영화계를 차지하고 있었고 항전 승리 후에는 다시 국민당이 자신들의 산하에 그것을 재편하여 사실상 영화계를 독점하려고 하면서 롄화영화사도 국민당의 수중으로 넘어갔다. 이에 공산당이 좌익영화인들에게 국민당으로부터 그것을 되찾아오게 한 것이었다. 그 과정을 좀 더 자세히 살펴보면 "1946년 초, 양한성, 스둥산, 차이추성(蔡楚生) 등이 충칭에서 상하이로 돌아와서 영화제작기지를 마련하고자 항전이 일어나기 전에 롄화영화사에 몸담았던 직공들을 통해 롄화의 명의로 롄화의 자본가 측 대표인 타오보쉰(陶伯遜)과 영화제작처장 멍쥔머우(孟君謀)가 국민당과 교섭을 해서 관방에서 가져간 롄화영화사 쉬자후이(徐家匯)촬영소를 반환해줄 것을 요구하도록 했다. 1946년 6월 롄화영예사(蓮華影藝社)가 설립되었다."30) 그리하여 롄화영예사에서 톈한, 어우양위첸, 양한성, 천바이천, 차이추

29) 陸弘石, 『中國電影史1905~1949早期中國電影的敍述與記憶』, 北京:文化藝術出版社, 2005, 119쪽.
30) 李道新, 위의 책, 127쪽.

성, 스둥산, 정쥔리 등이 활동을 하게 되었고, 1947년 5월에 진보적 영화인들과의 합작을 원하던 민족자본가 샤윈후(夏雲瑚)가 사장으로 있던 쿤룬영화사(昆侖影業公司)와 합병을 하고 쿤룬영화사라는 명칭을 사용하게 되었던 것이다. 새로 설립된 쿤룬영화사는 양한성, 차이추성, 스둥산, 천바이천, 선푸(沈浮), 천리팅, 정쥔리 등을 위원으로 한 시나리오 감독위원회를 구성해서 신중국 건국 이전까지 영화사가 존립했던 3년간 중국영화사에 길이 남는 9편의 작품을 제작하면서 진보영화의 창작중심이 되었고 1940년대 상하이영화 창작의 조류를 주도했다. 쿤룬영화사에 비할 바는 못 되지만 진보적 성향의 우융강 감독이 설립한 다예영화사도 진보영화인들의 지지를 얻었다.

쿤룬영화사와 더불어 1940년대 영향력이 컸던 원화영화사는 1946년 롄화영화사의 우싱자이(吳性栽)가 독자적으로 출자하여 세운 영화사이다. "원화영화사의 시나리오, 감독, 연기자 등의 창작인력은 항전시기에 줄곧 상하이에서 투쟁했던 진보적 연극단체 쿠간극단(苦干劇團)을 기초로 했는데"[31] 황쮀린(黃佐臨), 쌍후(桑弧), 커링, 차오위(曹禺) 등이 운영과 시나리오 창작에 참여했다. 이밖에 1946년 설립된 궈타이영화사에서는 잉윈웨이 등이 영화제작 업무를 맡았고, 톈한, 위링(于伶), 홍선 등이 시나리오 창작을 맡았다. 궈타이영화사에서 분리되어 나온 다퉁영화기업공사에서는 어우양위첸, 톈한, 홍선 등이 시나리오 창작을 맡았다.

이처럼 항전 이후에는 이전 시기와 같이 여전히 좌익영화인들이 영화사의 요청에 응해 영화 창작이나 운영에 참여하는 개별적인 연계가 이루어지는 한편 그들이 직접 영화사를 설립하고 영화를 제작하기도 했는데, 이는 그동안 좌익영화계가 독자적인 대오를 형성할 수 있는 역량을 꾸준히 축적해온 결과라고 할 수 있다. 한편 이 시기 좌익영화

31) 陳文平·蔡繼福 編著, 위의 책, 282쪽.

인들은 "할리우드영화를 보면서 이론적으로는 소련의 푸도프킨, 아이
젠스타인의 영화이론을 학습했다. 따라서 제작에 있어서는 그리피스,
존 포터, 킨 비더, 에른스트 루비치, 채플린의 서사구조와 언어방식을
모방했으며 사상적으로는 좌익무산계급문화개념을 집어넣었다."[32) 그
렇게 하여 그들은 초기 상하이영화의 사회성을 계승하면서도 연극에서
독립하여 영화의 개념을 확립했다. 그들은 영화사 외부에서 영화사와
의 연계를 통해 영화 창작에 일조하는 형태에서 더 나아가 자체 역량을
축적하여 독자적인 행보를 내디딤으로써 사회현실을 보다 직접적으로
반영하고 보다 사회와 밀접한 관계를 맺을 수 있었던 것으로 보인다.

VI. 결론

영화는 처음부터 상업성을 기본적인 속성으로 가지고 태어났다. 그
러기에 그것은 도시를 자신의 활동무대로 삼는다. 따라서 일찍이 중국
에서 가장 넓은 조계지역이 순조롭게 형성되었으며 다양한 민족과 인
구가 몰려들어 외래문화를 적극적으로 수용하고 중공업과 상업이 발달
했던 소비도시 상하이에서 영화산업이 꽃피었던 것은 당연한 현상이었
다. 그리하여 상하이는 초기부터 신중국 건국 이전까지 중국영화의 중
심으로 군림했다. 한편 중국영화 초기에 중외 투기상인들이 상업적 이
윤 획득을 목적으로 영화산업에 몰려들면서 영화는 신흥의 투기산업으
로 간주되어 신문화운동의 영역에서 배제되었다. 그럼에도 불구하고

---

32) 夏衍, 「答香港中國電影學會問」, 香港中國電影學會, 『中國電影硏究』, 1983年版; 楊
遠嬰 主編, 『中國電影專業史硏究』, 北京: 中國電影出版社, 2006, 7쪽 주석 12번 재
인용.

상하이영화가 상업성을 추구하는 한편 사회교화와 민중 계몽의 수단으로서 줄곧 사회에 대한 깊은 관심을 가지게 된 출발점은 연극과 연계를 맺었던 것에서 찾을 수 있다. 일찍이 아편전쟁과 신해혁명과 같은 중대한 역사적 사건을 겪으면서 민족과 국가의 위기를 목도한 연극계 지식인들은 연극을 수단으로 삼아 사회 변혁에 일조하고자 연극 개량 운동을 일으켰고 서양의 현대 연극을 추구했다. 초기에 중국에서는 영화를 연극의 변종으로 생각했기 때문에 자연스레 연극계 지식인들이 영화계와 연계를 맺게 되었는데, 그들은 영화사의 요청에 응해 주로 시나리오를 써주는 형태로 영화사와 손을 잡았다. 그들은 당연히 자신들이 연극에 대해 가지고 있던 생각을 영화에서도 실현하고자 했고, 이것은 상하이영화가 상업성과 더불어 사회성을 지니게 된 요인이 되었던 것이다.

상하이영화의 이런 성격은 영화계가 정립되고 중국영화의 황금기를 맞이했던 1930년대와 1940년대에도 이어졌다. 1930년대 초에 일어났던 만저우사변과 상하이사변으로 관객들은 상업영화를 거부하고 사회와 시대를 반영한 영화를 요구했다. 이에 영화사들도 이전 시기 몰두했던 사극과 무협신괴류 영화를 버리고 시대의 변화에 호응하고자 좌익문예계에 도움을 요청했고 이들과 손을 잡게 된 상하이영화는 다시 한번 스크린을 통해 사회현실을 담아내게 되었다. 하지만 이 시기 처음으로 당시 최고의 영화사였던 밍싱영화사가 좌익문예계에 협조를 요청했을 때까지만 하더라도 좌익문예계는 영화를 자신들의 활동 영역으로 규정하고 있었음에도 불구하고 실질적인 역량 부족으로 구체적인 활동 의지는 미약했다고 할 수 있다. 하지만 밍싱영화사와의 연계를 계기로 공산당에서도 영화계에 대한 투쟁과 영화계를 투쟁기지로 삼는 문제를 적극적으로 사고하여 이후 영화소조를 결성하게 되었다. 영화소조는 진보적인 시나리오를 창작하고 진보적인 작가들을 각 영화사와 연계시

커주는 등 다양한 활동을 하면서 점차 영화대오를 형성해나감으로써 독자적인 행보를 준비하고 있었다고 하겠다. 그리하여 1940년대에는 항일전쟁과 국민당의 영화계 독점으로 인해 상하이를 중심으로 한 중국영화계의 판도가 잠시 흔들리기도 했지만 그동안 축적해온 역량을 바탕으로 영화계가 독자성을 확립하면서 좌익영화인들이 영화사를 설립하기에 이르렀고 이로써 자신들의 노선을 관철할 수 있었다. 뿐만 아니라 이들 좌익영화인들은 여전히 많은 영화사와의 네트워크 속에서 적극적인 활동을 전개함으로써 상하이영화의 사회성을 계승해나갔다.

이렇게 볼 때 상하이영화계가 정립되기 이전인 1930년대 이전에는 상하이영화는 연극계 지식인들과 연계를 맺음으로써, 그리고 1930년대에는 당의 좌익문예계 인사들과 연계를 맺음으로써 사회와 손을 잡았으며, 1940년대에 이르게 되면 좌익영화계의 자체적인 역량을 확보함으로써 독자적인 차원에서 사회현실에 대한 관심을 보다 적극적으로 영화에 담아낼 수 있었음을 알 수 있다. 또한 각 시기별 영화제작사와 그들의 영화가 사회성을 가질 수 있게 했던 이들 외적 네트워크는 개별적이고 산발적인 형태에서 점차 조직적으로 이루어졌으며 후기로 갈수록 영화는 연극에서 독립하여 영화만의 고유한 관념과 역량을 구축하고 독자적인 네트워크로 변화했음을 알 수 있다.

| 참고문헌 |

〈국내자료〉

임춘성・곽수경 외 엮고 씀,『상하이와 상하이인의 정체성』, 부산: 산지니출판사, 2010.

〈국외자료〉

連文光,『中外電影史話』, 廣州: 暨南大學出版社, 1992.

李道新,『中國電影文化史(1905-2004)』, 北京: 北京大學出版社, 2005.

章栢靑,『中國電影・電視』, 北京: 文化藝術出版社, 1999.

陳墨,『百年電影閃回』, 北京: 中國經濟出版社, 2000.

陳文平・蔡繼福 編著,『上海電影100年』, 上海: 上海文化出版社, 2007.

胡星亮,『二十世紀中國戲劇思潮』, 宜興: 江蘇文藝出版社, 1995.

黃修己,『中國現代文學發展史』, 北京: 中國靑年出版社, 1988.

陸弘石,『中國電影史1905-1949早期中國電影的敍述與記憶』, 北京: 文化藝術出版社, 2005.

楊遠嬰 主編,『中國電影專業史硏究』, 北京: 中國電影出版社, 2006.

姜玢,「20世紀30年代上海電影院與社會文化」,『學術月刊』, 2002年 第11期.

劉海波,「論上海電影的傳統品格及其消長」,『電影藝術』, 2005年 第6期.

陸小洛,「紀念影國拓荒的鄭正秋先生」(陳播主編),『三十年代中國電影評論文選』, 北京: 中國電影出版社, 1993.

宋維才,「中國早期電影市場略考」,『當代電影』, 2004年 第3期.

汪朝光,「早期上海電影業與上海的現代化進程」(蘇智良主編),『上海: 近代新文明的形態』, 上海: 上海辭書出版社, 2004.

龍錦,「早期中國電影企業類型及經營模式」,『電影藝術』, 2005年 第4期.

10

1990년대 TV다큐멘터리 속 상하이
-다큐멘터리 채널의 네트워크와 문화적 함의-

● 박영순 ●

Ⅰ. 서론

상하이는 근대 이후 오랫동안 중국의 대외적 창구 역할을 해오다가 신 중국 이후 국제적인 대도시에서 서서히 중국 내륙의 경제적 기지로서의 도시로 변모한다. 그 후 1980년대 이래 급성장하는 베이징과 광저우에 비해 상대적으로 주춤하다가, 1990년대 남순강화 이후 푸동 지역을 중심으로 추진된 개혁개방을 통해 중국의 경제와 과학기술·산업·금융·무역·운송의 중심지로 거듭나면서 경제 발전과 문화의 회복

---

* 이 글은 「1990년대 TV다큐멘터리 속 상하이: '紀實賓道-紀錄片編輯室'의 네트워크와 문화적 함의」(『중국어문논총』, 제63집, 2014)를 수정·보완한 것이다.

** 국민대학교 중국인문사회연구소 HK연구교수.

을 꾀한다. 1990년대 중국은 대전환의 시기로서 경제체제와 사회시스템이 변함에 따라 상하이는 개혁개방의 한 창구로서 국영기업의 개혁과 실직, 도시의 빈곤화, 유동인구 문제, 도시화와 이주민 등 거대한 사회적 변화를 맞이한다. 이처럼 상하이는 1990년대 현대화 과정을 거치면서 상업적 대중문화로서의 '해파문화'와 주변 농촌으로부터 유동인구가 대거 유입되면서 또 다른 상하이 문화를 형성한다. 이런 상황에서 시대의 변화에 민감한 상하이 방송매체는 상하이의 새로운 변화에 주목하게 되었고, 이에 따라 1993년 상하이방송국 국제부에 전문 다큐멘터리 프로그램인 '紀錄片編輯室(다큐멘터리편집실)'이 설립하게 된다. 그들은 '큰 시대의 변혁 속에서 작은 소시민의 삶을 다룬다.'[1]는 기치를 내걸고서 상하이인의 일상과 사회의 각종 현상을 기록하기 시작했다.

다큐멘터리는 문학작품이나 극영화에 비해 현실을 보다 실제적으로 전달하려는 영상물이므로, 한 지역문화의 실제 모습과 문제점을 보다 진실에 가깝게 이해할 수 있게 한다. 이런 점에서 볼 때, 상하이방송국의 '다큐멘터리채널-다큐멘터리편집실'과 그들이 제작한 작품은 상하이라는 도시의 사회적·문화적 특징을 보다 실질적으로 파악할 수 있는 적절한 연구 대상이자 주요한 창이라 할 수 있다.

영상물을 통한 상하이에 대한 연구는 주로 영화를 통한 조계지문화, 도시문화 및 문화정체성 등 다양한 시각으로 시도되어 왔다.[2] 하지만

---

1) "追踪變革大時代, 講述人生小故事"
2) 단행본으로 임춘성·곽수경, 『상하이영화와 정체성』, 부산: 산지니, 2010; 임대근·곽수경, 『20세기상하이영화:역사와 해제』, 부산: 산지니, 2010; 박정희, 『중국영화문화도시』, 부산대학교, 2009. 등이 있다. 논문으로는 임춘성, 「이민과 타자화: 상하이 영화를 통해 본 상하이인의 정체성」, 『중국현대문학』, 한국중국현대문학회, 2006, 제37호; 임대근·노정은, 「1930년대 '상하이영화'와 '중국영화'의 형성」, 『중국현대문학』, 한국중국현대문학회, 2009, 제48호; 곽수경, 「상하이영화의 수집을 통해 살펴본 상하이 영화의 특징과 변화」, 『중국문학연구』, 한국중문학회,

'상하이 다큐멘터리'를 연구대상으로 하여 상하이의 사회문제와 문화적 특성 등을 유기적으로 결합하여 조망한 연구는 비교적 드물다. 한편, 중국 CNKI(中國知網)에서 '紀錄片編輯室'을 주제로 검색한 결과 총48건, '紀實頻道'로 검색한 결과 177건이 검색되었다(검색일:4월16일). 주로 상하이 다큐멘터리 프로그램과 내용, 채널의 시장화와 운영모식 등 비교적 다양한 논의가 진행되었다.

이 글은 기존의 연구성과를 토대로 1990년대 상하이방송국 '다큐멘터리채널-다큐멘터리편집실'과 그곳에서 방송한 '상하이 다큐멘터리'를 연구대상으로 하여, 다음의 내용을 분석하고자 한다.[3] 먼저 '다큐멘터리채널-다큐멘터리편집실'이 다큐멘터리의 생산과 확산을 위해 어떤 활동을 벌이며 어떤 관련 조직·기구와 네트워크망을 형성해나가는지를 파악함으로써 상하이 TV다큐멘터리의 생산과 확산의 구조를 거시적으로 고찰함과 동시에 네트워크가 의미하는 문화적 함의를 상고해본다. 다음은 1990년대 '다큐멘터리편집실'에서 방송된 다큐멘터리 작품을 분석한다. 특히 당시 상하이의 사회적 문제와 문화적 특징을 비교적 잘 반영하고 있는 작품 「마오마오의 고발毛毛告狀」(왕원리王文黎, 1993), 「더싱팡德興坊」(장닝江寧, 1992), 「대이동大動遷」(장쿤화章焜華, 1993) 등을 주요 대상으로 하여 상하이 다큐멘터리 속에 투영된 상하이의 사회적 특징과 문화적 함의를 연계하여 분석한다.[4] 내용 구성은 크게 세 부분으로 나뉜다. 2

2006, 제32집 등이 있다.

3) 이 글에서 의미하는 '다큐멘터리 속의 상하이' 혹은 '상하이 다큐멘터리'란 상하이 방송매체에서 제작하고 방송한 상하이 혹은 상하이인과 관련된 주제를 다룬 다큐멘터리를 의미한다.

4) 「마오마오의 고발」에 관한 일차 자료는 1993년판 「마오마오의 고발」, 2003년판 「10살의 마오마오毛毛十歲」, 2013년판 「마오마오고발20년毛毛告狀二十年」을 위주로 한다. 「마오마오의 고발」, 「더싱팡」, 「대이동」은 상하이방송국 다큐멘터리 편집실에서 제공받은 자료를 근거로 하였다.

장에서는 TV다큐멘터리와 '다큐멘터리편집실'의 출현배경과 특징을 파악하고, 3장에서는 '다큐멘터리채널-다큐멘터리편집실'의 다큐멘터리 생산·확산을 위한 거시적인 구조적 네트워크를 살펴보고, 4장에서는 작품 분석을 통해 1990년대 상하이의 사회적 변화와 상하이 문화정체성의 특징을 가늠해본다.

II. TV다큐멘터리와 '다큐멘터리편집실'의 출현

1958년 중국에서 최초로 TV방송국 베이징방송국(CCTV의 전신)의 시험방송이 진행되었다. 중앙뉴스다큐멘터리영화제작소(中央新聞紀錄電影制片廠)에서 제작한 지식인 하방(下放)이야기를 다룬 다큐멘터리영화「농촌으로 가다到農村去」와 TV다큐멘터리 「영웅의 신양인민英雄的信陽人民」이 방영되었다.[5] 조기 TV다큐멘터리는 주제 면에서 뉴스 보도와 별다른 차이가 없는 선전 형태의 뉴스용 다큐멘터리였다. 당시 TV다큐멘터리는 러시아의 영향을 받아 '정치적 표준을 우선으로 하고 예술적 표현은 다음으로 한다.'는 선전의식과 사상정론이 강한 이데올로기 다큐멘터리를 중시했다. 그 후 1980년대 말 1990년대 들어서면서 다큐멘터리의 개념이 재정립되기 시작했다. 그 원인과 배경은 1980년대 후반 중국 내부의 정치적 문제를 거쳐 1990년대 시장경제체제 하에서 양산된 도농격차·농민공·실직자문제와 사회적 공정·평등 문제 및 문학예술계의 휴머니즘과 모더니즘의 확산 등 전반적인 상황과 연관한다. 이러한 제반 정치·사회·문화 배경 속에서 1980년대 후반 권력 중심의 이데올로

---

5) 夏艶艷, 『海派紀錄片的歷史現況及未來』, 上海: 上海師範大學碩士學位論文, 2012, 11쪽.

기를 중시한 다큐멘터리는 점차 하층민과 일반인들의 삶에 주목하기 시작하였고, 이윽고 1990년대에 이르러 본격적으로 중국의 주류 방송매체에서 다큐멘터리가 등장하게 된다. 1993년 3월 상하이방송국에서 전문 다큐멘터리채널인 '다큐멘터리편집실'이 개설되면서 주류 방송매체는 일상 소시민들의 생활을 주제로 한 다큐멘터리를 선보이기 시작했다. 이어 1993년 5월 CCTV '동방시공(東方時空)'안의 '생활공간(生活空間)'의 '일반 사람들의 이야기를 말하다(講述老百姓自己的故事)'와 1997년 베이징방송국 '백성가원(百姓家園)'의 '서민들로 하여금 자신의 이야기를 말하게 하다(讓老百姓講述自己的故事)' 등 다큐멘터리 프로그램들이 잇달아 생겨나면서 비로소 체제 안의 TV방송매체에서 일반 소시민의 일상이나 도시의 주변인 및 하층인들의 제재를 다룬 다큐멘터리가 본격적으로 자리를 잡기 시작했다.

한편 1990년 초기 일찍이 체제 내에서 근무한 경험이 있는 일부 독립다큐멘터리 창작자들은 후에 체제에서 벗어나 하층민과 소외계층에 관심을 두는 창작집단으로 성장하였고, 그들이 추구하는 창작의식은 체제 내의 TV다큐멘터리 창작에 일정부분 추동적 역할을 하였다. 이러한 여러 가지 환경 속에서 중국 TV다큐멘터리는 일정부분 이데올로기 중심에서 문화중심으로 변해갔고, 엘리트 중심보다 일반인(혹은 하층인)을 중심으로 다루었고, 창작 집단은 집단에서 개인으로 변모하고, 창작기법은 해설 중심에서 화면(영상) 중심 등으로 바뀌어갔다.[6]

1990년대 CCTV '동방시공'의 '생활공간'과 상하이방송국의 '다큐멘터리편집실'이 생겨나면서 중국의 남방, 북방의 주요 두 다큐멘터리 창작집단이 생겨났다. 그중 류샤오리(劉效禮)를 대표로 하는 CCTV 군사부와 류징치(劉景琦)를 중심으로 한 상하이방송국 국제부는 '경파'와 '해파'를

---

6) 歐陽宏生, 『紀錄片槪論』, 成都: 四川大學, 2004, 55쪽.

대표하는 특색을 지닌 다큐멘터리 창작집단을 형성해나갔다. 상하이 다큐멘터리의 산증인인 류징치선생은 상하이의 도시적 특성을 상하이 다큐멘터리의 특성과 연관하여 이렇게 말했다.

> 상하이는 중국의 근현대사의 '바다海'이다. 거의 집집마다 골목마다 거리마다 숨겨진 우여곡절과 풍파를 겪은 이야기가 있다. 상하이시는 국내외 이민의 '바다海'이다. 수많은 국내외 유명한 인사들이 상하이에 흔적을 남겼고 심지어 그곳에서 발달했다. 상하이는 또한 근현대 산업·금융·과학기술·문화·종교·상업 등이 중국으로 진입하는 교두보이며, 20세기 20-30년대 이후 수십 년 동안 이러한 분야에서 중국의 반을 차지해왔다. 또한 상하이는 현대 '도시민' 또는 '준시민'의 '바다海'이다. 상하이 시민은 베이징·산둥·광둥·청두·우한 등의 지역민과 다른 특성을 가지고 있다. 상하이인의 '해파'는 '경파'와 대조되는 중국의 독특한 두 개의 다른 내용을 가진 문화의 대명사가 되었고, 문화인들의 관심을 끌고 있으며, 학자들은 지금까지도 그곳에 연연하고 있다.[7]

교두보·이민·문화의 '바다'로서 상하이의 도시적 특성은 다큐멘터리의 주요 제재로 사용되었고, 결국 베이징 및 기타 지역과는 다른 상하이만의 독특한 문화적 특성을 갖는 요소로 작용하였으며,[8] 특히 다큐

---

7) "上海是中國近現代史的'海', 幾乎每一所房子, 每一個弄堂, 每一條街道都有一個隱秘而曲折的故事;上海市國內外移民的'海', 許許多多國內外知名人物都在上還留有足迹, 甚或從這裏發達;上海又是近現代工業·金融·科技·文化·宗敎·商業等等在中國登陸的橋頭堡, 以至於在20世紀二三十年代以後的幾十年, 上海在這些方面都占據着中國的'半壁江山';上海更是現代城市市民或'准市民'的'海', 上海市民具有和北京·山東·廣東·成都·武漢等等地方居民不同性質, 上海人的'海派', 不僅和'京派'相對應, 成爲中國獨有的兩個有不同內涵的文化名詞, 而且也像謎一樣吸引着文人, 學者至今在那裏窮究不舍." 劉景琦, 위의 책, 85쪽.

8) 1990년대 다큐멘터리의 창작집단과 작품 경향에서 해파와 경파가 약간의 차이를 보이지만, 아주 대별되는 정도는 아니다. 이에 관한 자료는 攝欣如, 『紀錄片槪論』, 上海: 復旦大學出版社, 2010; 夏艶艶, 『海派紀錄片的歷史現況及未來』, 上海: 上海

멘터리편집실에서 제작한「더싱팡」,「마오마오의 고발」,「상하이의 마지막 인력거上海灘最後的三輪車」,「십자가도十字街頭」,「노인혼인소개소老年婚姻介紹所」,「대이동」등은 모두 1990년대 변화를 태동하는 상하이 도시문화에 근거한 것이며, 상공업 대도시로서의 사회적 현상과 문화적 특징을 잘 반영하고 있다.

'다큐멘터리편집실'은 '변혁의 큰 시대를 추적하고 인생의 작은 스토리를 들려준다.'는 취지하에 당시 상하이 상황에 맞는 키워드를 '진실·평민·추적'으로 잡았다.[9] 이는 뤼신위(呂新雨) 교수가 "다큐멘터리는 인도주의적 배려, 서민적 시각, 현실적 지향 등 모든 것이 형성한 것이며, 중국에서 생존공간이 가장 협소하고 생존경쟁이 가장 치열한 상하이라는 도시에서 많은 관객을 확보할 수 있게 하였다."[10]라는 말과 일맥상통한다. '다큐멘터리편집실'이 추구하는 정신은 시대의 전환기에서 겪는 작은 소시민들의 이야기를 추적의 촬영방식으로 진실하게 표현한다는 취지이다. 즉, 1980년대 중국은 대체로 지식인을 대표로 하는 엘리트 문화의 전성기였다면 1990년대는 대중문화가 중심으로 자리한 시기였으며, 또한 당시 학술이 주춤하고 영화시장이 침체된 상황에서 아류문화(亞文化)로 구축된 TV다큐멘터리가 출현하게 되었고,[11] '다큐멘터리편집실'은 바로 이러한 1990년대 문화적 환경 속에서 탄생하게 되었다.

師範大學碩士學位論文, 2012. 등을 참조.

9) 劉景琦, 위의 책, 86쪽.

10) "紀錄片, 它的人道主義關懷, 它的平民視角, 它的現實指向, 這一切所形成鏡子效應, 使它在上海這個中國生存空間最擁擠, 生存競爭最激烈的城市居民中擁有了大批的觀衆." 呂新雨,「人類生存之境:論紀錄片的本體理論與美學風格」, 姜依文 主編,『生存之境』, 北京: 北京廣播學院出版社, 2000.

11) 관련 자료는 張同道,『多元共生的紀錄時空』, 北京: 北京師範大學出版社, 2010, 56쪽. 劉景琦,「紀錄片'編輯室'的回憶」,『紀錄與人生』, 上海: 上海人民出版社, 2009. 등을 참조.

중국 TV다큐멘터리의 선도적 역할을 한 '다큐멘터리편집실'의 역사는 본래 1984년 상하이방송국 '뉴스부'에서 '다큐멘터리 팀'을 설립한 후, 1985년에 외부 선전용 다큐멘터리 생산을 위주로 하는 '대외부'로 바뀌었다가, 1987년에 다시 '국제부'로 개칭하였다. 그 후 1993년 국제부는 '다큐멘터리편집실'을 탄생시키면서 그 해 2월 1일 저녁 8시에 처음으로 방송을 하였다.[12] 그들은 1980년대 선전용 다큐멘터리 제작으로 시작하여 1990년대 시대적 흐름을 따르면서, 점차 일반 소시민들의 생활에 관심을 두고 도시 주변에서 발생하는 현상에 주목하면서 커다란 사회적 반향을 일으켰다. 그리고 1993년 여름, 「마오마오의 고발」이 방송되면서 그 명성은 최고조에 달했다. 「마오마오의 고발」은 당시 '다큐멘터리편집실'을 대외적으로 알리는 계기가 되었고, 상하이의 사회, 문화 환경을 잘 표현한 대표적인 다큐멘터리가 되었다.

Ⅲ. '다큐멘터리채널-다큐멘터리편집실'의 네트워크와 문화적 함의

상하이 시는 2001년 문화·방송·영상 자원과 단위를 통폐합하여 상하이 문화·방송·뉴스·미디어 그룹(上海文廣新聞傳媒集團, 舊SMG)을 설립하였다. 舊SMG는 2009년에 국가광전총국(國家廣電總局)이 'SMG 체제개혁방안(上海文廣新聞傳媒集團體制改革方案)'을 비준하면서, 중국 최초로 그룹 내 업무를 프로그램 제작과 송출로 분리시킨 성급 미디어그룹이 되었다. 그 결과 송출을 담당하는 부문은 상하이방송국에서 전담하고, 이 방송국

---

12) 夏艶艶, 『海派紀錄片的歷史現況及未來』, 上海: 上海師範大學碩士學位論文, 2012, 10쪽.

에서 다시 출자해 상하이동방미디어그룹(上海東方傳媒集團有限公司, 新SMG, SMG로 약칭)을 설립하였다.[13] SMG는 중국미디어산업연회(中國傳媒産業年會)로부터 "중국에서 투자가치가 가장 높은 미디어 기구"로 평가받았다.[14] 2012년 1월 SMG는 전국 최초로 다큐멘터리 전문채널인 '다큐멘터리채널(紀實頻道)'을 개설하여 SMG 내부의 우수 다큐멘터리 자원을 통합시켰다. 현재 SMG는 약20개 방송채널을 가지고 있고,[15] 그 가운데 상하이 방송국 '다큐멘터리채널'안에는 「진실25시(眞實第25時)」, 「시야(眼界)」, 「당안(檔案)」, 「다큐멘터리편집실(紀錄片編輯室)」, 「지난 일(往事)」, 「대사(大師)」, 「편작회(扁鵲會)」, 「대시야(大視野)」 8개 다큐멘터리 프로그램을 두고 있다. 이를 포함한 '다큐멘터리채널'의 주요 프로그램과 특징을 보면 다음과 같다.

---

13) SMG는 『광명일보(光明日報)』가 선정하는 중국 30대 문화기업에 2012까지 3년 연속 포함될 정도로 중국 방송 분야에서 활약이 두드러지는 기업이자, 성급(省級) 방송미디어그룹으로서는 최대 기업이다(「第四屆文化企業30强簡介—創新發展鍛造旗艦」, 『광명일보』, 2012. 05. 19.). SMG의 자회사로는 2011년 상하이동방엔터테인먼트미디어그룹(上海東方娛樂傳媒集團有限公司)와 BesTV New Media(百視通新媒體股份有限公司)가 있다. BesTV는 IPTV・모바일TV・인터넷TV・디지털미디어 플랫폼의 연구개발 및 건설 등 뉴미디어 영역에서 기술 및 콘텐츠를 제공하는 기업이다. 노수연 「상하이시 문화산업현황」(국민대학교 중국인문사회연구소 HK사업단 제30회초청포럼, 2013년 9월, http://circ.kookmin.ac.kr) 27-28쪽 참조.
14) 高超, 『上海紀實頻道的發展模式硏究』, 濟南: 山東師範大學碩士學位論文, 2010, 8쪽.
15) 第一財經, 上海東方衛視, 上海東方電影頻道, 東方電視臺戲劇頻道, 上海外語頻道, 東方電視臺新聞娛樂頻道, 上海敎育頻道, 上海東方電視臺少兒頻道, 上海電視臺新聞綜合頻道, 上海電視臺體育頻道, 上海電視臺電視劇頻道, 上海電視臺生活時尙頻道, 上海電視臺戲曲頻道, 上海藝術人文頻道, 上海電視臺紀實頻道 등.

〈표 1〉 '다큐멘터리채널'의 주요 프로그램과 특징

프로그램	특징
〈대사〉	역사 속 선현들의 인생이야기
〈문화중국〉	역사 문화에 대한 해석
〈지난 일〉	역사자료에 근거한 경험자, 증인들의 구술
〈당안〉	역사를 주제한 기록내용
〈DV365〉	DV애호가와 관객이 제공/독특한 시각과 관찰이야기
〈경전재인터뷰經典重訪〉	국내외 우수 다큐멘터리 작품 및 창작자와의 대화
〈다큐멘터리편집실〉	인문정서/추적촬영방식/사회변화와 현실/일상 속 소시민과 소외층/인물중심
〈시야〉	개혁개방 이후의 사회, 환경, 인물에 초점

출처: 저자 작성

표에서 보여주듯이, '다큐멘터리채널'의 프로그램은 역사적·정치적 특색이 비교적 강하다. 이는 중국내에서 각종 TV·신문 잡지·라디오 방송은 모두 국가광전총국 산하에 있으며, 미디어는 당과 국가의 선전대변인으로 국가와 당의 지도를 받기 때문이다. 체제 내의 중국 제1다큐멘터리 채널인 상하이 '다큐멘터리채널'은 대표적인 상하이 로컬 국유기업 SMG에 속해 있으므로, 주제 선정과 프로그램 편성 및 방송 면에서 아무래도 정부의 분위기를 반영하게 된다. 예를 들어, 역대 '다큐멘터리채널'의 「대후방을 가다去大後方」, 「덩샤오핑과 상하이鄧小平與上海」, 「1995만룽회의萬隆1995」, 「신시짱新西藏」, 「탕산대지진唐山大地震」, 「풍운의 역정: 중공중앙의 조기 상하이風雨歷程:中共中央早期在上海」, 「회해의 길和諧之道」, 「우리들의 선택我們的選擇」, 「올림픽과 국운奧運·國運」 등은 모두 거대한 스케일의 정론성이 짙은 작품들이다. 또한 '다큐멘터리채널'은 2009년 건국60주년과 2010년 상하이 세계박람회를 위해 「공화공공정共和共工程」, 「자금성이 베르사유궁전을 만날때當紫禁城遭遇凡爾賽宮」, 「318국도318國道」 등 총10편의 대형시리즈물과 '국경일·문화·세계박람회·환경보호(國慶·文化·世博·環保)'4개 시리즈물을 제작하였다.16) 이로 보아, '다큐멘터리채널'은 상하이 미디어의 시대적·문화적 특징을 잘 반영할 뿐만 아니라 국가의 주체정신을 선양하는 정치적 특색 및 문명고국의 문화를 지향하는 특징을 보여준다.

　이러한 작품 제작 외에도 '다큐멘터리채널'은 SMG의 적극적 지원으로 인해 국내외로 다양한 산업네트워크를 형성함으로써 다큐멘터리의 생산과 확산, 시장성 확보는 물론 다큐멘터리의 문화적 함의를 구축해 나가고 있다. 동시에 각종 미디어 간의 네트워크 협력을 통해 채널의 지명도와 영향력을 확대해나가고 있다. 주로 신문과 잡지, 서적, 라디오 방송, 인터넷 등 다양한 매체와의 연계를 통해 다큐멘터리 프로그램 보급과 동시에 관객을 확보해나가고 있다. 예를 들어,『인민일보』,『해방일보』,『문회보文匯報』,『신민만보新民晚報』,『동방조보東方早報』등 상하이 주류 신문매체에 다큐멘터리 프로그램 관련 내용을 홍보하거나[17] Sina.com(新浪), Soho(搜狐), Tudou(土豆), Youku(優酷) 등 인터넷 포털사이트와도 긴밀한 관계망을 형성하여 매체의 공신력과 친화력을 높여나가고 있다. 또한 전파네트워크 중에 가장 파급력이 강한 TV영화제와의 네트워크를 통해 '다큐멘터리 채널'의 작품들은 중국TV황금매상우수장편다큐멘터리상(中國電視金鷹獎優秀長篇紀錄片獎), 중국방송TV대상(中國廣播電視大獎), 올해의 10대다큐멘터리상(年度十大紀錄片獎)등 백여 회에 달하는 수상을 거두기도 했다. 나아가 다큐멘터리 작품 창작·순회·상영 지원 활동을 적극 추진하고 있다. '진실중국·영상순회전(眞實中國·影像巡展)'은 일찍부터 중국전매대학, 상하이재경대학, 상하이영화예술학원 등 여러 대학, 학과와 연계를 하여 우수 다큐멘터리를 상영하거나 감독-학생 간의 상호교류활동을 진행함으로써 다큐멘터리 문화발전과 새로운 인재 육성에 박차를 가하고 있다. 이밖에도 2007년 4월에는 '진실중국·영화관상

---

16) 高超, 위의 글, 59쪽.
17) 程楓;「紀錄片可以不在沈黙」, http://dc.smg.cn.

영기획(眞實中國·影院計劃)' 활동을 통해 영화관과의 산업연계망을 형성하여 대중영화관(新天地國際影城)에서 다큐멘터리를 상영하기도 했다.

아래는 '다큐멘터리채널'의 대내외 확산 네트워크망을 요약·정리한 것이다.

〈표 2〉'다큐멘터리채널'의 확산 네트워크[18]

대상	내용
신문매체	• 『인민일보』, 『해방일보』, 『문회보』, 『신민만보』, 『동방조보』
출판/ DVD발행	• 「옛 영화·옛 상하이老電影·老上海」, 「백년 상하이百年上海」 DVD판권: 상하이음반출판공사(上海音像出版公司)에서 매입 • 「대후방을 가다」: 중앙TV, 지방방송국에서 방영권 매입 • 「대사」DVD 발행: 馬寅初, 蔡元培, 陳寅恪, 傅雷, 張伯苓, 陶行知 등
인터넷망	• Sina.com, Soho, Tudou, Youku, 신화망, 런민망, PPLive
잡지	• 『중국방송TV학간中國廣播電視學刊』, 『중국TV中國電視』, 『현대매체現代傳播』, 『뉴스매체新聞傳播』 등
영화제 (수상)	• 중국TV황금매(金鷹)상우수장편다큐멘터리상, 중국매체TV대상, 중국TV다큐멘터리10대우수작품상, 올해의 10대다큐멘터리상, 중국문헌다큐멘터리20년경전작품상, 상하이TV영화제백옥란심사위원회상, 쓰촨TV영화제최우수다큐멘터리금곰상, 아시아TV영화제다큐멘터리대상 등.
대학	• 중국매체대학TV학과와 2006년 12월 '진실중국·영상순회전' 공동 추진 • 상하이쏭장松江대학, 상하이재경대학, 상하이TV예술학원에서 '진실중국·영상순회전' 실시
영화관	• 2007년 신천지국제영화관에서 22편 상영(진실중국·영화관상영기획) • 2009년 상하이완위국제영화관(上海萬裕國際影城)에서 24편 상영
사단	• 중국방송TV협회다큐멘터리위원회는 '진실중국2005-2006다큐멘터리年度감독', '진실중국·年度다큐멘터리' 등을 함께 활동
작품시상	• SMG상하이다큐멘터리채널, 중국방송TV협회, 중국방송TV협회다큐멘터리공작위원회는 '개혁개방30주년중국우수다큐멘터리수상대회'를 공동주최: 「덩샤오핑과 상하이」, 「중국, 사랑한다」, 「우리들의 선택」 금상 수상

출처: 저자 작성

---

18) 高超, 위의 글, 35-38쪽; 林穎, 『電視紀錄片形態發展硏究: 破析上海電視臺紀實頻道』, 開封: 河南大學碩士學位論文, 2006; 鐘瑛, 「由紀錄片編輯實析紀錄片蘭目如何組織片源」, 『東南傳檔』, 2006. 제4기 등 참조.

1990년대부터 지금까지 이어오는 '다큐멘터리편집실'은 현재 SMG의 상하이방송국 '다큐멘터리채널' 안에 있는 다큐멘터리 프로그램 중의 하나이다. 앞서 언급했듯이, '다큐멘터리채널'의 프로그램들은 대체로 국가의 주체정신과 과거 문명역사를 선양하는 특징을 보여주고 있지만, 각각의 프로그램은 추구하는 지향점들이 각기 다르다. 이 가운데 특히 '다큐멘터리편집실'은 "변혁의 큰 시대를 추적하고 인생의 작은 스토리를 들려준다."는 새로운 취지를 지향하고 있다. 1990년대 상하이를 배경으로 제작한 '다큐멘터리편집실'의 주요 작품의 제재유형을 보면, 「노인혼인소개소」, 「십자가도」, 「제2의 봄第二個春天」 등은 이직한 노인들의 일상생활을, 「15세 중학생의 생활十五歲的初中生」은 상하이 중학생들의 과도한 학업부담을, 「셰진과 그의 아들謝晉和他的孩子」은 장애인을 둔 영화감독 셰진의 가정사를, 「마오마오의 고발」은 농촌여성의 농민공 생활을, 「더싱팡」은 롱탕(弄堂) 주민들의 생활과 주택문제를, 「대이동」은 도시화·교통문제·철거이주문제를, 「상하이의 마지막 인력거」는 상하이 도시에서 사라져가는 인력거의 풍경과 삶 등을 각각 다루면서, 전반적으로 1990년대 상하이의 사회전환기에 드러난 소멸해가는 상하이 문화와 그들의 삶을 보여주고 있다(IV장 작품분석 참조). '다큐멘터리편집실'은 이러한 작은 인물들의 작은 현실역사를 담은 우수 다큐멘터리를 확보하기 위해 다양한 활동과 제작방식 및 연계망을 형성해 나가고 있다.

〈표 3〉 '다큐멘터리편집실'의 제작방식과 활동의 연계망[19]

명칭	내역
국내외 TV/영화제	• '다큐멘터리편집실'의 작품 수상 내역: 「모쒀런摩稜人」: 상하이TV영화제 '상하이도시상'. 「나의 탄즈완 초등학교我的潭子灣小學」: 국가대외선전'무지개'일등상 「도망상하이逃亡上海」: 중국다큐멘터리협회우수다큐멘터리일등상 「집이라는 곳一個叫做家的地方」: 제8회상하이TV영화제백옥란상최우수인문다큐멘터리상 「공장장 장리밍廠長張黎明」: 2000년, 2001년중국방송TV학회대외선전프로그램일등상 「수양엄마干媽」:제9회상하이TV영화제백옥란상심사위원특별상, 2002년아시아TV상최우수다큐멘터리상 「나와 루루我和露露」: 2003년쓰촨TV영화제금곰상 「집주인 장선房東蔣先生」: 2004 한국EBS국제다큐멘터리해대상 「징할아버지와 단골靖大爺和他的老主顧」: 제9회 중국TV다큐멘터리학술상) 「더싱팡」: 제4회상하이TV영화제기자상, 제4회상하이TV영화제관중이 가장 좋아한 다큐멘터리상
위탁방식	• 지방방송국과 연합: 「수양엄마」(쉬저우徐州방송국) • 독립제작자에게 위탁: 「징할아버지와 단골」, 「안정병원安定醫院」, 「집주인 장선생」
국제합작방식	• 상하이방송국과 프랑스塞黛斯회사와 연합제작: 「우리 눈 속에 비친 프랑스我們眼中的法蘭西」(1994. 05/ 시리즈)
아마추어지원	• 다큐멘터리채널의 「DV365」 지원: 「공장장 장리밍」, 「징할아버지와 단골」, 「나와 루루」 등 제작
프로그램지원 과 확산	• 진실중국·감독기획, 진실중국·영화관상영기획, 진실중국·순회공연전, 진실중국·인물평선 진행
시상 지원	• '개혁개방30주년우수다큐멘터리대회': 중국방송TV협회, 중국방송협회다큐멘터리공작위원회, 상하이다큐 멘터리채널이 공동 주최

출처: 저자 작성

사실상 '다큐멘터리편집실'은 그 자체가 하나의 매체이자 네트워크로서 다양한 제작방식 및 대내외 유관 기구들과 연계 활동을 펼침으로써 참신한 작품을 제작하여 시장의 변화에 적응해나가고 있다. 위의 표에서도 보여주듯이, '다큐멘터리편집실'은 국내외 위탁방식, 국제합작방식을 통해 작품을 공동 생산하고, 아마추어 작가 작품을 선발하기 위한 프로그램 지원 및 시상 기제를 고루 갖추고 있다. 또한 해외 방송 매체와 영화제와도 연계를 맺어 프랑스제4TV는 이미 '다큐멘터리편집실'의 「마오마오의 고발」, 「더싱팡」, 「상하이를 보다看上海」 등의 판권

---

19) 林穎, 위의 글과 鐘瑛, 위의 논문 등 참조.

을 매입하였으며, 홍콩위성중문방송(香港衛視中文臺), 무선방송국(無線電視
臺), NHK TV도 「마오마오의 고발」, 「더싱팡」, 「15세 중학생의 생활」,
「십자가도」 등을 방송하기로 계약하였다. 이밖에도 대내적으로 지방
방송국의 피디나 감독들과 공동제작을 하기도 했다. 「수양엄마」는 쉬
저우방송국과 연합제작방식으로 완성한 작품이며, 1994년 상하이방송
국은 프랑스塞黛斯회사와 「우리 눈 속에 비친 프랑스」를 연합 제작하기
도 했다. 이외에도 DV보급으로 인해 참신한 아마추어 작가를 발굴하
기 위해 '진실중국·감독기획, 진실중국·영화관상영기획, 진실중국·순
회공연전, 진실중국·인물평선' 등의 프로그램을 통해 다큐멘터리 생산,
전파의 지평을 열어가고 있다.[20]

이상 '다큐멘터리채널'과 '다큐멘터리편집실'의 다양한 활동 및 네트
워크 형성은 다큐멘터리의 운영방식이 과거 '프로그램'(1993년 '다큐멘터리
편집실') 방식에서 전문적인 '채널화' 방식(2012년 '다큐멘터리채널')으로 바뀌면
서, 보다 우수한 다큐멘터리 작품을 생산·전파하기 위해 다양한 산업
네트워크를 형성해나가고 있는 것이다. 이를 통해 경제적 이윤은 물론
문화컨텐츠 개발 및 문화적 의미를 구축해 나가고 있다. 사실, 문화적
함의란 특정한 체제(TV방송매체), 특정한 시대적 배경(1990년대), 특정한 운
영모식(프로그램화→채널화), 특정한 사회(상하이), 특정한 지향점(평민의 생활)
등에 따라 끊임없이 변화되는 것이다. 그렇다면 '다큐멘터리채널'의 네
트워크가 상하이라는 도시문화, 다큐멘터리 문화에 어떤 의미를 주는
가이다. '다큐멘터리채널-다큐멘터리편집실'은 SMG라는 대표적인 상
하이 국유미디어 집단의 지원 속에서 작품의 생산·전파 네트워크를 형
성해 나가는 근본적인 이유는 산업적 접근으로서의 문화콘텐츠의 생

---

20) 봉황위성방송국의 「DV신세대」와 '다큐멘터리채널'의 「DV365」 등은 모두 이러한
  프로그램이다.

산, 유통하여 경제적 이익창출과 동시에 지역문화를 발전시키려는 것이다. 문화발전이란 경제적 수익과 문화적 의미 창출이라는 두 가지 면을 동시에 공유하기 때문에 문화산업이 부가가치를 창출하고 지역경제발전에 도움을 주기 위해서 문화콘텐츠를 생산·유통하는 과정으로서의 네트워크는 상당히 중요한 역할을 한다. 이러한 네트워크의 형성 뒤에는 시장이 자리하며, 시장은 하나의 경제 이익과 문화 창출의 직접적인 추동자로서 사회문화적 자본을 이끌어내는 역할을 한다. 사실, '다큐멘터리채널-다큐멘터리편집실'은 새로운 문화콘텐츠를 개발하고 이를 생산·전파하기 위한 네트워크를 형성함으로써 경제적 수익창출은 물론 상하이의 지역문화수준의 함양에 일정부분 역할을 한다.[21] 그들이 추구하는 문화적 함의는 큰 시대의 변혁 속에서 '작은 인물의 이야기에 주목'한다는 취지처럼 특히 1990년 중국 나아가 상하이의 거대한 시대변화 속에서 소멸되어가거나 또는 거대한 시대적 논리와 문화 상징체계에 의해 가려진 작은 인물들의 삶을 이해하게 한다(IV장 작품분석 참조). 나아가 그들의 현실사회에 대한 관찰은 국제중심, 상업중심, IT중심의 도시와는 다른 이질적인 '차이의 공간'이 갖고 있는 문화적 의미를 인식하는데도 중요한 의미를 지닌다.

---

21) 2011년 SMG는 총자산 8억 위안, 종업원 수는 1,170명의 규모이며, 2015년까지 수입 100억 위안의 엔터테인먼트미디어그룹으로 성장할 목표이다. 상하이방송국의 '다큐멘터리채널' 역시 그 프로그램 중의 하나이다. 노수연, 위의 글, 27쪽 참조.

IV. 다큐멘터리 속 상하이와 문화적 함의

1.「더싱팡」,「대이동」

1990년대 '다큐멘터리편집실'의 작품 경향은 일반인의 생활에 초점을 맞추는 한편 상하이의 현대화 과정으로 드러난 사회문제·일상생활·가정문제 등을 주로 다루고 있다. 예를 들면, 퇴직한 노인, 롱탕(弄堂)의 소시민, 외지노동자 등 일반 평민계층들의 운명과 생존 상태를 집중적으로 표현하였다. '다큐멘터리편집실'은 상업화·국제화·대중화의 특징을 지닌 상하이 도시문화 외에도 소시민의 일상적인 삶과 문화에 관심을 두면서 상하이 지역의 다양한 사회계층문화에 초점을 맞추었다. 초기 '다큐멘터리편집실'에서 내건 '시대의 대변혁에 초점을 모아 인생의 작은 이야기들을 기록한다.'는 취지하에 도시화 진행 과정에서 드러난 상하이의 사회문제와 상하이의 소시민들의 삶을 포착하여 '작은 인물과 큰 시대의 관계'를 보여주고자 한 것이다.

〈그림 1〉 상하이의 롱탕(弄堂)

출처: http://www.baidu.com//

그렇다면 이러한 소시민의 현실역사는 변화의 흐름 앞에 어떻게 진행되었는가? '소멸'을 통해 '발전'의 상태로 이어갔다. 상하이는 황푸강(黃浦江)을 중심으로 동서로 나뉘는데, 서쪽 푸시(浦西)는 구시가지이며 동쪽 푸둥(浦東)은 신시가지로 1990년부터 개발이 시작된 곳이다. 이러한 거대한 새로운 변화의 흐름 속에서 근대 이후 상하이 소시민의 이야기와 역사가 흐르고 있는 상하이 특유의 민가 형태인 '롱탕'의 비좁은 골목, 공공 화장실, 공용 주방, 좁은 계단, 말다툼 소리는 도시개발로 인해 사라져가면서 단지 사람들의 기억 속에만 남게 되었다. 이를 잘 반영한 작품이 바로 「더싱팡」(장닝, 1992)이다.

1929년에 건설된 상하이 더싱팡에는 총291가구가 살고 있다.[22] 가구당 면적은 평균 10여 제곱미터에 불과하다. 다닥다닥 붙어있다 보니 이웃 간의 잦은 마찰도 생기고, 이른 아침이면 변기를 세척하는 광경도 보이며, 창밖으로 **빨래**를 내걸거나 몇 안 되는 골목의 공중수돗가를 사용하는 모습 등은 낡고 낙후한 상하이 골목길 생활을 보여준다. 「더싱팡」은 1990년대 초 더싱팡의 롱탕에 살고 있는 세 가정의 생활상을 통해 롱탕 안의 소시민들의 진실한 생존실태를 보여준 당시 상하이 사람들의 일상생활의 축소판이다. 감독 장닝은 왕밍위안(王明媛), 왕펑전(王鳳珍), 우샤오잉(鄔小英) 세 가구를 집중 촬영하였다. 70세가 넘은 왕밍위안 할머니는 아들과 며느리가 편안하게 살기를 바라여 겨울에는 춥고 여름에는 찜통인 옥탑방에서 7~8년간 살아왔다. 한편 적극적이고 활달한 왕펑전 할머니는 자신이 폐암말기인 것도 모르고 여전히 딸의 가정살림을 걱정하고 돌보면서 이웃들과 마작놀이를 하며 일상을 보낸

---

22) 「더싱팡」은 제4회 상하이TV영화제에서 관중들이 가장 좋아한 다큐멘터리상, 제4회 상하이TV영화제기자상 및 1999년 이태리 Poporing Film Festival 중국다큐멘터리회고전에 입선하였다.

다. 이러한 그들의 일상에 더싱팡이 철거된다는 소식이 전해왔고, 수십
년 동안 살아온 더싱팡의 주민들은 기쁨과 동시에 걱정을 드러낸다.
후에 왕밍위안, 우샤오잉 일가는 푸둥으로 이사를 갔고, 왕펑전 노인은
이사하기 전에 세상을 떠났다한다. 시대 변화로 인해 사라져가는 도시
문화와 일상 주민들의 일상과 애환을 그리고 있다.

1990년대 상하이의 '발전' 속에서 '소멸'해가는 상징 중의 다른 하나
는 고가도로건설이다. 「대이동」(장쿤화, 1993)은 1990년대 초 상하이의 교
통상황을 해결하기 위해 상하이 다운타운에 남북고가도로 공사프로젝
트를 실시했다.[23] 이 프로젝트의 추진으로 약1,000개 회사와 10만 시민
이 이전을 하였다. 「대이동」은 상하이 남북고가도로 건설로 인해 10만
시민의 이주를 배경으로 그들의 생존과 심리 상태를 기록한 1990년대
상하이의 대이동을 그린 작품이다. 이주라는 정치적 색채가 강한 주제
에 대해 감독 장쿤화는 정부의 조치에 대해 과장하지 않고 이주민들을
추적하면서 그들의 각종 고충과 정부와의 갈등을 진실하게 기록했다는
평을 받고 있다. 1990년대 초 상하이의 발전과 변혁 시기에 실행된 남
북고가도로 건설은 상하이 발전상의 축소판이라 할 수 있다.[24] 이처럼
'다큐멘터리편집실'의 감독들은 현재 발생하고 있는 상하이의 사회 문
제, 일상 문제를 '사건' 중심이 아닌 '사람'을 중심으로 '집단'이 아닌 '개
인'에 초점을 맞추고, '화이트칼라'가 아닌 '소시민'(외지노동자, 하층민 등 포
함)의 삶에 주목함으로써, 상하이 사회와 소시민들의 일상의 변화를 느
끼고 나아가 다큐멘터리의 사회적 진정성을 전달하고자 했다. 소시민

---

23) 「대이동」은 1995년 중국다큐멘터리학술상특등상, 상하이방송TV우수프로그램일등
상, 상하이대외선전부'은비둘기상'일등상을 수상하였다.
24) 이외에도 「상하이의 마지막 인력거」(江寧, 1993)는 1990년대 초 상하이에 남은 26
대의 인력거와 27명의 고령의 인력거 인부를 대상으로 120여 년 동안 존재하다가
사라질 운명에 놓인 인력거 인부들의 삶을 그린 것이다.

들의 심리상태와 생존실태에 대한 섬세한 포착이 있었기에 이러한 작품들은 대중에게 보다 쉽게 전달될 수 있었다.

상하이의 롱탕은 다큐멘터리 외에도 드라마「달팽이집蝸居」25)에서도 달팽이 집 같은 좁은 단칸방(弄堂)에서 성실하게 살아가는 젊은 부부가 겪는 상하이의 불균형적인 발전 양상을 적나라하게 보여주고 있다. 드라마의 중간에 삽입되는 비극적인 결말과 사회비판 및 부패문제 등을 다룬 장면이나 대사는 TV다큐멘터리「더싱팡」에서는 드러나지 않는다. 체제 내 TV다큐멘터리의 비판성의 한계를 의미한다. 설사 TV다큐멘터리가 일정부분 독립다큐멘터리(신다큐멘터리운동)의 창작정신에 영향을 받았다할지라도 사회비판 문제는 여전히 극복하지 못하는 한계로 남아있다. 상하이 도시의 '모세혈관'과 같은 '롱탕'은 작고 좁지만 상하이 서민들의 '생기'가 넘치는 곳이다. 그들의 생기는 사회변화에 앞에서 '소멸'과 '고층'으로 이어졌으며, 중국 현대 도시(상하이)의 빛과 그림자를 동시에 반영하고 있다. 그리고 사라져가는 '달팽이 집'의 롱탕은 새로운 발전을 상징하는 '고층건물'로 대체해갔다. 그러나 그들이 발전을 위한 희망을 잡기 위해 어떤 대가를 지불하면서 소멸해갔는지, 이를 통해 도시 역사의 변화 속에 가려진 소시민의 역사(혹은 문화)가 어떻게 전개되었는지 등에 대해서는 언급이 없고 단지 그들의 일상만을 포착하고 있다. 이점은 체제 내의 TV다큐멘터리의 한계이자 상하이의 번화한 도시문화가 가지고 있는 '이중의 얼굴'이자 '이중의 문화'이기도 하다. 그들의 삶의 공간과 문화의 '소멸'은 '다큐멘터리편집실'이 내세운 상하이 다큐멘터리의 키워드 '진실, 평민'의 의미 속에 어떻게 체현되었고, '변혁의 큰 시대를 추적하면서 그 속의 작은 인생의 스토리를

---

25) 2009년 총35집으로 방영되었다. 2007년 류류(六六)의 원작 소설『달팽이집』에 근거한 것이다.

들려준다.'는 취지에 어떻게 부합하였는지를 증명할 수 있는 다양하고
비판적 시각과 태도는 잘 드러나지 않는다. 그렇다보니, 평민적 시각으
로 소시민의 생존과 현실을 실제적이고 비판적으로 반영함으로써 형성
한 문화적 함의를 읽어내기가 쉽지 않다. 단지 이 두 작품 속에서 반영
된 상하이의 문화는 상하이의 사라져가는 문화의 이면에 자리하고 있
는 소시민들의 소박하고 고난한 일상문화가 무리 없게 드러났을 뿐,
생활 속의 작은 인물들이 왜 이러한 사회적 변화에 '소멸'이라는 시대
적 '대가'를 치러야만 하는지, 이를 단순히 그들 개인의 삶(운명)으로만
한정지을 것인지, 사회적 운명 속에서 가려진 그들의 사회적 가치를
어떻게 드러낼지 등에 대한 고민은 보이지 않는다. '소시민의 삶을 이
야기한다.'는 것은 사실 그들의 삶을 어떻게, 왜 이야기해야하는 지, 이
를 통해 그들의 사회적, 문화적 정체성과 함의를 어떻게 규명해나가야
하는지에 대해서는 TV다큐멘터리가 자생적으로 안고 있는 한계로 인
해 잘 드러나지 못하고 있다.

2. 「마오마오의 고발」

「마오마오의 고발」(왕원리, 1993)은 1993년 방송되자마자 커다란 반향
을 일으키면서 36%라는 높은 시청률을 올린 다큐멘터리편집실의 대표
적인 작품 중의 하나이다.[26] 「마오마오의 고발」은 후난성 안화(安化)현
에서 올라온 상하이 외지노동자 천명전(謙孟珍)이 상하이 사람 장애인
자오원롱(趙文龍)을 상대로 법정소송과 친자확인을 통해 자신의 권리와
진실을 찾아간 작품이다.

---

26) 張玲玲, 『20世紀90年代上海紀錄片中呈現的倫理變遷: 以'紀錄片編輯實'作品爲例』,
    上海: 華東師範大學碩士學位論文, 2011, 11쪽. 「마오마오의 고발」은 1993년 쓰촨
    국제TV영화제금상, 심사위원상 등을 수상하였다.

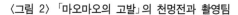

〈그림 2〉 「마오마오의 고발」의 천멍전과 촬영팀

출처: http://www.baidu.com//

　천멍전은 상하이에서 외지노동자로 사는 동안 상하이 출신의 장애인 청년 자오원룽을 알게 되어 동거를 한 후 아이(마오마오)를 낳았다. 그러나 자오원룽은 자신이 중증 장애인이어서 생육이 불가능하다는 이유로 마오마오를 자신의 아이로 인정하지 않았다. 그러자 천멍전은 법정소송을 통해 친자확인절차를 밟아 자신과 아이의 결백과 권리와 존엄을 찾아나갔고, 결국 자오원룽은 친자 확인 결과를 받아들인 후, 감독 왕원리의 적극적인 지지로 인해 세 식구가 되어 대단원의 막이 내렸다.

　상하이는 중국 제일의 대도시로서 타지의 농민공들에게 많은 생존 기회와 가능성을 제공한다. 1990년대 사회·경제·문화의 쾌속 발전은 상당한 규모의 유동 인구를 상하이로 끌어 들였다. 수많은 농민공과 여성들은 도시에 정착하려는 꿈을 안고 고향을 떠나 상하이로 들어왔다. 개혁개방으로 인해 생긴 농민공의 대량 출현은 1990년대 상하이의 전형적인 사회현상 중의 하나이다. 통계자료에 따르면, 상하이 농민공은 1982년 20만, 1988년 106만, 1990년 54만, 1993년 251만, 1997년 237만, 2000년 387만으로 늘어났으며, 특히 1993년 이후로 급격하게 증가하였다.[27] 주인공 천멍전도 일자리를 찾기 위해 1991년 상하이로 온 농민공이다.

이런 면에서 볼 때, 「마오마오의 고발」은 시골에서 올라온 농촌 미혼모 천멍전의 개인사에 그치는 사건이기도 하지만, 당시 상하이가 안고 있는 상하이인과 외지인 간의 예민한 사회적 문제이자 중국의 현대화 과정 속에 드러난 도시와 농촌 간의 문제이기도 하다. 그렇다면, 상하이 매체는 이를 어떤 시각과 방식으로 이끌어갔는가? 감독 왕원리는 이렇게 인터뷰를 진행했다.

감독: 지난 번 자오원롱을 봤었는데요, 자오원롱을 만난 후 먼저 떠오른 생각은 당신이 왜 그를 따르는 가였어요.
천멍전: 우리 둘은 처음 몇 개월 동안엔 전혀 감정이 없었어요.
감독: 제가 보기에 장애가 보통 심한 게 아니던데요.
천멍전: 그래서 그는 항상 저를 따라 다녔어요. 나중에 보니까 그 사람에게 동정이 가더라고요. 그는 생각하는 데는 문제가 없어요. 만약 저도 그렇게 된다면 사람들의 동정이 필요했을 거예요. 그래서 점점 동정하게 되었죠.
감독: 그럼 지금은 동정하지 않나요?
천멍전: 지금은 동정할 수 없어요. 지금 제가 이 지경이 되었는데도 그 사람은 저를 동정한 적이 없어요. 근데 어떨 때 눈을 감으면 그 사람의 불쌍한 모습이 자꾸 떠올라요.
감독: 그렇다면 그를 잊을 수 없다는 건가요?
천멍전: 그냥 그의 불쌍함을 잊을 수가 없어요. 먹을 것도 없거든요.

27) 徐瑋, 『二十世紀九十年代上海市流動人口硏究』, 上海: 華東師範大學碩士學位論文, 2004, 14쪽.

감독:　지금 그는 직장도 없고 한 달에 생활비 150위안이 전부이고, 또 장애인이잖아요.

천멍전: 저는 그저 그의 불쌍함이 잊어지지 않아요. 먹을 것이 없거든 요.[28]

매체와 감독의 시각은 이 외지 여성이 어떤 '목적'을 가지고 상하이 남자를 따르는 가에 모아지고 있다. 즉, 천멍전이 상하이로 들어오려는 동기가 무엇인지를 밝히는 데 초점을 두었다. 자오원룽의 장애로는 여타 젊은이들처럼 일을 할 수도 없고 그러면 경제사정도 형편없을 테고, 따라서 자오원룽은 천멍전을 끌어들일 수 있는 신체적 조건이나 경제적 조건을 아무것도 갖추고 있지 못하고 있는데, 왜 그와 함께 하려는 것일까? 상하이 매체는 이를 호구문제와 연결한다. 그런 의도 앞에서 천멍전은 자신이 법정소송을 거는 이유는 아기가 태어났으니 우유 값 등의 양육비가 필요했기 때문이라고 당당하게 말을 한다. 그리고 물론 자신의 아이로 인정하지 않은 상하이 남자 자오원룽을 믿을 수는 없지만, 그래도 시간이 흐르다보니 정도 쌓이고 동정심이 생겨났다고 말한다. 그렇다. 자오원룽은 장애도 심하고 직장도 없다. 매체와 감독이 초점은 둔 것과 같이 그가 그녀에 보여줄 수 있는 유일한 가치는 상하이 호적뿐인지도 모른다. 그렇다보니, 천멍전이 '양육비'가 필요했고 '동정심'이 생겨났다고 말했음에도 불구하고 매체와 감독은 호적문제에 집

28) 導演:"我上次去找趙文龍, 見到趙文龍後的第一個想法就是你爲什麼要跟他?" 諶孟珍:"我們倆開始幾個月根本沒有感情." 導演:"我看他殘疾很嚴重, 不是一般的殘疾." 諶孟珍:"所以他一直都跟着我走. 後來看來去他也有點値得同情. 他腦子可以的, 如果我自己是這樣, 也需要有人同情. 我慢慢的同情他了." 導演:"那你現在不同情了?" 諶孟珍:"現在是不可能同情了, 因爲現在我這樣他沒有同情過我. 有時候我把眼睛閉上, 他那可憐的樣子就出現在我的眼前." 導演:"那說明你正是沒辨法忘記他?" 諶孟珍:"我只是忘記不了他的可憐, 沒吃飯." 導演:"他現在又下崗了, 一個月只有150元生活費, 又是一身殘疾." 諶孟珍:"我只是看他可憐, 沒吃飯." 1993년 「毛毛告狀」.

중하였고, 여전히 이런 각도에서 자오원룽도 인터뷰했다.

감독: 저는 좀 솔직한 편입니다. 천멍전에게 제가 물어 봤어요, 온
         전한 사람이 왜 자오원룽과 결혼하려는지? 그에게서 무엇을
         얻으려 하는지? 그는 돈도 없고 지위도 없고 심지어 신체도
         문제가 있는데 왜 그를 따르는지를 요.

자오원룽: 저도 말했어요. 재능도 없고 직장도 없고 돈도 없는데 이쯤
          에서 끝내자고요.

감독: 그렇다면 그녀는 왜 당신을 따르는 걸까요? 생각해보세요,
         당신의 매력이 무엇인지?

자오원룽: 여기에서 상하이 호적에 올릴 수 있다고 생각할 수도……

감독: 그녀가 그러던가요?

자오원룽: 예, 사귀기 전에 제가 말한 적이 있었어요. 저와 같은 사람은
          사회에서 돌볼 수 있다고요.

감독: 그렇다면 그녀가 당신의 말을 믿었다고 생각하나요?

자오원룽: 예, 그 여자는 절 그런대로 괜찮다고 생각해요. 사실 전 생각
          하는 데는 별 문제가 없거든요.[29]

자오원룽 역시 그녀가 호구문제를 해결하기 위해 자신을 따르는 것
같다고 했다. 사실 대부분의 상하이인과 감독도 천멍전이 자오원룽과

---

29) 導演:"我是很坦率的, 我也問過諶孟珍, 你好好一個人嫁給趙文龍, 你到底想從他那裏
    得到什麽? 他没有錢, 也没有地位, 甚至連一個健康的身體也没有, 你爲什麽要跟他
    呢?" 趙文龍:"我也跟她講, 才又才没有, 官又官没有, 錢又錢没有, 咱們到此就結束了,
    我對她講." 導演:"那麽, 她爲什麽要跟你? 你分析分析着, 你的吸引力在哪裏?" 趙文
    龍:"可能她認爲她到這兒來能帮她報進上海户口, 她可能也有這種……" 導演:"她講
    過没有?" 趙文龍:"這個事情呢, 我在和她談朋友之前我跟她講過, 像我這種人, 社会上
    可以照顧的. 我也曾給她談過." 導演:"那麽你是否定認爲她相信了你的話, 否則的話,
    你好像没有條件可以吸引她." 趙文龍:"對的呀, 那麽事實上呢, 她覺得我這個人也還
    是不錯的, 思維問題什麽的也可以的." 1993년「毛毛告狀」.

결혼하려는 이유는 바로 상하이 호구 때문이며, 심지어 일단 호적을 얻고 나면 바로 떠날 거라고까지 생각했다. 하지만 10년이 지난 후 「10살의 마오마오」(2003)에서 본 것은 자오원롱이 아니라 천밍전이 가족의 모든 짐을 떠맡고 있었다. 자오원롱은 건강이 안 좋아 매달 병원에 다녀야해서 의료비 부담도 상당히 컸고, 가족의 주요 경제적 수입은 천밍전에 의존하고 있었다. 천밍전의 삶은 상하이인들이 생각한 것과 다르게 진행되고 있었다. 여전히 가난하다는 것을 제외하고는.

상하이는 '쉽게 들어올 수 있는 곳'이 아니다. 이 도시는 '진입 허용의 원칙'이 있다. 이것이 상하이 사람들의 우월감의 원천이자, 엄청난 농민공들이 상하이라는 도시에서 '타자의 존재'로 살아가는 이유이기도 하다. 농촌에서 올라온 농민공들이 법적보호를 받으며 상하이 사람이 될 수 있는 방법 중의 하나는 결혼일 것이다. 천밍전에게도 호적문제는 그녀가 상하이에서 거주할 수 있는 중요한 요소이기도 하다. 그렇다면, 정말 그녀는 단지 호적을 획득하고자 법정에 서서 친자소송을 벌였던가? 천밍전이 원하는 '진실'은 과연 무엇이었나? 정말 신체적 장애도 있고 경제적으로도 가난한 그가 그녀를 끌어당기는 이유는 상하이 호구인지도 모른다. 호적은 외지인이 상하이에서 현지인과 동등한 대우와 복지를 받을 수 있는 보증수표이기 때문이다. 더욱이 농민공인 그녀는 상하이라는 도시에 당당하게 진입할 수도 없었고 정식직원도 될 수 없으니, 이 도시 사회의 새로운 시민으로 합류할 수 없는 건 너무도 자명했기 때문이다. 현실적으로 볼 때, 그녀가 내심 상하이 호적을 생각하지 않았다고 보긴 어렵지만, 그녀가 권력기구인 대중매체를 향해 자신과 어린 자식을 노출한 진정한 이유는 거대한 상하이라는 도시(상하이 사람 자오원롱) 앞에서 '자신의 결백함'을 증명하려는 과정이었다는 해석도 가능하다. 애당초 그녀는 부득이하게 후난성 안화현 고향으로 내려가 출산을 할 때 자오원롱과 다음과 같은 합의서를 작성했었다.

　여자 쪽에서 아이를 낳은 다음 과학적 감정을 통해 판단한다. 남자 쪽 아이인 경우 여자 쪽은 아이를 남자 쪽에 넘기고 자신은 아무런 책임도 지지 않는다. 남자 쪽의 아이가 아니면 자신이 아이를 데리고 가며 남자 쪽은 아무런 책임도 지지 않는다. 앞으로 일을 분명히 하기 위해 이 메모를 남긴다.[30]

　분명한 것은 천밍전이 아이를 내어주길 원하지 않았고, 당시 소송을 거는 가장 커다란 이유는 아이의 부양비를 얻기 위한 것이었다. 친자 감정결과 친자로 확인 된 후 그녀가 제시한 부양비는 60위안이었지만 자오원룽은 30위안을 원하여 결국 법정조정 끝에 매월 50위안을 지급하기로 했다. 아이를 책임져야하므로 부양비가 필요했고, 이를 쟁취하기 위해 더군다나 자식을 거부하는 자오원룽을 향해 친자확인소송 및 부양비 청구는 너무도 불가피한 것이었다.

　그녀와 매체(감독)와의 관계는 참으로 복잡한 문제이다. 매체의 '개입'으로 그녀는 결국 혼인을 받아들였고 합법적인 상하이 사람이 되긴 했다. 그녀가 상하이 사람이 되는 것을 기대하지 않았다고 할 수 없겠지만, 감독과 매체가 일관했던 것처럼 과연 그녀의 본심이 단지 마오마오를 이용하여 상하이 호적을 취득하려는 것이었을까? 이 혼인은 사실 상하이 매체와 감독 및 상하이 관객들에 의해 성사되었고 그들이 기대한 것인지도 모른다. 하지만 10년 후 '經典重訪' 프로그램에서 도대체 어떠한 힘이 그들의 소송을 뒷받침하고 있는지에 대한 질문에 대해 그녀는 아주 의미 있는 말을 했다.

---

30) "等女的把孩子生下來, 通過科學鑑定來確定孩子是誰的. 如果是男方的, 女方就把孩子留下給男方, 她一概不管, 如果不是男方的, 就請她把孩子帶走, 男方也一概不負責. 爲了今後事情眞相的明白, 特留此條爲依據." 1993年 「毛毛告狀」.

당신이 저더러 무슨 대가를 치르게 해도 저는 항상 한 가지만 기억합니다. 저에게는 한 가지 진리만 필요합니다. 당신은 나를 버릴 수 있어요, 아이도 원하지 않을 수 있어요. 하지만 반드시 인정해야할 것, 또한 가장 중요한 것은 제가 당신을 위해 아이를 키울 수 있고 아이를 데려갈 수도 있다는 것입니다. 하지만 당신은 반드시 당신이 잘못했다는 것을 인정해야 합니다.[31)]

그녀는 '진리'(진실)라는 말을 했다. 그녀는 진리를 주장했고 그녀의 자아인정은 '진리'에서 나온 것이다. 자신은 '진리'를 가지고 있고 그 '진리'는 반드시 인정되어야 한다는 것이다. 천멍전에게 '진리'란 '진실'과 동일한 의미이다. 그 '진리'란 '마오마오'가 자신들의 아이이고 그것을 인정하지 않는 자오원룽은 자신의 잘못을 인정해야한다는 것이다. 어찌 보면 천멍전은 자신의 결백과 권익을 찾기 위해 오히려 대중매체의 힘을 빌린 것이라고 할 수 있을 것이다.

물론 「마오마오의 고발」을 천멍전과 자오원룽의 개인사로 볼 것인가 아니면 농민공과 상하이문제로 볼 것인가 하는 문제는 단순한 대립적인 시각으로만 볼 순 없다. 그렇다고 해서 천멍전을 단지 아이를 빌미로 상하이 호구를 취하려는 농민공 여성으로만 몰고 가는 것은 사회적 약자에 대한 인격적 존엄을 간과한 대도시(매체)의 '오만함'이자 사회적 책임을 회피하려는 태도로까지 비춰지기도 한다. 왜냐하면 「마오마오의 고발」을 접근하는 상하이인과 매체의 태도는 「마오마오의 고발」

---

31) "我認爲, 你不管要我付出什麼, 我始終要記住一條, 就是我是什麼樣子的人, 就是什麼樣子的人, 我必須要一個眞理. 因爲我沒有眞理, 你的說法全是不對的, 没有根據, 就憑你自己的心理想象, 這是不可能的, 你可以不要我, 也可以不要小孩, 但是你必須得承認, 這是最重要的, 我可以幇你養小孩, 也可以帶着小孩走, 但是你必須要知道自己是錯誤的." 呂新雨, 『書寫與遮蔽:影像, 傳媒與文化論集』, 桂林: 廣西師範大學出版社, 2008, 38쪽.

을 천명전과 자오원룽이 해결해야할 개인적인 사건으로 보기 이전에 상하이라는 도시가 일정부분 짊어져야할 사회적 문제(빚)는 없는지를 고민하게 할뿐만 아니라, 상하이란 도시가 취한 이질적인 문화에 대한 포용성 및 문화적 정체성을 가늠할 수 있게 하는 하나의 표징이 될 수 있기 때문이다.

사실상 매체는 한 도시의 주체의식을 전달하는 주요 매개체이다. 어찌 보면 농민공 문제에 대한 책임을 회피하면서 계속 개인의 '호구'문제로만 일관하는 태도 그것이 대도시와 매체가 만든 '진실'인지도 모른다. 과연 모던한 소비주의 이데올로기가 만든 상하이의 이미지의 뒷면에 '다큐멘터리편집실'이 기치로 내세운 '작은 서민들의 이야기를 말한다'는 구호가 진정 서민의 시각으로 상하이를 서술할 수 있는 가능성을 제공할 수 있는지 의문이다. 사실상 모든 미디어매체들의 내용물(다큐멘터리)은 나름의 사회성을 가진다. 사회성을 가진다는 것은 개인문제를 넘어 사회적 문제에 대한 미디어적 접근이 있음을 의미하며, 비판적 사회기능을 갖는다는 말이기도 하다. 특히 사실에 기반 한 다큐멘터리는 더욱 그러하다. 이런 점에서 다큐멘터리는 사회적 담론을 형성함과 동시에 하나의 사회적 힘을 구축할 수도 있으며, 매체는 이를 사회화의 '장'으로 만들어가는 영향력과 권력을 갖게 될 것이다. 「마오마오의 고발」은 한 개인의 이야기이자 동시에 1990년대 개혁개방과 함께 상하이로 들어온 농민공이 상하이 문화와의 접촉, 갈등을 통해 자신의 권리와 이익을 추구해나간 작품이기도 하다. 이러한 과정에서 당시 상하이의 사회적 문제를 인식할 수 있을 뿐만 아니라 상하이 도시문화의 정체성을 가늠할 수 있다. 이 작품은 1990년대 상하이의 사회적 담론이 되는 계기를 주었지만, 매체가 실제로 이를 얼마만큼 진정한 사회화의 '장'으로 기능함으로써 시청자들에게 다가갔는지는 그다지 긍정적이지 못하다. 이런 맥락에서 볼 때, 천명전의 이야기는 중국의 현대성을 내재하고 있으며 도시와 농촌간의 격차문제이기도 하다. 근대 이후 농촌 사회는 더 이상 현대화 과정 밖에만 존재하는 것이 아니다. 농촌은 더 이상 과거와 같은 봉건사회의 방벽이 아니고 중국의 현대성에 의해 깊이 파괴된 광야이기도 하다. 농촌의 황량함과 도시의 번화함이라는 대립적인 특징은 그 사회가 이중적 방식으로 구축되었음을 보여주며, 그 속에서 보여주는 문화정체성 역시 이중적 요소를 지닌다고 할 수 있다.[32]

3. 다큐멘터리 속 상하이문화

다큐멘터리는 비교적 사실 그대로를 전달하려는 영상매체이므로 한 사회의 현실변화를 포착할 수 있는 사회적 기능을 제공함과 동시에 문화정체성 형성에 영향을 준다. 상하이는 1990년대 초반부터 본격적인 경제발전의 교두보 역할을 하였고, 유동인구의 이동은 상하이 도시문화와 상하이인의 정체성을 구성하는 요소로 작용하였다. 이처럼 개혁개방이후 상하이로 몰려든 이민은 화이트칼라, 실직노동자, 농민공 등이 혼재하지만 당시 유동 인구의 대부분을 차지하는 것은 농민공들이었다. 따라서 해납백천(海納百川)으로 묘사되는 상하이의 개방성에도 불구하고 그 속에는 중심과 주변이 존재했으며, 그것이 바로 농민공들의 삶과 문화이다.[33] 유동인구가 상하이의 도시적 특성을 의미하지만 그들이 상하이 도시 구성원으로 살아가기란 결코 녹녹치 않다. 그렇다보니, 천명전과 같은 '생계형 이민'들은 생존을 위해 직종을 가리지 않고 일을 하기 때문에 자연스레 상하이의 하층문화를 형성하게 된다. 생존

---

32) 吕新雨, 위의 책, 43-45쪽 참조.
33) 임춘성, 「이민과 타자화: 상하이 영화를 통해 본 상하이인의 정체성」, 한국중국현대문학회, 『중국현대문학』, 2006, 제37호, 306쪽.

을 위한 생계형 이주노동자들이 상하이에 정착하려하면 할수록 상하이 시정부 역시 더욱 견제의 태도를 취하기 때문에 진정 '상하이인'으로 편입되는 과정은 문화적으로나 제도적으로 모두 평탄치 않다. 그렇지만, 천명전과 같이 1990년대 상하이로 진입한 유동인구는 상하이 경제의 발전의 '동력'이자 '희생자'들이다. 현재 상하이의 농민공은 약200만 명이 넘지만 상하이 도시호구가 없기 때문에 상하이인으로 취급받지 못하고 거주만 하고 있는 '타자화 된 상하이 사람'으로 살아가고 있다.

이렇듯 이주민에 의해 형성된 도시 상하이가 이주를 희망하는 타지인에게 얼마나 절망적인 곳이었는지 천명전은 혹독한 대가를 치룬 후 상하이 사람이 되었다. 천명전은 사회적·경제적·문화적 자원이 결핍된 '생존형 이민'이었지만 결국 대도시로의 '유입'(호적)을 이루었다. 그렇다면 상하이 사람이 된 천명전은 어떠한 자신만의 상하이 문화적 정체성을 가질까? 그녀에게 상하이는 때론 타자화 된 공간이었지만, 2003년 「10살의 마오마오」와 2013년 「마오마오 20년」에서도 보이듯이, 그녀는 유창한 상하이 말을 구사함으로써 대도시의 언어와 문화에 혼합되어 자신만의 방식으로 상하이인의 정체성을 만들어가는 것으로 보인다. "자신의 고향과 상하이라는 이중적 정체성을 가지고 있으면서 점차 상하이에 동일시되어 단일한 정체성으로 변해가는 것으로 보인다."[34]

이는 상하이의 문화정체성이 근대 이후 동서양의 문화가 혼합된 '혼종문화'로 정의되지만, 그 속에는 1990년대 개혁개방이후 국내 지역 간, 또는 유동인구를 통해 들어온 '이질적 문화'로서의 혼종적 의미도 지니고 있음을 시사한다. 그럼에도 불구하고 상하이가 농민공, 외지인을 타자화하면서 자신들만의 정체성을 형성·유지하려한다면, 이는 오히려 자신들의 정체성의 모순을 드러내는 과정이라는 역설적 의미도 되며,

34) 熊月之, 「上海人的過去現在與未來」, 『上海人』, 上海: 學林出版社, 2002, 69쪽.

그것은 자신들의 역사적 경험과 문화를 실제적으로 포용하지 못하는 착오를 범하는 경우가 될 것이다. 이처럼 '혼종'의 특징이 상하이 도시 자체가 애당초 이질적인 문화의 결정체임에도 불구하고, 농민공, 외지인을 타자화하면서 자신들의 '순수한' 정체성을 고집하려는 모습은, 상하이 문화정체성의 이중적 아이러니를 드러내고 있다는 것이다. 사실 상하이인들이 타 지역 사람들을 '외지인'이라고 부르는 저변에는 이미 외지인을 타자화하고 있다는 의미를 내포하고 있는 것이다.

문화정체성은 특정한 시대, 특정한 집단에 따라 끊임없이 변화하거나 변형되기도 한다. 상하이 문화정체성이 근대의 국제적인 '개방성'으로 인한 '다양한 혼종성' 외에도[35] 현재 자신들의 주변에서 발생하는 국내의 사회문제와 이질적인 문화에 대한 비 배타적인 '포용적 혼용성'을 더 해나갈 때, 진정한 '해납백천'의 의미를 보여주는 것은 아닐까 한다.

V. 결론

지금까지 1990년대 다큐멘터리 속 상하이란 주제에 대해 상하이방송국의 '다큐멘터리채널-다큐멘터리편집실'을 통해 분석하였다. '다큐멘터리채널-다큐멘터리편집실'의 네트워크망과 그 문화적 함의를 살펴보았고, 작품분석을 통해 1990년대 상하이 다큐멘터리내용과 사회적 문제 및 문화적 함의를 연관 지어 논의해보았다. 끝으로 이 글에서 다루지 못한 몇 가지 관련 생각을 정리하면서 결론에 갈음한다.

1990년대 상하이는 중국의 개혁개방의 한 창구로서 중국의 사회·정치·경제의 중대한 변화에 직면하면서 거대한 사회적 전환기의 진통을

35) 임춘성, 위의 글, 289쪽.

겪어왔다. 국영기업의 개혁과 실직, 도시 빈곤화, 농민공 문제, 도시화
와 이주민 등 많은 사회적 운명의 변화를 거쳤고, 상하이 다큐멘터리
역시 이러한 역사적 변화에 주목해왔다. 상하이가 중국 TV다큐멘터리
창작 분야에서 중요한 위치를 차지하는 이유 중의 하나는 1993년 상하
이방송국 국제부가 중국에서 최초로 다큐멘터리를 주제로 한 프로그램
'다큐멘터리편집실'을 개설하여 영향력 있는 작품들을 창작했기 때문만
이 아니라, 더 중요한 것은 중국 최대의 현대 도시 상하이에서 광범위
한 다큐멘터리 집단을 육성하였고, 기존에 주로 이데올로기를 반영한
TV다큐멘터리와는 다른 일반 소시민, 하층인, 사회문제 등을 집중적으
로 다루는 다큐멘터리의 새로운 장을 열었기 때문이다. 이런 면에서
볼 때, 다큐멘터리는 일종의 당대 현실역사의 기록이라고 할 수 있다. 시
각적 영상과 서술을 통해 기록하는 영상사학(影像史學)의 방식으로 시대를
기록하는 것이므로 시대의 역사파일이라고도 할 수 있다. 이런 면에서
상하이의 소시민의 일상사를 다룬 다큐멘터리는 현대 상하이의 문제점
들을 영상으로 기록한 '문헌 역사'라고 할 수 있으며, 실제로 상하이 소
시민의 사회사와 정신사 및 문화사를 일부 구축해 왔다고 할 수 있을 것
이다.

　이처럼 상하이방송국의 '다큐멘터리편집실'은 1990년대 말 상하이 사
회현상을 기록하는 증인으로 역할하면서 상하이의 평범한 서민들의 생
존실태를 담아내었다. 이들의 서사는 웅장하지 않은 작은 서사방식으
로 작은 인물의 이야기(역사)를 담아냈으며, 그러한 개인의 역사는 단지
개인으로 끝나는 것이 아니라 사회 역사의 중요한 일부분을 구성하였
으며, 그들의 역사공간은 기존의 정부 당국과 권력의 엘리트가 주도해
온 공간에서 벗어나 개인역사 공간을 이루어나가는 계기도 되었다. 이
처럼 다큐멘터리는 우리에게 하층민들이 어떻게 시대를 살아가고 있는
지를 확인할 수 있는 계기를 제공해준다. '다큐멘터리편집실' 작품도

상하이 평민계층에 주목하면서 '시대 변화에 초점을 맞추고 인생의 사소한 이야기를 기록한다.'라는 기치를 내세운 것과 같이, 현실 역사 속 '작은 인물과 큰 시대'의 관계를 보여주고자 했다. 이런 점에서 볼 때, 다큐멘터리의 중요한 사회적 기능중의 하나는 무엇보다도 변화하는 사회에 대해 적극적인 관심을 기울이는 것이다. 사회에 대한 역할이 다큐멘터리에 대한 최고의 평가가 될 때, 다큐멘터리 기능과 의미도 진정 실현될 수 있을 것이다.

끝으로, 이 글에서 논의했던 상하이방송국의 '다큐멘터리채널-다큐멘터리편집실의 네트워크'를 도표로 정리한다.

〈그림 3〉 **上海廣播電視臺 "紀實頻道"**의 네트워크

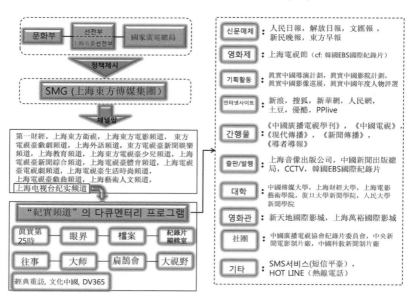

출처: 저자 작성

| 참고문헌 |

〈국내자료〉

기이 고티에 저, 김원중·이호은 역, 『다큐멘터리, 또 하나의 영화』, 서울: 커뮤니케이션북스, 2006.

박정희, 『중국·영화·문화·도시』, 부산: 부산대학교출판부, 2009.

임대근 외, 『20세기상하이 영화: 역사와 해제』, 부산: 산지니, 2010.

임춘성 외, 『상하이영화와 상하이인의 정체성』, 부산: 산지니, 2010.

곽수경, 「상하이영화의 수집을 통해 살펴본 상하이 영화의 특징과 변화」, 『중국문학연구』, 2006년, 제32집.

임대근·노정은, 「1930년대 '상하이영화'와 '중국영화'의 형성」, 『중국현대문학』, 2009년, 제48호.

임춘성, 「이민과 타자화: 상하이 영화를 통해 본 상하이인의 정체성」, 『중국현대문학』, 2006년, 제37호.

〈국외자료〉

强螢, 『上海傳媒發展報告 2012』, 北京: 社會科學文獻出版社, 2012.

高超, 『上海紀實頻道的發展模式研究』, 濟南: 山東師範大學(碩), 2010. 제48호.

歐陽宏生, 『紀錄片槪論』, 成都: 四川大學, 2004.

紀錄片編輯室, 『目擊紀錄片編輯室: 告訴你眞實的故事』, 上海: 上海東方出版中心, 2001.

單萬里, 『中國紀錄電影史』, 北京: 中國電影出版社, 2005.

梁新文, 『中國社会轉型期城市農民工公民身份硏究』, 上海: 華東師範大學(碩), 2009.

林穎, 『電視紀錄片形態發展硏究: 破析上海電視臺紀實頻道』, 開封: 河南大學(碩), 2006.

呂新雨, 『紀錄中國: 當代中國新紀錄運動』, 北京: 三聯書店, 2003.

呂新雨, 『書寫與遮蔽: 影像, 傳媒與文化論集』, 桂林: 廣西師範大學出版社, 2008.

方方, 『中國紀錄片發展史』, 北京: 大學中國戲劇出版社, 2003.

上海文廣新聞傳媒集團紀實頻道, 『經典重訪: 與中國最有影響力的紀錄片導演對話』, 上海: 上海文藝出版中心, 2007.

上海統計年鑑, 『上海統計年鑑』, 上海: 上海統計出版社, 2002.

徐瑋, 『二十世紀九十年代上海市流動人口研究』, 上海: 華東師範大學(碩), 2004.

石屹, 『電視紀錄片: 藝術・手法與中外觀照』, 上海: 復旦大學出版社, 2000.

攝欣如, 『紀錄片概論』, 上海: 復旦大學出版社, 2010.

余銳, 『東方時空・百姓故事-蘭目研究』, 開封: 河南大學(碩), 2005. 店, 2003.

熊月之, 『上海人』, 上海: 學林出版社, 2002.

張同道・胡智鋒, 『中國紀錄片發展研究報告: 中國紀錄片藍皮書』, 北京: 科學出版社, 2012.

張玲玲, 『20世紀90年代上海紀錄片中呈現的倫理變遷: 以'紀錄片編輯實'作品爲例』, 上海: 華東師範大學(碩), 2011.

朱天, 『觀念・體制・話語: 1990年代中國電視新聞改革研究的三個視域』, 北京: 中國書籍出版社, 2012.

陳一, 『中國電視紀錄片: 生産與再現』, 北京: 中國書籍出版社, 2011.

何蘇六, 『中國電視紀錄片史論』, 北京: 中國傳媒大學出版社, 2005.

夏艶艶, 『海派紀錄片的歷史現況及未來』, 上海: 上海師範大學(碩), 2012.

賴黎捷, 「海派紀錄片的地域特色」, 『新聞界』, 2005年, 第2期.

上海文化新聞傳媒集團, 「上海電視臺紀實頻道實現跨越式發展」, 『中國廣播電視學刊』, 2007年 第7期.

張同道, 「多元共生的紀錄時空: 20世紀90年代中國紀錄片的文化形態與美學
    特質」, 2012年 1月.
陳思和, 「上海人・上海文化和上海的知識分子」, 上海證大研究所, 『上海人』,
    學林出版社, 2002年.

〈웹사이트〉
上海紀實頻道: http://dc.smg.cn
上海文廣新聞傳媒集團: http://dc.smg.cn
程楓, 「紀錄片可以不再沉默」, 上海紀實頻道: http://dc.smg.cn
http://jishi.cntv.cn/program/gongzuofang/zhangtongdao/20120118/100505.shtm

저자소개

거타오葛涛

푸단대학교(复旦大学) 역사학 박사로 상해사회과학원 역사연구소 부연구원(上海社会科学院历史研究所副研究员), 일본연구센터의 연구원, 한국 국민대학교 중국인문사회연구소 초빙교수, 미국, 일본, 대만 등에서 연구를 했으며 현재 상해사, 중국근대사를 주로 연구하고 있다. 주요저서는 『唱片与近代上海社会生活』(2009.6), 『环球百货光影录——上海先施公司盛衰』(2011.10), 『具像的历史——照相与清末民初上海社会生活』(2011.8)이 있고 논문은 「照相与确立自我对象化之间的社会关联——以近代中国个人照与集体照为中心」, 『学术月刊』(2013.6), 「清国的"文明"革命及其对日本的影响——解读日本国立国会图书馆典藏的三部关于辛亥革命的历史著作」, 『중국근현대사연구』52집(2011.2), 「"百代"浮沉—近代上海百代唱片公司盛衰记」, 『史林』(2008)등 다수가 있다.

김승욱

서울대학교 동양사학과에서 학사, 석사, 박사 학위를 취득하고, 현재 충북대학교 역사교육과 교수로 재직하고 있다. 중국근현대사 연구자로 금융사, 사회사, 도시사, 사상사 등 다양한 분야의 연구를 진행해왔다. 중국 지식인, 도시 상해라는 본서의 주제와 관련해서는 「1930년대 신계몽주의자의 "五四" 기억」(2010), 「공자 비판의 정치학 -비림비공의 경우」(2005), 「근대 상하이 도시 공간과 기억의 굴절」(2009), 「上海 근대도시사 연구의 공간적 맥락」(2011), 「上海市通志館(1932.7-37.11, 1945.11-46.12)과 上海史 연구」(2011), 「20세기 초반 韓人의 上海 인식-공간 인식을 중심으로-」(2012), 『도시는 역사다』(2011, 공저) 등이 있다.

곽수경

베이징사범대학교에서 〈루쉰의 소설과 영화〉로 박사학위를 받았고 베이징영화아카데미와 중국영화예술연구소 석사과정에서 영화를 공부했다. 현재 동아대학교 국제학부에서 강의를 하면서 중국영화와 문화에 관해 연구하고 있다. 연구논문으로 「상하이와 홍콩의 도시성격과 할리우드 수용-장아이링의 시나리오를 중심으로」, 「신시기 상하이영화와 여성형상-동화와 할리우드의 영향을 중심으로」, 「〈적벽대전〉의 할리우드 콤플렉스」, 「중국에서의 〈대장금〉현상의 배경과 시사점」 등 다수가 있다. 지은 책으로 『상하이영화와 상하이인의 정체성』(공저), 『20세기 상하이영화: 역사와 해제』(공저), 『영화로 만나는 현대중국』(공저) 등이 있고, 『이중톈 미학강의』, 『21세기 중국의 문화지도』(공역) 등을 번역했다.

노수연

이화여자대학교 중어중문학과를 졸업하고, 서울대 국제대학원에서 중국지역학을 전공했으며, 중국 푸단대학 관리학원에서 경영학 박사를 취득하였다. 현재 대외경제정책연구원 아시아태평양실 부연구위원으로 재직하고 있다. 중국의 지역경제, 신산업, 로컬기업에 관한 연구를 주로 해왔다. 논문으로는 「중국 자동차 보험시장 전면개방에 대한 보험사별 대응과 외국계 보험사에 대한 시사점」(2013), 「Pre-clusterization Entry and Managing Competitiveness」(2013)가 있고, 저서로는 『한국 중소 제조업체의 중국 장쑤성 진출사례와 시사점(2012, 공저)』, 『중국 상하이(上海)시 고급소비재 시장 진출기업 경쟁전략 분석 및 시사점(2012, 공저)』 등 다수가 있다.

박영순

국민대 중어중문학과를 졸업했으며, 중국 푸단(복단)대학 중국어문학연구소에서 석사학위와 박사학위를 받았다. 현재 국민대 중국인문사회연구소 HK연구교수로 재직하고 있다. 최근 주요 연구 방향은 중국의 인터넷문학, 베스트셀러, 다큐멘터리 등의 지식생산 기구와 지식인 및 지식(작품)의 확산·전파 네트워크를 통해, 사회저층담론 및 문화적 함의를 파악하는데 중점을 두고 있다. 주요 논문으로 「현대화 과정에 나타난 저층담론과 지식생산: 다큐멘터리 『鐵西區』를 중심으로」, 「중국 독립다큐멘터리의 제작, 전파 네트워크와 '독립'의 함의」, 「인터넷문학의 생산과 확산의 네트워크: '起點中文網'을 중심으로」 등 다수. 역서로는 『현대중국의 학술운동사』(2013), 『호상학파와 악록서원』(2011) 등이 있다.

박철현

서울대학교 동양사학과를 졸업하고, 서울대학교 국제대학원에서 중국지역연구로 문학석사학위를 받고, 중국 선양(瀋陽) 톄시구(鐵西區) 공간변화와 노동자 계급의식의 관계에 대한 연구로 중국 런민(人民)대학 사회학과에서 박사학위를 받았다. 현재 국민대학교 중국인문사회연구소 HK연구교수로 재직중이다. 관심분야는 중국 동베이(東北) 지역의 공간생산과 지방정부의 역할, 국유기업 노동자, 동베이 지역의 "역사적 사회주의", 만주국, 동아시아 근대국가 등이다. 논문으로는 「關於改革期階級意識與空間-文化硏究: 瀋陽市鐵西區國有企業勞動者的事例」(박사학위 논문, 2012), 「중국 개혁기 공간생산 지식의 내용과 지형: 선양시(瀋陽市) 톄시구(鐵西區) 노후공업기지의 개조를 중심으로」(중소연구, 2013) 등이 있다.

서상민

고려대학교 정치외교학과를 졸업하고 고려대 대학원에서 중국정치로 석사와 박사학위를 취득하였다. 현재 국민대학교 중국인문사회연구소 HK연구교수로 재직하면서 중국정치엘리트와 중국관료정치, 중국정책결정과정 분석 등과 관련된 연구에 집중하고 있으며, 최근 사회연결망분석방법을 활용한 중국의 파워엘리트에 많은 관심을 가지고 있다. 논문으로는 「시장경제 시기 중국의 국가역할」(2011), 「중국 경제관료네트워크의 형성과정 연구」(2014), 「상하이 지역 경제엘리트 연결망분석」(2014) 등이 있으며, 저서로는 『동아시아공동체 논의 현황과 전망』(2009, 공저) 등 다수가 있다.

양갑용

한국외대 중국어과를 졸업했으며, 중국 푸단(복단)대학 정치학과에서 박사학위를 받았다. 현재 성균관대 성균중국연구소 연구교수로 재직하고 있다. 최근 중국 공산당 집권의 내구성과 지속 가능성에 대해서 관심을 갖고 있으며, 중국 정책결정 과정에서 싱크탱크 역할 등 정책결정 메커니즘 연구, 정부개혁과 상하이 정치변화에 주목하고 있다. 주요 논문으로 「시진핑시대 중앙영도소조의 역할 변화 가능성 연구」, 「중국의 정부개혁과 의사협조기구-국무원 의사협조기구의 기능과 역할 변화」, 「중국 정책지식 확산과정에서 간보(簡報)의 역할과 한계」, 「중국 싱크탱크의 유형과 특징」 등. (공)저서로는 『중국의 한반도 관련 정책연구기관 및 전문가 현황분석』(통일연구원, 2012), 『중국 시진핑 지도부의 구성 및 특징 연구』(통일연구원, 2013) 등이 있다.

이광수

숭실대 정치외교학과를 졸업했으며, 동 대학원에서 국제정치학 전공으로 석사학위를 취득하고, 중국 런민(人民)대학에서 중국 공산당사 전공으로 중국정치를 공부했다. 현재 국민대학교 중국인문사회연구소에서 HK연구교수로 재직하고 있으며, 중국의 정치변동과 정치문화, 인터넷정치에 대해 관심을 갖고 연구를 진행하고 있다. 관련 논문에는 「중국의 민주정치 발전-촌민자치제도의 이론과 실천을 중심으로」(2006), 「인터넷 토론공간에서의 의사소통행위양식에 대한 연구」(2009), 「댓글 유형을 통해 본 중국의 온라인 지식교류 현황」, 「지식확산기제로서의 중국 온라인 공간과 온라인 여론 특징 연구」(2012), 「중국정치학자의 지식네트워크 분석」(2013), 「중국 공공지식인의 활동과 영향력: 온라인공간에서의 활동을 중심으로」(2013), 중국공산당의 정치선전과 홍색문화열」(2013) 등이 있으며, 역서로는 『중국 정책결정과정과 전문가 참여』(2013) 가 있다.

최은진

이화여대에서 역사학으로 박사학위를 받았으며, 현재 국민대학교 중국인문사회연구소 HK교수로 재직하고 있다. 전공분야는 중국현대사이며 현재는 중국의 대학교육과 그 체제 및 지식인들의 사상지형과의 관계, 담론형성 매체 및 담론 네트워크의 형성과 특징을 밝히는데 관심을 갖고 있다. 최근에는 중국의 인터넷 상에서의 담론형성과 확산에 관심을 갖고 이에 대한 연구를 진행하고 있다. 주요 연구로 「중국국립중앙연구원 역사어언연구소(1928~49)와 근대역사학의 제도화」, 「중국모델론을 통해 본 중국사상계의 지식지형」, 「讀書」잡지와 중국지식인의 담론지형」(2012), 「중국 역사지리학 지적구조와 연구자 네트워크」(2012), 「2012년 '韓寒-方舟子 論爭'을 통해 본 중국 매체의 네트워크 작용과 함의」(2013), 「上海 여행공간 형성 네트워크의 문화적 함의」(2014)등이 있다.

유현정

연세대학교 사학과 박사과정 수료. 현재 상해사회과학원 방문학자로서 근대도시 상하이의 공간성에 관한 학위논문을 준비 중이다. 도시사와 함께 근현대중국사학사에 꾸준한 관심을 갖고 있다.

현대중국 로컬지식 네트워크

초판 인쇄 2014년 6월 20일
초판 발행 2014년 6월 30일

공   저| 거타오葛濤 · 김승욱 · 곽수경 · 노수연 · 박영순 ·
         박철현 · 서상민 · 양갑용 · 이광수 · 최은진
펴 낸 이| 하운근
펴 낸 곳| 學古房

주   소| 서울시 은평구 대조동 213-5 우편번호 122-843
전   화| (02)353-9907 편집부(02)353-9908
팩   스| (02)386-8308
홈페이지| http://hakgobang.co.kr/
전자우편| hakgobang@naver.com, hakgobang@chol.com
등록번호| 제311-1994-000001호

ISBN   978-89-6071-407-6 94300
        978-89-6071-406-9 (세트)

값 : 28,000원

이 도서의 국립중앙도서관 출판시도서목록(CIP)은 서지정보유통지원시스템 홈페이지
(http://seoji.nl.go.kr)와 국가자료공동목록시스템(http://www.nl.go.kr/kolisnet)에서 이용하실 수
있습니다.(CIP제어번호: CIP2014018799)

■ 파본은 교환해 드립니다.